ジェンダーとセクシュアリティで見る東アジア

瀬地山 角 [編著]

勁草書房

はしがき

　私は東アジアのジェンダーに関する比較社会学を狭い意味での専門としてきた.『東アジアの家父長制』(勁草書房, 1996) を上梓してから 20 年以上が過ぎ, その間に私が英語にして改訂をし *Patriarchy in East Asia* (Brill, 2013), さらにそのペーパーバック版 (2015 年) を作る過程で, 1990 年代に考えた仮説が, どの程度適用できるかを吟味した.『東アジアの家父長制』はもともと 1988 年の修士論文から議論が広がったものなので, 1980 年代後半から一貫してこの問題を追いかけてきたことになる. 一方この間, 落合恵美子を中心とする研究グループによる同様の問題設定を持つ研究 (落合ほか編 2012; 落合編 2013) もあり, 教えられるところもあった.

　変化の早い時代にあって, 社会科学の論文・著作というのは, なかなか 20 年生き残るものではない. 当時の文脈や社会状況を補わないと, 20 年以上経つとどうしても古びて見える. 逆にそうした表層の文脈を取り払っても生き残る著作は「古典」となる. 私が学んだ先生たちの多くは, そういう「古典」を残した人たちだった. ウェーバーやデュルケームといったスケールではなかったとしても.

　もとより私にその力はない.『東アジアの家父長制』の場合も「家父長制」という言葉が, この間にあまり使われなくなったといわざるを得ない. 分析内容も 1990 年代で止まっているので, たとえばこの地域全般を覆う極端な少子高齢化は分析に組み込まれていなかった. どう見ても「古典」ではない.

　ただこの間残念なことに, 日英中韓の四言語で分析・研究できる研究者は, この分野では出てこなかった. 日本社会にとって, 1990 年代よりはるかに比較の対象として重要な意味を持つ地域となったにもかかわらず, である. そうすると結局各社会の専門家が集まって比較の本ができる. 本書もそれと同じ作り方だが, 私は一応それぞれの社会のローカルな文脈を考えて, 言い換えれば, それぞれの社会の地域研究者と渡り合えるように意識をし, その布置について

ii　はしがき

説明できる立場にあると考えている.

　言葉ができればよいなどといいたいのでは全くない. ただ地域研究にはそれ
なりの蓄積があり, その社会に関する「空気」のようなものを共有する. それ
は多くの場合, その地に暮らしたり, 現地の言語を通して新聞やニュースを見
ていたりしないと得られないようなもので, それがないと「OECD 加盟国を
すべて比較する」といった統計的な手法と差異化することは難しくなる. 言葉
のできない地域研究者というのは多くの場合馬脚をあらわす. 他人のことを嗤
えはしないが.

　他方で地域研究者は, 他の地域との比較があまり得意ではない. 比較すると
しても多くの場合, 母語が通じる自身の社会と研究対象の社会を比べて 2 国間
比較をするのみだ. それが悪いというのでは毛頭ない. 重要な学問的貢献であ
る. ただたとえば日本における韓国研究者と台湾研究者との間には, もちろん
一定の交流はあっても, それを同じ問題設定で 1 人で考える研究者というのが
少ない.

　またそもそも比較社会学の手法において, 2 つの社会を比較することと 3 つ
(以上) の社会を比較することは, 桁が違うほど難易度が異なる. 2 つの時は比
較の軸が A⇔B の 1 項で済むのに対して, 3 つの時は A⇔B, B⇔C, C⇔A の
3 項の比較についてその軸 (対象となる変数) をぶれないように維持する必要
があるからである.

　地域研究のように各社会の現場から研究を積み上げると「物差し」が違って
しまってうまく比較ができない. 統計手法のように十把一絡げにするとそれぞ
れの社会の「空気」が表現できない. 地域の専門家が集まって本を作ると, 比
較の軸が維持しきれない.

　このように三方から攻めても攻略しきれない「学問的空間」が, 私が気がつ
いた時から約 30 年経ったにもかかわらず, 未だに存在していることを英語で
改訂する作業の際に実感した.「空間」というより「隙間」といったほうがよ
いかも知れない. 私のように「ナンバーワン」になど到底なれない研究者とし
ては, こうした「隙間」を見つけて, 人とは違う角度から「測量」すること
が, ほぼ唯一の生存戦略となる.

　そして詳しくは後述するが, 私が 1980 年代後半に考えていた仮説は, 発想
自体としては, 案外生き残っていると思われた. それはもちろん, 私に「古
典」を書ける能力があったからではない. 私が注目したジェンダーのあり方と

いうものが，その社会の基層に流れる規範のようなもので，20年という程度の時間では変わらない，ということだったのだろう．ならばもう一度日本語でもやってみようと考えたのが本書のプロジェクトである．次の20年にも本書の仮説が生き残るかなどわからないが，日本社会の性差別が一向に解消されない状況を見ていると外れてほしいと願いつつ，疑わしい思いも禁じ得ない．

すでに英語版で当時私にできる範囲のことは行ったので，今回は少し違う手法を使おうと考えた．私もすでに教員歴が20年を越えている．この間私が直接議論を交わした若い研究者のみなさんに，自由に羽を広げてもらい，私1人では到底できないような，東アジアの世界を描いていただこうと思ったのだ．

日韓台中北朝鮮，いずれについても最前線を知っている人たちであり，肩書きや知名度こそないけれど，あっという間に遠くに羽ばたいていく能力を持つ人たちであることは，私が一番よく知っている．

さらにジェンダーに関してのみではなく，セクシュアリティ研究に手を広げたのも今回の大きな試みだ．この分野における東アジアの比較社会学というのはほとんど先行研究がない．

日本においても性的マイノリティの問題に関心が集まる中で，日本の問題をきちんと押さえた上で，この問題を東アジアに広げることはきわめて重要な意味を持つ．「腐女子」は実は今や東アジア共通の現象である．私も自慰行為をめぐる日中間の比較から，日本の「特殊性」をかねがね指摘してきていたのだが，ようやく今回一章分の原稿とすることができた．

したがって本書は2部構成となっている．第Ⅰ部ではジェンダーの観点から，日本・韓国・台湾・北朝鮮・中国の2000年代以降を分析対象としている．第1章で私が今までの状況を概観した比較の図式と見取り図を提示し，各章で個々の社会の議論を行う．それらはそれぞれの社会の状況について，テーマを絞って深掘りしたものとなっている．

第2章では第1章の「職」ではなく「食」を通じて，2000年代以降の日本の家族のあり方を浮き彫りにする．就労からアプローチした第1章に対して，まさに家族の中の空間から描写するアプローチである．第3章は韓国の高学歴女性が，子どもの教育のマネージメントを行うという形で専業主婦であることに意味を見いだす状況を描いている．母役割の強調という意味では日本と同じだが，日本の「三歳児神話」とは子どもと接するべき時期がかなり違う．第4章では台湾のフェミニズムの2000年代以降の展開を追っている．著者の指摘

の通り，フェミニズムと性的マイノリティの運動が手を結ぶというのは，きわめて珍しくかつ興味深い現象だ．第5章の北朝鮮をめぐる論考では，私が論じた第2回オモニ大会以外にも，第3回，第4回などの分析が行われる．金正恩時代の北朝鮮のジェンダーに関する研究はきわめて少なく貴重なものである．

　第6章は第2章〜第5章とは異なり，狭い意味でのジェンダーを扱うものではない．そのことに違和感を覚える読者がいるかもしれないが，決して異質な研究を無理矢理くっつけたものではない．これも実は，『東アジアの家父長制』以来考えてきたことの直接的な延長線上にある作業なのだ．私はE.トッド（1990＝1992）の長男偏重の相続と均分相続制の議論に着目し，それを東アジアに当てはめて考えていた．そこから日本や韓国と中国文化圏の先輩／後輩関係の違いに着目し，台湾によくある企業のあり方を見つけていたのだが（瀬地山1997），それを2000年代以降の中国企業の脱国有化を巡る組織改革に適用して考察したのが，第6章である．家族を見ることで組織のあり方がわかる，という家族社会学の王道を展開した骨太の作業だ．

　第II部ではセクシュアリティ研究の観点から，東アジアの諸社会を取り上げる．はじめての試みであり，東アジアという磁場から日本を逆照射し，日本の問題を深く問いかける議論となっている．性的マイノリティの問題が注目を浴びはじめている状況で，セックスワーク論の文脈も踏まえつつ，こうした比較を行うことは，日本における議論の可能性を広げるものだと考える．

　特に台湾がアジアにおける性的マイノリティに対する取り組みの中で，最も進んだ社会であることを緻密な実証で明らかにした第7章は，きわめて学術的な価値が高く，また実践的な意味を持つ．日本が参照すべき社会が，すぐ隣にあることをもっと多くの日本語読者に知ってほしい．第8章では「性欲が社会によって作られる」という命題を，中国との比較で明らかにする．これは（日本同様に性欲が刺激されている）欧米との比較ではうまく見えてこない．「性欲は本能」と勘違いしている人たちには，その発現形態がいかに「社会」によって塑型されるかを理解してもらいたい．第9章は日本のゲイスタディーズの第一人者である著者が，日本のゲイに関する歴史の整理を含めて，その基本的な問題をえぐり出す作業である．森山（2017）とともに読んでほしい．第10章はいわゆる「腐女子」を中国にまで目を広げて分析したものである．実は韓国や台湾にも広がっており，ある種共通の「性の商品」であることがわかるだろう．

各章は独立しているので，読者は興味のあるところから読んでいただいてかまわない．それぞれの章の位置づけや相互の比較については，第1章で述べてあるので，必要に応じて参照していただきたい．どこが特徴的な違いなのかについて，より深く理解できると信じている．また紙幅の関係から，こうした比較にまつわる，理論的な考察や差異を生み出す歴史的背景は大幅に割愛した．これらについては『東アジアの家父長制』を参照されたい．

　全体を通じて，一貫した問題意識のもとに東アジアを比較するということが，ジェンダー論においてもセクシュアリティ研究においても，欧米との比較にとどまらない意味を持つことが明らかになるはずである．また単純な日中比較などではなく，台湾や韓国など社会体制や経済水準が同じような社会と比較することを通じて，日本の「特殊性」とは何かがよりクリアに浮かび上がるようになっている．

　今後のさまざまな研究の端緒となるような重要な発見が，各章に埋め込まれていることを確認してほしい．

瀬地山　角

　※ここで挙げた文献については第1章の章末を参照のこと．

目　次

はしがき ……………………………………………………………瀬地山　角

第Ⅰ部　ジェンダーで見る東アジア

第1章　少子高齢化の進む東アジア ………………………瀬地山　角　5
　　　　　──「東アジアの家父長制」からの 20 年

　1　少子化と結婚の不安定化　7

　2　女性労働のパターン　12

　3　高齢者の就業パターン　18

　4　独自路線を突き進む北朝鮮　26

　5　社会主義市場経済下の中国　31

　6　まとめ　36

第2章　現代日本の家族 ……………………………………野田　潤　41
　　　　　──食に見る近年の家族問題

　1　はじめに　41

　2　雇用環境の大転換と未婚化・晩婚化の進展──2000 年代以降の社会的背景　42

　3　労働面から見た家族の変化と非変化　47

　4　「食」から見る 2000 年代以降の日本のジェンダーと家族　52

viii　目　次

5　まとめ——2000年代の食と家族問題　62

第3章　現代韓国の専業主婦……………………………………柳采延　66
　　　　——女性の仕事と結婚の理想と現実

1　はじめに　66

2　女性の就労か子育てかという選択　67

3　「高学歴専業教育ママ」という選択　72

4　まとめ　84

第4章　台湾におけるフェミニズム的性解放運動の展開…福永玄弥　92
　　　　——女性運動の主流化と，逸脱的セクシュアリティ主体の連帯

1　はじめに　92

2　女性運動の主流化と分裂　94

3　フェミニズム的性解放運動の背景分析　113

4　まとめ　124

第5章　「全国オモニ大会」に見る北朝鮮の家父長制の変遷…韓東賢　136

　1　「北朝鮮の家父長制」のその後，そして今後　136

　2　金日成時代——社会主義化・「脱」社会主義化と家父長制　137

　3　金正日時代——「苦難の行軍」・先軍政治と家父長制　142

　4　金正恩時代——「再帰的保守化」のもとで　150

第6章　家族構造から見る現代中国企業組織と流動人材…中村　圭　159

　1　問題設定　159

　2　問題の背景　161

　3　東アジア版「イエ社会論」　163

目　次　ix

　　4　現代中国の企業組織改革の事例　167

　　5　現代中国の親分／子分型組織　171

　　6　まとめ　177

　　　第Ⅱ部　セクシュアリティで見る東アジア

第7章　「LGBT フレンドリーな台湾」の誕生 …………福永玄弥　187

　　1　はじめに　187

　　2　台北市と民主社会の「同志」たち　190

　　3　民進党政府による「人権立国」と「LGBT」　204

　　4　まとめ　213

第8章　中国との比較で見るセクシュアリティ ………瀬地山　角　226
　　　　　　　──性欲は社会が塑型する

　　1　はじめに　226

　　2　欧米との比較　228

　　3　中国との比較で見る日本のセクシュアリティ　230

　　4　「正解」のない性　237

第9章　日本のゲイは「普通の存在」になったのか？ …森山至貴　240

　　1　問題設定　240

　　2　日本のゲイの歴史　242

　　3　「普通」をめぐる闘争　245

　　4　ねじれと序列化　249

　　5　結論　254

第10章　中国における BL（ボーイズラブ）マンガ ……守　如子　259
　　　　　──マンガ表現論から読み解く日本アニメ・マンガの国際的流通

　1　中国におけるマンガ環境の変化　259
　2　消えた BL 単行本の背景にあるもの　261
　3　マンガ表現論から見た BL マンガ同人誌　267
　4　中国における BL　274

終　章　東アジアの比較とは ………………………瀬地山　角　285

あとがき ………………………………………………瀬地山　角　301

人名索引・事項索引…………………………………………………　305

ジェンダーとセクシュアリティ
で見る東アジア

第Ⅰ部

ジェンダーで見る東アジア

第 1 章

少子高齢化の進む東アジア
――「東アジアの家父長制」からの 20 年

瀬地山　角

　私は東アジアのジェンダーの比較社会学を専門としてきた．『東アジアの家
父長制』(1996) と英語版 *Patriarchy in East Asia* (2013) で論じてきたことは，
大きくわけると次の 2 点に集約できる．

　1 つ目は主婦の誕生から消滅までの図式を描いた上で，北東アジアの資本主
義社会を比較すると，台湾[1] がもっとも主婦の消滅に向かいやすいケース，
韓国が向かいにくいケース，日本は韓国と同じか，韓国より少しは主婦の消滅
に向かいやすい程度か，と考えられる点である．これは主に学歴別の女子労働
力率を見た時に学歴の上昇に伴って，どの程度女性の就業率が上がるかによっ
て，主婦のその社会における相対的な地位が明らかにできるという発想に基づ
いている．またこの中で台湾と日本の比較を通じて，M 字型雇用ラインとい
う日本社会の女性の就労慣行が，いかに「特殊」なものかを照射した．

　2 つ目は社会主義の間の相違で，中国の方が性の平等について，どちらかと
いえばより積極的な社会で，北朝鮮は，金日成の独裁体制確立以降，朝鮮半
島の伝統規範の影響が強くにじみ出ているという点であった．社会主義化の時
期のあとに，文化規範がにじみ出る現象については，英語版以降，「脱社会主
義化」ではなく，「土着化 indigenization」という概念を使っている．

　そしてそれを図表 1-1 のような図式で説明してきた．

　文化規範としたのは，旧著では家父長制として説明していたもので，朝鮮半
島の文化，中国文化圏の文化という意味である．英語ならコリアンとチャイニ
ーズと読み替えてもよい．詳しくは旧著を参照していただきたい．重要なのは
そうした用語法の問題ではない．この図式が意味を持ったのは，ジェンダーや
家族規範のような社会の根底にある規範というのは，資本主義や社会主義とい

図表 1-1 東アジア諸社会の比較図式

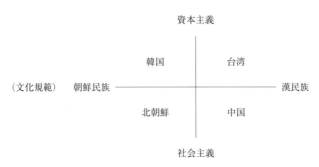

った社会体制で完全に変わってしまうものではないということを明らかにできたからであった．社会主義体制は確かに政策的に女性を労働力として動員するが，男性の家事参加のあり方は，中国と北朝鮮で大きく異なり，北朝鮮で男性が家事育児に参加しない現象は，むしろ同じ朝鮮民族の社会である韓国と共通性がある．また後述のように中国国内でも吉林省延辺朝鮮族自治州の朝鮮族の男性の家事参加が少ないことが知られている．中国の同じ政策の影響を受けていたのだから，これは民族的な文化規範（私が家父長制と呼んだもの）としか説明のしようがない．そして一方乳幼児を持つ母親が，就業することに戸惑わないという点で，中国と台湾には共通性がある．このように社会体制を越えて，文化規範の影響が続いていることを明らかにしてきた．

これに関しては，日本をどう位置づけるかについて明示していなかったが，さほど複雑なことではない．文化規範にコリアン，チャイニーズに加えてジャパニーズが加わり図表 1-2 のような 2×3 の図式ができるのだ．

日本も太平洋戦争末期の構想であったようにソ連が参加する形で分割統治をされていれば，社会主義版の日本社会ができた可能性があり，完全な 2×3 の図式ができるが，幸いにしてそれが起きなかったために，こういう図式となる．縦軸の社会体制 2 つに対して，横軸の文化規範が 3 つあるのだが，そのうち 1 つが欠損値となっている比較社会論だと考えればよいことになる．

これらの仮説は基本的には 1990 年代に考えてきたものであり，本章では 2000 年代以降のデータを加えながら，分析を進めていきたい．また少子化や

図表 1-2　日本を含む東アジア諸社会の比較図式

	コリアン	チャイニーズ	ジャパニーズ
資本主義	韓　国	台　湾	日　本
社会主義	北朝鮮	中　国	×

高齢者の労働といった，新しい事象についても言及する．

　ただし社会主義社会では十分に数量的なデータがそろわないので，日本・韓国・台湾については数量データを中心にしてそれぞれの社会を比較し，中国・北朝鮮については，それぞれの社会の言説の布置を個別に論じていきたい．

1　少子化と結婚の不安定化

　女子労働の議論に入る前に，1990 年代前半には想像し得なかったような変化が，2000 年代以降の東アジアで起きたことを述べておかなければならない．図表 1-3 に見るような急速な少子化である．2000 年は，ミレニアムベビーと，中華文化圏で，人気のある辰年が重なったので，出生率が若干上向いているが，それ以降は，台湾・韓国で，急下降している．中華文化圏の辰年も，「需要の先食い」をしてしまうようで，その前後の年に極端に出生率が落ち込んでいる．韓国や台湾のように，親族ネットワークの結びつきが強く，子どもが核家族のものではなくて，「一族の宝」と考えられるような社会で，日本を上回るような速度で少子化が進むことは，1990 年代前半には考えられなかった．

　子どもが「一族の宝」であるということは，子どもを持つことの決断が，女性にではなく，（特に父系の）「一族」に与えられていることを意味する．2001年のデータでも出生児の性比（女児を 100 とした時の男児の出生数）は，韓国で111，台湾で 109，シンガポールで 108，香港 107 など，自然な出生比率 105 の日本や欧米に比べて，明らかに男児選好が強いことがわかっていた（饒・頼・蔡・王 2003: 28）．このような男児選好はそれ自体が，家父長制の強い残存を意味するものであり，子どもが未だに核家族のものではなく，「一族の宝」で

図表 1-3　東アジア諸社会の出生率の変遷

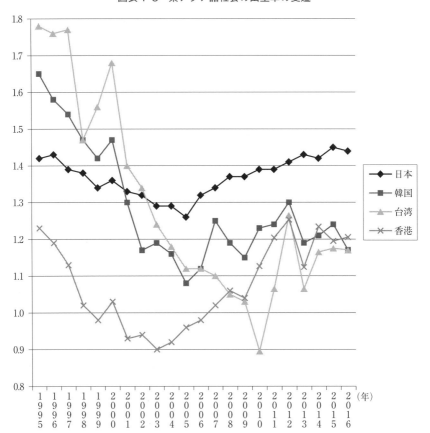

出典：日本「人口動態統計」，韓国「人口動態統計年報」，台湾「人口統計年刊」，香港「香港政府統計處人口統計組」表4「生命事件」．

あることを示している．にもかかわらず出生率は急低下した．一方で韓国では2000年代半ばに急激に性比が正常化する現象が起きており，2002年に110だった性比が，2007年には106.2とほぼ正常値となっている．韓国社会は，IMFから資金援助を受けることとなった「IMF危機」（日本でいう1997年のアジア経済危機）をきっかけに，財閥と公務員以外の職はすべて不安定なものと多くの人が感じるような激震を経験した．その数少ない職を得るための競争が，異常なまでに激化し，教育にお金と労力がかかりすぎるために，事実上「子ども

はひとりまで」という考え方が，急速に広まった．そしてその一方で出生数の急減と同時に男児選好が消えてしまった[2]．

どの社会においても，少子化の原因は，「働く女性の増加に対して，社会の制度や男性の意識が追いついていない」と説明されている．これは正しい一面を持っていることは疑いないだろう．しかし香港などはフィリピン人女性による家政婦のサービスも充実しており，ある意味では日本以上に，女性の社会進出の進んだ社会である．台湾の女性の社会進出も，日本や韓国とは比べものにならない．こうした社会でも少子化が進むのだとしたら，「女性にとって働きやすい社会を作れば，出生率が回復する，とは必ずしもいえない」といった命題を完全に否定するのは難しい．少なくとも，「働く女性が増えれば，出生率が上がる」という2変数間の関係は，正の相関関係にとどまり，1次関数のような直線的関係ではない[3]．したがって個々に比較するとこうしたずれが生まれてしまう．それでも働く女性（と男性）のサポートに今まで以上に注力し続けるべきだと私は考えるし，そうしないとおそらく出生率はより低くなるだけだろう．女性と男性が働きながら子育てができる環境を整備し続けることがほぼ唯一の政策的方向性であることは疑わない．ただ出生率のような多くの環境要因に作用されるデータで，要因を特定して，短期的に「成果」を上げることは，もとより難しいのだ．

一連の出生率低下のもう1つの原因と考えられるのは経済的要因である．台湾や韓国のデータに特に顕著であるが，アジア経済危機の起きた1997年のあと，実際に人々の暮らしにその影響が出る数年にかけて，急激な出生率の低下が起きている．日本の場合は出生率の急低下はバブルのさなか，1989年のデータで1.57ショックという形であらわれたので，低下のきっかけを経済的要因に求めることは難しいかも知れない．しかしその後の低出生率の継続については，やはり1990年代以降の不景気の影響を考慮に入れる必要はあるだろう．

女性の社会進出はあきらかに出産・育児による女性の逸失利益を増大させる．その面では，女性の労働力化は出産に対するディスインセンティヴになる可能性は完全には否定し得ない．しかしだからといって女性の社会進出を抑制するような政策をとっても，時代に逆行するだけで，結局職場に残った女性たちは子育てができなくなる．その意味では「（男女を問わず）働きながら子育てができる環境」が必要であることは自明だ．少子化の原因を問われるオピニオンリーダーの女性たちは，高学歴で，まさに自分自身が仕事と育児の両立に苦しん

10　第Ⅰ部　ジェンダーで見る東アジア

でいるために，こうした声は全ての社会から聞こえてくる．

　ただそうした機会費用の増大に伴う，いわば「豊かな」少子化の一方で，ま
さに育児のコストが払えないことからくる「貧しい」少子化が各社会で進んで
いることも事実のように思われる．松田（2013）は，そうしたスタンスから少
子化問題を捉えてきた論者である．日本／韓国／台湾の20代後半の男性の失
業率を比較すると，東アジアでは，アジア経済危機（1997年），ITバブル崩壊
（2000～2001年），リーマンショック（2008年）などを契機にしながら，若年層
を中心にして失業率が急上昇し，「家族を養う」ということが急激に不確実な
ものになった．こうした中で子どもを産むことは大変なリスクを伴う．

　日本でもフリーターの増大などと関連して，問題視されている現象であり，
年収の低い男性の結婚率が低いことなどが指摘されている．こうした「貧し
い」少子化は，ジェンダーの平等や家父長制（性役割規範）の制約とはさしあ
たり別に経済的要因として出生率低下につながったと考えられる．

　またこうした経済状況の悪化は結婚の不安定化，いいかえれば離婚の増大を
もたらした．図表1-4は東アジア3カ国の各年の離婚件数を，婚姻件数で割っ
て％にしたものである．通常離婚率は，粗離婚率のように人口1000人比の件
数ではかることが多いが，これでは結婚件数の増加や減少を必ずしも反映でき
ない．その反面当然だが，当該年度に結婚したカップルがその年に離婚するわ
けではないので，2003年の韓国に見られるように，その年だけ突出して離婚
が多いと，統計的には50％を越えるような「はずれ値」を記録することにな
る．ただ日韓台の婚姻件数に対する離婚件数は1998年以降ほぼ一貫して3割
以上を記録していることになる．だとすればこれは結婚の約3分の1が破綻す
る社会であるといって差し支えないであろう．複数回婚姻と離婚を経験する人
もいるし，日本の男性はそもそも将来的には生涯未婚率が3割程度に達すると
されているので[4]，正確には3人に1人が離婚するわけではないが．

　図表1-4のグラフの推移でわかるように，やはりアジア経済危機（1997）・
ITバブル崩壊（2001）・リーマンショック（2007）などを契機として，離婚が
（婚姻件数に対して）急上昇していることがわかる．儒教規範が強く，従来離婚
に対する社会的制裁が非常に強かった韓国においてさえ，「はずれ値」とはい
えど，2001～2005年までの5年間にわたって，婚姻件数で離婚件数を割った
値が4割を上回るというのは，人口構造の影響を差し引いても大変な事件だ，
ということができる．韓国では1980年代から90年代にかけて，婚姻件数に対

第 1 章　少子高齢化の進む東アジア　11

図表 1-4　東アジアの離婚件数／結婚件数の推移

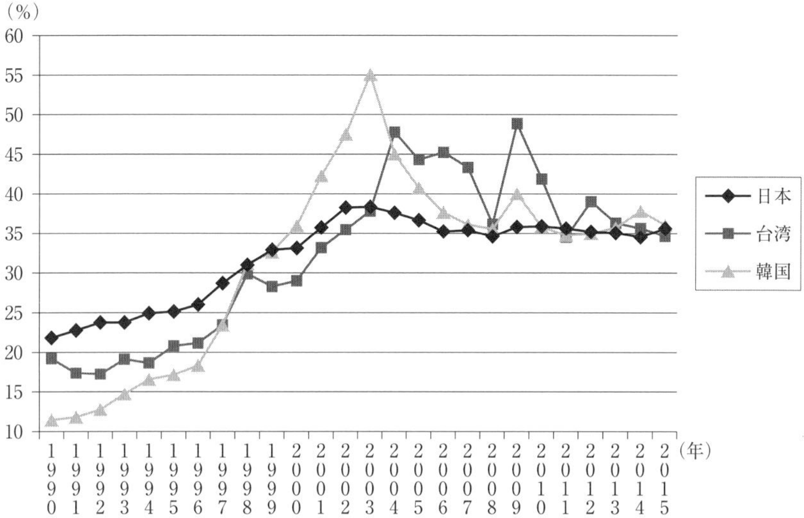

出典：日本「人口動態統計」，韓国「人口動態統計年報」，台湾「人口統計年刊」

する離婚件数はほぼ 10% 強にとどまっており，この変化は劇的である．こうした婚姻率の低下はいずれ低出生率となってあらわれる．祭祀に代表されるさまざまな祖先祭祀や族譜をいわば作られた「伝統」として，戦後に再構築してきた韓国社会にとって，出生率の急低下と離婚の増大は，そうした家父長制を支える「伝統」が意外に早く薄れる可能性を示唆しているのかも知れない．そのことについてはまだ判断ができる段階にはないが，さしあたり経済状況の急変が変化のドライブを形成していることは確認しておこう．

　また台湾でも，特に IT バブル崩壊以降婚姻は不安定なものとなり，続いてリーマンショックが追い打ちをかける形となった．出生率が 0.9 を下回るという異常値を 2010 年に記録し，大きく回復することはないまま今に至っている．これほど出生率の低い国は世界でもきわめて例外的だ．

　また 2000 年代後半あたりから日韓台の婚姻件数に対する離婚件数が 35% にほぼ収斂しているのは興味深い．

12　第Ⅰ部　ジェンダーで見る東アジア

2　女性労働のパターン

2.1　学歴別女子労働力率と主婦の位置

　単に女子労働力率の高低を論じるのではなく，それが学歴の上昇に応じて高くなるか否かが，その社会での女性の社会的地位を考える上ではきわめて重要である，というのが私が日韓台を比較をしてきた際の一貫した仮説である．階層上昇をした時に，労働力化するのか，主婦に向かいやすいのかといった方向づけの基礎になるデータであると思われるからだ．つまり高学歴になるほど労働力化が進む社会は，女性労働のイメージが高階層のものになり，主婦の相対的地位が下がりやすい．一方で高学歴になっても労働力率が上がらない社会は，相対的に専業主婦の階層が高くなりやすく，したがって主婦の消滅に向かいにくいと考えられるのである．

　そのためにはまず進学率のデータをそろえる必要がある．まず女子の高校への進学率は日本・韓国・台湾の 2008 年データですでにそれぞれ 96.6%，99.0%，96.1% とほぼ同じ水準と考えてよい．女子の大学の進学率は，1992 年のデータでは，四年制大学の場合，日本で 17.3%，韓国 22.9%，台湾 16.5% とこれもほぼ同じであった[5]．しかし最近はかなり様相が異なる．

　二年制と四年制をあわせた女子の高等教育進学率は 2012 年データで日本は 55.5%，韓国が 1990 年の 32.4% から大幅に増加して 74.1% となる．2010 年までのデータでは，入学者の基準日が 2 月 1 日となっており，実際の入学者だけでなく合格者もカウントされる場合があったため，8 割を超えていたが，2011年より 4 月 1 日に変更になり，その結果数値が 10 ポイント近く下がっている．ただ依然として非常に高いことは変わらない．台湾は普通科高校から 96.1%，職業系高校から 85.8% となっている．普通科と職業系の卒業者数比（2011 年 56：44）から概算すると約 91.5% となり，韓国以上に高い（ただこれには高校に行かずに，五年制の専科に進んだ学生の数が反映されないので，単純には比較できない）．これでは韓国・台湾の方がはるかに大学進学率が高いことになるが，日本の場合は二年制高等教育機関としての専修学校（いわゆる専門学校）が，大学進学率に含まれていない．女子の専修学校進学者が 20.2% なので，この 2割を加えると，約 75% となり，韓国とはほぼ同じ水準となる．

　そもそも二年制（一部は三年制）の高等教育機関というのは，世界的にはふ

つう，職業・技術教育を行うもので，韓国の専門大や台湾の専科もそういった機能を持つ教育機関である．ところが日本の短大は1960年代後半以降，女性に特化した教養教育機関という大変変わった特質を帯びるようになった．したがって逆に職業訓練の教育機関として専門学校が発達したのだが，これは大学とは認められていないため，日本の大学進学率には算入されていない．日本の進学率のデータを国際比較する際には注意を要する重要な違いの1つである．

いずれにせよ，韓国や台湾の高い大学進学率を考えると，2030年代ごろには大卒の労働者がかなり高い比率となることが予想され，学歴別女子労働力率の計算自体があまり意味をなさなくなる可能性は否定できない．ただ2020年代では，卒業者の数などから見ても充分に比較の対象として意味を持つであろう．

これでようやく準備が整った．つまり日韓台は，女子の高等教育進学率に関して，この1990年代以降さほど大きな違いがなく，したがってデータとして安定して比較をすることができるということになる．それに基づいて，学歴別の女子労働力率を見てみよう．学歴別のデータは台湾のデータのように，在学者を非労働力と計算している場合があるので，その影響を除いて計算し直したのが，図表1-5である．日本では学歴別データがとれるのが，5年に1度の「就業構造基本調査」になるため，2012年データでそろえてある．

学歴の上昇に対応して，きれいに有業率の上がる台湾に対して，韓国は学歴の上昇が必ずしも有業率の上昇にはつながらない．日本はその中間のようなデータである．1992年データと比較しても，それぞれの状況には大きな変化が

図表1-5　日本・韓国・台湾の学歴別女子労働力率（%）

	年	中卒以下	高卒	短大卒	大卒以上
日本	1992	42.9	59.8	64.6	66.0
日本	2012	54.0	66.6	69.8	74.1
韓国	1992	44.6	48.4	64.9	54.0
韓国有配偶	2012	48.4	54.1	51.0	54.8
韓国	2012	35.6	52.8	64.9	62.8
台湾	1992	49.4*	66.1	79.8	82.0
台湾	2012	27.8	62.3	71.1	78.3

注：*小卒以下を含まず．
出典：日本「就業構造基本調査」，韓国「経済活動人口年報」，台湾「人力資源統計年報」の資料から独自に計算

14　第Ⅰ部　ジェンダーで見る東アジア

なかったことがわかる．ちなみに韓国の 1992 年データの中卒以下は小卒以下
と中卒とを合算したものだが，小卒以下は人口としても，労働力率（48.9%）
としても高卒とほぼ変わらない．中卒以下から高卒で労働力率があがるように
見えるのは，実は中卒の労働力率が 38.4% と低いからである．

　さきに述べたように，学歴別の有業率が，学歴とともに上昇するというのは，
主婦の地位が相対的に低いことを意味し，必ずしも学歴とともに上昇しないと
すれば，主婦は相対的に高階層の存在だということになる．その意味で，台湾
女性の積極的な社会進出の傾向には，変化がなかったことが見て取れる．一方
韓国の学歴別有配偶者の有業率は，学歴が上がってもほとんど上昇しない．日
本は大卒の有業率は 40 代で高卒よりも低く，結婚・出産等で退職した後，再
就業せずに無業のままとどまる割合が比較的高い．台湾に比べれば主婦の地位
が依然として相対的に高い社会であることがわかる．

　また学歴別の有業者の比率を見ても，図表 1-6 のようになり，台湾の女性の
就労が，特に高学歴層で活発で，韓国の高学歴層の就労が依然として，活発と
はいえないことが見て取れる．日本で短大卒の女性の比率が高いのは，すでに
述べたように，短大が長い間，男性のほとんどいない，女性向けの教養教育機
関で，結婚するまでの「腰掛け」的な働き方をする女性が多数派をしめるよう
な特殊な存在であったことによる．図表 1-6 の短大卒の欄には専門学校や高専
を含めているが，短大のみに限ると数値は 405.5 となり，完全に女子の教育機
関であることがわかる．

　こうした女性を巡る状況の差異はたとえば，女性の社会進出に関する国際的

図表 1-6　学歴別の女子有業者比率（男子を 100 とした時，2012 年）

	日本	韓国	台湾
小卒以下		149.5	70.0
中卒	60.4[*1]	92.0	42.1
高卒	77.7	66.8	76.1
短大以上	75.2	59.7	95.2
短大卒	218.0[*2]	82.8	87.1
大卒以上	38.0	50.5	100.1

注：*1 中卒以下．
　　*2 短大の中に，高専と専門学校を含む．
出典：日本「就業構造基本調査」，韓国「経済活動人口総
　　　括」，台湾「人力資源調査報告」

な指標となっているジェンダーギャップ指数（GGI）でも確認できる．世界経済フォーラムが毎年発表する，政治（国会議員の女性比など）・経済（労働力率，賃金格差，管理職比など）・教育（在学者数など）・保健（平均余命，出生比など）の各分野における当該社会の女性の数値を男性のそれと比較して算出される指標である．

これは男女の差にのみ注目する数値であるために，フィリピンのように，性差よりも階級差が大きく，貧しさや労働環境，教育水準などに大きな男女差がないと，絶対値が低くても，順位は上になる．アジアの1位がフィリピン（2016年で144カ国中7位）となるのはこうした理由からである．

中華民国は国連加盟国ではないため台湾のデータは世界経済フォーラムのものにも出てこないのだが，中華民国政府は独自で毎年同じ方式のデータを公表している[6]．それによると台湾は2016年に（台湾を加えて1つ増えるために）145カ国中38位．いずれも台湾を加えるために，もとのGGIのデータからは順位が1つずつ落ちるが，シンガポールの56位はともかく，中国100位，日本112位，韓国117位と比べると圧倒的に成績がよい．日本と韓国の低さ，台湾・シンガポールを含む中国系の高さが際立ち，中でも台湾は東アジアの優等生である．フィリピンとは異なり，絶対的な水準も比較的に高いのは明らかである．アジアで台湾を上回るのもフィリピンしかない．女性の社会進出の進んだ中国系の社会，進みにくい韓国，その間に位置する日本という図式がきれいに見える．

女性の社会進出について，アジアの身近な先進国が台湾であることは，実はあまり知られていない．台湾では赤ちゃんがいても大卒の女性が働くことは当たり前で，日本より保育所の整備ははるかに遅れているにもかかわらず，出産はキャリアの中断を意味しない．理由として1つには，母親が子どものそばにいなければならないという母役割規範が台湾は日本に比べると希薄なことで説明できる．中華文化圏全体にこうした規範は広がっているし，日本について考えても，母親だけが子どもの世話をするようになったのは，長くとっても大正期の大都市部で生まれた新しい現象で，全国へと広がるのは高度成長期である．

もう1つは，仮に出産で退職しても初職からの退職が，次の職探しで大きな不利にならないことを要因として挙げることができるだろう．たとえば大手A新聞社に勤めていた女性が，出産して1～2年のブランクのあとに大手B新聞社に就職するというのは，特にめずらしいことではない．むしろ日本のよう

16   第Ⅰ部　ジェンダーで見る東アジア

に，いったん条件のよい第1次労働市場から外れると，二度と戻れないような仕組みになっていることの方を「変だ」と認識すべきである．出産後の女性の能力を活かすためには，日本のような雇用慣行は無駄だとしかいいようがない．

　そして台湾のフェミニズムはこうした女性の社会進出や戒厳令解除以降の民主化運動の高まりを受けて独自の発展を遂げる．フェミニズムが遅れて入った分だけ，論点が先取りされており，圧縮的近代化を通り越えて，先進的な議論を取り入れ発展させている．第4章の福永論文はこれに関するものである．

2.2　M字型就労

　日本の女子労働パターンの1つの特徴に，出産育児期の女性の労働力率が下がるいわゆるM字型就労が挙げられているのは周知のことである．図表1-7は2015年の女性の年齢階級別労働力率のデータで，日本の曲線はもはやM字型とはいいがたいが，これは基本的には晩婚化と少子化が主因とされている[7]．韓国は日本とほぼ同じパターンで，日本よりも底が深く，中高年での労働力率の上昇も弱いので，日本の大都市部，もしくは10年程度前の日本のデータに形が似ている．

　一方同じ図表1-7からわかるように台湾はM字型を形成しない．出産育児期に当たるはずの30代はきわめて労働力率が高く，反対に40代後半以降急速に労働力率が落ち込む「くちばし型」をしている．そしてこれはあとで見るように台湾に限らず，香港やシンガポールなど中国系の資本主義社会や社会主義中国で共通に見られる特徴である．中国は，社会主義の影響で共稼ぎは当然とされているが，それでもやはり40代後半から急激に労働力率は下がる．これは女性の退職年齢が男性より5歳早く設定されているといった事情も絡んでおり，また都市部では豊かな層を中心に専業主婦が誕生しつつある．しかし中国系の社会では，資本主義をとろうが社会主義をとろうが，M字型雇用ラインは見られず，出産育児期には仕事を継続するのに対して，中高年女性が比較的早期に労働市場から撤退するのである．

　高年齢者の就労パターンについては，次節で触れるが，ここではさしあたり「M字型」自体が，「経済合理的で自明」なものではなく，むしろ「子どものそばに母親がいなければならない」と考えるある種文化的な，あるいは「制度的な」「パターン」であることを確認しておこう．

　韓国では2010年前後にキロギアッパ（雁のおとうさん）という現象が話題に

第1章 少子高齢化の進む東アジア　17

図表 1-7　日本・韓国・台湾の年齢階級別女子労働力率（2015 年）

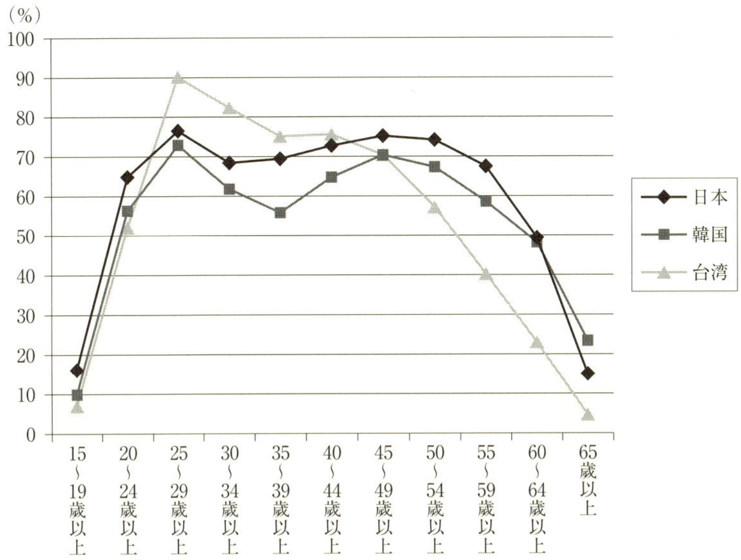

(%)

凡例：
◆ 日本
■ 韓国
▲ 台湾

横軸：15〜19歳以上　20〜24歳以上　25〜29歳以上　30〜34歳以上　35〜39歳以上　40〜44歳以上　45〜49歳以上　50〜54歳以上　55〜59歳以上　60〜64歳以上　65歳以上

出典：日本「労働力調査」，韓国「経済活動人口総括」，台湾「人力資源調査報告」

　なった．富裕層の一部で子どもが大学に入る前に英語圏に留学する際に，母親が子どもについて行き，父親一人が韓国に残って送金する，という現象である．日本も韓国同様「子供のそばに母親がいなければいけない」と考える社会ではあるが，こうした行動は日本では滅多に見られない．日本なら高校生が留学に行くのに，親がついて行くことは考えられない．日本の母役割が子どもが小学校に上がるくらいまでを主に指しているとすれば，韓国社会のそれは大学に合格するまでを指していることになり，これがまさに第3章の柳論文が描き出す世界である．

　「誰を労働力とするか」という問いに対して「小さな子どもを持つ母親をはずす」もしくは「大学に入る前の子どもを持つ母親をはずす」という行動は，決して自明ではない．そして日本・韓国・台湾のこうしたパターンは，ここ20年程度の中では，若干の変化の兆しは見られたにせよ，決定的に変容することはなかったと考えることができる．こうした日韓台の「特殊性」は，相互に比較することでクリアに浮かび上がるのである．

3 高齢者の就業パターン

繰り返しになるが「誰を労働力とするか」という政策や企業の選択は，すでに「制度」的，文化的に影響を受けている．ここでは特に台湾に代表される中華文化圏の高齢者就労がいかに特徴的なものであるかを考えてみることとしたい．そのことは，とりわけ日本が，高齢者就労に関して，いかに「特殊な」文化を持つ社会であるかを浮き彫りにすることにつながるのである．

3.1 就業希望の違い

まずは労働力率から見てみよう．図表1-8に見るように，大陸ヨーロッパでは，高齢者の就労は稀である．アメリカは社会保障制度の不備と強い自由主義から，高齢者の就業率が若干高く出るが，それでも日本より低い．特に北西ヨーロッパでは退職（retirement）は labor（あえて強い訳語をとれば「苦役」）からの解放と考えられており，年金生活に入ってなお働くという行動は例外的である．日本は平均余命が大変長いため，65歳以上のデータでは労働力率が低めに出るが，高齢者の就労に関して，大変積極的な社会であることがわかる．

韓国は農業の影響が強く出るために，高齢者の労働力率が高くなる．これについては後述する．

一方台湾を含む中華文化圏は高齢者の就業にかなり否定的な社会である．特に女性は，出産育児期にあたる30代には労働市場にとどまるにもかかわらず，40代後半以降急速に労働力率が下がる．孫の面倒をみながらのんびり過ごす

図表1-8　高齢者の労働力率（2015年）（%）

	60～64歳	65歳以上
フランス	29.7	2.7
ドイツ	56.2	6.1
日本	64.3	22.1
韓国	61.1	31.3
イギリス	51.3	10.7
アメリカ	55.4	18.9
スウェーデン	70.1	16.7
台湾	35.8	8.8

出典：ILOSTAT，台湾「人力資源調査報告」

第 1 章　少子高齢化の進む東アジア　19

図表 1-9　中華文化圏と日本の女子労働力率

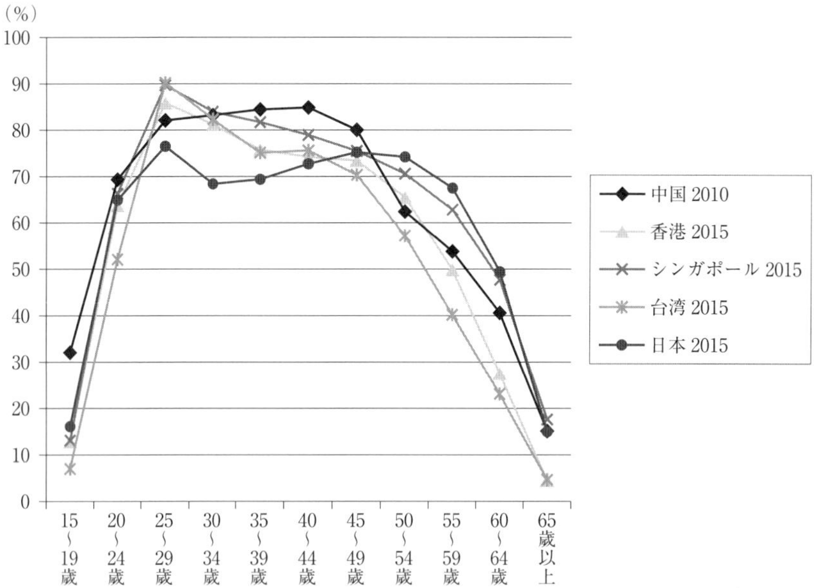

注：中国は 15～19 歳ではなく，16～19 歳.
出典：中国「人口普査」，シンガポール・香港「ILOSTAT」，台湾「人力資源調査報告」，日本「労働力調査」

　ことが理想とされ（中国語では含飴弄孫と呼ぶ），老親の就労はしばしば息子の
面子をつぶすものだと考えられる．女性の 65 歳以上の就業率データを見ると，
中国が農村部の影響で全国では 15.1％ と少し高く出るが，都市部だけに限る
と 2.2％（いずれも 2010 年人口普査），台湾が 4.6％，香港が 4.5％（いずれも 2015
年）などとなっている．日本は 15.0％，韓国は 23.4％ に達する（2015 年）．中
華文化圏は社会保障の全くない中国の農村部で貧困からくる就労が見られる他
は，基本的に高齢女性は働かない社会である．
　これは図表 1-9 の年齢別の女子労働力率のグラフを見ると一目瞭然である．
中華文化圏のパターンは M 字型にならず，40 代までが高いという意味で，ほ
ぼ同じ形をしていることがわかる．農村部を強く反映してしまう中国のデータ
を除けば，あとはほぼ，若年期にピークとなる「くちばし型」を形成する．こ
れだけ多くの社会が同じ形をするのであれば，これはやはり文化的パターンと
呼ぶべきものであろう．

20 第Ⅰ部 ジェンダーで見る東アジア

　逆にここからはっきりわかるように，日本は図表1-7のように韓国と比べると M字型が浅いように見えるが，中華文化圏と比べると明らかに M字型になっているということができる．他方で子どもが小さい30～40代では就労が基本となっている中華文化圏では，50代になると急激に労働力率は下がる．日本では50代はむしろ子どもが手を離れ，学費などのために女性がパートなどに出ることから，労働力率の1つのピークをなすにもかかわらず，である．そしてその傾向は60代まで大きな違いとなって続いている．

　日本では，55歳以上の男女を対象とする内閣府の「高齢者の健康に関する意識調査」(2012) でも，60歳以上の有職者の退職希望年齢は，「65歳くらいまで」が，20.8% なのに対して，「70歳くらいまで」が17.2%，「働けるうちはいつまでも」が32.4% となっている．70歳や75歳までなどを含めて，65歳以上と回答する比率は約6割に達しており，高齢者の就労に積極的な傾向は今も変わらない．

　また「高齢者の生活と意識に関する国際比較調査第7回 (2010)」は60歳以上の男女を対象とした調査だが，現在就労している人の比率は，韓国49.8%，日本38.3%，アメリカ30.2%，ドイツ21.0%，スウェーデン34.9% となっている．日本は2005年 (34.9%) まで漸減傾向が続いたが，2010年調査では反転して上昇した．定年後の再雇用などがデータに表れたと考えられるが，平均余命が長いことも勘案すれば，世界的に見ても先進国の中では高齢者の就労率が特異なまでに高い社会である．

　続いて行われた「高齢者の生活と意識に関する国際比較調査第8回 (2015)」は韓国が対象となっていない．2015年時点での60歳以上で働いている層の今後の就労意欲は日米韓で約9割と高く，ドイツは65.3%，スウェーデン70.0% となる．とりわけ興味深いのは就労の継続を希望する理由で，図表1-10に見るように，収入以外の理由を探そうとする傾向が，日本では非常に強い．ドイツやスウェーデンでも似た傾向はあるが，そもそも図表1-8に見たように分母となる，就業している人の比率や就労を継続したいと考える比率が，全く異なるわけで，これは日本に特徴的な現象ということができよう．

　特に「体によいから」との答えは，この調査で1980年の第1回調査以来，一貫して25～40% の回答があり，日本社会固有のものである．韓国も15～20% 程度で，欧米に比べると比較的高いが，日本を上回ることは決してない．

　そしてそのことと対比すれば，台湾の高齢者の就労忌避は大変特徴的である．

第1章　少子高齢化の進む東アジア　21

図表 1-10　現在就労している人が，今後も就労を希望する際の理由（%）

	日本	アメリカ	韓国*	ドイツ	スウェーデン
1　収入がほしい	49.0	52.7	64.5	31.9	20.8
2　仕事そのものが面白いから 　　自分の活力になるから	16.9	28.1	19.1	48.9	54.4
3　仕事を通じて友人や，仲間を得ることができ 　　るから	7.1	2.8	—	0.9	3.0
4　働くのは体によいから 　　老化を防ぐから	24.8	14.9	16.2	14.8	16.9
5　その他	2.2	1.5	0.3	3.1	4.9

注：*韓国は 2010 年調査のデータ.
出典：第 8 回「高齢者の生活と意識に関する国際比較調査」2015

図表 1-11　就業継続意欲がある理由（%）

	日本		台湾	
	男性	女性	男性	女性
収入がほしい	39.7	36.4	79.3	82.4
仕事がおもしろい	12.2	12.1	16.1	14.0
友人が得られる	8.1	6.1	0.6	0
体によい	37.2	40.2	0.6	1.5
その他／無回答	2.8	5.3	3.5	2.2

注：いずれも 60 歳以上の男女が対象.
出典：日本　内閣総理大臣官房老人対策室『1982 老人の生活
　　　と意識』，台湾　江亮演『台湾老人生活意識之研究』，
　　　1988 年

　図表 1-11 は図表 1-10 と対応するような 1980 年代のデータに関して，日本と台湾で比較したものであるが，台湾の高齢者が就労は「体によい」とは全く考えていないことがよくわかる．高齢者の就労は，経済的に迫られてするものなのだ．

　一方韓国保険社会研究院の 65 歳以上の就業している高齢者を対象とした意識調査（1998）では，就業の理由について，「お金が必要だから」が 66.1% にのぼり，「仕事が好きだから」8.2%「体によいから」7.2% を大きく引き離している[8]．先の調査の図表 1-10 は 2010 年のデータだが，これを見ても「収入」が 64.5% を占めており，図表 1-11 と比較をすれば，日本と台湾の中間で，どちらかというと台湾に近いような，差し迫った就業状況であることがわかる．

22　第Ⅰ部　ジェンダーで見る東アジア

　世界中で高齢者が収入のために就労を選ぶこと自体は，珍しい現象ではない．というよりむしろ世界中で高齢者は収入のために働く．高齢者に限らず，世界中で多くの人は収入のために働くのだろうから，高齢者が収入のために働く，というのは当たり前だ．日本でも一貫して40％台で，あげられている選択肢の中では一番多い．しかしそれが韓国や台湾で突出して多いという点は，やはり韓国・台湾が急速な近代化のプロセスの中で，年金制度の整備を含め，高齢者の福祉にまで手が回らなかった状況を示すものといえるだろう．今後急速に進む高齢化の中で，韓国社会・台湾社会が直面する大きな課題がここにあるように思われる．

　特に台湾の場合は，高齢者の就業に否定的な規範が存在する．「おじいさんは山へ柴刈りに，おばあさんは川へ洗濯に」，という日本の昔話の常套句について「先生あれは息子はどこで何をしてるんですか？」と台湾の院生に聞かれたことがある．「中国なら孝行息子が出てきて助けなきゃいけないのに，どうして日本の昔話って，ツルだの犬だの，わけの分からない動物が出てきて助けるんでしょう？」と聞かれて絶句した．中華文化圏にあって老親の就労は，息子の面子を潰すようなことである．したがって高齢者が働くことは，日本では職場があるかどうかという問題になるが，中華文化圏ではそもそも「働くことは恥ずかしい」という意味で，社会的な規範と衝突することとなってしまうのだ．これは中華文化圏のこれからの高齢化を考える上で重要な問題であろう．

3.2　職業別，学歴別データ

　では就業の実態はどうなっているのだろうか？　職業別や学歴別のデータを計算してみよう．図表1-12に見るように，職業別のデータでまず目につくのは，台湾・韓国では農業が大変大きな比重を占めている点である．現在の産業構造では，農業セクターの比重は両国ともさほど大きくないが，産業化のスピードが速かった分だけ，高齢者には農業セクターが多いということなのであろう．一方日本では，事務職や専門・技術・管理職などホワイトカラーの職種が比較的多い．こうしたデータを元に，日本では高齢者が働きやすい職種が多いから，労働力率が高いのだという意見があるかもしれないが，農業セクターは日本でももともと高齢者がよく従事する職種だった．また生産工程労務従事者のようないわゆるブルーカラーも日本では比率が高いことを考えれば，単に職種や産業構造によって，日本の高齢者の高い就業率が作り出されていると考え

図表 1-12　65 歳以上の就業者の職業別比率（就業者に占める割合）(%)

	日本 2012	台湾 2012	韓国 2011
農林漁畜産業従事者	16.7	44.7	52.9
生産工程労務/機械運転	30.6*	16.0	28.9
事務	9.6	1.0	0.3
販売	11.9	サービスに含む	7.4
サービス	12.5	24.3	4.3
専門・技術・管理	14.2	14.1	3.0

注：*「生産工程」「輸送・機械運転」「建設採掘」「運搬清掃包装」「保安」の合計.
出典：日本「就業構造基本調査」(2012)，台湾「人力資源統計年報」(2012)，韓国「2011 年度老人実態調査」(2012)

るのは，無理があるだろう.

　学歴別のデータはさらに興味深い. 女子労働力率のところで，3 カ国の学歴別女子労働力率を比較したが，学歴別を問題にするのは，高学歴層ほど，選択肢が広く，経済的な理由に縛られずに自分の希望に沿って就労するかどうかを選ぶ余地が大きいと考えるからである. つまり当人の希望で就労したいと思っているのかどうか，を象徴するデータだと思われるのだ.

　そうした観点から見たとき，図表 1-13 は大変好対照をなすデータになっている. 日本では，いずれの年齢層でも，小・中卒から高卒までは大きな違いがないが，短大・専門学校以上ではある程度上昇する. 台湾は学歴による違いはさほど大きくないが，学歴が上がると若干労働力率が下がる傾向があり，そもそも就業する人が 65 歳以上では極端に少ない. 中華文化圏の高齢者就労に対する忌避意識があらわれている. 韓国については就業率は比較的高いが，学歴が上がるほど就業率は下がる傾向がある. つまり第 1 次産業などを中心に生活上の必要から働いている層が多いと考えられるのだ.

　さらに韓国のデータを時系列で詳細に見ると興味深いことがわかる. 韓国の高齢の男性の労働力率の変遷を見ると 1965 年以降 2000 年までの間で，市部では一貫して 35% 前後で労働力率が上昇しないのに対して，農村部（邑部・面部）においてのみ高齢者労働力率が 45% から 70% 程度まで急激に上昇していることがわかる. 李（이철희 2006）が述べるようにこれは次のようなことを意味している. すなわち韓国ではもともと農村での高齢者の就労は必ずしも一般的ではなかったのに対して，高度成長に伴う人口移動によって，農業の担い手が流出し，高齢者による就労が一般的になったと推測されるのである.

24　第Ⅰ部　ジェンダーで見る東アジア

図表 1-13　高齢者の学歴別就業率（%）

		小・中卒	高卒	短大・専門卒以上	
日本	65-69 歳	39.1	38.0	41.7	
	70-74 歳	24.5	24.4	26.7	
	75-79 歳	14.3	14.9	18.8	
台湾	60-64 歳	33.7	31.9	30.0	
	65 歳以上	8.5	7.8	5.8	
韓国		無学	小卒	中・高卒	専門大（短大）以上
	65 歳以上	31.0	38.4	34.9	21.8

出典：日本「就業構造基本調査」（2012），台湾「人力資源統計年報」（2008），韓国「2011
年度老人実態調査」（2012）

　これに対して日本は1965年時点で比較すると，韓国より労働力率が高く，その後社会保障制度の整備や農業セクターの縮小などに伴って，労働力率が低下してきた．したがって韓国に比べると，伝統的に高齢者の就労の比率が高かったのではないかと推測されるのだ．そして1960年代以降低下してきた60代以上の労働力率が2005年を底にして，男女とも急激に上昇している．定年制延長などの効果も関係するだろうが，日本の高齢者の就労への積極性を示すものであり，またすでに見たように，ホワイトカラーなどの職で高齢者が吸収されており，高齢者就労の風景は，韓国や台湾とは異なっている．

　図表1-14を見れば一目瞭然だが，台湾の65歳以上の労働力率は30年ほどさかのぼった程度では全く高い時期を探せず，伝統的にも高齢者の就業率が低いことが容易に想像できる．①日本の65歳以上の男性の労働力率が，台湾と比較すると平均余命が長いにもかかわらず著しく高く，②65歳以上の台湾男性の労働力率が，日本の65歳以上の女性の労働力率と比較しても，ほぼ一貫して低い．この2つは，特筆すべきことであろう．

　日本では定年後の再雇用が活発化していることもあって近年65歳以上の労働力率が反転して上昇している．①については，そもそも高齢者の労働力率が比較にならないくらい高いという点で注目に値し，②についても日本女性の平均余命はきわめて長いため，どうしても65歳以上の労働力率が低くなりやすい点を勘案すると，それを台湾男性の比率が上回らないというのは，これまたかなり特殊なことと考えるべきである．

　前述のように，台湾を含む中華文化圏において，老親の就労は息子の面子を

図表1-14　台湾と日本の高齢者（65歳以上）の労働力率の推移

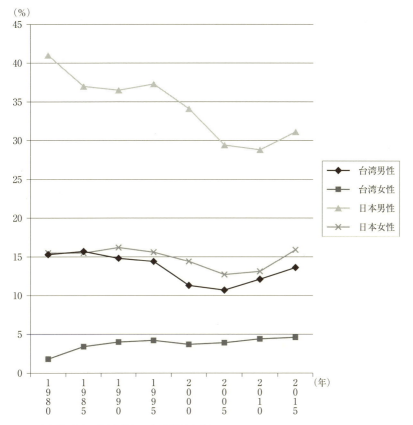

出典：台湾「人力資源統計年報」，日本「労働力調査」

潰すことと考えられている．高齢者がお金のために働くことは，息子が養老の義務をきちんと果たしていないことの象徴となるのだ．老親の就労は大変悲惨な状況に映り，またそれを（少なくとも経済的に）解決するのは息子の責任であると認識されているために，仮に親が望んでも就労することは必ずしも簡単ではない．

　一方で，韓国は中華文化圏ほどには，老親の就労に対する忌避感を強く持ってはいない．キム・イッキらの調査（김익기　외 1999）でも，「子どもの反対」で「就業できない」と答えた比率は10％程度に過ぎない．韓国老人問題研究

所（한국노인문제연구소 2002: 15）の 2000 年の調査でも同じような問いに対する回答は，4.5% で大きな問題ではない．選択肢が同じではないため，単純な比較はできないが，この数値は両義的で，日本であれば，そうした回答はさらに低くなる可能性がある．その意味では韓国は台湾と日本との中間に位置することになろう．

4　独自路線を突き進む北朝鮮

『東アジアの家父長制』（1996）では，金日成体制下の出来事として，①1961年の「全国オモニ（母親）大会」で，金日成が「子育ての第一の責任者は母親である」と強調したこと，②党内の反対勢力の粛清と首領制の確立（1967 年）を契機にして，金日成の母親である「康盤石を見習う運動」が展開されたこと，などに言及した．その中では，男女の同権よりも，妻として・母として・嫁としての女性の立場が強調される点に，北朝鮮の社会主義の独自性を見いだした（이태영 1991）．さらに 1980 年代に入り，金正日の後継体制が確立してくると，その実母たる金正淑を神格化する動きが見られるようになり，1990年代に入り，金日成の死去（1994 年）後も，それが続いていたことを確認した．

　重要なのは，同じ社会主義であるのに，北朝鮮は中国と様相が著しく異なるという点である．ジェンダーのような問題については，社会体制の差よりも，基層にある文化の差の方が強く表れてしまい，したがって以下ではその後の動きについて，簡単な紹介を試みたい．北朝鮮の動向については，入手可能な統計資料などがなく，韓国での議論に頼るか，公表されている新聞・雑誌等を利用するしかない．ここでは北の女性団体「朝鮮民主女性同盟」の機関誌『朝鮮女性』（月刊）と朝鮮労働党の機関紙『労働新聞』（日刊）などを中心としながら，経済情勢の悪化の中で，北朝鮮のジェンダーをめぐる言説にどのような特質や変化があるのかを論じたい．北朝鮮のジェンダーに関する研究は日本にはほとんどなく，一定の意味を持つと考える．

　朝鮮民主女性同盟は朝鮮職業総同盟，社会主義労働青年同盟，朝鮮農業勤労者同盟とならぶ北朝鮮の国民を統率する 4 団体の 1 つである（김종일 2005）．紹介は主に 3 点，1 点目は 1998 年に開かれた「第 2 回全国オモニ（母親）大会」について，2 点目は金正淑の神格化のその後，3 点目は性役割分業のあり方についてである．オモニ大会はその後も開かれており，その詳細については

第5章の韓論文が論じている．本節はその橋渡しとなるものである．

　第2回全国オモニ大会は1998年の9月28，29日の2日間，平壌で開かれた．『労働新聞』に発言の要旨などが詳しく紹介されているので，それを見ていきたい．大会ではまず1961年の「全国オモニ大会」における金日成の「子女教育における母親の任務」という演説の録音が流された．ここで彼が，子どもの教育に対してもっとも重要な役割を担うのは母であるという，性役割分担を肯定した立場から演説を行ったのは，すでに述べたとおりである．そして第2回大会はまさにその冒頭で録音が流され，「その課題を貫徹するための闘争」が成果を上げてきたことが，最初の登壇者，女性同盟中央委員長千延玉の演説で強調される．露骨に性差を認める金日成の路線は，1998年にあってもなお継承されるのだ．この千延玉の演説の中で強調される点に注目すると，他に①経済的な困難の続く「苦難の行軍」の中で「近い将来に社会主義の強盛大国を建設できる」という金正日の言葉を信じ実践するよう強調する点，②子どもをたくさん産みたくさん育てることが奨励される点，③金正淑の革命精神を模範とすべきとする点，④人民軍への貢献が重要視される点などがあげられる．

　その後に続く「模範的な」討論者たち（全て女性）の報告は，それを細部で強調する．『労働新聞』には1998年9月29日付で11人，30日付で22人の討論者の要旨が掲載されている．このうち親を失った子どもの養育にまつわる話は33例中10例に出てくる[9]．経済難の中で，北朝鮮では孤児の問題が深刻化していた．そうした背景の中で，8人の子どもを産み，それを全て「偉大な将軍さま」の軍隊に送ったとする工場労働者，親を失った子どもたちを引き取り，30代にして53人の子どもを育て，「オモニ英雄」の称号をもらったという人，さらには60人の孤児を引き取り，それぞれに「一心」「団結」「自爆」「決死」「親衛」「前衛」「肉弾」「銃」といった軍隊式の名前をつけ，60発の銃弾として人民軍に送りたいとする女性．これらが母としての役割つまり，「母親の本分」として語られるのだ．親を失った子の養育というのは，福祉国家なら国が行う最低限のサービスに含まれるはずなのだが，現在の北朝鮮では，「国の助けを借りずに」孤児を引き受けた人たちがこのように称揚される．そしてそれは非常に強く軍隊と結びついている．

　子どもを軍隊に送り，亡くした親が33例中5例出てくる．彼女たちはその悲しみを語ることなく，まるで日本の軍国主義下の「靖国の母」のごとく，人民軍のオモニとして「名誉」のみを語る．将軍さまへの挺身を通じて「政治的

生命」が与えられるのだ．その上でさらに他の息子たちも軍隊に送り，娘は前線の兵士のところに嫁に出す．ちなみにこの「娘を嫁に出す（시집 보낸다）」という表現は，結婚が当人同士の意向ではなく，親の意志に依存することを強く示唆しており，興味深い．また「末娘くらいは，軍人以外と結婚させて，そばにおいたら」と近所の人にいわれた事例が複数出てくるので，これはある程度共有された感覚なのかもしれない．しかしもちろん「英雄」たちは，それを拒んで軍隊の人と結婚させる．こうした極端な軍隊重視の姿勢，もしくは軍隊を通じて体制を支えようという姿勢は，1961年のオモニ大会ではそれほど顕著ではなかった．それに比べるとこれらの発言には，経済難の中の金正日体制における先軍政治と呼ばれる軍隊最優先の姿勢がよくあらわれている．1961年といえば朝鮮戦争の休戦から8年しか経っていない時期であり，その時よりも軍事色が強いというのは注目すべきことであろう．

　軍への貢献は人を供給することだけではない．北では食糧難の克服のため，家内作業班などを通じた家畜生産が奨励されているが，家畜を育て，その肉を人民軍に送ったというエピソードも出てくる．豚が多いのだが，中には「いままで人民軍や重要大建設現場に豚20匹あまり，犬32匹，ウサギ600匹を送った」というのもある．犬は朝鮮半島の伝統食だが，「草から肉を作る」運動の一環として，ウサギも育てて食べるとのことだ[10]．

　要するに，1961年のオモニ大会が金日成体制の補強のためであったとすれば，第2回オモニ大会は「苦難の行軍」の中で先軍政治を続ける金正日体制安定化のための布石であることが読みとれる．

　そしてこのことは2点目の金正淑を見本とする言説にも微妙な影響を与えている．金正淑を神格化する動きは，金正日による後継体制が確立する1980年代から続いているものである．第2回オモニ大会の発言の中にも数多く見られたし，2000年代中盤にも見ることができる．『朝鮮女性』では毎号のように「抗日の女性英雄金正淑同志が見せてくださった首領を決死で守ろうとする崇高な模範を積極的に学び，透徹した首領決死擁護の精神を持って，我々の運命であり未来であらせられる偉大な将軍さまを政治思想的に命がけで断固として守る銃弾，偉大な将軍さまと最後まで生死運命をともにする先軍革命同志とならなければならない[11]」と金正淑が取り上げられている．ただ康盤石の役割が妻として母としてといったものに重点があったことを思うと，この軍事的な比喩の多さは指摘しておくべき特徴であろう．つまり単なる母役割を超えて，

北の社会の一員として金正日体制にあくまで忠実な「戦士」であることを求めている点に，先軍政治の影響を強く受けた「金正淑を見習う運動」の新しさがあるのである．

北朝鮮の男女をめぐる公の議論の中には，「男女の対等や平等」といった言葉が出てこない．これは「オモニ大会」だけの特徴ではなく，『朝鮮女性』の記事などでも変わらない．あくまでも母という「本分」を基調とする点は，北朝鮮の今の男女のあり方を大変特徴づけるものであるといえるだろう．これが3点目の北朝鮮の性役割を肯定した上での分業観に通じている．

日本の朝鮮総聯の機関紙『朝鮮新報』では1998年10月21日付けの朝鮮語紙面[12]に，第2回オモニ大会に参加した日本の女性同盟幹部らの座談会を収録している．そこでは「なぜ今再びオモニ大会なのかと最初は疑問に思った」との率直な意見を拾っている．その上で「社会進出して活躍している女性たちの中には，子どもの教育も男女対等にやらなければという傾向があるが，祖国では後代をちゃんと育てることは社会の明日を左右する重要な事業であり，単純な家事ではない．子どもの教育の一番の責任者としての社会的役割を果たしているのです」と，より日本の文脈に引きつけた意見が出されている．日本社会に流通する男女の平等といった観念からは，現在の北朝鮮のあり方に対して疑問を抱く余地があるはずなのだが，その回路を遮断するような色合いを，この記事は帯びている．

さらに2005年11月22日に第3回オモニ大会が開かれ，『労働新聞』では同日付で朝鮮労働党中央委員会の祝賀文を，また大会の模様を翌23日に掲載している．しかし内容としては，「苦難の行軍」や金正淑を見習うことなど第2回大会と大きな違いがあるようには思えない．党創建60周年を記念して開かれた，とあるのだが，どういう意図で開かれたのか，やや疑問が残る．

このほか北朝鮮における性役割分業のありかたを垣間見ることのできる資料がいくつかある．張必和（장필화 2001）は，北朝鮮の情報を伝える韓国KBSの番組「南北の窓」での南への亡命者（韓国でいう帰順者）の話を引いて，結婚すると60〜70%の女性が仕事を辞めるとしている．また金（김귀옥 2000: 85）にも，結婚で半数近くの女性が仕事を辞めるとの記述がある．

『朝鮮新報』では，「男女平等権法令発布から50年」という記事の中で，「結婚したら夫に家事をやらせるなんて考えられない．負担は多いけど自分で全部やるだろう」と語る金日成総合大学経済学部5年の女子学生の発言を載せてい

る．また同じ記事の中で金日成社会主義青年同盟中央委員会学生少年部教育課長の女性，李容美さん（23歳）は30代の男性を部下に持ちながら，「結婚後も仕事を続けるかどうかは思案中」だという[13]．また「韓国に亡命して大学に通った時に，女子学生が同年齢の男子学生に対して，敬語を使わないこと[14]について，血が逆流するほど驚いた」（장필화 2001：78）という発言を聞くと，かなり伝統的な性規範が残っているのではないかと思われる．

　こうして仕事を辞めた女性たちは，単に家庭にとどまるのではなく，先のオモニ大会の発言の中にもあるように，家内作業班と呼ばれる内職や家畜育成などの作業を行うグループ，または街頭人民班と呼ばれる地域の作業組織などに組織化され，実質的には経済活動の一翼を担っている．しかしこれらの場合，彼女たちは被扶養者の立場に分類され，配給の穀類のグラム数が減らされるという（이화여자대학교 한국여성연구회 2001）．

　社会主義が女性を労働力化する方向に働くのは，共通に見られる現象であるが，現代の北朝鮮の場合，①それが決して男女の平等といった観点から正当化されるのではなく，母親や女性としての役割が強調される点，②さらにそれが軍事的な比喩を伴って体制を擁護する存在として理想化され，全ての社会を一色化する点を，特徴と考えることができる．金（김귀옥 2000）は妻の内助の功や嫁としての役割が韓国と共通する女性の話題であることを，『朝鮮女性』などの記述をひきながら，例証している．女性役割の強調は，朝鮮半島に共通の現象であり，社会主義と資本主義といった体制を越えた共通点を北朝鮮と韓国の間に見いだすことは，やはり可能であると思われる．

　また興味深いのは，中国内部の朝鮮族と漢族の対比である．中国の朝鮮族の共働き家庭を対象に調査を行った韓今玉（1995）によれば，中国の朝鮮族社会で，男性の家事参加は極端に少ない．都市に住む朝鮮族家庭で，73家族中食事の買い物を完全に女性がやる例が66例，朝食の準備も女性のみが行うのが72例，夕食の支度も女性のみが62例などとなっている．一般に中国の都市部の漢族の間では，男性の家事参加はかなり進んでいる．同じ中国社会の環境の中でも朝鮮族の文化的影響が見て取れるわけで注目すべき事例であろう．漢族と朝鮮族の差が同じ政策的な圧力を受けた社会でも存在する．

　これらを総合すると朝鮮社会の儒教的規範が，北朝鮮の社会主義，中国の社会主義，韓国の資本主義のもとでもそれぞれ影響を及ぼしていることを示しているといえるのだ．

5 社会主義市場経済下の中国

中国に関しては第6章で扱っているが，韓国・台湾・北朝鮮とは異なり，狭い意味でのジェンダーに関する議論ではない．そこで2000年代以降のジェンダーに関する変化については，本節で簡単に触れておくこととする．特に「婦女回家（女性は家庭に帰れ）」と呼ばれる論争について整理をし，女性の労働力化を当然と考える社会主義体制下での，働くか，専業主婦になるかに関する議論を中心に紹介したい．「土着化」段階の中国の様相である．

中国では，改革開放が本格化する中での企業の論理と女性の就業との間の矛盾について多くのことが紹介されてきた．それは継続革命路線の中で，「女性は天の半分を担う」として就労が称揚された時代から，女性の就業が企業にとってのコストとして認識されるようになった時代への転換であった．『東アジアの家父長制』での議論に立ち返れば，中国は必ずしも主婦の誕生後の世界ではなく，主婦が誕生する以前の原生的労働関係（大河内 1948＝1972)[15]に近いような状況なのか，という問いがそこから提起される．1988年から1989年はじめにかけて，雑誌『中国婦女』で展開された「婦女回家」論争は，そうした状況を背景とするものであった．この論争は1989年6月の天安門事件の影響で議論自体が途絶えることになるのだが，その後の中国はどうだったのであろうか？

宋少鵬（2011）によれば，似たような婦女回家論争はこれを含めて4度あったとされる．2度目は1994年で，『社会学研究』に載った鄭也夫（1994）が論争の的となった．1992年の鄧小平の南巡講話以降，改革開放が加速された時期と重なっている．1993年の第14回党大会で「社会主義市場経済体制」が打ち出され，社会主義体制のもとでは職場の中にあった託児所などの機能は，市場の外側の問題として職場の外に投げ出されることとなった．職場（中国語で言う「単位」）ごとにあった託児所や食堂，共同浴場などが廃止される．「企業は社会の役割はしない」と呼ばれた現象が背景にある．

3度目は2001年だとされている．呉貴明（2004: 200）によれば，同年の第9期政治協商会議第4回大会で江西省政治協商会議常務委員王賢才が「女性が家庭に帰って子どもをきちんと教育することは，社会の評価に値することだ」と発言したことに端を発する[16]．賛成者はこれが女性を家事と仕事の「二重負

担」から解放するものであり，女性に対する配慮を表した政策だと歓迎し，さらに失業問題が深刻化する中で，より多くの就業機会を他の人々に与えるものだと主張した．これに対して反対派は，女性を家に帰すことは歴史の後退であり，家事に専念することは家庭の中での女性の地位に影響を及ぼすとした．

　議論の背景自体は2回目と大きく変わるものではない．ただ市場経済化に伴う摩擦が，より激しい形で顕在化したことは疑いない．たとえば失業やリストラの問題である．市場経済化は国営企業などに余剰人員の整理を迫ることになるのだが，その圧力は男性より女性に対して顕著だった．女性を対象としたレイオフ（下崗女工）の問題は，しばしばメディアなどで取り上げられており，1997年末の北京市の52の国営・集団経営企業とその労働者を対象とした調査でも，登録されている労働者77,177人のうち，女性は44.9%だが，登録されている労働者数に対する一時帰休者の比率は男性の19.5%に対して，女性は27.1%に上り，この問題が女性にとってより深刻な問題であることを示している（王 2001: 323）．

　こうしたことを背景として，女性には中断再就職型の就労を求める声もあがっている．給料の75%程度を支給して子どもが3歳になる頃まで就業しないというような案が検討されており，一部の企業では試験的に導入されている例もあるようだが（呉貴明 2004: 219），これにも中華全国婦女聯合会（婦聯）などから反対の声が根強い．35歳を過ぎると再就職が難しくなる「35歳問題」も指摘されており，女性をめぐる雇用環境は必ずしも楽観できるものではない．国による職の分配を離れて，市場原理に基づく労働力の配分を始めた中国には，たとえば年齢や性別に基づく求人上の差別を規制する法規などが完全に整っているわけではなく，それ以上に中国社会では，末端においてそうしたルールが必ずしも守られるとは限らない．こうしたことが女性の就業をいっそう困難にしているのだ．

　2000年の女性の平均教育年数は6.1年と1990年に比べて1.4年上昇しており，男性との年数の差異は1.9年から1.5年へと縮小したにもかかわらず1999年の都市部（城鎮）在住の女性の平均収入は7409.7元で男性の70.1%にとどまっており，1990年に比べて7.4ポイントも差異が拡大している（朱 2005）．さらに都市部の18歳から64歳の就労率は1990年から2000年の間に男性は90.5%から81.5%と8.5ポイントの低下だったのに対して，女性は76.3%から63.7%と12.6ポイント下がっている（李 2005）．これはつまり個々人の能力が給与に

反映されるという人的資本論の考え方からは説明のできない，「差別」の存在を示唆していることになる．

4度目の論争は政治協商会議の委員で，『中国美容ファッション（中国美容时尚报）』という雑誌の編集長兼社長の張暁梅が，2011年の国際女性デー（中国語では「三八婦女節」）の前日にブログで発表した「三八節の提案：一部の女性が家庭に帰ることを促すことは中国の幸福の基礎的保証」（张晓梅 2011）という文章がきっかけとなった[17]．主張の内容は，要約すれば「男女の性差は変えることのできないもので，社会もこれを尊重すべきであり，家庭労働も重要な分業だ．欧米の一部や日本・韓国のように，結婚出産後女性が家庭に入って子どもの教育に注力する社会もある」といった「素朴」なものだ．「家事労働の価値を認めよ」といいつつ，男性が家事労働に積極的に参加するという観点が全くないので，典型的な異質平等論の立場に立つものということになる．3回目のものとも主張としては大して変わらず，かなり先祖返りした感じがするが，初めて女性の側から議論が提起されている点は興味深い．相違点があるとすれば，宋（2011）が指摘するように，王賢才は労働力の市場的価値からいって，女性が家に帰るのが合理的と述べたのに対し，張暁梅は家事労働の有償化というフェミニズムの文脈を一部取り入れている．王の主張と比べれば，専業主婦も生まれつつある2010年代中国の都市部中産階級の現実により即したものといえるかもしれない．

中国もつとにネット社会に入っていた時期で，かつ女性の役割が注目される三八節だったこともあり話題を呼び，李銀河のようなジェンダーの専門家は，張暁梅に向かって「反省せよ」と一刀両断した．これが「張委員……，専門家やネット民に批判される」というタイトルで政治協商会議の公式ニュースサイトに転載されたので，党・政府としては否定的に扱ったことがわかる[18]．ネット上で半ば「炎上」したのだが，一方で好意的な意見も散見され，新聞記事の中には，一部の主張として「収入の多い男性では支持する声も少なくない」と紹介されることもあった[19]．つまり論点としてはほとんど新しいものではないにもかかわらず，「論争」としては「成立」していて，こうした意見は主流の見解ではないとされつつも，ネット上で賛否の投票がされるなど，少なくとも「言論の自由」の範囲内のこととされている．

3度目と同様に，政治協商会議との関係でこうした発言が出ることは，おそらく偶然ではない．中華人民共和国は，建前上は一党独裁ではなく，共産党以

外の政党を認める複数政党制をとっており，政治協商会議はそうした共産党以外の政党・団体が共産党とともに作り上げる「統一戦線」の場である．時には共産党以上に教条的な姿勢も見せるが，婦女回家のような論点に関しては，必ずしも党の主流とはいえない意見が「自由に」吹き出す空間となっているのだ．

　またある種の女性に対する「保護主義」が，継続していることも興味深い．解放以来中国では公務員の女性の定年を男性より5歳早い55歳としてきた[20]．このことは女性に対して恩恵を施すものであって，「性差別」として告発されることはほとんどなかった．これに対して婦聯は問題提起を行い，その傘下の研究所の雑誌『中国婦女論叢』で討論の模様を紹介している（刘ほか 2003）．それによれば婦聯は基本的に同年齢まで定年をのばすべき，との立場だが，雇用が不安定化する中で，多くの女性労働者の中からも早く定年になって，年金を手にしたいという意向が強いことがわかる．これは日本で雇用機会均等法の制定（1985年）の際に，労働側が女性の深夜業規制の撤廃に反対した（結局1999年に撤廃）こととつながるような，保護と平等の相克を巡る論点である．

　中国の女性にとって1990年代後半から2010年代前半という時期は，社会主義市場経済の荒波の中で，企業改革の必要性を認めながらも，女性にそのしわ寄せがより多く来ることについて戸惑っていた時代だったと考えることができる（王 2001: 278）．ただそれは単に市場による女性の排除だけを意味したのではない．北朝鮮と大きく異なるのは，北京での世界女性会議（1995年）を1つの契機にして gender（中国語の訳語は「社会性別」もしくは「性別」）や feminism（同じく「女権主義」または「女性主義」）という概念を受け入れ，国際的な標準に立って男女の問題を捉えていく主体が整っている，という点である．社会主義という制約から党の方針とすりあわせる必要は確かに見られる．「中国共産党の指導を堅持し，マルクス主義理論が女性解放の実践を指導し，女性の運命と国家民族の運命を深く結びつけ，政府と社会の支持のもとに，社会・経済・政治・文化建設の全局面に参与し，男性と手を取り合って，全国人民の全体の利益を守ると同時に自己の具体的が利益を擁護し，徐々に事実の上での男女平等を実現する」（伯・呉 2000: 45）という教科書的な女性解放観はそれを象徴するものといえるだろう．

　一方で現実に進む市場化の荒波に対して，「自由主義の枠組みから来る女権主義への批判」に対して，宋少鵬（2011）は「社会構造的な抑圧を忘れてはな

らない」と反駁している．これは社会主義市場経済体制のもとで，中国社会も資本主義社会と同じ問題を抱えるようになり，そこに欧米のフェミニズム・ジェンダー論の蓄積が反映され，議論が巻き起こっている状態ということができる．

また党の指導に逆らうものではないものの，そこから相対的に独立して女性の問題を訴えるという回路は北朝鮮の「全社会一色」といった様相とは大きく異なる．朝鮮民主女性同盟が，党の意向を受けた宣伝機関であることに比べると，中国ではたとえば就業差別についても，婦聯などが独自の意見をあげている．つまりある種の多元性がそこには存在する．

また戦後の中国社会の大きな変化の1つとして，男性の家事参加も進んでいる．2015年にその廃止が決定されるまで，一人っ子政策が2世代にわたって継続されたため，2010年代の都市部の子育てでは，孫1人に4人の祖父母がいる状況となっている．子育て中の夫婦は多くの場合共働きで，夕食は夫が作ることもあればどちらかの実家に行って食べてくることもある．その際におばあちゃんではなく，おじいちゃんが料理をするというのは，中国では当たり前の風景である．

その意味で北朝鮮に比べれば，男女の平等への指向性をある程度持つ社会だと考えることができるだろう．「婦女回家」の主張が出ることをもって，中国社会の遅れと考えるより，むしろそれが論争の対象となるということ自体が，批判勢力の存在を前提とするという点に着目すべきであろう．

『東アジアの家父長制』では，資本主義社会での主婦の誕生から消滅までの図式を整理し，その中で社会主義の中国や北朝鮮も社会主義型のモデルとして位置づけた．それは（北欧のように）女性がみな働くことを前提とするという意味で，主婦の消滅後の社会なのか，無理に働かされているという意味で，主婦の誕生以前の社会なのかが，そこでの1つの論点であった．2010年代の中国を見る限り，国による女性の労働力としての動員はなくなったものの，共働きは一般的で，専業主婦は限定的な存在に過ぎない．社会の雰囲気としても，「専業主婦も認められるべき」という意見がある一方で，それは少数意見にとどまり，必ず「女性が働ける環境を」という反論が多く寄せられる，というのが，2000年代以降の婦女回家論争の構図が示すところである．都市部では女性の継続就労を支持する人の方が多く，その意味では中国においては，主婦の誕生以前というよりは，主婦の消滅後に近いと判断した『東アジアの家父長

36　第Ⅰ部　ジェンダーで見る東アジア

制』での仮説は，まだ有効だと考えることができる．

6　まとめ

　韓国・台湾は図表1-3で見たように深刻な少子化により，将来日本を上回る
スピードの急激な高齢化に見舞われることが予想されている．両国とも65歳
以上人口が14%を越えて，「高齢社会」の仲間入りをするのは2018年，しか
しその後それが20%に達するのはわずか7〜8年後の2025〜2026年と推計さ
れている[21]．いわゆる「超高齢社会」まで，あっという間なのだ．ただ高齢
化の進展に伴う極端な労働力の減少を防ぐためには，①女子労働力を積極的に
活用する，②高齢者の就業率を高める，③移民労働力を活用する，といった程
度しか方策は見つからない．

　このうち①については，台湾がもっとも積極的，韓国社会は東アジアの中で
も比較的消極的な社会で，日本がその中間にあることが見て取れる．一方②に
ついては日本が大変積極的なのに対して，台湾は大変消極的で，中間の韓国の
場合，高齢者の就業は主として農業セクターによって支えられてきたもので，
その縮小に伴って，今後大きく伸びることは予想しがたい．③については，本
論の対象からは外れるが，明らかに台湾がもっとも積極的で，韓国がそれにつ
ぎ，日本はもっとも消極的である．こうした対比は東アジアの資本主義社会内
部でも，いわば家父長制の「型」の違いによって，性と世代に基づいて，大き
な差異が生まれることを示している．

　また北朝鮮と中国の比較にあっては，やはり朝鮮半島の性役割の強調が，金
正日体制のもとでも色濃く残っており，全社会がそれに一色化されているとい
う点で，中国とは大きな対比をなすと考えることができる．中国では婦女回家
論争が2000年代にも提起されたことに象徴されるように，主婦化への動きが
見られるものの，それに反対する勢力も存在しており，さらに台湾や香港など
の事例を見る限り，M字型就業への転換は考えにくい．

　確かに少子化の進展や離婚の増大など，1990年代前半には予測しがたかっ
たような事態も出現している．しかし資本主義か社会主義かという社会体制の
違いを越えて，高齢者の就労規範や家事分担のあり方などで，中国系の社会の
特色，朝鮮半島の社会の特色が，にじみ出るような対比となって現れることを
改めて確認できた．その意味においては，民族の持つジェンダーにまつわる文

化的規範がしばしば体制を越えて存在する，という本章の仮説はこの 2010 年代にあっても，一定の説明力を持つと考えられる．

注

1) 本書では，中華人民共和国について，中国，中華民国について台湾，大韓民国について韓国，朝鮮民主主義人民共和国について北朝鮮という略称を用いることとする．それぞれは必ずしも当事者によって認められている呼称ではないが，ここでは政治的な意味からではなく，区別の都合上こうした呼称を使用する．

2) 人口動向調査．日本『学校基本調査』，韓国『教育統計年鑑』，台湾『中華民国教育統計』．

3) 内閣府男女共同参画会議　少子化と男女共同参画に関する専門調査会「少子化と男女共同参画に関する社会環境の国際比較報告書」2005 年．http://www.gender.go.jp/kaigi/senmon/syosika/houkoku/pdf/honbun1.pdf（2017 年 7 月 21 日最終アクセス）

4) 韓国は『教育統計年報』，台湾は『中華民国教育統計』．

5) 日本『学校基本調査』，韓国『教育統計年鑑』，台湾教育部統計処「2010 年性別圖像」（行政院主計處），日韓は 2007 年，台湾は 2008 年．

6) 2016 年我国性別落差指数（GGI）居全球第 38 位．https://www.stat.gov.tw/public/Data/7321165141KIDNIEKR.pdf（2017 年 7 月 20 日最終アクセス）．

7) 第 1 子出産 1 年後の継続就業率に大きな変化がなかったためだが，2010 年出生コーホート以降で変化が見られる．詳しくは別稿で詳述したい．

8) 韓国保険社会研究院『1998 年度全国老人生活実態 및 and 福祉欲求調査』．

9) 保育園や育児園のケースを含む．またこの 10 例の中に 1 人だけ日本の在日本民主女性同盟北海道本部副委員長の徐正淑の報告がある（『労働新聞』9 月 29 日付）．4 人の実子の他に 3 人の親のない子どもの子育てを引き受け，「金銭万能の資本主義社会の中で，大変な苦労をした」と訴えるという事例なのだが，実子は全て朝鮮大学校から朝鮮総聯の職員となっているのに対して，3 人の継子は祖国が受け入れてくれた，つまり帰国事業で帰国したとなっている．報告者の年齢から推測する限り，帰国事業の矛盾が完全に露呈した 1960 年代よりは，はるかに最近のことと思われるため，総聯系の在日の葛藤を表すような事例で興味深い．

10) 本書第 5 章の執筆者で『朝鮮新報』元記者，韓東賢氏からの情報．

11) 『朝鮮女性』2005 年 6 月号 16 頁．

12) 『朝鮮新報』は日本語紙面と朝鮮語紙面で形成されており，週 3 回発行．

13) 『朝鮮新報』1996 年 8 月 6 日．

14) 韓国社会では年齢が上になると必ず尊敬語を用い，パンマルと呼ばれる「友達言葉」とでも呼ぶべき用法は，同年齢以下に対するときに限られる．これに対し

北朝鮮では男女間で女性が必ず尊敬語を用いる，というのは興味深い．

15）イギリスの産業革命初期に，婦女子を含めて家族が，労働力の再生産を無視するような状態で働かせられ続けた状況を指す．

16）ちなみに範（2011）は1933〜37年，1940〜42年，1980〜85年にすでに3度の婦女回家論争があったとしている．この3度目を取り上げるのは少し珍しく，一方で1980年代末の『中国婦女』におけるものと鄭也夫（1994）とを一緒にして4回目として，2001年の王賢才のものを5回目と捉えている．

17）張暁梅「三八女性提案：鼓励部分女性回帰家庭是中国幸福的基礎保障」2011年3月7日のブログ http://blog.sina.com.cn/s/blog_47768d4101017xsd.html（2017年3月14日最終アクセス）．

18）「張暁梅委員"让女性回家"提案遭专家网友抨击」http://politics.people.com.cn/GB/1026/14096853.html（2017年3月14日最終アクセス）．

19）薛江華「女性"回家"与否引发争议不妨做在家工作的妈妈」http://news.hexun.com/2011-04-17/128809208.html（2017年3月14日最終アクセス）．

20）北朝鮮でも同様に男性60歳，女性55歳となっている（김귀옥 2000：112）．

21）韓国：통계청「장래인구추계（20158 인구총조사기준）」http://kostat.go.kr/portal/korea/kor_ki/1/1/read.action?bmode=read&cd=S001005，台湾：國家發展委員會「中華民國人口推估（105年至150年）」http://www.ndc.gov.tw/Content_List.aspx?n=84223C65B6F94D72（いずれも2017年3月14日最終アクセス）．

参考文献

日本語文献（著者姓のローマ字　アルファベット順，以下各章同じ）

赤川学（2004）『子どもが減って何が悪いか！』筑摩書房．

赤川学（2016）『これが答えだ！　少子化問題』筑摩書房．

饒佳文（1998）「戦後台湾における中高年の就労忌避と女性労働」東京大学総合文化研究科修士論文（未発表）．

夏氷（1993）「日本的社会秩序の特質」東京大学総合文化研究科修士論文（未発表）．

小浜正子・秋山洋子編（2016）『現代中国のジェンダーポリティクス』勉誠出版．

松田茂樹（2013）『少子化論』勁草書房．

森山至貴（2017）『LGBTを読みとく』ちくま新書．

内閣府（2010）「高齢者の生活と意識に関する国際比較調査第7回」http://www8.cao.go.jp/kourei/ishiki/h22/kiso/zentai/index.html（2017年3月14日最終アクセス）．

内閣府（2012）「高齢者の健康に関する意識調査」http://www8.cao.go.jp/kourei/ishiki/h24/sougou/zentai/index.html（2017年3月14日最終アクセス）．

内閣府（2015）「高齢者の生活と意識に関する国際比較調査第8回」http://www8.

cao.go.jp/kourei/ishiki/h27/zentai/index.html （2017 年 3 月 14 日最終アクセ
ス）.

落合恵美子ほか編, （2012）『アジア女性と親密性の労働』京都大学学術出版会.

落合恵美子編, （2013）『親密圏と公共圏の再編成──アジア近代からの問い』京都
大学学術出版会.

大河内一男（1948＝1972）「社会政策論の史的展開」『大河内一男社会政策論集』有
斐閣.

奥田聡（2005）「韓国における少子高齢化と年金問題」アジア経済研究所『経済危
機の韓国──成熟期に向けての経済・社会的課題』. 瀬地山角（1996）『東アジ
アの家父長制』勁草書房.

瀬地山角（1997）「東アジア版「イエ社会論」へ向けて──家族の文化比較の可能
性」『家族社会学研究』第 9 号（9）日本家族社会学会.

店田廣文（2005）『アジアの少子高齢化と社会・経済発展』早稲田大学出版部.

欧文文献

Man, Susan（2011）*Gender and Sexuality in Modern Chinese History,* Cambridge
University Press.＝（2015）小浜正子・リンダグローブ監訳『性から読む中国
史』平凡社.

Sechiyama, Kaku（2013）*Patriarchy in East Asia,* Brill.

Todd, Emanuel（1990）*L'Invention de l'Europe,* Seuil.＝（1992）石崎晴己ほか訳
『新・ヨーロッパ大全Ⅰ・Ⅱ』藤原書店.

中国語文献（著者姓の大陸ピンイン順, 以下各章同じ）

伯红・吴菁（2000）「半个世纪的回顾与展望："中国妇女 50 年理论研讨会" 综述」
『中国妇女研究论丛』2000 年 1 期.

范红霞（2011）「20 世纪以来关于 "妇女回家" 的论争」『山西大学报（社会科学
版）』38 卷 6 期.

韩今玉（1995）「关与城市朝鲜族双职工家庭主妇的家庭地位的调查」『延边大学学报
哲学社会科学版』.

韩廉（2008）「社会转型期全民自觉维护政策公正的范例」『湖南师范大学社会科学学
报』2008 年 6 期.

簡文吟（2004）「台灣已婚婦女勞働再參與行为的變遷」『人口學刊』28 期.

江亮演（1988）『台湾老人生活意識之研究』蘭亭書店.

李大正・楊靜利（2004）「台灣婦女勞働參與類型與歷程之變遷」『人口學刊』28 期.

李胜茹（2005）「妇女发展现状与全面建设小康水平社会目标的冲突与协调」『中国妇
女研究论丛』2005 年 1 期.

刘军等（2003）「关与 "男女公务员同龄退休问题的" 讨论」『中国妇女研究论丛』

2003 年 6 期.

饒志堅・賴秀玲・蔡惠華・王玉珍 (2003)『我國性別統計及婦女生活地位之比較研究』行政院主計處 http://www.dgbas.gov.tw/public/Data/411711334571.pdf (2017 年 3 月 14 日最終アクセス).

宋少鹏 (2011)「"回家" 还是 "被回家"？——市场化过程中 "妇女回家" 讨论与中国社会意识形态转型」『妇女研究论丛』第 4 期 总第 106 期.

王金玲 (2001)『女性社会学的本土研究与经验』上海人民出版社.

吴贵明 (2004)『中国女性职业生涯发展研究』中国社会科学出版社.

蕭英玲 (2005)「台灣的家務分工」『臺灣社會學刊』第 34 期.

伊慶春・簡文吟 (2001)「已婚婦女的持續就業：家庭制度與勞働市場的妥協」『臺灣社會學刊』第一期.

张晓梅 (2011)「三八女性提案：鼓励部分女性回归家庭是中国幸福的基础保障」http://blog.sina.com.cn/s/blog_47768d4101017xsd.html,（2017 年 3 月 14 日最終アクセス).

郑也夫 (1994)「男女平等的社会学思考」『社会学研究』1994 年 2 期.

朱镜德 (2005)「现阶段中国妇女就业方面的差别待遇问题研究」『中国妇女研究论丛』2005 年 3 期.

韓国語／朝鮮語文献 (著者姓の韓国カナダラ順，以下各章同じ)

김귀옥 (2000)『북한 여성들은 어떻게 살고 있을까』당대.

김익기 외 (1997)『노인 주거 및 삶의 질에 관한 연구』.

김익기 외 (1999)『한국노인의 삶』미래인력연구센터.

김종일 (2005)「북한 사회주의 노동정책 (下)」『北韓』2005 년 1 월호.

삼성경제연구소 (2004)『老後不安拡散에 관한家計意識調査』.

여성한국사회연구회 (1999)『노인과 한국사회』사회문화연구소 출판부.

윤미량 (1991)『북한의 여성정책』한울.

이오죽 (1993)『북한사회의 체제와 생활』法文社

이철희 (2006)『한국의 고령노동』서울대학교출판부.

이태영 (1991)『북한여성』실천문학사.

이화여자대학교 한국여성연구회 (2001)『통일과 여성』이화여자대학교출판부.

이화여자대학교 통일학연구원 (2010)『선군 시대 북한 여성의삶』이화여자대학교출판부.

장필화 (2001)「북한사회의 성별 분업」『통일과 여성』이화여자대학교출판부.

정경희 외 (2005)『2004 년도 전국 노인생활실태 및 복지욕구조사』한국보건사회연구원.

최경수 외 (2003)『人口構造高齡化의경제的影響과대응課題』한국개발연구원.

한국노인문제연구소 (2002)『고령자 취업과 자원봉사활동』한국노인문제연구소.

第 2 章

現代日本の家族
── 食に見る近年の家族問題

野田　潤

1　はじめに

　1980 年代から 90 年代にかけて，日本の家族社会学では家族の近代性を批判的にとらえかえす動きが強まり，「近代家族」の問題が盛んに論じられた．日本における「近代家族論」は，家族の歴史性に焦点をあてた欧米の社会史・心性史の議論を取り入れつつ，そこに近代の性支配を鋭く問題化したジェンダー・フェミニズム研究の知見を組み合わせる形で，独自に理論化されたものである．それ以来，私たちが「当たり前」とみなしがちな近代家族の姿は，実は歴史的に特殊な一形態にすぎないのだということが，理論的にも実証的にも明らかにされてきた．

　そしてまた 1980 年代から 90 年代という時期は，これらの研究動向とともに，今後は近代家族が解体に向かうのではないかという予測が多く語られた時代でもある．具体的には，たとえばベック（Beck, U.）やバウマン（Bauman, Z.）らの理論を取り入れる形で，またはジェンダー・フェミニズム研究の視点から性別役割分業の変容を予期する形で，あるいは当時流行したポストモダンの議論をなぞる形で，従来のような家族の拘束性は減少していくだろうと予想された．これからは個人の選択可能性が増大し，家族の個人化や多様化が進むとされたのである．現に 1980 年代以降の日本で顕著となった未婚化や晩婚化，少子化，離婚の増加などのさまざまな現象は，しばしば「今まさに起こりつつある近代家族の解体」の証左とされてきた．

　しかしながら，いっぽうで配偶者や子どもを持つ人々のさまざまなデータを

42　第Ⅰ部　ジェンダーで見る東アジア

見てみると，実は 2010 年代の現在においてもなお，近代家族的なあり方は根強くつづいている．詳しくは後述するが，たとえば働く女性の多くは非正規雇用で，就業上の地位も経済力も非常に低い．また子どもを生んだ女性労働者が仕事をやめる傾向は，この 30 年の間もあまり劇的には変わっていない．こうした社会状況の中で，主な経済的責任を男性に求める意識は変わらず高く，また男性の家事・育児参加の度合いは極めて低い．そして夫婦の性別役割分業を前提とした雇用環境の根強さは，ひとり親家庭に対する社会的不利益にダイレクトにつながってもいる．

　つまり，婚姻に至らなかったり，初婚を継続しなかったりという形で，近代家族的なあり方に当てはまらない生き方をする人々は確実に増加してはいるものの，そのいっぽうで，そうではない人々（配偶者と子どものいる家族生活を送っている人々）に関しては，また社会全体の制度や意識に関しては，今もなお近代家族的なあり方が根強いのである．1990 年代後半から 2000 年代にかけての全国調査にもとづいた統計研究の中には，近代家族の変容を強調する構造変動仮説は非初婚継続家族の増加に焦点を当てたものにすぎず，初婚継続家族についてはむしろ構造安定仮説のほうが当てはまる，とする議論もある（稲葉2011）．

　本章の結論をあらかじめ述べると，2000 年代以降の現在の日本では，社会の成り立ちそのものの水準で近代家族が解体したとは，やはり言いがたい．近年指摘される変化の多くは，配偶者や子どもを持てない／持たない人々や，離婚などでひとり親になった人々ばかりが，近代家族的なあり方から離脱して「個人化」「多様化」しているかのように語られている，そんな状況ではないかと考える．

　以下の節では，まず 2000 年代の日本の社会状況を述べ，その上で現代日本の家族について変化している部分と変化していない部分の両方を示し，現状についての見方を提示する．さらにそうした現状認識を踏まえて，家族の「食」を例に実証分析を行い，現代日本の家族問題について考察を加えたい．

2　雇用環境の大転換と未婚化・晩婚化の進展
——2000 年代以降の社会的背景

　1990 年代後半から 2000 年代以降にかけて，日本の社会はいくつかの重大な

出来事を経験した．その中でも特に家族のあり方に大きな影響をもたらしたものの１つは，不況と低成長の時代の本格的な到来である．

不況そのものは戦後の日本でも何度か起きたが，1990年代後半以降の不況のきわだった特徴は，それが雇用の流動化を劇的に進行させた点にある．非正規雇用者の割合は男女ともにあらゆる年齢層で増加の一途をたどった．その影響をとりわけ顕著にこうむったのは，若年層と女性である．総務省統計局の「労働力調査（詳細集計）」のデータによると，1988年の非正規雇用者比率は男性8.1％，女性35.1％であったが，2014年には男性21.7％，女性56.6％にまで増加した．特に女性は2003年に正規雇用者比率を非正規雇用者比率が上回って以来，現在にいたるまで非正規雇用のほうがつねに多数派となっている．女性の雇用労働はもともと低収入の周辺的なものが多かったが，その傾向は近年の不況によっていっそう進行したのである．ちなみに女性全体のうち相対的に非正規雇用の比率が少ないのは，結婚や出産によるキャリア中断経験が比較的少ないと考えられる15〜34歳の年齢層だが，図表2-1に見るとおり，この年齢層でも近年の非正規化は著しい．こうした雇用状況の厳しさは，女性の経済的自立を困難にしていると同時に，婚姻後の経済責任を男性に求めつづける社会的な意識や行為の背景要因になっているとも考えられる．

しかし男性においても，こうした非正規化の傾向は（女性よりは抑えられてはいるものの）はっきりと認められる（図表2-1）．特に在学者を除く15〜24歳の非正規雇用比率は非常に高い．さらに注目すべきは25〜34歳の状況で，1988年には3.6％と極めて低かった非正規比率が，2015年には16.6％にまで上昇している．35〜54歳の非正規比率の伸びと比べても，25〜34歳における増加率は明らかに高い．ここからは，結婚や出産といったライフイベントを体験しやすい年齢層で，男性の経済状況が従来よりも不安定化していることがわかる．男性が１人で妻子を養うというモデルの実現可能性は，近年になって明確に低下しているのである（山田 2015）．

こうした社会経済的な状況の変化は，家族形成に関しても，大きな影響をもたらしている．従来の日本では，経済力のない女性は家族によって（≒父親や夫といった家族内の男性成員の稼ぎによって）経済的に包摂されることが，社会的な前提となっていた（山田 2015）．しかしこうした「女性労働の家族依存モデル」の実現率が低下しつつあるということは，これからは仮に同居家族を持っていたとしても，女性の経済的困窮の可能性が高まることを意味している．

図表2-1　性別・年齢階級別に見た非正規労働者比率の推移

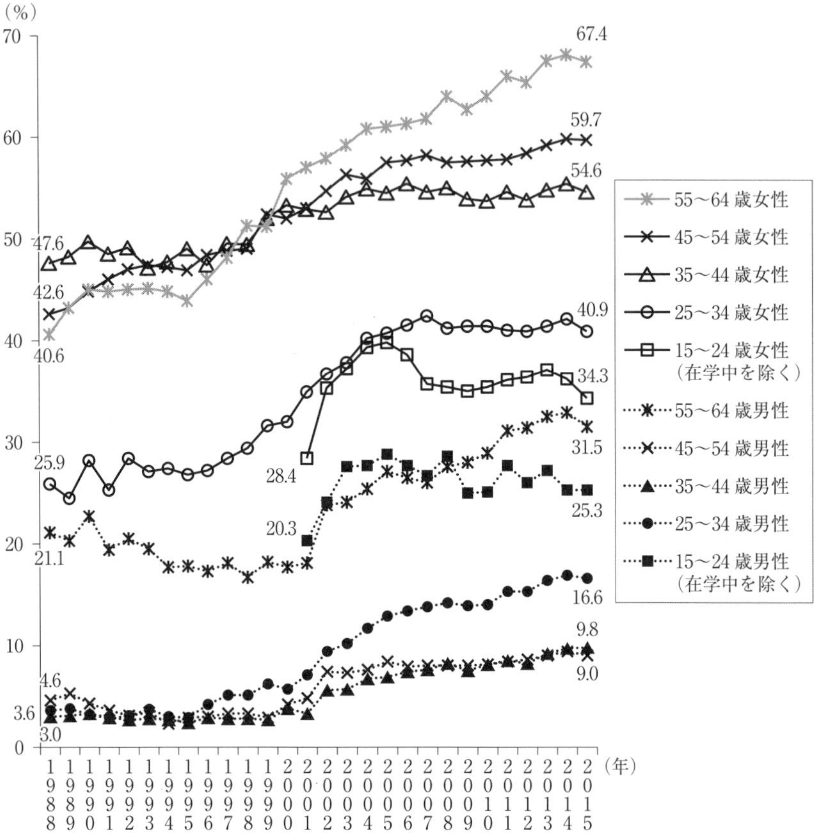

（％）

```
70 ─                                                    67.4
                                              *
60 ─                                                    59.7
47.6                                                    54.6
42.6
50 ─
40.6
40 ─                                                    40.9
                                                        34.3
25.9        28.4
30 ─                                                    31.5
21.1        20.3                                        25.3
20 ─
                                                        16.6
 4.6                                                     9.8
10 ─                                                     9.0
 3.6
 3.0
```

凡例：
- ─**─ 55～64 歳女性
- ─✕─ 45～54 歳女性
- ─△─ 35～44 歳女性
- ─○─ 25～34 歳女性
- ─□─ 15～24 歳女性（在学中を除く）
- ···**··· 55～64 歳男性
- ···✕··· 45～54 歳男性
- ···▲··· 35～44 歳男性
- ···●··· 25～34 歳男性
- ···■··· 15～24 歳男性（在学中を除く）

（年）1988 1989 1990 1991 1992 1993 1994 1995 1996 1997 1998 1999 2000 2001 2002 2003 2004 2005 2006 2007 2008 2009 2010 2011 2012 2013 2014 2015

資料：2002 年以降は総務省「労働力調査（詳細集計）」（年平均），2001 年以前は総務庁「労働力調査特別調査」（各年 2 月）による

しかも今の日本の雇用環境は，「ならば女性が働けば問題は解決するだろう」と容易にいえる状況ではない．すでに見たように，女性の非正規雇用化は（男性以上に）深刻なのだ．

　歴史的な流れを追うと，日本では 1986 年に男女雇用機会均等法が施行され，女性の雇用労働化が進んだが，それとほぼ同じタイミングで不況と低成長の時代が到来したため，結果として女性の雇用労働化と非正規雇用化が同時に進行することとなった．この点において，女性の雇用対策が進んで家族依存モデル

から脱却した後に非正規労働化の波が到来した欧米の事情とは，決定的に異なっている（山田 2015）．こうした日本の状況は，チャン・キョンスプのいう「圧縮した近代」の実例としても解釈できる（Chang 2010＝2013；落合 2011）．後発的な近代化を経験した非西欧社会では，近代化の進行速度が著しく，主婦化と脱主婦化が極めて近接して起こるため，必ずしも性別分業は解体に向かわず，「むしろ『男性稼ぎ主型』の家族が強化される傾向も」見られるのである．ただしその意味では，東アジアの中で最も近代化の開始時期が早かった日本では，1970 年代半ばまでに女性の主婦化が一定程度進行したため，主婦の広まり以前に非正規雇用化の波を経験するであろう他の東アジア諸国ともまた，違った体験をする可能性がある．具体的には，雇用労働のジェンダー非対称性がとりわけ強烈に残ったまま，女性の非正規化が男性よりもいっそう顕著に進むという事態である．雇用におけるこうしたジェンダー非対称性の残りやすさは，女性の M 字型就労の存続や，学歴や世帯収入の高い層における専業主婦志向といった，現在の日本で実際に観察されている諸事象とも無関係ではないだろう．

　以上のように，日本では女性の主婦化がいったん進行した後，脱主婦化と非正規労働化のタイミングが同時に到来した．それゆえに日本では，女性の雇用労働化が，女性の経済力の上昇や男性の経済責任の軽減に結びつかないまま，従来の性別役割分業を前提とした社会的な制度や価値観が，今なお根強くつづいていると考えられる．

　ここから生じてくる社会的な問題は多種多様だが，まずはさまざまな家族間の格差が挙げられよう．たとえば親世代の雇用の流動化は，子育て世帯に深刻な経済格差をもたらした．厚生労働省の「国民生活基礎調査」によると，2015 年の時点で「子どもがいる現役世帯」の世帯員のうち 12.9％ が相対的貧困の状態にある．特にそのうち大人が 1 人しかいない世帯では相対的貧困率は 50.8％ にも及び，これは OECD の平均値（2010 年で 31.0％）を大幅に上回る．こうした日本のひとり親世帯の貧困の大きな要因として指摘されるのは，女性の非正規雇用比率の高さによるシングルマザーの雇用環境の劣悪さである．2011 年度の「全国母子世帯等調査」によると，働くシングルマザーのうち非正規労働者（パート・アルバイトに派遣社員を加えた数値）の割合は 52.1％ にも達する[1]．

　また未婚化や晩婚化の進行も重要な論点である．日本では 2015 年の時点で 25〜29 歳の未婚率が男性 72.7％，女性 61.3％，また 30〜34 歳の未婚率も男性

47.1％，女性 34.6％ まで上昇している．同年の生涯未婚率（50歳の未婚率）も男性 22.7％，女性 13.6％ で，男性のうち 5 人に 1 人，女性でも 8 人に 1 人は一生結婚しない計算になる．こうした著しい未婚化の原因として指摘されるのが，社会経済的な環境の変化にもかかわらず性別役割分業を前提とした社会的な制度や意識が未だに変わっていないという，現代日本の状況である（山田 2015）．制度的には夫の片働きを前提とした雇用・労働環境が根強くつづくうえ，意識上でも結婚の際に男性に経済責任を求める傾向が非常に強い．たとえば未婚者を対象としたさまざまな質問紙調査では，おおむね 9 割の未婚者がいずれは結婚するつもりだと答えているが（山田編著 2010），2010 年に 20～39 歳の未婚者 4120 名を対象として明治安田生活福祉研究所と山田昌弘が行った「結婚に関する調査」によれば，未婚女性の 68％ が結婚相手の男性に 400 万円以上の年収を期待するいっぽうで，実際に未婚男性のうち年収が 400 万円を超えている人の割合は 25.1％ にすぎないという（山田 2014）．

　先述のとおり，1990 年代後半以降の日本では男性の非正規雇用化も進行しており，特に若年男性ではその傾向が強い．かといって若年女性の雇用状況はいっそう悪く，しかも育児期の女性のキャリア中断も未だに前提とされがちであるため（詳しくは後述），男性の経済責任はこうした社会構造的な要因からも一向に軽減されない．そして若年層の非正規雇用化が進んでいるにもかかわらず，上記のような性別役割分業を前提とした制度や意識のあり方には大した変化が見られないため，結婚の際にはその高すぎる理想が実現困難となっており，結果として結婚願望を持った未婚者が増加するのだ．こうした未婚化の進行は，婚外子出生率が少ない現在の日本では，少子化の直接的な要因でもある．さらに未婚シングルのまま高齢になる人や，高齢化した親を支えきれない未婚シングルの子どもなどは，今後ますます増加する可能性が高い．また女性の非正規雇用化と未婚化が同時に進行した結果，近年ではとりわけ若年未婚女性の貧困や，高齢の親と暮らす未婚女性の貧困が深刻化しているとの指摘もある（江原 2015）．

　1980 年代後半以降，「近代家族の解体」が論じられる中で，未婚化や離婚の増加は，家族であることを選択したり解消したりする自由の増加として解釈されることが多かった（山田 2004 など）．しかし家族の多様性を論じる際には，「選択肢の拡大としての多様性」と「状況制約的な多様性」の 2 種類を区別すべきだという指摘もある（渡辺 1995）．それを踏まえて近年の日本の状況を鑑

みれば，やはり今の未婚化は当事者の自由な選択の結果とはいいがたい．また
ひとり親家庭で暮らす人々の多くがこうむっている深刻な社会的不利益を考え
ると，離婚を経験する人々が十分な選択肢を保障されているともいいがたい．

　したがって，2000年代の日本の状況については，近代家族を前提とした社
会の仕組みや価値観が変化しないまま，不況や雇用の流動化による「状況制約
的な」事情によって，結果的に近代家族を形成しない人々が増えていると解釈
したほうが妥当だろう．従来の議論では，このような「状況制約的な多様性」
が「選択肢の拡大としての多様性」と区別されないまま，いささか先走り気味
に「近代家族の解体」が取り沙汰されてきたのではないかと思う．

3　労働面から見た家族の変化と非変化

　こうした社会環境の中で，家族にはどんな変化が起きているのだろうか．
　まずは賃金労働に注目したい．総務省の「労働力調査（詳細集計）」によれ
ば，1980年代以降，夫婦共働きの世帯は増加しつづけている．逆に専業主婦
世帯は減りつづけており，2000年代以降は共働き世帯をはっきりと下回るよ
うになった．また女性の年齢階級別労働力率は今も出産・育児期に低下する
M字型だが，このM字の底の値は1980年代から徐々に上昇してもいる．こ
れは未婚化の影響も大きいが，既婚女性のみのデータを見ても，やはりM字
の底は徐々に上がっている．要因としては既婚女性の労働力化の進行や，育児
によるキャリア中断期間の短縮などが考えられる．
　ただし，出産してもキャリアを中断しない女性の割合は，1980年代以降そ
れほど極端に増加したわけではない．第1子を出産した女性労働者が就業を継
続する割合は，1985〜1989年の39.2%から長らく横ばいであり，2005〜2009
年でも40.4%に留まっていた．その後2010〜2014年に53.1%となり，近年よ
うやく増加に転じたところである．内閣府による2012年の「男女共同参画社
会に関する世論調査」を見ても，育児期に母親が仕事をやめるべきとする考え
は，合計で57.5%を占めている．意識の上でも，また行為の上でも，子ども
を持った女性は家庭に入るべきとする風潮は，今なお根強くつづいている．
　さらに，2011年に日本女子大学の現代女性キャリア研究所が首都圏の高学
歴女性2155名（25〜49歳）を調査したデータによれば，育児休業を取得でき
た女性労働者のうち63.6%の人々は，その後に離職に至っていた．この数値は，

「たとえ育児休業制度を利用して仕事に復帰できたとしても，それ以降の長い年月にわたって就業継続を可能にする条件が整っていない」ことを示唆している（三具 2015）．さらに同じ調査からは，子どもがいる女性労働者の初職継続率が 6.6% と極めて低いことに加え，子どもがいない女性労働者の初職継続率も 21.5% で，やはり低いことが明らかになった．とりわけ目立つのは，「他にやりたい仕事があった」「仕事に希望がもてなかった」という理由で初職を離れる人の多さである．また学卒時に就労意欲が高い女性ほど転職経験が多いという逆説的なデータも示されている（杉浦 2015）．ここからは，育児期のキャリア中断はもちろんのこと，家族生活にまつわるジェンダー規範や，雇用・労働面での制度や慣習といった，社会構造的な仕組みそのものによって，女性労働者の就労継続が全般的に困難となっていることが示唆される．現代日本における共働きの増加は，決して単純な性別役割分業の解消を意味するわけではない．

　また賃金労働が非常に長時間にわたっていることも，日本の大きな特徴である．2000 年または 2001 年の日本・イギリス・オランダの男女の生活時間を比較した品田知美の研究によると，日本は全体的に男女双方において，総労働時間に占める賃金労働時間の比率が極めて大きく，家事・育児などの無償労働時間の比率が少ない（ただし後述の通り子育て中の女性のみは例外）．「15〜59 歳・有業」のカテゴリーでは，ヨーロッパの中で男性の仕事時間が最長とされるイギリスよりも，日本の男性の仕事時間のほうが，1 日あたり 2 時間 17 分も長かった（品田 2007）．この研究で使用された日本のデータは 2001 年の総務省「社会生活基本調査」だが，この調査のその後を追ってみると，2001〜2011 年にかけて，日本の男性の仕事時間はさらに増えている．たとえば正社員男性の 1 日あたりの平均仕事時間（週全体）は，2001 年には 7 時間 16 分だったが，2011 年には 7 時間 35 分にまで増えた．また平日の仕事時間が 10 時間を超える長時間労働者の割合は，1991 年には男性 32.1%，女性 9.5% だったが，2011 年には男性 40.2%，女性 13.5% となった．今の日本の正規労働者の働き方は，家事・育児・介護といったケア労働を担ってくれる別の誰かの存在を前提とした働き方なのである．

　こうした賃金労働への偏重が見られる日本では，誰かが必ずやらなければならない家事・育児・介護などの無償労働は，既婚女性に一極集中している．以下では近年の家族の無償労働の動向に注目したい．

第2章　現代日本の家族　49

図表 2-2　家族類型，妻の就業形態別に見た 1 日あたりの生活時間

(2011 年・休日を含む週全体の平均)

		通勤＋勤労時間		家事関連時間	
		妻	夫	妻	夫
夫婦のみの世帯	夫婦共働き世帯	5 時間 6 分	7 時間 20 分	3 時間 11 分	30 分
	夫妻とも 35 時間以上	7 時間 3 分	8 時間 23 分	2 時間 15 分	34 分
	夫のみ 35 時間以上	4 時間 5 分	8 時間 16 分	3 時間 38 分	22 分
	妻のみ 35 時間以上	7 時間 9 分	4 時間 6 分	1 時間 48 分	48 分
	夫妻とも 35 時間未満	3 時間 54 分	4 時間 17 分	3 時間 32 分	52 分
	夫のみ片働き世帯	6 分	6 時間 42 分	5 時間 8 分	30 分
	妻のみ片働き世帯	4 時間 37 分	14 分	3 時間 11 分	1 時間 26 分
夫婦と子の世帯	夫婦共働き世帯	4 時間 33 分	8 時間 30 分	4 時間 53 分	39 分
	夫妻とも 35 時間以上	6 時間 8 分	8 時間 44 分	4 時間 14 分	54 分
	夫のみ 35 時間以上	3 時間 45 分	8 時間 40 分	5 時間 15 分	34 分
	妻のみ 35 時間以上	6 時間 20 分	6 時間 55 分	3 時間 38 分	1 時間 3 分
	夫妻とも 35 時間未満	4 時間 21 分	7 時間	4 時間 28 分	46 分
	夫のみ片働き世帯	3 分	8 時間 22 分	7 時間 43 分	46 分
	妻のみ片働き世帯	5 時間 15 分	8 分	3 時間 32 分	1 時間 37 分

出典：総務省「社会生活基本調査」

　先述の日本・イギリス・オランダの 3 カ国比較分析によると，日本の特徴は，既婚女性（特に子どものいる既婚女性）の無償労働時間が，他の属性の人々に比べて非常に長い点である（品田 2007）．実際に 2011 年の社会生活基本調査を見ても，既婚女性の無償労働時間は顕著に長い（図表 2-2）．たとえば夫婦と子どもからなる核家族世帯において，1 日あたりの「家事関連時間」[2] の平均は，共働きの夫が 39 分に対し，共働きの妻は 4 時間 53 分に達する．無業の妻にいたっては 7 時間 43 分を費やしている．また子どものいない夫婦 2 人世帯のデータを見ても，家事関連時間は共働きの夫が 30 分に対し，共働きの妻は 3 時間 11 分である．子どものいない無業の妻は 5 時間 8 分を費やしている．生活時間の配分を見る限り，現在の日本の家族には，依然として強固な性別役割分業がある．

　この傾向は，男性の育児休業取得率の低さからも読みとれる．巷では「イク

メン」ブームが起きて久しいが，実際に父親となった男性労働者のうち育児休業を取得した人の割合は，過去最高となった 2016 年度でも，わずか 3.16% である[3]．また言葉としては人口に膾炙した「主夫」だが，妻のみが働いている核家族世帯のデータを見ると，夫の家事関連時間が 1 時間 37 分に対し，妻のそれは 3 時間 32 分に及ぶ．妻のみの片働き世帯においても，家事や育児の主な担い手はやはり妻なのだ．現実の主夫は統計データに反映されないほど稀少ともいえる．さらに介護でも同様の傾向がある．たとえば 2011 年 10 月から 2012 年 9 月にかけて，家族の介護や看護のために離職・転職した人々の内訳を見ると，全体の 80.3% が女性であった（総務省「就業構造基本調査」）．

つまり現在の日本は，社会全体としての生活時間の配分が圧倒的に賃金労働に偏っており，そのぶん家族生活の維持のために必要な無償労働が既婚女性に一極集中する社会なのである．このような現状では，女性に「仕事と家庭の両立」を求めても，その実行は女性にとってかなりの負担を伴うといわざるをえない．両立そのものを避けたいと願う女性が増えたとしても，何の不思議もないだろう．いわば社会構造的に「仕事か家庭か」の極端な二択が強いられる状態なのだ[4]．

これに加えて，家事や育児に対する社会的な要求水準は，実は戦後ずっと上昇傾向にある．一般的には家電製品の発達とともに家事は楽になったはずだというイメージが強いため，意外かもしれない．だが 1950〜1970 年代の日本人の家事時間を分析した品田（2007）によると，どの階層でも確実に減った家事は裁縫だけであり，炊事・買物・洗濯・掃除に費やされる時間は減っていない（むしろ農家世帯では大幅に増えている）．戦後の日本では，家事に対する社会的な要求水準が著しく上昇しており，それが家電製品による家事の省力効果を上回ったのだ．

また品田は 1976〜2001 年の社会生活基本調査のデータから，子どものいる有配偶女性のみに注目した場合，家事関連時間はむしろ驚くほど増えていると指摘する．たとえば末子年齢が 6 歳未満の専業主婦の家事関連時間は，1976 年には 1 日あたり 7 時間 43 分[5]だったが，2001 年には 8 時間 40 分に増えている．多忙な共働きの妻たちでも，末子年齢が 6 歳未満の場合の家事関連時間は，1976 年には 3 時間 14 分，2001 年には 3 時間 40 分と，やはり増えている．

この社会生活基本調査のその後を見ると，子どものいる妻の家事関連時間は，実は 2000 年代も増えつづけている（図表 2-3）．末子年齢が 6 歳以上の世帯も

図表2-3　夫婦と子どもの世帯における妻の1日あたりの家事関連時間の推移
(休日を含む週全体の平均)

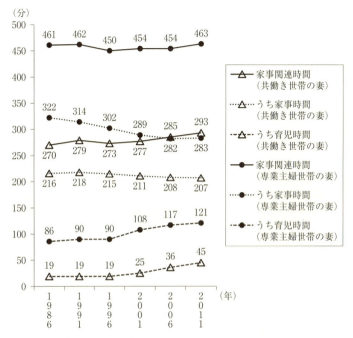

資料：総務省「社会生活基本調査」

含んだ数値ではあるが，核家族世帯のデータを見ると，共働きの妻の家事関連時間は2001年で4時間37分だが，2011年には4時間53分に増えている．また専業主婦の家事関連時間も，2001年の7時間34分が2011年には7時間43分となり，やはり増えている．ちなみにこの家事関連時間は，純粋な家事時間の他に買物・育児・介護の時間も含むが，2000年代に特に増えたのは，育児時間である．核家族世帯の専業主婦の育児時間は2001年で1時間48分だったが，2011年には2時間1分にまで増えた．共働きの妻の育児時間も25分から45分に増加した．なお純粋な家事時間のみを見ると，専業主婦では2001年に4時間49分，2011年に4時間43分，共働きの妻では2001年に3時間31分，2011年に3時間27分である．いずれも微減あるいはほぼ横ばいである．ここからわかるのは，2000年代の家事時間は一般的に信じられているほど減って

はいないということ，そして育児時間はかなり増えているということである．

この背景には，近年の家族の子育てに対する，社会的な要求水準の上昇がある．それは経済的コストと時間的コスト，質的なコストのいずれにも当てはまる．たとえば家計の消費支出に占める教育費比率は，1970年代から現在の不況期に至るまで，もっぱら増加しつづけている．家族が子どものしつけに情熱を注ぐ「教育する家族」の心性は，1970年代以降，かつてないほど強まっているとの指摘もある（広田 1999）．また，母子健康手帳副読本を分析した品田（2004）の研究によると，社会的に推奨される育児法は1980年代に大きく転換し，現在の育児法は「寝てもさめても」「子ども中心のペースに合わせつづける」，つまり親により過酷な負担を強いる育児法となっている．さらに1990年代半ば以降には国の教育政策においても，より広い社会的な関心においても，家庭教育の重要性が一段と強調されだしている（本田 2008）．求められる子育ての内容も，よりハイパーメリトクラシー的になっており，とりわけ高学歴層の母親は子育てに没頭する傾向が強い（本田 2004）．

また日本の特徴としては，福祉における家族主義の強さもしばしば指摘される（Esping-Andersen1999＝2000）．OECD各国における公的教育支出や家族関係社会支出の割合（対GDP比）を見ても，日本の数値は総じて低く，子育て負担が家族に集中する傾向が読みとれる．つまり現代の日本は，子どもを持つことで生じる経済的・時間的・質的コストが，極めて強烈に，家族に集中する社会なのだ．しかも現在の日本では性別役割分業も根強いため，増大した経済的責任は父親に，ケア責任は母親に，ほとんど一極集中してしまう．

以上の傾向をまとめると，2000年代の日本では賃労働の環境が男女ともに厳しくなる中，家事水準は落ちず，育児水準はむしろ上昇している．そうした中で性別役割分業は依然として根強くつづく．このような状況こそがさまざまな社会問題の背景要因となっており，また個々の人々の家族形成や生活のあり方にも大きな影響を及ぼしているのである．

4 「食」から見る2000年代以降の日本のジェンダーと家族

以上のような状況は，家庭における「食」という具体的な営みからも描きだすことができる．以下では現代日本の家族の変化を，食という視角を通して見ていきたい．

本章が食に注目する理由は3つある．まず1つ目は，日本の家事は欧米と比べて食に費やす時間が非常に長いという，際立った特徴があるからである．先述の日本・イギリス・オランダ3カ国比較によると，子どものいる日本の有配偶女性が食事の管理に費やす時間は，末子年齢が0〜2歳・3〜9歳・10〜17歳のすべてのグループで，1日あたり2時間を優に超えていた（品田 2007）[6]．一般的に育児時間は子どもの成長とともに大幅に減っていくが，日本では子どもがいる限り，炊事時間だけはずっと長いままなのだ．

2つ目の理由は，日本では近代化の当初から現在まで，「食卓」が家族の団らんのシンボルとして強調されてきたことである．明治期の修身教科書を分析した牟田和恵（1996）によれば，当時，両親と子どもが団らんを楽しむ近代型の家族観は，家族の食事風景の描き方の変化によって象徴的にあらわされていた．また明治期から2000年代まで，「食卓での家族団らん」がどのように表象されてきたかを通時的に分析した表真美（2010）によれば，「食卓での家族団らん」というイデオロギーは明治・大正期や戦時下にとりわけ強調されたが，その後も一定程度語られつづけたのち，2000年代以降，再び強力に奨励されているという．歴史的に見て，日本の近代家族はまさに「食」を通じてシンボライズされてきたのである．

そして理由の3つ目は，近代日本における主婦の広まりが，他でもない家庭料理の広まりとともに進んだという歴史的事情である（江原 2002）．近代家族の性別役割分業と，家族の「食」との間には，極めて密接な関わりがあるのだ．

このように見てくると，家族や子育ての意味がとりわけ「食卓」に集中しているというのが，日本の近代の特徴ともいえるかもしれない．

以降の分析では，味の素株式会社広報部による Ajinomoto Monitoring Consumer 調査（AMC調査）[7] のデータから平成期の食卓を分析した品田・野田・畠山（2015）の知見を用いて，近年の家族の食について論じていきたい[8]．

4.1 2000年代の「食育」言説の流行

まず，2000年代以降の現代日本で「家族の食」がどう語られているかを確認しよう．

表（2010）が示す通り，2000年代以降には，家族の食に関する現状の問題視ともに，食の重要性が強調されることが非常に多い．歴史的には，家族がいるにもかかわらずひとりで食事をとる「孤食」の情景が，「食の崩壊」としてセ

54   第Ⅰ部　ジェンダーで見る東アジア

ンセーショナルに取り上げられたのは，1980年代のことだった．2000年代に
なると家庭の日常的な食事のあり方が激変しているという「発見」[9] に基づい
て，「家族の食」を問題化する言説は，いっそう大きなうねりを見せる．2005
年に制定された食育基本法や，2006年に策定された食育推進基本計画，2011
年に策定された第2次食育推進基本計画には，こうした言説が典型的な形で盛
りこまれている．

　たとえば食育基本法の前文には「子どもたちが豊かな人間性をはぐくみ，生
きる力を身に付けていくためには，何よりも『食』が重要である」とある．ま
た食育推進基本計画は，「孤食」や「個食」を現代家族の問題として語った直
後に，「食を通じたコミュニケーションは，食の楽しさを実感させ，人々に精
神的な豊かさをもたらす」ため，「楽しく食卓を囲む機会を持つように心掛け
ることも大切」と述べる．さらに第2次食育推進基本計画は，「家族が食卓を
囲んで共に食事をとりながらコミュニケーションを図る共食」を「食育の原
点」と位置づけたうえで，「家族との共食を可能な限り推進する」と記し，子
どもたちへの教育的態度として「食卓を囲む家族の団らんの楽しさを実感させ
る」ことや，「食事のマナーや挨拶習慣など食や生活に関する基礎が習得でき
るように配慮」することを求める．

　ここでは，家庭の食のあり方が非常に重視され，それが家族のコミュニケー
ションや子どもの教育と強く結びつけられている．家庭教育や食卓での家族団
らんの重要性を強調する2000年代以降の言説の典型例として読めるだろう．

4.2　家族の食をとりまく社会経済的状況の変容と共食のあり方

　では，2000年代以降の食卓の実態とは，どのようなものか．まずは第2次
食育推進基本計画でも強調されていた，家族の「共食」の状況を見てみよ
う[10]．

　結論からいうと，2000年代以降の社会的状況の中で，子どものいる家族に
とっての共食はほとんど「無理ゲー」[11] と化している．

　AMC調査から20〜49歳の核家族世帯の妻のデータを見ると，朝食と夕食
のどちらも家族そろって共食している人々の割合は，1988年の時点では35.2
％だったが，2000年には21.1％，2012年には18.5％と大幅に減少した．その
いっぽうで朝も夕もどちらも共食しない人々は，1988年の26.2％に対して，
2000年が41.3％，2011年が40.3％と，2000年代に入って激増した．さらに

2000 年代の傾向として特徴的なのは，共食するかどうかの違いが，学歴や収入・年齢・就業状態といった，本人の社会的属性に影響される度合いが強まったことである．

品田の分析によると，朝夕ともに共食できない傾向がとりわけ強いのは，妻が専業主婦またはパート・アルバイトで夫の稼ぎに依存しているタイプの家族である（品田・野田・畠山 2015: 224-225）．この種の家族は妻の仕事外出時間が少ない代わりに，夫の仕事外出時間が長いことが多く，むしろ共食はしにくいのだ．2012 年のデータでは，小学生以下の子を持つ家族（半数以上が専業主婦）のうち，平日の夕食が毎日母子のみになる人は 41.9% にも達する[12]．いっぽう子どもが中高生になると専業主婦の妻は減り，かわって年収 100 万円未満で働く非正規雇用の妻が増加する．妻の帰宅時間は流動化し，子どもの帰宅時間も遅くなり，さらに一家の主要な稼ぎ手である夫は相変わらず夕食に間にあわないため，この年齢層の家族は，全員がバラバラに夕食を食べることが多くなる[13]．

そして意外なことに，非正規雇用の妻や無職の妻がいる家族よりも，妻がフルタイムで働く家族のほうが，実は朝夕ともに共食する割合が高い．先述の通り，2000 年代以降の社会経済的な変化によって，女性の非正規労働化は進み，正社員の労働時間も長期化している．逆説的なようだが，こうした厳しい現状において妻が正規雇用で働きつづけていられる層とは，夫の雇用形態がそれほど不規則ではないからこそ，それが可能になっているのだとも考えられる（品田・野田・畠山 2015: 224-225）．

つまり，女性の「社会進出」によって家族の団らんが失われ食卓を囲まなくなった，という一般的なイメージはあまり正しくない．社会経済的な環境が激変した 2000 年代以降の現在において，家族そろった共食をしやすいのは，むしろ夫婦双方の収入および雇用環境が安定している（家にも早く帰れる）層なのである．しかし昨今の労働環境を鑑みれば，圧倒的多数の人々にとって，こうした働き方はたとえ望んでいたとしても「無理ゲー」である．食育推進基本計画に典型的に見られるような，人々の「心がけ」を問題化する言説には，ほとんど意味がない．意識ではなく環境要因こそを問題化するべきなのである．

4.3　階層化する 2000 年代の食生活

次に注目したいのは，家族の食にまつわる生活格差の存在である．AMC 調

査の通時的な分析結果からは，2000年代以降の家族の食生活が階層化していることが示された．

たとえば畠山洋輔の分析によると（品田・野田・畠山 2015），20〜40代の妻のうち，「健康によい食べものなら，2〜3割高くても買おうと思う」という「健康食物購買志向」は，2000年代以降，世帯収入や学歴の影響を受けるようになった．1988年の時点では，健康食物購買志向と世帯収入・学歴とのあいだには有意な関連が見られなかったが，2000年と2012年にはそれらが関連するようになり，非大卒層や世帯年収500万円未満の層で健康食物購買志向が有意に低い．また朝食の栄養バランスを考慮する「健康朝食志向」も，2000年代に学歴との関連が生じており，2000年と2012年の健康朝食志向は，非大卒層において有意に低い．家族間の格差が進行した2000年代，食を通じた健康志向もまた，家族の階層によって左右されるようになったのだ．

さらに2012年のデータを見ると，20〜40代の妻たちの和食志向にも，学歴と世帯年収が有意に影響している．学歴が高いほど，また世帯年収が高いほど，和食志向は高いのだ．おせち料理のような伝統的な行事食を食べる傾向も，20〜40代の若年層では，社会階層によって異なる．学歴が高いほど，また世帯年収が高いほど，正月のおせち料理を食べる傾向は有意に高い[14]．また食事メニュー以外の面でも，階層による違いは観察される．たとえば2012年のAMC調査のデータでは，小学生以下の子がいる女性のうち，「子どもにはしつけやマナーより楽しく食べることを優先させている」という「楽しさ優先派」の割合は，世帯年収が300万円未満の層で最も高い．

先述のように，雇用環境が一変した2000年代の日本においては，さまざまな面で家族の生活格差が進んでいると指摘されている．食の内容やしつけなど，食をめぐる家族の営みについても，このような階層化の傾向がはっきりと観察されるのだ．

4.4　家族ができないと食に時間を使わない日本の社会

ではいっぽうで，家族を持つということそれ自体は，人々の食に対してどのような影響を与えているのだろうか．

先述のように，日本の生活時間は賃金労働時間への極端な偏重が見られる．家事などの無償労働を削れるだけ削って生きている社会ともいえるだろう．その削ったぶんが一極集中する形で，有配偶女性の無償労働時間は極めて長い．

第 2 章　現代日本の家族　57

そんな日本人の家事の特徴は，食の管理に異様なほどの長時間を費やすことである．こうした状況は食のデータからも読み取れるだろうか．

2012 年の AMC 調査から，単身女性と有配偶女性の食の内容を比較分析してみると，やはり家族の存在は食事作りの要求水準を上げていた．確かに現在の日本は，家族を持つことで食の内容が変化する社会なのだ．逆にいえば家族を持たない限り，あまり食に労力を費やさない傾向があるともいえる（なお男性の状況については後述する）．

たとえば有配偶女性は単身女性と比べて，しょうゆや味噌やみりんを頻繁に使う人が有意に多い．これらは和食の自炊には欠かせない調味料であるため，和食の自炊は単身者よりも，家族と暮らしている人のほうが頻繁におこなっていると推測できる．魚を自分でおろす人や，煮物を得意料理とする人の割合を見ても，有配偶女性は単身女性を有意に上回る．また夕食時に和食のメニューをよく食べる人の割合も，有配偶女性のほうが有意に多い．ごはんやみそ汁，魚料理や煮物だけではなく，あえ物・酢の物やおひたし，ひじき煮・おから煮・きんぴらといった副菜類も，有配偶女性のほうがよく食べている．日本の有配偶女性の炊事時間が欧米と比べて顕著に長い一因は，もしかするとこうした和食の調理にかかる手間や手数の多さかもしれない[15]．

しかし近年では「和食の崩壊」を嘆く悲観的な語りも多い．たとえば 2016 年に策定された第 3 次食育推進基本計画では，「一汁三菜の献立」を「和食の基本形」と明記しつつも，日本の「優れた伝統的な食文化が十分に継承されず，その特色が失われつつある」と憂慮している．だが歴史的な研究を踏まえてみると，実はこうした「日本の伝統としての一汁三菜」という考え方は，「作られた伝統」としての側面が強い．もともと一汁三菜の起源は安土桃山時代に千利休が確立させた懐石料理であり（原田 2014），つまりは，もてなし料理なのである．近世から明治・大正・昭和初期を通じて，庶民の日常食は「めし＋汁」の形が基本であり，おかず（菜）は基本的に 1 品，または無菜であることもしばしばだった（瀬川 1968；湯沢ほか 2006 など）．2012 年の AMC 調査でも，日常的に夕食の品数ノルマを決めている有配偶女性は，20〜70 代までのすべての年代で少数派にとどまっている．「和食を絶やすな」といって一汁三菜の文化的意義を強調するのは，実際の庶民の歴史とも合致しないうえ，長時間労働や雇用の流動化が進む現在においては，ただでさえ多い調理時間を一段と増やすことになり，まったく現実的ではない．

そもそも数百年単位で巨視的に見ると，「和食」はそれほど「崩壊」しているともいいがたい．先述のように，もともと日本の庶民の日常食は，「めし＋汁」の組み合わせこそが重要で，そこに何でもいいからおかずをつけるパターンが王道なのだ．そして2012年のAMC調査を見れば，現在の有配偶女性の食は，この「めし＋汁＋おかず」の王道パターンにきれいに当てはまっている．20〜70代のすべての年齢階級で，妻たちの97〜99％は夕食に「ごはん」をよく食べているし，83〜89％は「みそ汁」をよく飲んでいる．おかずについては戦後に多様化と再編成が進み，時代や世代でも大きく変わったが，もともと日本の庶民の日常食で，おかずはそれほど大きなこだわりを持たれていたわけではない．「和食」という概念は時代によって変化するが（原田 2014），仮に「めし＋汁＋何でもいいからおかず」というパターンがここ数百年の日本の庶民の日常食に見られる特徴的な形だとすれば，そのパターンは現在でもつづいているのだ．

こうして見てくると，実は「一汁三菜」のハイレベルな和食作りがすべての家庭で日常的に要求される状況こそが，むしろ日本の歴史の中では極めて特殊な事態といえる．現代の家族が「きちんとした和食」を食べていないという言説は，その特異な一時期の状況を過度に普遍化させてとらえている可能性がある．

4.5　食とジェンダー

このような膨大な調理負担は，現在の日本ではほぼすべて既婚女性に集中している．2011年の社会生活基本調査によると，10歳以上のすべての女性が食事の管理に費やす時間（1日あたりの平均）が1時間31分であるのに対し，男性はわずか10分である．現代日本の食事作りは，今も極度にジェンダー化されている．

ただしこの「女性1時間31分，男性10分」という数値は，単身者や未婚者も含んでいるため，既婚者の実態とは異なる可能性がある．そこで2012年のAMC調査から，「日常の食事作りについて，夫が何をしているか（手伝っているか）」という質問を見てみたい．回答者が妻であることには留意が必要だが，結果として20〜40代の若年層の夫たちは「特に何もしていない」人が5割を切っており，半数以上が食事作りの際に何らかの作業に関わっていた[16]．

しかし，食事作りの中でも具体的な作業ごとに分けて分析すると，少し違う

光景が見えてくる．20〜40代の夫がよく関わるのは，「食事の買い物をする」「食器や料理を食卓に並べる」「食事の後片付けをする」「ゴミの後片付けをする」の4項目で，いずれもやっている（または手伝っている）人が2〜4割ほどである．しかし「朝食を作る」「昼食を作る」「夕食を作る」「献立を考える」の4項目については，やっている（または手伝っている）夫はかなり少なく，1割未満〜2割未満にとどまる．つまり，夫たちが関与するのはあくまでも時間のかからない補助的な作業が中心で，時間のかかる台所内での食事作りには，ほとんど関わっていないのだ．この結果は社会生活基本調査における男性の家事時間の少なさとも合致する．食事を「作る」という行為については，現代の若年層夫婦のあいだでも，やはり強固にジェンダー化されたままなのだ．

しかし近年の若年層は家庭科の男女共修も経験している．このようなジェンダー差は，いったいどのように形成されるのだろうか．そこで同じく2012年のAMC調査から，「日常の食事作りについて，子どもが何をしているか（手伝っているか）」という質問に注目してみる．すると，母親の食事作りの周辺で何らかの補助的な作業をしている（または手伝っている）子どもはある程度存在しており，しかもそこにはジェンダー差がないことがわかる．たとえば日頃から食器や料理を食卓に並べている小学生は全体の59.9%，日頃から食事の後片付けをしている小学生は全体の36.9%いるが，こうした周辺的な作業をするかどうかは，男子か女子かで有意な差がない．

しかしながら，子どもが台所での食事作りそのものにまで関わっているかを見てみると，状況は大いに変わる．たとえば日頃から夕食を作っている（または手伝っている）小学生は6.8%，小学校高学年だけに限っても8.2%，中学・高校生でも8.5%しかいない．ちなみに日頃から夕食を作っている（または手伝っている）夫の割合は，すべての年齢層を平均すると9.4%である．現代の子どもたちは，夫よりもさらに食事作りに関わらないのだ．しかも男の子しかいない家庭では，この傾向がいっそう強い．たとえば小学生の子を持つ家庭のデータを見てみると，女の子がいる場合，子どもが日頃から夕食作りに関わる割合が9.3%となるが，男の子しかいない場合には，それが3.8%にまで落ちる[17]．やはり食事作りに関しては，幼い頃からジェンダー差があるようだ．

とはいえ，全体的な数値でいえば，夕食作りに関わる女の子の割合も1割未満と非常に少ない．そのためなのかどうか，現代の子どもの炊事能力にはジェンダー差がほとんど見られなくなっている．2012年のAMC調査では，子ど

もが自分で食事を作って食べることができるかどうかについての母親の回答に，子のジェンダーによる違いは認められない．子どもが小学生であっても高校生であっても，その自炊能力に有意なジェンダー差はなかったのである[18]．

つまり現代の日本では，「女性ならば成長過程で自動的に家事能力を身につけているはずだ」という思いこみは成立しなくなっている．にもかかわらず，「食事を作るのは既婚女性の仕事だ」という強烈な性別役割分業は，根強くつづく．したがって現代日本の若年女性の多くは，食事作りの能力が男性とほぼ変わらない状態から，結婚した瞬間にいきなり高水準の食事作りを1人で負担することを求められる．そのハードルに悲鳴を上げる人もいるだろう．結婚や出産を避けることでこの種の負担を回避することは，ある意味で合理的にもなりえてしまう．また他方，多くの日本人男性の家事能力の低さは，離婚や死別でシングルになった時や，介護世代になった時に，彼らの生存環境に直結するだろう．これらの状況は，いわば既婚女性のみに食事作りを丸投げしてきた近代日本の必然的な結末である．

4.6 家族の団らんと食卓

日本の近代家族の団らんは，とりわけ「食」の中に求められてきた．だが現在では社会経済的な環境の変化から，そうした食卓の実現可能性は低い．家族そろって共食できない層は2000年代以降，劇的に増加した．雇用の不安定化と性別役割分業の根強さによって，家族そのものを作れない人々も増えている．

しかしAMC調査のデータからは，食事作りの綿密さが家族関係の綿密さにつながるとは限らないという皮肉な現実もまた浮かびあがってくる．

たとえば，家族そろって毎日共食する割合が最も高く，また伝統的な和食のメニューを最もよく食べている60代以上の高齢層では，食事中の会話は若年層より有意に少ない．「家族団らんの時間が何よりも楽しい」と考える団らん志向も，60代以上の妻は有意に低い．また小学生以下の小さな子どもがいる家庭では，料理を個々人の皿に盛りつけることが少ない人々のほうが，丁寧な個別盛りつけをする人々よりも，夕食時の会話が有意に多い．さらに夫の弁当を毎日作る妻たちは，「弁当作りを通じて愛情を伝えたい」という愛情弁当の論理について，むしろ否定する傾向が有意に強い．

このような状況下で，現実の家族の「食卓中心主義」は揺れている．

2012年のAMC調査から20〜70代の有配偶女性の意識を見ると，「食事を

ともにすることは，家族関係を親密にするよい機会だ」という質問に対しては93.1％もの人が賛成しているし，「食事を通じて家族の絆を深めたい」という質問に対しても賛成が89.9％を占める．だが他方で「日頃家族一緒に食事ができなくても，家族の一体感は，共通の趣味や家族旅行などで養えばよい」という質問への答えは，賛成43.8％と反対56.2％で拮抗するのである．

そして，家族の絆を作るにあたって食卓を特権視する食卓中心主義[19]は，回答者の属性によって大きく異なっていた．たとえば70代の妻たちは，食卓中心主義の傾向が顕著に少ない．ここでは，成長した子どもの実家への依存度の低下が，食卓中心主義の希薄さにつながっている可能性がある．いっぽう高校生以下の子がいる人々に限定すると，食卓中心主義を否定する傾向が強いのは，若年層のほうである．加えて家族の共食頻度も，食卓中心主義の強弱と有意に関連している．たとえば平日の夕食に家族全員がそろうのが「毎日のよう」という人々は食卓中心主義の傾向が強いが，夫が平日に家で夕食をとることが少ない人や，平日の夕食を家族バラバラにとることが多い人は，食卓中心主義を否定する傾向が強い．

ただし，小学生以下の幼い子を持つ人々に限っては，「家族の食」が愛情や団らんの論理と強く結びつきやすい傾向もある．たとえば小学生以下の子しか持たない母親たちだけで見ると，家族の団らん志向が高い人ほど，食卓中心主義が有意に強い．また小学生以下の子どもの弁当を毎日作っている母親たちは，「弁当＝愛情」の図式を熱烈に支持する傾向がある．さらに乳幼児のいる家族は，そうでない家族より，夕食中の会話が有意に多い．なお1988年のデータでは，乳幼児の存在と会話頻度に有意な関連は見られない．幼い子どもを持つ人々に見られる，食卓中心主義と団らん志向との密接な結びつきは，食育言説が強まった2000年代以降になって生じた可能性もある．

とはいえ，先述のように，家族そろっての共食や毎日の綿密な食事作りが可能な人々は，2000年代以降には確実に減少している．ここから示唆されるのは，家族生活の二極化である．現代の日本では，言説上で語られるお手本どおりの「食育」的な子育てができるのは，そのような生活をすることができる恵まれた条件の人たちに限られている．他方で，昨今の社会経済的な状況下では，どう頑張ってもそうした生活ができない（またはしたくない）層も確実に広がっている．家族形成そのものを回避することや，あるいは家事や育児を簡素化することは，そんな現実の中では一定の合理性を持ってしまうのではないだろ

うか.

5 まとめ——2000年代の食と家族問題

現代日本ではいまだに,「食」が「家族」「団らん」「子育て」「女性」と強烈に結びついている.昨今の社会経済的な環境の変化の中で,「食による家族団らん」を実践できる近代家族的な食卓は減少したが,それにもかかわらず,こうした近代家族的な食卓を守るべきだという考えは,子どもがいる場合には特に強くなる(ここに2000年代以降の食育言説が影響している可能性もある).また不況と低成長の時代が到来し,男女ともに雇用・労働環境が厳しくなったにもかかわらず,今もなお「食事作り=既婚女性」というジェンダーは非常に強い.

こうした負担の一極集中が見られる社会では,「無理ゲー」から降りる人が増えてもまったく不思議ではない.この場合の「無理ゲー」の降り方には,結婚・出産を避けるという形での離脱と,食事作りをがんばらないという形での離脱,2つの方向が考えられる.現代の日本では,未婚化・少子化や「食の崩壊」が問題視されつづけているが,それもこの2種類の離脱と無関係ではないはずだ.

「最近の家族の食は崩壊している」と嘆きたいなら嘆けばよいが,それを個々の人々の意識や「心がけ」の問題に読みかえて,脱・社会問題化することだけは避けなければいけない.「無理ゲー」だから降りるという人の増加をさして,「近代家族の解体」や「選択肢の拡大としての多様化」が起こっていると単純に結論づけることも危険だろう.社会状況が変化しているにもかかわらず,性別役割分業を前提とした労働のあり方や,既婚女性の食事作りに対する要求水準の高さなど,ハードルの設定自体は従来のままなのだ.だからこそ,その高すぎるハードルを越えられない人々も増える.

いま必要なのは,個人の心がけではなく環境要因こそを問題化すること,そして十分な選択肢を社会的に確保していくことである.そしてできれば「家族の団らん」や「子育て」からはいったん離れて,男性や単身者や貧困者も含めたすべての人が,「食」そのものの価値を大切にできる社会が訪れてほしいと思う.

注

1) なお，働いているシングルファザーのうち非正規労働者の割合は 10.0% である．
2)「家事関連時間」とは，家事・育児・介護・買物時間の合計．以下同様．
3) なお女性労働者では 81.5%．
4) 実際に首都圏の高学歴女性（25〜49 歳）を調査した 2011 年のデータによれば，正規雇用の初職を継続している女性のうち，子どものいる既婚者は 21.4% しかいなかったという（三具 2015）．
5) 週全体の数値を平均したものである．以下同様．
6) 女性全体ではなく有業者のみにしぼっても，やはりすべてのグループで 2 時間を優に超える．ちなみにイギリスやオランダの女性が食事の管理に費やす時間は，すべてのグループで 1 時間半未満にとどまっている（品田 2007）．
7) AMC 調査は 1978 年以来，数年おきに実施されている経年調査で，ランダムサンプリングによる大規模な全国調査である（ただし沖縄のみ除く）．詳細は品田・野田・畠山（2015）を参照．
8) 以下，AMC 調査のデータの数値はすべて品田・野田・畠山（2015）からの引用である．
9) 代表例としては岩村暢子の研究が挙げられる（岩村 2003 など）．
10) 第 2 次食育推進基本計画における 3 つの重点課題のうちの 1 つは，「家庭における共食を通じた子どもへの食育の推進」である．
11)「無理ゲー」とは，設定や条件が過酷すぎてクリアが困難なゲームのこと．社会学者の水無田気流は，過酷な条件の中で仕事と家庭の両立を求められる現代女性の状況をしばしば「無理ゲー」に喩える（水無田 2009 など）．
12)「週に数回」を入れるとこの数値はさらに増える．
13) 2012 年に平日の夕食をバラバラにとることが「めったにない」と答えた女性の比率は，小学生以下の子を持つ層では 68.8% だが，中高生の子を持つ層では 49.3% である．
14) 2000 年代の食の階層化については，別の調査研究からも同様の結果が示唆されている．東京郊外に居住する 35〜59 歳の男女を対象とした 2009 年と 2010 年の調査によると，学歴が高いほど，また世帯収入が多いほど，野菜と海藻をよく食べる傾向があり，副菜の摂取に明確な階層差が見られた（小林 2015）．
15) おせちやお雑煮などの行事食についても，有配偶女性のほうが単身女性よりも有意に多く食べている．購入や外食・中食で済ませている人もある程度いるだろうから一概には言えないが，仮にこうした行事食を自宅で作る場合には，相当の調理時間が必要になるはずだ．
16) ちなみに 50〜80 代の夫では，「特に何もしていない」の数値が 5 割を超える．
17) なおこの数値は，20〜60 代の夫たちはもちろんのこと，70 代の夫の数値（5.6%）よりもさらに低い．

64 第Ⅰ部 ジェンダーで見る東アジア

18) なお，小学生のうち自炊能力があるのは 19.3％，高校生では 51.0％ である.

19)「日頃家族一緒に食事ができなくても，家族の一体感は，共通の趣味や家族旅行などで養えばよい」という質問に反対した場合には，食卓中心主義であるとみなす. 逆に賛成した場合は，食卓中心主義が否定されているとみなす.

参考文献

日本語文献

江原絢子（2002）「家庭料理の発展」石川寛子・江原絢子編著『近現代の食文化』弘学出版：85-103.

江原由美子（2015）「見えにくい女性の貧困——非正規問題とジェンダー」小杉礼子・宮本みち子編著『下層化する女性たち——労働と家庭からの排除と貧困』勁草書房：45-72.

原田信男（2014）『和食とは何か——旨みの文化をさぐる』角川ソフィア文庫.

広田照幸（1999）『日本人のしつけは衰退したか——「教育する家族」のゆくえ』講談社現代新書.

本田由紀（2004）「『非教育ママ』たちの所在」本田由紀編『女性の就業と親子関係——母親たちの階層戦略』勁草書房：167-184.

本田由紀（2008）『「家庭教育」の隘路——子育てに強迫される母親たち』勁草書房.

稲葉昭英（2011）「NFRJ98/03/08 から見た日本の家族の現状と変化」『家族社会学研究』23（1）：43-52.

岩村暢子（2003）『変わる家族 変わる食卓——真実に破壊されるマーケティング常識』勁草書房.

小林盾（2015）「食事——階層格差は海藻格差か」山田昌弘・小林盾編『データで読む現代社会 ライフスタイルとライフコース』新曜社：1-16.

水無田気流（2009）『無頼化する女たち』洋泉社.

牟田和恵（1996）『戦略としての家族——近代日本の国民国家形成と女性』新曜社.

落合恵美子（2011）「個人化と家族主義——東アジアとヨーロッパ，そして日本」ウルリッヒ・ベック・鈴木宗徳・伊藤美登里編『リスク化する日本社会——ウルリッヒ・ベックとの対話』岩波書店：103-125.

表真美（2010）『食卓と家族——家族団らんの歴史的変遷』世界思想社.

三具淳子（2015）「初職継続の隘路」岩田正美・大沢真知子編著『なぜ女性は仕事を辞めるのか—— 5155 人の軌跡から読み解く』青弓社：51-89.

瀬川清子（1968）『食生活の歴史』講談社.

品田知美（2004）『〈子育て法〉革命——親の主体性をとりもどす』中公新書.

品田知美（2007）『家事と家族の日常生活——主婦はなぜ暇にならなかったのか』学文社.

品田知美・野田潤・畠山洋輔（2015）『平成の家族と食』晶文社.

杉浦浩美（2015）「就労意欲と断続するキャリア——初職離職と転職・再就職行動に着目して」岩田正美・大沢真知子編著『なぜ女性は仕事を辞めるのか——5155人の軌跡から読み解く』青弓社：91-119.

渡辺秀樹（1995）「現代家族，多様化と画一化の錯綜」山岸健編『家族／看護／医療の社会学——人生を旅する人びと』サンワコーポレーション：47-66.

山田昌弘（2004）「家族の個人化」『社会学評論』54（4）：341-354.

山田昌弘編著（2010）『「婚活」現象の社会学——日本の配偶者選択のいま』東洋経済新聞社.

山田昌弘（2014）『「家族」難民——生涯未婚率25％社会の衝撃』朝日新聞出版.

山田昌弘（2015）「女性労働の家族依存モデルの限界」小杉礼子・宮本みち子編著『下層化する女性たち——労働と家庭からの排除と貧困』勁草書房：23-44.

湯沢雍彦・中原順子・奥田郁子・佐藤裕紀子（2006）『百年前の家庭生活』クレス出版.

欧文文献

Chang, Kyung-Sup（2010）"Individualization without Individualism," *Journal of Intimate and Public Spheres*, 0（Pilot Issue）：23-39.＝（2013）柴田悠訳「個人主義なき個人化」落合恵美子編『親密圏と公共圏の再編成——アジア近代からの問い』京都大学学術出版会.

Esping-Andersen, Gøsta（1999）*Social Foundations of Postindustrial Economics*, Oxford University Press.＝（2000）渡辺雅男・渡辺景子訳『ポスト工業経済の社会的基礎』桜井書店.

第 3 章

現代韓国の専業主婦
── 女性の仕事と結婚の理想と現実

柳采延

1 はじめに

　韓国は，日本と同様に女性が結婚や出産の前後に仕事を中断する M 字型就業構造を持つ社会である．女性の高学歴化とともに全体的な女性の就業率は増加したが，子育てと仕事を両立できる環境が十分に整っておらず，M 字カーブが解消されないことが日韓共通して指摘されている．しかし，日本では若い母親たちの出産後の職場復帰の時期が早期化してきている．一方で，韓国の特徴は，学歴別・年齢別の就業パターンにおいて，高学歴層の女性であるほど一旦仕事を中断すると復帰しない傾向が見られるということである．

　そのような韓国の高学歴女性について近年注目に値する現象は，高学歴女性が就労せず，子どもの教育に打ち込むというものである．従来，韓国における母親の子どもの教育については，家父長制的秩序や良妻賢母規範，母親の犠牲という形で説明がなされてきた．しかし，1990 年代以降の韓国社会で見られる「高学歴専業主婦の子どもの教育への積極的な関与」は，そのような受動的な態度や行動ではなく，むしろ自分の生きがいや自己実現を求めるという側面を含んでいる．

　1990 年代以降の韓国は民主化とともに急速な経済発展を遂げ，大学進学率も急上昇するなど大きな社会変動の時期を迎えた．そうした中での女性の社会的地位の変化，すなわち，専業主婦から働く女性までのさまざまな女性のライフスタイルはどのようにあらわれており，そういった様相はどのような社会的文脈で維持されているのだろうか．「高学歴専業主婦の子どもの教育への積極

的な関与」は，そのような社会の中での女性の役割や地位という大きな視点から分析される必要がある．

　本章では，1990年代以降の韓国社会における女性をめぐる変化を把握した上で，子どもの教育に積極的に関与する高学歴専業主婦の特徴を分析し，専業主婦にとって「教育する母」というポジションが持つ意味やそのような女性たちが生み出される社会的文脈を考察する．

2　女性の就労か子育てかという選択

　韓国における女性の大学進学率は2・3年制大学を含め，1985年33.5%，1990年32.4%から2005年には80.8%に至り，2015年74.6%となった（図表3-1)[1]．約20年間で急激に高学歴化が進行したことがわかる．2009年以降は女性のほうが男性より高い進学率を記録し続け，その差も広がりつつある．

　そういった女性の高学歴化に伴い女性全体の労働力率は図表3-2のように，1985年41.9%から2015年51.8%へと増加した（統計庁「経済活動人口調査」）．

　また既婚女性全体の労働力率は，1985年41.0%から1990年46.8%，2015年51.0%へと増加し，既婚女性の中でも死別・離婚を除く有配偶者の労働力

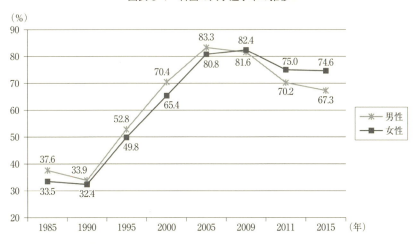

図表3-1　韓国の大学進学率の推移

注：2・3年制大学を含むデータ．
出典：教育部・韓国教育開発院「教育統計年報」（各年度）

68　第Ⅰ部　ジェンダーで見る東アジア

図表 3-2　韓国の男女の労働力率の推移

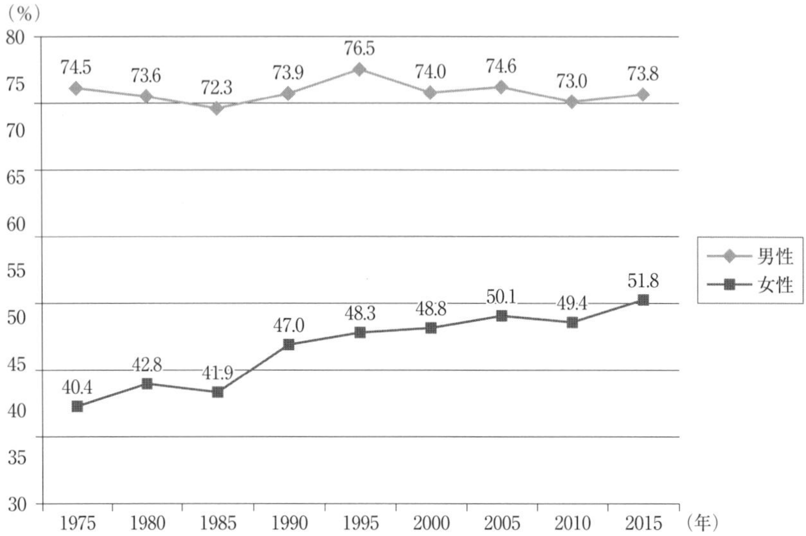

（%）

男性の値: 74.5 (1975), 73.6 (1980), 72.3 (1985), 73.9 (1990), 76.5 (1995), 74.0 (2000), 74.6 (2005), 73.0 (2010), 73.8 (2015)

女性の値: 40.4 (1975), 42.8 (1980), 41.9 (1985), 47.0 (1990), 48.3 (1995), 48.8 (2000), 50.1 (2005), 49.4 (2010), 51.8 (2015)

凡例: ◆ 男性　■ 女性

出典：統計庁「経済活動人口調査」（各年度）

率は，1990 年 49.2% から 2015 年 53.6% となった．女性の学歴別の労働力率
を見ると，有配偶者女性の場合は学歴別の差が著しくないことが特徴である．
2015 年のデータで，未婚女性では，2・3 年制大卒の労働力率が 87.7% と最も
高く，4 年制大卒以上は 81.7%，高卒は 48.3%，中卒以下 3.8% である．しか
し，図表 3-3 に見るように，有配偶者の既婚女性では，2015 年に中卒以下
46.9%，高卒 56.6%，2・3 年制大卒 53.5%，4 年制大卒以上 55.8% と，高卒層
の労働力率がもっとも高く，高学歴層であるほど働くといった傾向は見られな
い．中卒以下が 57.3%，高卒 34.7%，2・3 年制大卒 44.0%，4 年制大卒以上は
39.6% だった 1990 年に比べると中卒以下層の労働力率は減少し，大学以上層
は増加したが，全体的な女性の高学歴化と中卒以下層の高齢化を考慮すると，
依然として韓国社会で高学歴層が特に働いているとは言い難い．

　しかしながら，高学歴層だけで見た場合，4 年制大卒以上の有配偶者女性の
中で，1990 年に働く女性 39.4% と専業主婦 60.6% という比率が，2015 年には
働く女性 55.8% と専業主婦 44.2% の構成になったことは重要な変化といえる．

　「経済活動人口調査」（各年度）の経済活動参加人口と経済活動参加率のデー

第 3 章　現代韓国の専業主婦　69

図表 3-3　有配偶者女性の学歴別労働力率（%）

	全体	中卒以下	高卒	2.3 年制大卒	4 年制大卒以上
1990 年	49.2	57.3	34.7	44.0	39.6
2000 年	51.2	57.6	46.7	42.6	46.3
2005 年	51.4	52.5	51.6	46.8	50.2
2010 年	51.8	49.4	53.6	50.2	52.7
2012 年	52.2	48.4	54.1	51.0	54.8
2015 年	53.6	46.9	56.6	53.5	55.8

注：死別・離婚を除く.
出典：統計庁「経済活動人口調査」（各年度）

タに基づき，働く有配偶者女性の学歴別構成比を計算すると，2・3 年制を含む大卒以上層が占める割合は，1990 年にはわずか 5.9%（2・3 年制 1.6%，4 年制 4.3%）だったが，2000 年 12.7%（3.9%，8.8%），2010 年 28.3%（9.6%，18.7%），2015 年には 34.9%（10.8%，24.1%）となった. 1990 年代からの急激な高学歴化が労働市場にも反映され，2000 年代にかけて高学歴層の構成比が急激に増加したと見られる. 1990 年代後半から 2000 年代は女性の管理職・専門職進出の増加が起き，比較的高所得者で子育てとキャリアを両立させるという「スーパーマム（supermom）」たちの登場が注目された時期でもある[2].

　しかし，同時に，専業主婦の中の大卒以上層の割合も 1990 年 8.2%（2・3 年制 1.9%，4 年制 6.3%）から 2015 年 32.9%（10.9%，22.0%）となり，働く既婚女性のみならず，専業主婦層も同程度に高学歴化した. 韓国社会で専業主婦になることと，働く既婚女性になることの間に，大卒の学歴という要素は数値上効いていないのである.

　このように，男性を上回る女性の高学歴化や専門職進出の増加などが注目されている一方で，全体的には高学歴化が必ず労働力率に繋がるとは言い難い現状と高学歴化した専業主婦の存在も重要な変化である.

　図表 3-4 の学歴別・年齢階級別の有業率を見ると，20 代中盤から 30 代までもっとも高い数値を示す 4 年制大卒以上層のみが結婚と出産を機に有業率が下がってからそのまま上がらない L 字型を描いている. つまり，数値上では高学歴女性であるほど一旦仕事をやめたら復帰しない傾向が見られる. そして 4 年制大卒以上層の有業率は 40 代でどの学歴層よりも低い数値を示している.

70　第Ⅰ部　ジェンダーで見る東アジア

図表 3-4　韓国の学歴別・年齢階級別の有業率

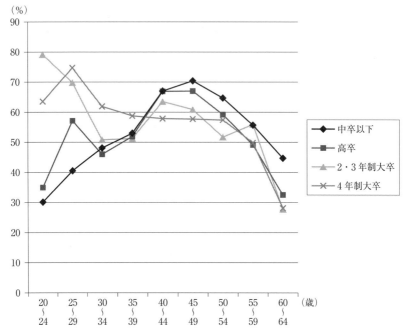

出典：「経済活動人口年報」(2011 年度)

　その時期は，子どもの教育を担当している年齢層でもある．そういった高学歴の専業主婦が自身の高学歴という資源を仕事ではなく，子どもの教育に活かしている現象は注目に値する．
　その背景の 1 つには，近年の女子労働市場の二極化や急激な高学歴化に追いつかない労働市場，すなわち高学歴者が満足するような良質な雇用機会の不足という現状が考えられる．つまり，高学歴化と労働市場のミスマッチによって，高学歴者が上位分位の仕事のみならず，中位・下位分位の仕事にも従事するしかない状況なのである（김ほか 2006）．そういった状況で，学歴に見合う仕事がない場合は就業しない選択や，出産と育児によって 1 回仕事を中断すると以前と同様の待遇を受けることができない就業構造のため，復帰しない選択をする可能性が生じると考えられる[3]．
　図表 3-5 は，これまで述べた 1990 年代以降の女性の高学歴化，就労と関わ

図表 3-5　1990 年代以降の韓国における女性像の変化

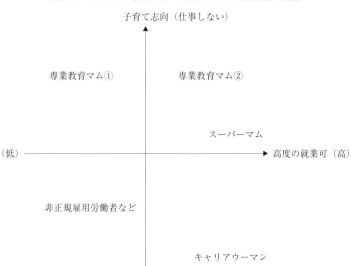

る変化を取り入れ，女性の仕事・子育て志向と労働市場における地位を軸にしたさまざまなタイプの女性たちを 4 象限に分類したものである．①と②は専業主婦層の「専業マム[4]」である．その中に，子どもの教育にもっともコミットする層として，子どもの教育を「専業」とするという意味で筆者が「専業教育マム」と名づける母親が含まれている．①は，1990 年代以降の女性の高学歴化と労働市場のミスマッチによって労働市場から退場した女性たちが含まれる．②には結婚や出産前は高度の就業が可能だったが専業主婦となり，子育てと子どもの教育にコミットする層である．

　また，高度な仕事に従事する仕事志向の「キャリアウーマン」は，主に結婚や出産をせず，仕事に専念する女性を指す．その中でも近年，高収入を得ている非婚・未婚女性たちは「ゴールドミス（Goldmiss）」と呼ばれている．韓国女性の 1980 年と 2010 年の未婚率の変化を見ると，25〜29 歳の場合は 14.1%から 69.3%，30〜34 歳は 2.7% から 29.1%，35〜39 歳は 1.0% から 12.4%，生涯未婚率といえる 45〜49 歳の場合は 0.3% から 3.3% へと変化した（統計庁「人口住宅総調査」）．前の世代に比べ，女性の高学歴化と相対的な経済力の向上

72　第Ⅰ部　ジェンダーで見る東アジア

によって，依然として家父長制的な側面が維持されている韓国の結婚システム
に入らないという選択をする世代があらわれ始めているのである.

　以上のような1990年代以降の韓国における女性の変化を踏まえ，以下では
高学歴の専業主婦たちが子どもの教育に打ち込むという行動に見られる特徴，
主に母親自らの「意味づけ」とその社会学的意味を考察する.

3　「高学歴専業教育ママ」という選択

3.1　先行研究の検討

　韓国の高学歴既婚女性と子どもの教育についての先行研究には，就学した子
どもの存在が子どもの教育を重視する韓国社会で高学歴既婚女性の就業を妨げ
る効果を持っているという議論がある（김 2008）. しかし，そこには子どもの
存在・年齢と母親の就業有無の相関関係はあるものの，子どもの教育と母親の
就業の因果関係についてはさらなる議論の余地がある. たとえば，김（2008）
は母親が高学歴層であるほど，子どもの年齢と就業率の間，学校外教育費（教
育熱の代理変数）と就業率の間に負の相関があることから，教育費の支出が高
いのは教育熱が高いという意味であり，教育熱の高い高学歴女性は，子どもの
年齢が上がると教育のために就業しないということで，子どもの教育は母親の
就業抑制効果を持つと解釈している. しかし，高学歴，高所得世帯であるほど，
母親がまず就労しない・仕事に復帰しない選択をする可能性も排除できないの
である. 1990年代以降の急激な高学歴化と労働市場のミスマッチが生じてい
る状況において，高学歴女性は学歴同類婚などによって高い世帯所得を確保す
ることで，他の学歴層に比べ，就労の動機における主体性や選択の自由度が高
いことを意味する可能性もある. そのため，必ずしも子どものために就労しな
いのではなく，高い教育費を負担できるほどの所得がある世帯だから就労せず
に，子どもの教育に時間的・経済的資源をかけることができるという因果関係
の可能性も排除できないのである.

　また，韓国の母親の子どもの教育に関する説明の中で，韓国社会の特殊性を
持ち出す説明の１つには，規範論がある. それは，韓国の母親の子どもの教育
を，近代以前の父系血縁原理・儒教理念と結びついた近代的性別役割分業や，
「賢母良妻」[5] などの「母親規範」による役割の１つとして説明する議論であ
る（山根・洪2007）. また，そうした母親の役割は，家父長制イデオロギーに

基づいた強い母性イデオロギーによる道具的役割とされる（윤 1996）．道具的役割とは，家族や国家のために母親の利害関心が犠牲にされて，「手段化」されることを意味する．性別役割分業意識や良妻賢母規範においては，家事労働と育児・教育が同時に求められてきたため，これらの先行研究では家事と育児・教育の役割が同一線上で語られる傾向がある．しかし，この十数年の生活時間の変化を見ると，家事労働時間の男女差は減少しつつあるが，子どもの教育に関しては男女差が拡大している[6]．家事労働は父親も分担するようになった一方で，教育については母親の役割がさらに増したのである．女性の社会進出が増え，男性の家事労働分担も増加する中で，子どもの教育役割はさらにジェンダー化されたことは，これまでいわれてきた良妻賢母規範では説明できないのである．

すでに言及した母親の教育における「道具的役割」が発揮される文脈は以下のようなものである．急速な産業化によって短期間で急激に増えた資源をめぐる競争が激しくなり，競争からの脱落者のための公的な支援システムやセーフティネットの整わない社会で，家族の意味は経済的利益の増大を目標とする道具的機能に集約された．そうした背景から母親の役割においても，家族の地位上昇のため，将来のための「投資」という意味での「子どもの教育」役割が重要視されたという議論である．そのため，子どもの教育は，'家族を単位とした競争' や '家族事業' と呼ばれてきた（오 2000；조 2002）．

1990年代後半以降にあらわれた教育移民などに代表される新自由主義的競争の激化による教育熱に関しても，グローバル市場における資源と機会を拡大させようとする「戦略的家族」と見なされる[7]．新自由主義的グローバルな競争体制が，教育競争の激化をもたらすことで，子どもの教育における家族，とりわけ母親の道具的役割も強まったと論じられている（조 2004, 2007）．しかし，新自由主義的な社会背景は，母親が依然として「家族のため・子どものため」の道具的役割を引き受ける十分条件とはいえない．韓国社会の変動とともに，女性のライフスタイルや価値観も変化する中，家庭内ではどのような相互作用が起こり，母親が教育する役割を引き受けるのか，その質的な側面は以前と同様なものなのかを女性の生き方という視点から考察する必要がある．

母親の教育熱についてのもう1つの説明は，教育機会に恵まれなかった母親世代の補償心理によるというものである（한 1998；조 2002）．経済的理由や「女性である」という理由で，教育機会が与えられなかった母親たちが，自分

74　第Ⅰ部　ジェンダーで見る東アジア

の子どもには教育を与えたい，教育による社会移動を子どもにさせたいという
思いから，教育熱心になるという説明である．さらにそのような母親の動機は，
韓国社会において，学歴取得による社会的地位や職業的地位上昇効果が高く認
識されていることと関係があるとされる（한 1998; 有田 2006）．しかし，現在
子どもの教育を行っている 30 代後半〜40 代後半の母親たちは，韓国で女性の
大学進学率が急増していく時期に大学に進学した世代であり，この説明が当て
はまるのは，1 つ前の「ベビーブーマー世代」だと考えられる[8]．近年ではむ
しろ，高所得・高学歴女性であるほど子どもの教育に熱心であることが指摘さ
れている（최 2008; 김 2008）．そのため，子どもの教育を担う中心的な層に注
目してその動機や意識を見る必要が出てくる．現在子どもの教育を行っている
女性たちの属性については次項 3.2 の対象選定で詳しく述べる．
　これらの議論における母親の姿は，それぞれ「家のため」，「子どものため」
の母親という韓国社会に典型的な「犠牲的母親像」であるとされる（신 1998）．
1 つ目は自分自身の利害関心が犠牲にされるという面で，2 つ目は母親が教育
を受けられなかったことが「自分の選択」ではないという点と，究極的には子
どものためである点で，犠牲的であるとされる．これらは，どのような面をも
って犠牲的だと見なすかは異なるが，母親が自分自身ではない何かのために存
在するという点では共通しており，その意味で犠牲的な母だといえる．しかし，
すでに検討したように，これらの先行研究には，性別役割分業の部分的な緩和
や女性の高学歴化など韓国の女性をめぐる状況の変化を十分に反映していない
という限界がある．また，そのような状況の変化に伴う女性の意識の変化にも
注目する必要がある．こうした課題に答えるために，母親の教育への関与の内
容や母親自身の「意味づけ」に着目する必要がある．本章では，子どもの教育
に最も熱心な高学歴中間層の専業主婦に注目し，母親の教育への関与を具体的
なレベルで明らかにするために，主婦向け雑誌における子どもの教育関連の記
事を分析対象とする．雑誌分析から母親の関与の質的な特性を明らかにし，そ
のような関与が生じる社会的文脈を検討することを目的とする．

3.2　対象選定と研究方法

　本章の分析対象である「高学歴専業教育ママ」は，韓国社会で短期大学以上
を卒業し，子どもの教育に関わっている専業主婦たちである．主に 1960 年代
半ばから 1970 年代半ばに生まれた世代であり，1955〜1963 年生まれの韓国の

「ベビーブーマー世代」の次に生まれた女性たちである．この世代は，1990年代に20代を過ごし，その中でも若い世代は2000年代初期に20代の後半を過ごした．つまり，韓国が高度経済成長を成し遂げ，女性の高等学校進学率が90％を超えていった1980年代に中学・高校を卒業し，女性の大学進学率が急増していく1990年代に大学を卒業した女性たちである．そのうち半分以上は，女性の専門職進出が急増する1990年代後半以降に社会進出した．今は，大学進学それ自体における所得上昇効果などの意味は薄くなり，「学校歴」が重要な時代となった．しかし，現在子どもの教育を担っている母親世代の大卒の女性たちは，「大卒」であることで差をつけることができた時代に大学に入った「高学歴女性」なのである．以下では，彼女たちの世代に見られる教育への関与の質的特性を明らかにするために，以前の世代からの関与形態の変遷と具体的な関わり方の特徴を分析する．その際には，特に母親の意識に注目する必要がある．そのために，韓国の月刊総合女性誌である『主婦生活』（學園社）の創刊号1965年4月号から2013年5月号までに見られる「子どもの教育」に関連する記事を分析する．女性雑誌にあらわれる意識の変化は女性たちのライフスタイルの変化と価値観の変化を反映するものといえる．また，そこにあらわれる母親の自己像，自身がやっていることへの意味づけは，当該の女性たちの社会的背景に根差したものである．すなわち，それは個人的なものというより社会的なものであり，女性雑誌を分析する意義はここにある．

　『主婦生活』は，とりわけ既婚女性の支持を得ている雑誌であり，1965年の創刊から現在まで続いている最も古い総合女性誌である．韓国における女性雑誌は，年齢別・テーマ別に多様化・読者層の細分化が近年起きたにもかかわらず，既婚である場合，年齢よりは「既婚」であることが重要であり，影響力のある主婦向けの雑誌は，ほとんどが1960〜1980年代にかけて創刊された総合女性誌である[9]．総合女性誌は，月に1回発行され，700〜900ページ程度の分量で，特定の分野に限定されずに政治，経済，文化，芸能，社会事件，育児と教育，悩み相談，衣食住全般（料理，インテリア，住宅，家計など）にわたる内容が掲載されている．その中でも『主婦生活』の中心的な読者層は，1960〜1970年代産業化初期の段階では，家庭で雑誌を購読することが可能な中産層以上の専業主婦であった．女性雑誌の種類が少なかった当時においては，女子学生なども含む現在より幅広い年齢層と階層の女性に読まれており，1970年代の発行部数は20万部以上になる時期もあった．他に当時の総合女性誌には

『女性東亜（1967年6月創刊，東亜日報社）』，『女性中央（1970年1月創刊，中央日報社）』があった．『女性中央』は1993年から1998年まで休刊しており，『女性東亜』は1990年代以降読者層がそれまでより若い女性へと変わったために，分析資料とするには難点がある．雑誌の多様化が起きた1990年代以降，『主婦生活』の発行部数は減少したものの，現在も主婦向けの女性雑誌として不動の地位を占めている．また現在では，年齢別・テーマ別の雑誌の細分化が生じたことから，比較的所得の高い層に顕著な専業主婦が主要な読者層として残っている．つまり以前は購買力を理由として，現在は雑誌の細分化の結果として専業主婦が一貫して主要な読者層といえるのである．このように，『主婦生活』は，内容・読者層・影響力の面から，1960年代から現在に至るまで韓国社会における主婦層，とりわけ専業主婦という層の関心事や意識を見るために最も適切であり，本章の分析資料として妥当と判断される．

　『主婦生活』を分析した既存研究は，その目的によって分析範囲や方法も多様である．中でも1960年代から2000年代までの通時的分析を行った研究は，10年単位で2冊ずつを分析対象とし，広告にあらわれた性役割の変遷を，幾つかの分類項目を用いて分析している（박ほか 2013）．本章が対象とする教育関連の記事の場合，受験シーズンなど特定の時期に増えるといった問題もあり，分析対象年度のすべての月を対象とする．また，大きな時代的流れを示すために，教育を内容別に分類して考察するが，それだけではあらわせない母親の関わり方についても内容分析を行う．

　時代の区分は，1997年を境に①1965〜1996年，②1997〜2013年の，2つに分けた．1997年アジア通貨危機以降に韓国社会の教育競争が激化したといわれているためである．①から②への時代的変化を分析することで近年の特徴を明らかにし，②について具体的な記事内容の分析を行う．

　まず，時代の変化を分析するために，教育に関する記事を内容別に分類した．対象となる期間の毎月の目次タイトルを見て，すべての教育関連の記事を抽出し，それらの記事を以下の5つの項目に分ける作業を行った．「入試・受験・合格」には，大学受験の際に親がどのようなサポートを行っているかが書かれた記事を分類し，「子女教育・家庭教育」には，子どもの教育における価値観が書かれた記事を分類する．子どもの勉強指導や入学の準備，学校の選択など子どもの学校教育を手伝う内容の記事は「指導」という項目に入れ，「留学・英語教育」には，留学や英語教育おける母親の役割が見られる記事を分類して

いる.「教育法・学習法」に関する記事は,勉強する方法や教える方法についての内容であり,韓国語で「○○法」,「△△術」という表現や「戦略」,「秘訣」などの言葉が使われているタイトルを持つ記事が含まれる.

次の分析3.3では,『主婦生活』の教育関連の記事を対象として,以上の分類に基づき,母親の教育への関与形態の変遷を分析することで現在の母親の特異性を浮き彫りにする.その上で3.4では,現在の特徴を反映している1997〜2013年の雑誌記事を対象に,関わり方についての具体的な母親の語りを中心として内容分析を行う.

3.3 教育における「母親の成功物語」化

図表3-6は,対象とした記事の上記5分類ごとの頻度(記事数と割合)を表にまとめたものである.教育関連記事の総数は,1965〜1996年32年間の230件から1997〜2013年の17年間の389件に増加した.その内容の変化を時代別に見ると,1965〜1996年は,「指導」が最も大きな比重を占め,次に多いのは「子女教育・家庭教育」である.一方,1997〜2013年は,「教育法・学習法」が46.0%で最も大きな比重を占めるようになり,1965〜1996年に最も少なかった「留学・英語教育」が次に多くなる.項目別に見ると,「入試・受験・合格」「指導」「子女教育・家庭教育」関連の記事は全体に占める割合において減少し,「留学・英語教育」と「教育法・学習法」は増加した.「留学・英語教育」「教育法・学習法」の2つの項目の増加,特に「教育法・学習法」の急増は,1997〜2013年の大きな特徴である.以下では,項目別の内容の変遷をより詳しく分析することで具体的な変化の特徴を把握しよう.

「入試・受験・合格」関連記事は,さらにその内容によって「社会問題」,

図表3-6 「教育」に関連する記事内容の時代ごとの変化 (記事数, 割合)

年度	入試・受験・合格	指導	子女教育・家庭教育	留学・英語教育	教育法・学習法	計
1965〜1996	39 (17.0%)	71 (30.9%)	50 (21.7%)	24 (10.4%)	46 (20.0%)	230 (100.0%)
1997〜2013	35 (9.0%)	67 (17.2%)	32 (8.2%)	76 (19.5%)	179 (46.0%)	389 (100.0%)

資料:『主婦生活』(學園社) 1965〜2013年の分析から筆者作成

「専門家の教授法や政策提案」，「子ども本人手記」，「身体的・情緒的サポート」，「学習管理・マネジメント」に分類することができた．時代別変遷を見た時にもっとも目立つのは，1965～1996 年に受験における親の「身体的・情緒的サポート」が 19 件から 1997～2013 年は 6 件に減少し，受験と関わる「学習管理・マネジメント」は 3 件から 20 件へ増加したことである．「身体的・情緒的サポート」とは，子どもの健康管理や食事の準備，朝子どもを起こすこと，子どもの受験のために祈ることなどである．これらは「学習管理・マネジメント」の役割と比べ，母親が高等教育を受けていることと関連性が比較的低い役割である．ここで，教育する母親のことを表現する時に使われる言葉に注目すると，「母の愛情」「母性」「陰（で支える）」「感動手記」といった母親の情緒的なサポートを連想させるタイトルが目立つ．1971 年 6 月号「考試首席合格者の母──栄光の陰の母性」，1972 年 5 月号「二人の息子を考試に合格させた母の愛情」，1989 年 11 月号には「娘を司法試験に首席合格させた母の感動手記」という記事が載っている．このようなタイトルや記事の内容は，1990 年代後半以降には見られなくなる．1997～2013 年は，子どもと母親が両方登場するインタビュー記事が 5 件あり，その内容は主に，子どもがどのように勉強したかという勉強術のみならず，母親がどのように学習指導・学習管理をし，良い結果を出せたかに関する記事である．その 5 件と語り手として母親のみが登場するノウハウ語り 15 件を合わせると，「学習管理・マネジメント」に関する記事は 20 件となり，「入試・受験・合格」関連記事 35 件の中でもっとも多くなる．このような母親による学習管理のノウハウ語りの増加は，他の項目にも引き続き見られる傾向である．

　「指導」関連の記事については，「知能・才能開発」，「休み期間の指導」，「勉強の指導」，「入学時の指導」，「選択」に分けることができた．1997～2013 年の重要な変化は，「勉強の指導」が最も多くなり，指導の対象が中高生までとなることで，前の時代より年齢が上がる点である．また，「選択」に関する記事が急増するが，その内容は，母親による学校の選択や子どもに何をさせるかという選択に関するもので，教育のマネジメントの側面があらわれている．

　「子女教育・家庭教育」関連記事における内容の変化を見ると，初期は「しつけ」に関するもの，「教育熱の批判，教育の現状と課題」や「教育における望ましい姿勢」といった内容を中心とした専門家による記事で占められていた．また，この時期は教育する母の「犠牲」という言葉が目立つ．1965 年 12 月号

に「子女教育における犠牲」という記事があるが，教育機会のなかった母親が，自分の子どもには教育を受けさせたいという思いから子どものために精神的・金銭的苦労を引き受ける姿が描かれている．1980 年代までは「しつけ」に関する内容や情緒的サポートを中心とした「感動手記」が多いが，1990 年代になると「しつけ」よりは「勉強」を中心とした内容になっていく．1990 年代後半以降の記事における「子女教育」は，「子女教育法」という言葉の中に多く見られるようになり（32 件中 17 件），母親の経験談・ノウハウ語りが急増する．つまりこれらの記事においても専門家による意見より，語り手が母親である記事（32 件中 25 件）が多くなったという特徴が見られる．このようなことから教育における母親の「専門化」傾向が読み取れる．

1990 年代後半から急増する「留学・英語教育」と「教育法・学習法」関連の記事は，近年の特徴を最もよく反映している項目といえる．「教育法・学習法」関連の記事は，たとえば「名門大学に合格させた母の○○教育法」「△△を成功させた母が教える教育ノウハウ」といった形のタイトルが多く，子どもの勉強を中心とした学習マネジメントの役割についての母親によるノウハウ語りが多いという特徴がある．「母が学習マネジャーになれ」「子どもの夢は母によって叶えられる」などといった見出しは，以前まで登場していた本人手記に見られる「子ども自身がどのように頑張ったか」という語り方や「感動手記」に見られる母の情緒的サポートとは対照的である．

以上のように母親自身のノウハウ語りが増え，その役割も，情緒的なものではなくなり，教育マネジャー化した[10]．その一方で，教育する役割を語る言葉に，母親の犠牲と結びつく表現がなくなったことも顕著な特徴である．1990 年代後半以降の教育関連の記事は，以前のような「子どもの成功を陰で支えた感動物語」ではなく，まるで母親が自分はどれだけ能力のある人かを語るかのような，「母親自身の成功物語」となった．そのことは女性のどのような変化を示しているのかを質的分析から明らかにする．

3.4 高学歴専業主婦の「自分探し」と子どもの教育

1997〜2013 年の記事を主な対象にし，母親の語りを中心に具体的な特徴を分析する．ここでは特に母親の意識に注目する．

80　第 I 部　ジェンダーで見る東アジア

3.4.1　母親の高学歴化と教育の仕事化

　1つ目の特徴は，高学歴という資源，すなわち母親の専門性が子どもの教育に活かされているという点である．たとえば，『主婦生活』1998 年 3 月号の「うちの子，私が直接教えることは出来ないか？」(pp. 582-585) という記事では，子どもに塾をやめさせて直接教えている母親たちが登場し，「大学で数学を専攻し，教師をしていた人だったので彼女が数学を担当し，私は国語を，もう 1 人の母は英語を担当することにしました」と語っている．母親の大学で得た専門性が子どもの教育に高度に役立っている事例といえる．2005 年 3 月号「早期留学，こうすれば成功——アメリカ在住韓国人主婦 4 人の教育座談」(pp. 588-591) というアメリカで子育てをしている主婦たちの対談を載せた記事には，彼女たちの紹介欄がある．リーさんとエイミさんはそれぞれ「大学では心理学を専攻し，カウンセラーとして児童相談の仕事をした経験もあったので子どもの教育に専念している（傍点筆者）」「12 歳からアメリカで教育を受けてきた．韓国とアメリカ両方のバックグラウンドを持つ自分の経験を子どもの教育にも多く反映している」と語っている．2 人は自らが受けてきた教育や自身の能力が子どもの教育に与えるポジティブな影響を語っている．特にリーさんの場合，大学で心理学を勉強し，その専門を活かした児童相談の仕事に携わった経験が，今は仕事ではなく，子どもの教育のための良い資源となっていることが強調されている．

　2つ目の特徴は，子どもの教育が仕事化しているということである．そのことは，教育における母親の役割が，業績主義的評価の可能なものであり，「ノウハウ」という形で伝達されているということにあらわれている．たとえば，2008 年 10 月号「2 人の母親のティーチング・ノウハウ公開——国際中・高校に合格する方法」(pp. 670-675) という記事に登場するチョ・ミン君の母親は，「英語塾を選ぶ時に，周辺の有名な塾のレベルテストはほぼ全て受けさせました．私が直接院長に会って塾の特徴を把握し，1 年分の教材もチェックして．……（入試の時に経歴として認められる全国単位の大会を）私が直接調べて各種大会の日程に合わせて準備させ，試験を受けさせました」と述べている．母親の教育する役割に関する語りは，「具体的に a（＝塾の特徴を把握・教材チェックなど教育情報収集，塾の選択など学習方法の選択，必要な試験を調べ準備させるなどの成績管理，スケジュール管理）をしたために b（＝子どもの名門校入学）ができた」といった形となっている．そういった業績主義的な評価が可能である

ため，母親の役割は「ノウハウ」という形で伝達され得る．このように，現在において教育する役割は，母親の関与と教育の成果の関係が比較的客観化可能である点でも，既存の身体的・情緒的サポート中心の役割とは異なっている．

1990年1月号の「大学入試の失敗を成功に導いた——一浪してソウル大学に首席合格」(pp572-573) という記事の母親は「今日もお寺や教会には，お祈りする母親たちがたくさんいるでしょう……毎朝6時に起きて塾に行く息子のために私にできることは毎朝6時に起こして弁当を作ってあげることだけでした（傍点筆者）」と述べている．1990年代の母親が子どもの受験のために行ったお祈りや弁当作りといった身体的・情緒的サポートは，「ノウハウ」という形で伝達されることなく，感情的に語られる．情緒的サポートを行う1990年代の母親が，子どもの名門大学合格の後にも「できることはそれだけだった」と謙虚に語るのに対し，徹底的な子どものマネジャーを自称する今の母親は，「(私のような) 24時間待機している母がいれば大きな力になる」(2008年10月号「2人の母親のティーチング・ノウハウ公開——国際中・高校に合格する方法」シン・ヤンス君の母) と，フルタイムの教育マネジャーという仕事をしてきたことの貢献度を自ら高く評価している．そのような趣旨の言葉は，他にも「母親の努力が子どもの成績を左右する」といった見出しにもあらわれている (2006年2月号，pp. 649-651「勉強できる子の母は教育情報に早い——母親たちの教育情報ルート」)．こうした教育マネジャー的役割は，市場労働での成功が自己評価に繋がるのと同様に，子どもの教育達成が母親自身の肯定的自己評価に繋がっているのである．

3.4.2　自律性と家庭内における女性の地位

3つ目の特徴は，教育する役割における母親の自律性の高さである．すでに紹介した2008年10月号のチョ・ミン君の母親のインタビュー記事では「私が直接調べて各種大会の日程に合わせて準備させ，試験を受けさせました．子どもは数学が好きなほうなので，それによく付いてきてくれました（傍点筆者）」と述べられている．各種試験を調べ，受けさせると決めるのも母親であり，「よく付いてきてくれた」という表現はまるで母親の目標に子どもが付いてきてくれたものと解釈できるのである．また同じ記事のシン・ヤンス君の母親は，「英語は小学校の時から，自宅から2時間かかる江南の有名な塾に通わせた」といい，しかし「期待していたほどの成果は出なかった」ため，子どもに「留

82　第Ⅰ部　ジェンダーで見る東アジア

学させることを決心した」と母親の目線で教育の目標と結果への評価が語られている．そこには子ども自身の主体性や父親の関与が一切見られず，教育における主体が母親となっていることが示されている．このように教育における目標決めから，それを達成するための一連の過程まで，高い自律性を持って母親主体で行う姿は印象的だ．そのことは高校3年生の母親にとっても例外ではない．2013年1月号「娘をソウル大学に行かせた母・コンヨンシンさん」（pp.372-373）のインタビュー記事では「成績上位圏の子どもを持つ母親たちが教育情報を共有するインターネットカフェで入試情報のみならず，悩みを共有し，高校3年生の母としてのストレス管理もできました」と語る．ある程度主体性を備えていると思われる中高生に対する教育にも母親が関与しているということは，母親のマネジャー的関与が持つ象徴的な姿である．

　このような自律的な関わり方は，すでにあげた教育の仕事化とも高い関連性がある．教育は仕事化しており，その仕事は教育の「管理」や「マネジメント」といった管理職に共有される言葉で表現されているが，自律性の高さという面でも管理職と似たような性質を持っているとされる．2007年1月号「江南ママ vs 木洞ママの教育法」（pp.504-509）という記事の母親は，仕事をやめて専業主婦となり，「子どもの未来を準備する教育サポーターとして，江南一帯の教育コンサルタントとして活動（傍点筆者）」している．母親の役割は，「教育サポーター」や「教育コンサルタント」という言葉にもあらわれているように仕事化しており，地域一帯の教育コンサルタントとして活動していることは，もはや教育が家庭の領域を超えていることをも意味する．また，前にあげた2008年10月号のシン・ヤンス君の母親は，「近年母親の間では，父親の理解力と母親の情報力と祖父の財力があってやっと子どもの教育は成功するという言葉がある（傍点筆者）」と述べている．子どもを教育する役割において「父親の理解力」が必要であるということは，その役割が父親の想定する範囲を超えていることを意味する．その様相は，働く母親が仕事に集中するにあたって，夫との「折り合い」を必要とする状況と似ているといえる．つまり，既存の良妻賢母規範によって女性に「求められる」性役割とは異なっていることを示している．

　そういった自律性とは，簡単に言い換えると家族に「干渉されないこと」である．上記の「父親の理解力」という言葉は「父親の無関心」に代わる場合もある[11]．母親にとっては干渉されたくない領域であり，干渉されずに済む領

域でもある．そのようなことは，夫を韓国に1人残し，夫に仕送りをしてもらいながら母子で教育移民になる現象（キロギアッパ）にも代表される[12]．

子どもの教育支援のためなら，家事労働や父系中心の親族行事の参加から免除されることも可能となる[13]．その状況は働く母親が仕事を言い訳に親族行事とその準備に参加しないで済む状況と似ている[14]．つまり，女性たちにとって結果的に夫の親族に準拠した役割から距離をとる1つの手段となるのが仕事を持つことである．そのような「仕事」に該当する機能を持つのが，専業主婦にとっては「子どもの教育支援」という領域なのである[15]．依然として「父系血縁中心の直系家族」が規範的に作動している韓国社会で，「妻」として存在（＝夫婦中心，父系直系家族からの独立，「嫁」の地位からの解放）することが困難な既婚女性たちは，夫の親族からすると一見「伝統的な」嫁としての役割に見られる子どもの教育にコミットする形の「母親」になることで，逆説的に「嫁」の地位から距離をとるのである[16]．

子どもにコミットする韓国の専業主婦の"私は「専業マム」であって，「専業主婦」ではない"という言葉は，「夫やその親族に尽くす」ことへの抵抗感や「専業の（家事労働ではない）教育する母」としての自尊心のあらわれかもしれない．

このように母親の教育上の役割は，家事労働や親族行事のように家庭内の男性とその親族に従属しておらず，「良妻」を逸脱している点で，既存の「賢母良妻」に還元されない．今の教育する母は，性別に関係なく生涯1人か2人の子どもを産み，以前のような「嫁」としてではなく，子どもと母親自身の結びつきを強化し，教育に没頭するのである[17]．

以上の雑誌分析から，高学歴専業主婦の子どもの教育における関与の3つの特徴が明らかになった．すなわち，教育する母の役割は仕事化しており，その仕事において母親は高い自律性を持って，自身の高学歴という資源を活かしている．それは既存の良妻賢母規範を逸脱しており，教育の成果は母親自身の高い自己評価に繋がっている．そういった教育する母は既存の「犠牲的母親像」というよりは「自己実現」に近い姿をしている．マズロー（Maslow）の欲求段階説によると，自己実現の欲求（Self-actualization）とは，能力や可能性など人が潜在的に持っているものを具現化しようとする傾向であり，よりいっそう自分自身であろうとし，自分がなりえるものにならなければならないという欲

求である（Maslow 1987＝2002）．自己実現の1段階下にある承認の欲求（Self-esteem）は，他者からの尊敬や評価のみならず自尊心・自己肯定感によって満たされる欲求である．市場労働におけるキャリアを語るかのように，子どもの教育達成における母親自身の貢献度を語ることや，夫とその親族に尽くすのではなく高学歴を活かす形で子どもに尽くすことは，少なくとも自己の評価と自尊心を重視する点で，承認の欲求とも共通点がある．教育マネジャーの役割は，高学歴の専業主婦が家庭内で自律性を保ちながら，自身の能力を発揮することで，高学歴女性として最も自分らしくいられる再生産領域なのである．

4　まとめ

本章は，韓国社会における女性の地位やジェンダー役割といった視点から女性のさまざまなライフスタイルが分析される必要があるという問題意識から，1990年代以降の女性をめぐる社会変動と女性像の変化を考察するものである．

その中でも主に高学歴女性が就労をせず子どもの教育に打ち込む現象に注目した．そのことに関しては，主に『主婦生活』という雑誌に限定された議論になっているものの，女性たちの意識の変化を敏感に反映する女性雑誌を分析することで，韓国における女性たちのあり方の変化を捉えることができた．

元々は身体的・情緒的サポートが中心であった韓国の母親の教育する役割は，1990年代後半からマネジャーを自称する母たちによる学習管理や教育マネジメント中心の内容へと変化していった．このように教育マネジャー化した母親の関与の特徴には，①教育に母親の高学歴という資源を活用していること（＝能力の活用），②その役割は客観化可能なタスクを伴い，業績主義的評価が可能である点（＝仕事化），③良妻賢母という規範を超えた形で，母親が高い自律性を持って行っているという点（＝主体性）が見られた．

母親の子どもの教育や教育熱に関する既存の説明と照らし合わせてみると，現在の韓国の高学歴専業教育ママにおける教育する役割は，「良妻」を逸脱し，男性に従属しない点で，既存の「賢母良妻」の役割とは異なるといえる．また，親自身がすでに高学歴化したことが，子どもの教育に積極的に関わることを可能にする条件であるため，先行研究でいわれたような教育機会に恵まれなかった母親世代の補償心理とはいえない．以上のような特徴からして，教育する母は，何かのために犠牲になるというよりは「かっこいいお母さん」なのである．

それは「犠牲としての母」ではなく「自己実現としての母」と呼ぶにふさわしい.

　このような自己実現としての教育する母は，女性の急激な高学歴化と自己実現意識の増大，高学歴・高収入の既婚女性の増加，そして家族の中での女性の地位の変化という社会の動きの中で生まれた高学歴女性の選択肢であるといえる.

　高学歴化した女性たちの人生モデルに関わる問題として，子どもの教育が，労働市場での仕事を持たない高学歴化した専業主婦たちの「仕事の代替」である可能性を提起することができる. それは教育マネジャーの特徴が，高学歴ホワイトカラーの仕事である管理職の性質と似ていることからも窺える. このことは，良妻賢母規範が求める家事・教育のうち，韓国社会でブルーカラー労働と見なされる家事労働の分担において男女差が縮小したにもかかわらず，教育への関与での男女差は拡大したことからも補強できる. つまり本章の解釈は「女性の再生産労働の強化あるいは良妻賢母規範の強化」という解釈よりも説得的である. そのことは，高学歴専業教育ママたちにとっては，自身と同様の高学歴であるが，社会的に成功した「スーパーマム」の存在が，1990 年代後半以降から顕在化し，高学歴女性の準拠集団になっている可能性とも関係がある. 女性の準拠集団の変化については，1990 年代から「スーパーマム」と「専業マム」がお互い対立する存在として描かれる記事が『主婦生活』を含む他の総合女性誌にも多数登場することからも窺える[18]. このように，教育する母は，女性の高学歴化とともに，能力を発揮する女性が増える中で生じている，自己実現の感覚を必要とする高学歴専業主婦たちの選択肢だといえる.

　韓国では，すでに述べたように，女性の高学歴化の進行にもかかわらず，学歴が女性の労働市場で十分に活用されないままである. その一方で家庭内における女性の地位も部分的には変化したが，権利意識の高まった女性たちにとって主婦としての家事労働と家庭領域は依然として抑圧的なものである. 高学歴専業教育ママというのは，急速な女性の高学歴化の進行・意識の変化とそれには追いつかない労働市場やジェンダー規範がある中で，女性の意識が，高学歴を活かしながら男性に従属しないで済む家庭内領域としての子どもの教育に向かった結果として生まれたものかも知れない.

　圧縮近代（compressed modernity）の論者（Chang 2010）が強調するように，急激な近代化を経験する社会では社会領域ごとに不均等な変化がもたらされる.

図表 3-7　韓国における高学歴専業主婦の子どもの教育

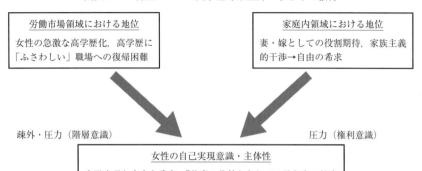

つまり，近代化に伴い，教育拡大を経て女性の高学歴化が進む中で，女性にとっては旧態依然とした体系や価値観を残す労働市場・親族関係といった領域と女性の意識の間での乖離が大きくなっている．その意識（＝理想）と現実との乖離の大きさを，韓国の高学歴女性は自らの「品格」を維持できる「高学歴専業教育ママ」という地位の獲得によって克服しようとする．その結果，彼女たちの階層意識（高学歴中間層，労働市場への不満，自己実現欲求）や権利意識（家庭内の妻・嫁としての役割期待，家族主義的干渉からの解放を希求）は，子どもの教育という領域にコミットする形であらわれているのである（図表 3-7）．

　本章は，急激な近代化に伴う女性の高学歴化と意識の変化に対して十分に対応できていない社会において，女性たちが抑圧的な性別役割分業をどのような形で自己実現欲求や権利意識を満たしながら利用しているかを見ることができた．すなわち，女性が従来の性別役割をただ受け入れるのではなく，限られた資源の中でどのような選択をしているのか，どのような形で自己の役割を選んでいるかに注目することで，急速な人口転換や激しい競争圧力の中での女性の位置づけとあり方を捉えることができたのである．儒教圏としてまとめられがちな東アジアの比較社会学の試みの準拠点としても，社会の変動に対応する女性のあり方，特に専業主婦という存在は良い素材である．東アジアの女性の社会的地位は後期近代化とともに変動を経験する．だからこそ，東アジア各国の近代化にかかる圧力が，最も顕著な形であらわれるのは，ジェンダー規範とその規範に関わる主体の葛藤，女性のあり方なのである．

第3章 現代韓国の専業主婦　87

　今後はそういったジェンダーのあり方を作り出してきた歴史的展開と社会的
構造を明らかにする必要がある．急激な近代化を経た韓国社会で，女性の教育
拡大は女性の社会的包摂には繋がらなかったのだろうか，もしそうならどのよ
うな構造的要素が関わっているかを通時的・共時的な国際比較の視点で究明す
ることを今後の課題とする．

※本章は『家族社会学研究』第 27 巻第 1 号に掲載された論文「自己実現としての
教育する母──韓国の高学歴専業主婦における子どもの教育」に基づき，加筆した
ものである．加筆のための調査は AKS 韓国学海外中核事業の支援を受けている．

注
1) 2011 年より男女とも進学率が下がったのは，2011 年から進学者の調査基準が 2
　 月から 4 月 1 日（大学に登録した者）へと変更されたためである．
2)「スーパーウーマン」という言葉が出現してから，「スーパーマム」も登場し，
　 現在は両方とも使われている．韓国の女性雑誌『主婦生活』，『女性中央』，『レデ
　 ィー京郷』，『ウーマンセンス』の 4 誌の目次タイトルを分析した結果，「スーパ
　 ーウーマン」が初めて登場したのは，『主婦生活』の 1982 年 6 月号で，最初は婚
　 姻の有無に関係なく高い社会的・職業的地位を持つ数少ない女性に使われていた．
　 女性の社会進出が進むにつれ，「結婚と仕事すべてを手に入れた女性」としての
　 意味で使われるようになり，「スーパーマム」という言葉が定着したのは，4 誌
　 の分析からは 2000 年代後半であると思われる．
3) 夫の所得分位別の女性の有業率を見ると，夫の所得分位が低いほど妻の有業率
　 は高く，そういった傾向は 1998 年，2007 年，2012 年すべての時期において見ら
　 れた（여ほか 2013）．韓国で高学歴既婚女性であるほど一度仕事を中断すると復
　 帰しない傾向は，女性に不利な労働環境や同じ高学歴男性との結婚，すなわち学
　 歴同類婚などが相まったものと考えられる．女性の労働環境や制度的な問題につ
　 いての議論は別稿に譲る．
4)「マム」とは英語の mom である．「○○マム」という言い方は新しい用語で，
　「母親」や「お母さん」とは異なる新しい女性像・女性の自己像の誕生を象徴す
　 るものといえる．韓国の代表的な主婦向け雑誌『主婦生活』，『女性中央』，『ウー
　 マンセンス』の目次タイトルを分析すると，「専業マム」が登場するのは 2000 年
　 代以降のことである．
5) 日本の「良妻賢母」とほぼ同じ思想を，韓国では「賢母良妻」と表現する．
6) 韓国で 1999 年に始まった生活時間調査によると，平日家事労働時間の男女差
　 （母が割く時間 − 父が割く時間）は 1999 年から 2009 年まで減少した．一方，子

88　第Ⅰ部　ジェンダーで見る東アジア

どもの教育に割く時間（一日平均）の変化を見ると，未就学児童（本を読み，遊ぶ時間）と就学児童（勉強の面倒）に割く時間の男女差（母が割く時間－父が割く時間）は10年間で両方とも拡大した（統計庁「生活時間調査」1999, 2009）.

7）教育移民家族の出現は，‘韓国の家族主義の特殊性と韓国社会・家族が置かれた不安定性が接する地点’であり，「家族のため・子どものため」の母親役割としての子どもの教育という意味で‘道具的家族主義が発揮される地点’と論じられている（조 2004）.

8）韓国のベビーブーマー世代とは，朝鮮戦争の直後に出産率が急激に上がる時代に生まれた世代である．2010年3月に統計庁が発表した2008～2009年の社会調査から見た韓国のベビーブーマー世代は，その64.2% が「自身が望んだ段階までの教育を受けていない」と答え，その理由として79.2% が「経済的理由」をあげている．経済成長初期に学齢期を過ごし，家計的困難によって学業をあきらめた人たちが多かったことを意味する.

9）テーマ別には細分化されているが，母親向けの教育雑誌には歴史のあるものがなく，「総合女性誌」が最も適切な資料と考えられる.

10）ここでの「マネジャー」は英語の“manager”（一般企業の管理職）にあたる言葉であるため，日本語の「マネージャー」と区別するためにこう表記しておく．経営学や組織科学でも『マネジャーの仕事』（Mintzberg 1973＝1993）など，翻訳で誤解されやすい場合にはこう表記する慣例があり，それにしたがった.

11）「子どもの教育を成功させる4大原則がある．祖父母の経済力，父親の無関心，母親の情報力．最近はそれに母親の体力も追加される．」（女性雑誌『ウーマンセンス』ネット版2014年7月号「江南ママのXファイル——江南ママが直接書いた教育手帳」）

12）韓国の教育移民家族における父親の孤立や自殺は社会問題となっている.

13）「‘名節症候群’はもはや女性だけのものではない．……子どもが中学生，高校生になると子どもの勉強を言い訳に嫁が夫の実家に行かないことが多い．」（『新東亜』2015年11月号「精神科専門医チェ・ミョンギの男女本色」）

14）「‘働く女性の40% が仕事を言い訳に夫の実家の行事に欠席したことがある’というアンケート結果が出た．40% 以上の女性が夫の実家に行きたくない理由としては‘姑’を，訪問した時にもっともいわれたくないことは‘夫の両親へのお小遣いや生活費について’であると答えた．」（『Herald 経済』2012年8月27日）また，女性雑誌の中では，嫁同士の葛藤の原因として，働く嫁の場合は仕事を理由にして夫の親族行事の準備や姑の家での労働に参加せずに済むことが，専業主婦の嫁にとって不満となっていることが多く示されている．注4）と同様の3誌『主婦生活』，『女性中央』，『ウーマンセンス』を参考にしている.

15）近代化と産業化過程を経て，家族の規模は縮小され，多様な家族の形態が出現するなどの変化を辿りながらも，家族関係における「介入（intervention）」は韓

国家族に見られる大きな特徴として残っているとされる（강ほか 2008）．すなわち依然として父系直系家族中心の規範が作動している韓国社会で，既婚女性にとって夫の親族からの介入・干渉（＝嫁への役割期待）は，夫との関係における葛藤の最も大きな要因の１つである．急激な近代化によって性別・世代別に異なる価値観・家族観を持つ構成員が共存するようになり，そのことは，家族間の役割期待に相違をもたらすことで葛藤を生み出す要因となっている．

16）夫婦愛が弱い日本の家族においても「母子密着＋父親疎外」という特徴は指摘されるが，韓国では母子密着が特に子どもの教育を媒介としている点と，「父親疎外」には夫をはじめとする父系直系家族が含まれている点が特徴といえる．働く妻の場合は経済力を持つことで力関係における対等性を確保する戦略で嫁の地位から離れるのに対し，専業主婦は一見「賢母良妻」的な母子密着によって不当な性役割（＝嫁としての役割）から逃れる戦略をとるのである．

17）子どもの数の変化を見ると，合計特殊出生率（ある年の人口について，15～49歳の女性の年齢別出生率を算出し，それら各年齢の出生率を合計した値）は，1960 年の 6.00 から急激に減少し，2014 年には 1.21 となった．さらに，15～49歳既婚女性の年齢別平均出生児数データ（「全国出産力および家族保険・福祉実態調査」，韓国保険社会研究院）に基づいて世代別の年齢別平均出生児数を描き，現在子どもの教育を担っている母親世代（1966～75 年生まれ）の産み方を他の世代（1941～45 年生まれ，1946～50 年生まれ，1951～55 年生まれ，1956～65 年生まれ）と比較してみると，約 30 年という短い間に産み方が急激に変化したことがわかった．つまり，韓国における少子化は，スタート時点が遅れるだけの晩婚化による出生の遅れではなく，出生行動それ自体が変化したものといえる．子どもの出生性比（年間の男子出生数／年間の女子出生数（×100））は，1990 年116.6 から 2015 年 105.3 へと変化し，現在は子どもの性別にかかわらず，産み分けをしていないことが示されている．また，「性別に関係なく教育を受けさせる」という点に関しては，ベネッセ教育研究開発センターの「幼児の生活アンケート・東アジア 5 都市調査」（2005 年）によれば，「子どもの教育達成に対する期待（母親の回答のみ）」において，ソウルは東京に比べ，「大学」と「大学院」卒業を合わせた割合に，男女差がほとんどない．

18）注 4）と同様の 3 誌を参考にしている．詳細な分析は別稿に譲る．

参考文献
日本語文献

有田伸（2006）『韓国の教育と社会階層――「学歴社会」への実証的アプローチ』東京大学出版会.

山根真理・洪上旭（2007）「韓国の母性と育児援助ネットワーク――日本との比較視点から」落合恵美子・山根真理・宮坂靖子編『アジアの家族とジェンダー』

90 第Ⅰ部 ジェンダーで見る東アジア

勁草書房：28-50.

欧文文献

Chang, Kyungsup (2010) South Korea under Compressed Modernity: Familial Political Economy in Transition, New York: Routledge.

Maslow, Abraham H (1987) Motivation and personality, NY: Addison-Wesley.＝(2002) 小口忠彦訳『人間性の心理学——モチベーションとパーソナリティ』産能大学出版部.

Mintzberg, Henry (1973) The Nature of Managerial Work, New York: Harper Collins.＝(1993) 奥村哲史・須貝栄訳『マネジャーの仕事』白桃書房.

韓国語文献

강명구・김수아・서주희 (2008)「동아시아 텔레비전 드라마가 재현한 가족과 가족관계 (東アジアのテレビドラマに再現された家族と家族関係)」『한국언론학회』52 (6)：25-56.

김대일 (2008)「기혼 여성의 노동공급과 자녀교육 (既婚女性の労働供給と子どもの教育)」『노동경제론집』31 (2)：73-102.

김영옥・민현주・김복순 (2006)『여성노동시장의 양극화 추이와 과제 (女性労働市場の二極化の推移と課題)』한국여성개발원

박종민・박경희・최서경 (2013)「여성성역할에 관한 환상주제의 시대적변천：1960-2000년대『주부생활』,『신동아』잡지광고 분석을 중심으로 (女性の性役割に関するファンタジーの時代的変遷：1960-2000年代の『主婦生活』『新東亞』の広告分析を中心に)」『광고연구』한국광고홍보학회 99：67-104.

신경아 (1998)「희생의 화신에서 욕구를 가진 인간으로：90년대 모성의 변화 (犠牲の化身から欲求を持った人間へ：90年代母性の変化)」『여성과 사회』한국여성연구소 9：159-180.

여유진・김수정・김은지・최준영 (2013)『여성고용 활성화 방안 연구 (女性雇用活性化方案研究)』한국보건사회연구원.

오욱환 (2000)『한국사회의 교육열：기원과 심화 (韓国社会の教育熱：その起源と深化)』서울：교육과학.

윤택림 (1996)「생활문화속의 일상성의 의미 (生活文化の中の日常性の意味)」『한국여성학』12 (2)：79-117.

조성숙 (2002)『어머니라는 이데올로기 (母というイデオロギー)』한울아카데미.

조은 (2004)「세계화의 최첨단에 선 한국의 가족：신글로벌 모자녀 가족 (グローバル化の最先端に立った韓国の家族：新グローバル「母子家庭」)」『경제와 사회』비판사회학회 64：148-173.

조은 (2007)「기러기아빠：월드클래스를 향한 욕망의 기호 (ギロギパパ：ワール

ドクラスを目指す欲望の記号)」『황해문화』새얼문화재단, 2007 年 9 月号：
79-97.

최형재 (2008)『자녀교육과 기혼여성의 노동공급 (子どもの教育と既婚女性の労
働供給)』한국노동연구원.

한정신 (1998)「한국 여성의 교육열 탐구 (韓国女性の教育熱に関する研究)」『아
시아여성연구』숙명여자대학교아시아여성연구소 37：67-99.

第 4 章

台湾におけるフェミニズム的性解放運動の展開
——女性運動の主流化と，逸脱的セクシュアリティ主体の連帯[1]

福永玄弥

1 はじめに

1.1 問題意識

　本章の目的は台湾におけるフェミニズム的性解放運動の展開を考察することである．1990 年代以降，台湾では女性を主体とする社会運動と，同性愛やバイセクシュアルやトランスジェンダーなどの性的少数者を主体とした運動が「性解放」という言説を共有資源として「連帯」する動きが見られた．1990 年代をとおしてジェンダー平等を掲げて発展した女性運動の政治要求が次つぎと達成されていく中で，女性運動が拠って立つ一枚岩的な「女性」観を運動内部から批判し，ジェンダーとセクシュアリティの解放を主張する性解放運動が立ち上がった．女性運動の中で周縁化されたレズビアンやセックスワーカーなどがゲイやトランスジェンダーらとともに 2000 年代の性解放運動を推進したのである．

　だが，日本の事例からも明らかであるように，女性運動とゲイあるいはレズビアンを主体とする運動の間にはしばしば緊張関係があり，台湾のように「性解放」という旗印のもとに「連帯」が見られる風景はかならずしも自明ではない[2]．事実，2010 年代の日本では「LGBT」が政治課題として浮上しているが，性的指向や性自認（SOGI）とジェンダーをめぐる問題が分断化される事態も表面化している[3]．かくして本章で問うべき大きな問題は，台湾の女性運動がどのようにして「性解放」という共有言説のもとで性的少数者運動と「連帯」し，いかなる社会的条件がそれを可能にしたかというものである．

その答えを模索する中で，台湾で女性運動が主流化した背景も検証する．日本でもよく知られるように，台湾では1980年代以降の政治の自由化をうけて90年代には女性運動が展開し，その結果，女性の中央・地方政治への参与やジェンダー平等を掲げた立法が相次いで実現している．台湾の女性運動を牽引してきた婦女新知基金会（Awakening Foundation）（1987年〜）の運動の足跡を見てもわかるように，女性差別的な親族関係を規定した民法の改正作業（1996年）や，就労をめぐるジェンダー差別の撤廃を目的とした両性労働平等法（両性工作平等法，2001年）の起草作業などにはつねに同基金会をはじめとする女性団体やフェミニストが関わり，著しい成果を遂げてきた．そして，2000年代初頭には台湾のジェンダー・エンパワーメント指数はアジアで首位を記録している．

　日本でも台湾の「主流派フェミニズム」に関する先行研究は少なくないが，「性解放派フェミニズム」あるいは「性解放運動」については紹介程度に言及されるのみでほとんど知られていない[4]．しかし本章で論じるように，「性解放」をめぐる言説や運動の分析なくして台湾の「フェミニズム」や性的少数者を主体とした運動を理解することは困難である．

1.2　本章の構成

　本章は2部構成とする．第1に，戒厳令解除とともに勃興した女性運動が政治要求を達成していく過程で，「主流派フェミニズム」と「性解放派フェミニズム」と呼ばれる2派に分裂した背景を検討する．まず，主流派フェミニズムが国家機構による積極的な介入をとおしてジェンダー平等を実現しようと試みた点を指摘し，その背景や，運動が政治的達成を遂げることに成功した背景を分析した．次に，主流派フェミニズムを批判する形で立ちあがった性解放派フェミニズムの展開に着目し，「性解放」を提唱した何春蕤による一連の言説を考察した．そして，女性運動が主流派と性解放派とに分裂した契機となった台北市による公娼制廃止をめぐる抵抗運動（1997年）を事例とし，公娼運動を支持した性解放派フェミニストや性的少数者らが2000年代以降の性解放運動の主体となったことを指摘した．

　第2に，このようにして立ちあがった（フェミニズム的）性解放運動が，レズビアンやゲイやバイセクシュアルやトランスジェンダー，セックスワーカーやHIV感染者など，異性愛性規範から逸脱的なセクシュアリティを生きるマ

94　第Ⅰ部　ジェンダーで見る東アジア

イノリティを包摂しながら支持基盤や運動規模を拡大したことを指摘し，そうした逸脱的セクシュアリティ主体の「連帯」を可能にした台湾の社会的背景を分析した．

2　女性運動の主流化と分裂

2.1　戒厳令解除後の女性運動の展開

　本節では戒厳令解除後の女性運動の展開を検討する[5]．とりわけ1990年代に台湾で発展した女性運動が立法や法改正に代表される政治領域を闘争の主要舞台とした点に着目し，主流化していく女性運動を批判しながら，私領域に隔絶されてきたセクシュアリティの解放を訴えた「性解放派フェミニズム」の運動が展開した過程を論じる．

　台湾政府の発表によると，2003年の台湾のジェンダー・エンパワーメント指数（Gender Empowerment Measure：GEM）は0.688で，シンガポール（23位）や日本（44位）や韓国（60位）を抜いてアジア首位を記録した（全体で18位）．GEMとは国連開発計画（UNDP）が1995年に導入したジェンダー平等指標の1つで，国会議員や管理職，専門職・技術職に占める女性の割合と男女の推定所得を用いて算出した数値である．台湾は国連加盟国ではないためUNDPの公表するGEMの世界ランキング表には掲載されないが，台湾政府は同様の計算方法を用いて算出した自国の数値を加えて改訂したランキング表を独自に公表している．GEMの値は，台湾におけるジェンダー平等の取り組みが国際的に高い水準にあることを示している．

　女性をめぐる台湾の社会状況は1980年代以降，急激な変化を経験してきた．まず，女性の労働状況を見てみよう（図表4-1参照）．女性の年齢階層別労働力率の変化を検討すると，1982年時点ではM字型に近い曲線を描いていたことがわかる．すなわち学校卒業後は職に就くが，結婚や出産によって労働市場から撤退し，子育てがひと段落したのち，ふたたび労働市場に参加し，40代から50代にかけて労働市場から撤退するというものである．日本と比べるとM字の底は低くないが，それと類似した労働パターンが見られる．

　ところが1980年代から1990年代にかけて，20歳以上のすべての年齢階層で労働力率が上昇し，同時にM字型の底の部分が見られなくなる．そして2000年代から2010年代にかけて25〜29歳を頂点とする完全な「山型」カー

第 4 章　台湾におけるフェミニズム的性解放運動の展開　95

図表 4-1　女性の年齢階層別労働力率の変化

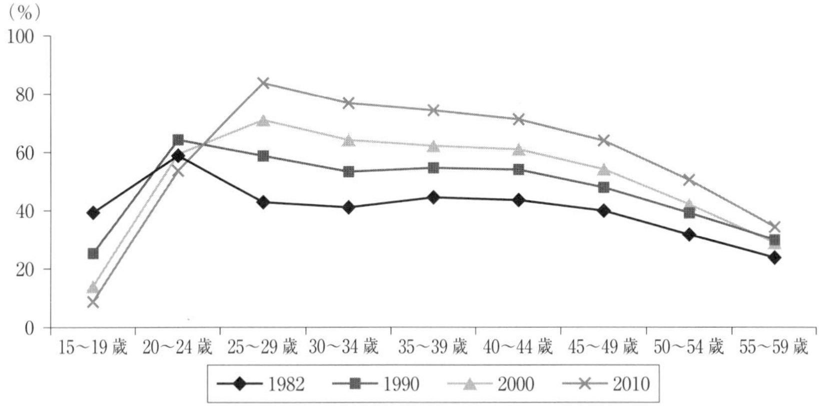

（％）

資料：伊藤正一（2012）を参照し，中華民国統計資訊網のデータを用いて筆者が作成

ブへと変化を遂げている（伊藤 2012）．換言すれば，女性の労働力率は 1980
年代から 2000 年代にかけて M 字型カーブから山型カーブへと移行を遂げたの
である．

　女性の就労をめぐる変化をもたらしたおもな要因に女性の高学歴化がある．
とりわけ 1980 年代以降の女性の高学歴化は著しい．1991 年の時点で 18 歳か
ら 21 歳人口に占める高等教育の在籍率は 20％ を超えたが，女性の割合は男性
を下回っていた．ところが 2011 年に全体の高等教育在籍率が 68.2％ に達する
と，男女の同割合はそれぞれ 64.5％ と 72.4％ となり，女性の高学歴化が男性
のそれを上回る結果となった（伊藤 2012: 56）．かくのごとく女性の労働力率
と高等教育在籍率は 1980 年代から 2000 年代にかけて急激な上昇を示し，女性
をめぐる社会状況の劇的な変化が見てとれる．

　女性の社会進出が進展した 1990 年代は，女性運動が大きく発展を遂げた時
期でもあった．1987 年の戒厳令の解除は「社会の爆発」を引き起こし，学生
運動や原住民運動など，多様な社会運動が同時的に勃興したことが知られてい
る（若林 2008）．中でも女性を主体とする運動はその代表とみなされ，多くの
政治的達成を遂げてきた．

　1990 年代以降に展開した台湾の女性運動の特徴を整理するなら，それは国
家の積極的な介入をとおして公／私領域におけるジェンダー平等を実現しよう

96 第 I 部　ジェンダーで見る東アジア

と試みた点である．台湾では「国家フェミニスト」や「フェモクラット」（フェミニストの官僚）という言葉が一般化していることからもわかるように，1990 年代以降の政治体制の変動の中で女性運動のエリート活動家やフェミニズム研究者が中央・地方政府へ大挙して流れ込む現象が見られた（洪郁如 2010；黄道明 2012b）．例を挙げると，女性学やジェンダー研究領域の学会として最初期に設立された女性学学会（1993 年〜）で理事長を務めた歴代フェミニストの大多数が，1990 年代後半以降，中央・地方政府にリクルートされて重職に就いている[6]．そして中央・地方政府で重職に就いたフェミニストたちが先陣を切ってジェンダー平等を実現するための政治改革を推進していくことになる．

2.1.1　ジェンダー不平等な法体系

　台湾は国土が狭く，政治や経済や教育機関が首都台北市に集中している．こうした地理的条件から台湾の社会運動は台北市を中心に展開される傾向が強かった．女性運動も「全島規模での草の根の大衆動員よりも，政治の中心地である台北を戦いの場として，政策制定，立法院へのロビー活動の戦略」を採用したといわれる（洪郁如 2010: 112）．くわえて 1990 年代後半以降，中央・地方政府も「ジェンダー主流化」（Gender Mainstreaming，性別主流化）を推進するべくエリート・フェミニストを起用して戦略チームを組織し，法律や条例の制定を進めてきた[7]．フェミニズム研究者の顧燕林はこのような台湾の特徴を「上から下への女性運動」モデルと呼んでいる（顧燕林 2010）．

　かくして 1990 年代に展開した女性運動は法律の制定や修正に代表される政治領域を主戦場としたのだが，その背景にはジェンダー不平等な法体系があった．台湾の法体系は 1912 年に樹立された中華民国を背景に大陸で制定された歴史を持ち，とりわけ親族関係を規定した民法親族編は女性差別的な条文で知られている．1931 年に施行された民法親族編は「女は，家にいては父に従え，嫁に出たら夫に従え，夫の死後は子に従え」とする中国の伝統的儒教規範を反映した内容とされ，事実，妻は夫の姓を冠し[8]，子は夫の姓を名乗らなければならず[9]，妻は夫の居住地を住所とし[10]，結婚後の妻の財産は夫の所有物とされ[11]，未成年の子にたいする親権の行使は父親の意思を優先し[12]，離婚した子の監督権は父親に付与されるなどの条文が[13]，1996 年以降に相次いで改正されるまで存続したのである（尤美女 1999）．女性の就業を保障する法律も

2001年に両性労働平等法が成立するまで存在せず，女性は結婚や妊娠によって自主退職しなければならないとする「独身条項」や「妊娠条項」を入社時に署名させられるなどの差別的な慣行が1990年代まで見られた[14]．1947年に大陸中国で施行された中華民国憲法は「男女平等」をうたったが，「二・二八事件」を直接の契機として1948年に成立した「動員戡乱時期臨時条款」が1991年に廃止されるまで，憲法は効力を停止した[15]．1987年に約40年もの長期に及んだ戒厳令が解除され，「中華民国」を背景として制定された憲法の修正が政治の最大の関心事となった時，憲法の掲げた「男女平等」の理念と現実との乖離が注目され，女性運動は法改正や立法に代表される政治領域を主戦場とみなしたのである．

　それでは，台湾のジェンダー不平等な法体系はなぜ1990年代まで存続しえたのだろうか．第1に，ジェンダー平等に敵対的な布置を取りつづけてきた国民党政府の政治体制が指摘できる．1912年に中国大陸で成立した中華民国は，現在は台湾島・澎湖島・金門島・馬祖島のみを実行支配する国民国家として再編成されているが，日本による50年間に及ぶ台湾植民地統治の最中に成立したことから，国民党政府はアジア太平洋戦争の終結まで台湾を統治した歴史を持たなかった．こうした歴史的経緯により，「反攻大陸」を掲げた国民党政府にとって「公教育をとおして『中国』の歴史を国民に『追体験』させることは，日本の影響を排除し，自らの統治を正統化するうえで死活的に重要な意味を持つもの」であるとされた（山崎 2002: 26）．国民党政府は教育政策をとおして「中国化」教育や「党化」教育を推進し，このような「"Learning to be Chinese"（『中国人』になるために学ぶ）教育」の中核をなしたのは「中国ナショナリズム」であり（山崎 2002: 27），それを根拠づける儒教倫理であった．さらに毛沢東率いる中国共産党が実施した文化大革命（1966〜76年）も国民党政府による儒教イデオロギーの強化を加速させた．国民党政府は儒教倫理を徹底的に批判した文化大革命に着目し，中華民国こそが儒教倫理に依拠した「中華民族固有の伝統文化」の正統な主体であると国内外に喧伝する運動，つまり「中華文化復興運動」（1967年〜）を推進したのである[16]（長谷川監修 2009: 741）．また，1946年以降国民党の指導下で「官製」の女性運動が組織されたが，これは「台湾全島の女性を一致団結して国民党の『大陸反抗』に協力させる」べく，「良妻賢母となり，国家と民族をまもり，よい公民」になることを目的とした運動であった（竹内 2010: 160-161）．かくして国民党政府は党直属あるい

は外郭の女性団体を活用して，儒教倫理に基づく「幸福家庭運動」や「斎家報國」（家庭に尽くし国に報いる）を掲げた文化政策を推進した．このようなイデオロギー政策の下，国民党政府は一貫して「家族のあり方や女性の役割に対する政策的な介入」をおこない，私領域の管理を試みたのである（金戸 2005: 32）．国民党の政治体制が女性の公領域への進出や同性愛を含む婚姻外のセクシュアリティにたいして敵対的であったことは自明であり，さらに戒厳令体制の独裁政治下で民間の女性運動が大きく発展を遂げる余地もなかった．

　第2に，国際社会における台湾の周縁化されたポジションが重要である．中華人民共和国が 1970 年代以降西側諸国と国交を結んで国際社会で台頭すると，台湾は 1971 年の国連追放を契機として国際社会において政治的孤立を深め，国連を中心に展開された性政治のグローバル・ネットワークから排除されてしまう．つまり国民党政府には女性政策を推進するための国際社会の外圧が存在しなかったのである．台湾の困難なポジションは，たとえば「女子差別撤廃条約」（Convention on the Elimination of All Forms of Discrimination against Women，以下「CEDAW」と略記）の動向からも明らかである．CEDAW は 1979 年に国連総会で採択され（1981 年発効），これを契機として日本を含む多くの国で女性差別の撤廃が政治的課題とされた．日本政府は 1985 年に男女雇用機会均等法を制定し，同時に国籍法を改正して父系血統主義から父母両系主義へ移行するなどの措置を取って CEDAW を批准しているが，台湾政府が CEDAW に関心を持つようになるのは「ジェンダー主流化」の推進を本格化させた 2000 年代に入ってからであり，1980・90 年代には外圧として認識されなかったのである（なお，台湾は国連加盟国でないことを理由に批准が認められず，最終的に CEDAW は 2011 年に国内法として成立している[17]）．

　かくして「世界的な第二波フェミニズムが国連を媒介として制度化の段階にはいった時」，台湾は国連加盟国ではなかったために国連女性の地位委員会（1946 年設置）による監督を得られず，女性政策に敵対的な国民党政権は国際社会との窓口にあたる女性政策機構（women's policy machinery）を設立しなかった．「国際的な庇護の外にあって，台湾の女性運動は粘り強く人々の女性意識を育成する必要があり，政治的機会を注意深く待ち，十分な数の女性が声をあげ」られるようになる 1980 年代後半まで「待たなければならなかった」のである（顧燕林 2010: 90）．

2.1.2　女性運動の主流化

　政治の自由化とともに展開した女性運動はみずからの手で女性差別的な法律の改正やジェンダー平等を目的とした立法を推進することになるのだが，政治環境の変化はそうした運動を強力に後押しした．

　教育政策などをとおして儒教規範の強化を試みてきた国民党政府はながらく「父権文化の象徴」とされ，女性運動にとって「攻撃の対象」とみなされた（顧燕林 2010: 90）．1970 年代に呂秀蓮が主導した「新女性主義」運動がまもなく党外運動（反国民党政府運動）と結びついたように，戒厳令の解除とともに台頭した女性運動も国民党に敵対的な勢力を形成した．こうした状況下でフェミニストたちと手を組んだのが 1986 年に結成された民主進歩党（民進党）であった．民主化を党是とし，国内外からの支持を急速に拡大した民進党は，党内に社会運動部を設立し，社会運動のエリート活動家を自陣営に吸収した．フェミニストも民進党と協力関係を形成し，1994 年の台北市長選挙では民進党候補者の陳水扁を支持した．選挙戦をくだして台北市長に就任した陳水扁は1996 年に婦女権益促進委員会を設立し，女性政策を積極的に推進した．このような「上から下への女性運動」の推進モデルは中央政府や他の自治体にも広がった（顧燕林 2010）．

　民主化以降の台湾では「民意」の有無が政権の正統性を担保するもっとも重要な要件とされた（洪郁如 2010）．とりわけ「ジェンダー平等」は権威主義体制を相対化するイシューとして社会の関心を集めたため，選挙公約などをとおして女性運動団体の「民意」を政策に導入することは民進党のみならず 1990年代後半の国民党にとっても無視できないものとなった．実際，1998 年におこなわれた台北市長選挙で陳水扁を破って新市長に就任した国民党の馬英九もフェミニストをはじめとする活動家を台北市に招聘し，正統性の危機に直面していた国民党の脱権威化を図っている．2000 年以降，馬英九台北市長の指導下で推進された「ゲイ・フレンドリー」な施策も社会運動の取り込みや脱権威化という政治の流れに位置づけられるが，この点に関しては本書の第 7 章（「『LGBT フレンドリーな台湾』の誕生」）で詳しく論じる．

　民主化潮流の後押しを受けて，1990 年代末には「ジェンダー主流化」が国民党政権下で導入された．国民党政府は 1997 年に行政院に婦女権益促進委員会を設置し，その下請け組織として 1999 年に設立した婦女権益促進発展基金会をとおして国連女性委員会との緊密な連携を果たした．かくして 1999 年に

は「次世紀女性政策発展構想」(跨世紀婦女政策発展構想) を公布して「ジェン
ダー主流化」を提唱し (金戸 2005: 37), 2000 年の政権交代を経て民進党政権
下で本格的な推進が開始された.

このような政治状況下で中央・地方政治への直接参与を果たしたフェミニス
トらは与野党の支持を受けて, みずからの手で立法や法改正や条例制定を推進
した. まず, フェミニストが最重要課題とみなしたのが民法親族編における
「父権・夫権優先条項」の撤廃であり, これは 1996 年から 2000 年代にかけて
段階的に実現した. 次に, 1987 年に婦女新知基金会が起草した両性労働平等
法 (両性工作平等法) が, 女性の就労を保障した立法として 2001 年に成立して
いる[18]. これにより就労をめぐる女性差別の撤廃が規定され, 職場のセクシ
ャル・ハラスメント防止や一定数以上の被雇用者を有する事業所の託児所設置
の義務化などが実現した. 2004 年には教育領域におけるジェンダー平等の達
成を目的としたジェンダー平等教育法 (性別平等教育法) が成立し, これによ
り妊娠した女子学生の就学の権利が保障され, 教育領域における性暴力やセク
シュアル・ハラスメントの防止や救済申し立て手段が確立され, さらには同性
愛者やトランスジェンダーなど性的少数者の教職員や生徒の就労・就学をめぐ
る権利保障も実現した. ジェンダー平等教育法も両性労働平等法と同様に, 起
草作業には民間のフェミニストが従事した[19] (福永 2015, 近刊 a).

就労や就学をめぐるジェンダー平等だけでなく, 女性運動が重要な政治課題
とみなしたもう 1 つのイシューが「性暴力」の犯罪化である. 東アジアでは
1990 年代初頭に「戦時性暴力」がフェミニズムの重要なイシューとして立ち
あらわれた経緯もあり, 日本や韓国と同様に台湾でも「性暴力」の社会問題化
は喫緊の政治課題とされた. 国内でも 1991 年の中華航空キャビンアテンダン
トのセクシュアル・ハラスメント事件を皮切りにセクハラや DV (家庭内暴力)
事件が世論の関心を集めた. 女性運動が「性暴力」を問題化する努力を重ねた
結果, 1997 年には婦女新知基金会が起草した性暴力犯罪防止法 (性侵害犯罪防
治法) が成立し[20], つづいて 1998 年に DV 防止法 (家庭暴力防治法)[21], 2005
年にはセクシュアル・ハラスメント防止法 (性騷擾防治法) が成立している.

このようにして 1990 年代以降の台湾では公／私領域を問わず「性」をめぐ
る暴力は相次ぐ立法によって犯罪化され, それらの立法過程にはつねに女性運
動やフェミニストの関与が見られた[22]. 性暴力の犯罪化を推進した女性運動
の原動力には家父長制こそが女性にたいする性暴力を生みだし, あらゆる女性

差別の根幹であるという思想があった（范情 2010）．そして女性運動の「性暴力」への注目によって多くのセクシュアル・ハラスメントや性暴力や DV 事件が問題化されて世論を喚起し，政府もそうした民意に応えるべく立法を推進したのである．

女性運動のこのような潮流は国家の私領域への積極的な介入に疑念の目を向けさせず，これを支持した主流派の女性運動は「女性」を脆弱で危害を加えられやすい存在として一枚岩的に把握する傾向を強化した[23]．このような時代状況を背景として，国家の私領域への介入や，「女」というカテゴリー内部の差異やセクシュアリティを問題化した「性解放運動」が 1990 年代半ばに提唱されることになる．

2.2 「フェミニズム的性解放運動」の理論的背景

1994 年 5 月，婦女新知基金会や女性学学会，全大学女性行動連盟などの女性団体が台北市内で「女性連合戦線反セクシュアル・ハラスメント大規模デモ」を開催した．色欲にまみれた男たちを非難する雰囲気の中で，デモ参加者の何春蕤（Ho, Josephine）は「オーガズムが欲しい．セクハラはいらない！」（我要性高潮，不要性騒擾）というスローガンを即興でうたった．中国語の韻を踏んだ耳ざわりのいいスローガンは参加者たちの喝采を浴びてくり返し叫ばれた．

だが，このスローガンはマスメディアの関心を集め，「オーガズム」という言葉がひとり歩きしてデモは翌日から批判の集中砲火を浴びてしまう（何春蕤 2013a: 16）．デモを企画したフェミニストたちも激しい批判を受けて「元来の反セクシュアル・ハラスメントの申し立てが，オーガズムについての話によって台無しになったとして激怒」し，その怒りはスローガンをつくった何春蕤に向けられた．そしてデモを主催した女性学学会は，「性の自己決定は，性解放とイコールではない」という声明を発表して何春蕤を学会から除籍するという事件が起きた（黄齢萱 2007a: 16）．

何春蕤はその半年後に『豪爽な女：フェミニズムと性解放』（豪爽女人：女性主義與性解放）を出版し，同書の中で「フェミニズム的性解放運動」を提唱した．ラディカルな内容もさることながらマスメディアの何春蕤にたいする注目度の高さもあり，同書は発売から数カ月のうちに 10 万部を超えるベストセラーとなった．しかし，同時代の主流派フェミニズムを批判的にとらえた同書は，

102　第Ⅰ部　ジェンダーで見る東アジア

保守派のみならずフェミニズム陣営からの批判をも喚起した．新聞紙面などを舞台にして「性解放派フェミニズム」を提唱した何春蕤と批判者らとのあいだで激しい議論の応酬がつづき，結果として「性解放」という言葉が大衆にも知られる契機となった．

　本項では，1994 年からその後数年間にわたって何春蕤が発表した著作や論文を検討し，彼女が提唱した「性解放」をめぐる主張が同時代の「主流派フェミニズム」とどのような点において路線を異にしたかを中心に論じる．

2.2.1　セクシュアリティへのアプローチ

　何春蕤の提唱した性解放派フェミニズムの特徴は，なによりも「性」をジェンダーとセクシュアリティが複雑な連関を形成して成立する磁場としてとらえた点にある．同時代の主流派フェミニズムはジェンダーの政治性を暴くことには成功したが，セクシュアリティを不問に付すことで私領域に隔絶し，それによりフェミニズムがたたかうべきジェンダー秩序が隠し持つ異性愛規範を逆に強化していると彼女は批判する．

　何春蕤によれば，家父長制の要求するジェンダー秩序は，ジェンダーを男性と女性に二分してジェンダー役割規範を産出するだけでなく，非対称的な権力関係を産出して男性にたいして女性を従属的な位置に配置する．以上の意味において，「私たちが目指すべき性解放運動」とは，なによりもまず非対称的なジェンダー関係に批判的であるという意味において「フェミニズム的」（女性主義的）でなければならない（何春蕤 1994: 207）．

　さらに踏み込んで，家父長制はセクシュアリティの階層化をつうじて異性愛規範を維持してきたと何春蕤は論じる．家父長制はタブーや禁止や検閲などの抑圧という形式によってだけでなく，性教育や性科学，医学などの権力装置をとおしてセクシュアリティに関する言説を生産して，異性愛を基盤とするジェンダー秩序を形成してきた．このような家父長制は，生殖をゆいいつの目的とするセクシュアリティを「正常」として規範化し，それ以外のあらゆる形態のセクシュアリティは「不法」であり，「不当」で「異常」で「変態」的であるとして周縁化してきたのである（何春蕤 1996b: 34）．いわく，

　　（生殖をゆいいつの目的とする）「セクシュアリティの生殖モデル」は，歴史的につねに支配的位置にあった．それだけが「正常なセクシュアリティ」で

あるとみなされ，快感を目的としたり生殖に結びつかなかったりするセクシュアリティは抑圧されてきた．オナニーや同性愛，さまざまな避妊法をもちいたセックス，アナルセックス，フェラチオやクンニリングス，SM プレイなどは生殖を導かない「変態性欲」として差別され，禁止され，抑圧を受けてきた．（何春蕤 1996b：34）

にもかかわらず，主流派フェミニストたちは「女」ジェンダーのみを運動の根拠として，セクシュアリティの多様性に関心を払わずに連帯を進めてきた．「セクシュアリティとは，ほんらいジェンダーの二分法によって語ることはできないものである．すべての性的欲望を，男のものでなければ女のものである，というように二分化して把握することは，セクシュアリティの複雑な差異を覆い隠してしまうことになる」（何春蕤 1997：17）．このように主張する何春蕤が主流派フェミニズムを批判するさいにくり返し強調するのは，女性運動におけるレズビアンのポジションである（何春蕤 1996b，1997，1999）．

　　フェミニズムの目標は「男女平等」を追求することであると多くのひとは考える．彼女たちのいう「性」とは，男／女の「ジェンダー」である．その枠組みに従うならレズビアンも「女」であるということになるから，レズビアンが彼女たちと利害や立場を等しくするのは当然であるとみなされてしまう．
　　フェミニズムに従事する女は「私は女であるあなたを愛している」と容易に口にする．けれどもこのように曖昧で，抽象的で，漠然とした「愛」を口にすることによって，フェミニズムはレズビアンについてなにも語ることができていないという事実に彼女たちは気づかない．……フェミニストたちは，表面的には（レズビアンにたいして）包容的で寛容でフレンドリーな態度をとることによって，むしろ深層にある不安に直視することを回避してきた．もしフェミニズムが「セクシュアリティ」を語ることができなければ，それはレズビアンを不可視化しているのと同義である．
　　レズビアンとは，女が女を愛したり，女が女を承認したりするだけではない．そうではなくて，女が女に口づけして，女の匂いをかいで，女のからだに触れて，女とヤって，女を舐めて，女を嚙んで，女を鞭でぶって，女を盗み見て，女を誘惑して，女に挿入して，女を脅かして，女たちと複数で交わ

って，女に尿をかけて，女にロウを垂らしたりするものなのであって，レズ
ビアンとは，血，陰毛，下着，ローション，バイブ，汗，興奮，快感，苦痛，
体臭，内分泌液，排泄，あえぎ声，表現，嫉妬，欲望，浮気，姦通（他人の
妻との浮気）などに関するものである．……

　性的抑圧を構成する重要な要素のひとつは，セクシュアリティの階層秩序
である．一夫一婦異性愛体制において，階層秩序の最上位に位置するのは婚
姻内の夫婦による生殖を目的としたセックスである．……したがって，もし
フェミニズム運動が「ジェンダー」のみを単一戦線（「レズビアンも私たちと
同じ女！」）として，レズビアンの存在を直視しなければ，そうしたフェミ
ニズムは異性愛体制のなかに存在するセクシュアリティの差異から目を背け
ていることになる．（何春蕤 1999：1）

　言い換えれば，「男女平等」を追求する「ジェンダー運動」（性別運動）とは，
既存のジェンダー秩序内で権力や資源の分配を求めるものであり，異性愛体制
を根拠とするジェンダー秩序に根底から挑戦する抵抗とならないどころか，か
えって異性愛と同性愛を二項対立的に誤配する二分法を強化してしまうことに
なる．「性解放」を目的とするフェミニズムは，異性愛をゆいいつの規範とし
て非異性愛的セクシュアリティを排除する家父長制に挑戦しなければならず，
それゆえ「私たちはジェンダー運動ではなく，フェミニズム的『性＝ジェンダ
ー／セクシュアリティ』解放運動を実践しなければいけない」ということにな
る（何春蕤 1994：204）．

　にもかかわらず，現在台頭している主流派フェミニズムは家父長制に抵抗す
るどころか，むしろそれに取り込まれてしまっている．家父長制は女性にたい
して「よい女」であることを要求する．その時「男よりも脆弱な『よい女』」
として承認された「女」だけが性差別の被害者の位置に身を置くことができる．
事実，1994 年に多くのセクシュアル・ハラスメント事件が告発された時，「良
識ある」女子大生はセクハラの「被害者」とみなされてフェミニストの同情を
喚起して大規模なデモ運動が立ちあがったが，同時期にセクハラの被害を受け
た「品行の悪い」「クラブホステス」はフェミニストの同情や関心を集められ
なかった（何春蕤 2013a：15）．こうして主流派女性運動は家父長制の内部で
「被害者」と認められた「女」の「保護運動」に成りさがり，少数のエリート
女性が国家機構に参入し，「国家フェミニスト」として政治領域における「ジ

ェンダー平等」の推進を担ったのである.

　このように主張する何春蕤はジェンダーとセクシュアリティの解放を目指す「フェミニズム的性解放運動」を提唱するのだが，同時代の多くのフェミニストが女性の政治的権利の獲得のみを重視し，「セクシュアリティ」に関するイシューに無関心である点をくり返し批判する．家父長制の女性にたいする抑圧はセクシュアリティを含むあらゆる領域にわたって見られるのであって，セクシュアリティは権力の空白地帯などではなく，むしろ「権力が徹底的に浸透した領域である」(何春蕤 1994: 204). にもかかわらず，

　　多くの人々は，フェミニズムの最終的な目標は社会変革，つまり政治や経済や教育などの社会システムの改革であり，性的欲望はその主戦場ではなく，フェミニズムにとってはむしろ根本的な問題でないとみなしてきた．……（主流派のフェミニストは）フェミニズムはすべからく政治経済領域の体制改革に取り組むべきであり，それこそが多くの（あるいはすべての）女性にとって利益をもたらすものであると考えているのだ.
　　私もそのような闘争が女性の生存にとって重要であるという意見には同意する．しかし，なぜこれらの闘争が，性的欲望の平等を求める運動を排除したり先延ばしにすることにつながるのか（何春蕤 1997: 13).

家父長制による女性の抑圧はあらゆる領域にわたっておこなわれ，さらにそれらが相互に支えあっている．したがって私たちの抵抗運動も全面的なものでなければならない．私たちは（運動の目的の）優先順位を競ったり，（政治的権利を獲得した後に性的欲望の問題に取り組むという）「段階論」的発想を捨てなければならない．性的欲望について語らない政治経済的（フェミニズム）運動は，それじたいがたやすく（異性愛規範から逸脱したセクシュアリティにたいして）抑圧的になりやすく，運動は性的保守に傾きがちで，大衆に迎合し，結果として国家によって回収される運命にある．(何春蕤 1994: 213)

このような理論的布置をとる「フェミニズム的性解放運動」は，「必然的に『変態的』ポジションに身を置かなければならない」．なぜなら「正常」な性的欲望モデルは家父長制によって維持され，「異常」とされる性的欲望にたいしてスティグマ化の作用をもたらしてしまうからである（何春蕤 1994: 209). し

106　第Ⅰ部　ジェンダーで見る東アジア

たがって「フェミニズム的性解放運動」は同性愛を含む性的少数者とともに運動を立ちあげなければならず，そのようなポジションに身を置くことによってフェミニズムは「セックスワークやポルノグラフィー，婚外の性，浮気，異性装，婚姻外の子ども，青少年の性的欲望，レズビアンなど」セクシュアリティをめぐる多様なイシューを，ジェンダー還元主義に陥らずに考察することが可能になるのである（何春蕤 1997: 28）.

　何春蕤による「フェミニズム的性解放運動」をめぐる言説には，同時代の英語圏で展開されたフェミニズム研究の影響が色濃く見られたが，同時に台湾社会の「性」をめぐる環境の変化もつよく意識されていた．つまり，一方では女性をめぐる社会的状況が激変し，言論の自由化や情報技術の発展によってセクシュアリティの自由が増大するように見えるその裏で，年間数百名もの男女が「姦通罪・相姦罪」（刑法）によって起訴され，禁欲主義的な，あるいは国家管理主義的な「性」に関する立法が相次いで成立していた状況への解釈として受容されたのである．そして何春蕤が「フェミニズム的性解放運動」を提唱した3年後の1997年には，セクシュアリティのイシューをめぐって女性運動の陣営を二分する事件が発生する.

2.3　公娼たちの抵抗——女性運動の分裂と性解放派の連帯

　1993年以降，多くの歴史的事件を経て台湾の女性運動は重要な転換を迎えた．1994年，何春蕤を代表とする「性解放」路線が提起され……，女性運動の陣営内部で激しい議論の応酬がくり広げられた．それは，運動の路線（両性平等か，性解放か？）だけでなく，活動家それぞれのセクシュアリティにたいする態度をめぐる議論でもあった．こうした対立的な議論はその後も継続し，いかにポルノグラフィーと向き合うか……，いかにレズビアンと向き合うかという事件を経て，97年に勃発した台北市公娼事件で全面論争に発展した．台湾のフェミニズム陣営は2つに分かれ（国家フェミニズム vs. 性解放フェミニズム），女性運動は分裂したのである．（朱偉誠 2008a: Ⅲ－Ⅳ）

　1997年，台北市の陳水扁市長はお得意のガバナンスの力を発揮して廃娼を宣言した．台北市の百数十名の公娼は街頭に立った．公娼のおばさんたちの多くは農村出身で，ほとんどは字を読むことができない．平均年齢は50

歳前後で，標準中国語をうまく話すこともできなかった．彼女たちが街頭に
出てみずからの労働権を訴えた時，フェミニストを名乗る団体の活動家たち
はどのように対処すればよいかわからず，二の足を踏むばかりだった．多く
のフェミニストは公娼を支持する仲間に反対し，なかには「はたして公娼も
フェミニストと呼べるのか」などと聞きに行くものもいた．最終的に公娼の
側に立ってともに抵抗運動に身を投じたのは，女性を主体とする労働運動の
団体と，すでに連帯する動きをみせていたレズビアンやゲイと，仲間のもと
を離れて女性運動団体を去ってきたごく少数のフェミニストだけだった．
（丁乃菲 2008）

1997 年 9 月 4 日，陳水扁台北市長は台北市娼妓管理法の撤廃を宣言し，台
湾の自治体として台北市に最後に残る公娼制の終焉を宣告した．この決定は公
娼として働く女性の就労支援の問題を置き去りにしたまま 9 月 6 日に強制執行
され，台北市で働く 128 名の公娼はわずか 2 晩のうちに職場と労働権を剥奪さ
れた．公娼当事者は労働の継続を求めて「台北市公娼自救会」を結成し，1 年
7 カ月にわたって抵抗運動を展開した．1998 年の台北市長選挙で陳水扁をくだ
して市長に就任した馬英九は，公娼が次の職に就くまでの猶予期間として 2 年
間という期間限定的な労働の継続を認めたが，2001 年には公約どおり公娼制
を完全に廃止した．
　台北市による公娼制の廃止と公娼当事者を主体とした抵抗運動は「労働とし
てのセックスワーク」というイシューを浮上させ，女性運動陣営の内部で対立
的な立場を表面化させ，婦女新知基金会の内部分裂事件に象徴されるように
「主流派」と「性解放派」の分裂を導いた（黄齢萱 2007a）．そして「セックス
ワーク」や「同性愛」などセクシュアリティの領域で周縁化されたマノリティ
・イシューに関心を寄せた「性解放派」が，2000 年代以降，レズビアンや
ゲイ，バイセクシュアルやトランスジェンダーなどの性的少数者を包摂しなが
ら「性解放運動」として発展を遂げることになる．
　本節では，女性運動とレズビアンやゲイ運動の結節点として台北市による公
娼制をめぐる抵抗運動を事例に取り上げる．次項では台北市による公娼制廃止
の背景を論じたうえで「主流派」と「性解放派」のセックスワークをめぐる議
論の対立点を検討する．そして「性解放派」が 2000 年代にセックスワーカー
や性的少数者を巻き込んで「性解放運動」として展開したことを指摘し，最後

108 第Ⅰ部 ジェンダーで見る東アジア

に 2000 年代の主流派女性運動の動向に言及する.

2.3.1 公娼制廃止の背景

　台湾における公娼制度の起源は日本の植民統治時代にまでさかのぼる. 台湾
総督府の統治下で 1898 年に開始された公娼制度は, 戦後直後の国民党政権時
代に廃止されたが, 1956 年にふたたび復活した. 労働人口の台北市内への流
入や, ベトナム戦争時 (1960〜75 年) に滞留した米軍の需要をうけて, 1960 年
代以降, 台湾の性産業は活性化した (黄道明 2012b). だが, ベトナム戦争の終
結とともに公娼館は次第に没落し, 1990 年代には台北市が公娼制を置く最後
の自治体になっていた.

　1997 年 1 月に開催された台北市の議会で国民党の議員が, 一方では風俗業
を取り締まりつつ他方では公娼免許の発行を許可しつづけるという台北市の
「矛盾」した政策の根拠を問うた. 陳水扁はその場で廃娼の方針を掲げ, その
後, 数カ月にわたる学者や議員との討論会を経て, 同年 9 月 4 日に台北市娼妓
管理法の廃止を宣言した (黄齡萱 2007a).

　何春蕤によれば, 台北市による公娼制の廃止は陳水扁市長と主流派フェミニ
ストの共謀によるものであった (何春蕤 2013a). いわく, 「安全, 子育て, セ
クシュアル・ハラスメント, 性暴力」など, 中産階級的な関心を持つ「主流
派」は「フェミニストの理想はほかならぬ主婦によって担われなければならず,
主婦が政治的行為主体となり, 国家装置の公共空間に大挙して参入することが
奨励され……, 公共空間における女性のプレゼンスと数が増大していけば, 公
共空間は私的空間のなかに吸い込まれ, その結果, 国家を女性化し, ケアの仕
事を担わせることもできるようになる」と考えた (何春蕤 2013a: 63). このよ
うな展望を抱く主流派フェミニストは「国民国家建設の企てに心血を注ぎ, つ
いには 2000 年の大統領選挙で野党候補, 陳水扁を勝利へと導」いたとされる
(何春蕤 2013a: 63).

　フェミニストの支持を獲得した陳水扁は, 1994 年に実施された第 1 回直轄
市直接選挙に勝利して台北市長に就任した. 陳水扁は市民の直接参加をうたっ
た「市民主義」を掲げて国民党政権による権威主義体制を相対化し, 「市民の
ための新台北市」を建設するために台北市内の再設計プロジェクトを推進して
空間の「本土化＝台湾化」を実践した[24]. 他方, カラオケやゲームセンター
やゲイ男性のハッテン場として知られる「新公園」など, 性行為が発生しやす

い空間の取り締まりを強化して台北市の「脱性化」を同時に推進した[25]．こうして陳水扁台北市長による「市民主義的ガバナンス」と，中産階級の家族的価値に依拠する主流派フェミニストの利害が一致し，婚姻外セックスの禁止を意味する公娼制の廃止が実現したというのである（何春蕤 2013a）．これを裏づけるように，台北市による公娼制廃止を支持した女性団体の多くは，1990年代初頭から反人身売買運動を推進し，「反猥褻」キャンペーンを張ってポルノグラフィーの廃絶を一貫して訴えてきた団体であった（黄道明 2012b: 186）．

2.3.2 女性運動陣営の分裂

台北市による公娼制の廃止宣告と当事者による抵抗運動を契機として，1990年代に展開した主要な女性団体はおもにセックスワークをめぐる主張の不一致から，2つに分裂した．どちらの立場をとるか決めかねた団体の中でも，婦女新知基金会のように公娼支持の立場をとった仲間を解雇する事件が起きて物議をかもした．セックスワークに関する立場の表明は台湾のフェミニストにとって試金石となったのである（何春蕤 2013a）．

台北市の公娼制廃止を支持した「主流派」女性団体と，当事者による抵抗運動を支持した「性解放派」について具体的な団体名をあげると，前者は台北市婦女救援会や女性学学会，彭婉如基金会，台北市婦女権益教会，厲聲基金会で，後者は当事者団体の台北市公娼自救会や，何春蕤が創設した国立中央大学のジェンダー・セクシュアリティ研究室，女性を主体とした労働運動団体の粉領連盟と女工団結生産線である．個人として両者のいずれかに与するものも多く，後述するように少なくないレズビアンやゲイが公娼の側に立って抵抗運動を支持した．

ここで公娼制廃止を支持する主流派と，廃止に抵抗した性解放派の議論の要点を整理しよう．まず，主流派フェミニストは既存の性産業を男性による女性への搾取であるととらえ，それによって女性の身体や性が商品化されることを問題化した．公娼制やセックスワークは男の性的欲望を正当化して家父長制を強化するだけでなく，人身売買や麻薬取引や暴力団の介入などの不法行為をもたらすものとして廃娼を主張したのである．ただし主流派フェミニストは「公娼制度に堅く反対する立場を表明しながら」も「長期的に……徐々に規模を縮小させるべきである」とし，「台北市政府の政策決定過程についてはその決定手続き過程があまりに性急で，救済や職業訓練などの関連措置が不備であると

110　第Ⅰ部　ジェンダーで見る東アジア

して……議会に 1～2 年の執行猶予を求め」た（黄齢萱 2007a: 15）.

　他方，性解放派フェミニストは，「売春婦の権利のための国際委員会」（International Committee for Prostitutes' Rights）が 1985 年にアムステルダムで採択した権利宣言に依拠し，「セックスワークは労働であり，仕事として保障されるべきである」と主張した（黄齢萱 2007a: 14）. 現行の性産業の中に人身売買や女性への搾取行為など改善すべき現状があることは認めつつも，公娼制やセックスワークの非合法化は「セックスワーカーを救うどころか，より劣悪な環境を押しつけ，セックスワーカーを見殺しにする行為」であると批判した（黄齢萱 2007a: 15）. 事実，わずか 2 晩で労働権を剥奪された 128 名の公娼たちの多数は字が読めず，平均年齢は 50 歳を超えており，彼女たちの再就職が困難であることは明白であった. それゆえセックスワークの非合法化は，セックスワーカーを「地下」に潜り込ませてさらに劣悪かつ危険な環境に追いやることになると主張して，台北市の廃娼宣言に否を唱えたのである.

　くわえて，性解放派フェミニスト陣営の論客は，台北市による廃娼政策の背景には台北市を国際社会から承認される「国際都市」へ変革しようとする政治的意図が見られるとして台北市を批判した. さらに主流派フェミニストの主張の中に女性を「主婦」と「娼婦」とに分断する道徳主義が隠されている点にも批判の目を向けた（黄齢萱 2007a: 14-15）. 性解放派は，フェミニズムとはそもそも異性愛主義的家父長制が根拠とする「ジェンダー秩序」（「男性／女性」「異性愛／非異性愛」「主婦／娼婦」）を撹乱する運動でなければならないと主張し，「体制内における改革」を目指す主流派フェミニストの運動には選挙活動における集票効果をねらうために広範な有権者の支持を得ようする傾向や，「結果としてセックスワーカーや同性愛者……などの，大衆に好まれないマイノリティを排除する」傾向が見られるとして批判を重ねた（黄齢萱 2007a: 16）.

2.3.3 「性的逸脱者」たちの連帯

　このように女性運動の内部で主流派と性解放派とに分かれて批判の応酬がつづく中，台湾の女性運動を牽引してきた婦女新知基金会の内部分裂事件が発生した. 婦女新知基金会のスタッフとしてエイズや同性愛などのイシューを積極的に扱ってきた経験を持ち，公娼の支援活動にも取り組んでいた王蘋と倪家珍のふたりが，婦女新知基金会を解雇されたのである. 彼女たちの解雇は「婦女新知基金会の内部分裂事件」としてマスメディアで取り上げられて話題を集め

る中，婦女新知基金会で理事長を務めた尤美女（当時）は最大手の新聞紙面で解雇の経緯を次のように釈明した．いわく，

　（王蘋と倪家珍の）解雇処分は，婦女新知基金会としてマイノリティ路線を排斥する意図に基づくものではありません．ただ，資源の配分や（運動の）優先順位にかんして路線が異なるというだけのことです．……（婦女新知基金会）理事会は……運営経費や人員が限られるなかで，**大多数の女性**にとって利益をもたらしうることを婦女新知基金会が優先して取り組むべき仕事であると決めました．……もし婦女新知基金会が（セックスワークや同性愛やエイズなどの）周縁的なイシューばかりを追いかけて資金調達に困難をきたすようになったら，私たちが運動をつづけるための資源はいったいどこからやってくるというのでしょうか．（王蘋 2013: 317）（強調箇所は筆者による）

　女性運動陣営の分裂は，公娼制をめぐる立場の相違を契機に表面化した事件だったが，運動が「大多数の女性」，すなわち婚姻制度に包摂された中産階級の異性愛女性を優先するのか，あるいはセックスワーカーや同性愛者や HIV 感染者などの「マイノリティ」のイシューに取り組むのかという，「運動の路線」をめぐる差異としても解釈された．中産階級の異性愛女性を主体とした主流派女性運動にとって，労働としてのセックスワークや同性愛などのイシューが運動の「優先順位」から外れることを理解することは難しくない．かくして，著名な主流派フェミニストたちは一連の騒動の中で，性解放派が主流派女性団体の資源にフリーライドしておきながらマイノリティ・イシューをめぐって「宿主」を批判する「寄生虫」であると批判し，こうした発言は主流派フェミニスト陣営からの支持を集めたのである（丁乃菲 2003）．女性学学会で第 3 期理事長を務め，主流派フェミニストの代表的論客として知られる林芳玫も，「性解放運動は少数の特殊なひとたちの利益をもって普遍的な公民権や人権の議題であると拡大解釈し，社会正義を要求している」として運動の路線の差異を強調するとともに，主流派女性運動はマイノリティ・イシューを切り捨てるべきであると主張した（林芳玫 1998: 78）．

　婦女新知基金から「路線が異なる」ことを理由に解雇された王蘋は，2 年後の 1999 年，台湾ジェンダー・セクシュアリティ人権協会（台湾性別人権協會，Gender/Sexuality Rights association Taiwan）を結成した．同性愛やトランスジ

112　第Ⅰ部　ジェンダーで見る東アジア

ェンダー，セックスワーク，エイズなど，主流派フェミニズムが「少数の特殊なひとたちの利益」として切り捨てた「マイノリティ」のイシューを積極的に扱い，彼女が率いる団体は2000年代の性解放運動のリーダー的存在となる．王蘋は2008年の講演で婦女新知基金会から解雇された当時をふり返って次のように述懐する．

　「すべての女」は連帯して政治的権利を獲得するための運動を立ちあげなければならないとあなたたちはいいます．でも，ほんとうにそうでしょうか．私はそうではないと思います．なぜなら，あなたたちのいう「すべての女」には女性の労働者は入っていません．夫を殺した女も入っていません．なにかしら瑕疵のある性暴力の被害者女性も入っていません．なのに，どうして私たちは連帯して「女の権利」を獲得しなければいけないのでしょうか？……
　そうして，私たちはあの女性団体（婦女新知基金会を指す）から離れて，台湾ジェンダー・セクシュアリティ人権協会を立ちあげたのです．やっと，**私たちのジェンダー・セクシュアリティ運動**に集中的に取り組むことができるようになったのです．（王蘋 2008）（強調および括弧内筆者）．

　公娼当事者を主体とする抵抗運動には，少なくない数のレズビアンやゲイも身を投じた．クィア理論を専門とする黄道明によれば，同性愛者はセックスワーカーとは「異なる主体ではあるが，性の領域で周縁化された主体として，ともに性的スティグマを負わされ，この社会で強烈な抑圧を受けてきた」歴史を共有し，異性愛規範から周縁的な「性的逸脱者」として「公権力による支配を受けてきた」のであり，公娼たちの抵抗運動に多くの同性愛者が参与したのは理論的必然があったと述べている（黄道明 2008）．

2.3.4　公娼制廃止のその後── 2000年代の主流派フェミニズム

　1997年9月に始まった公娼を主体とした抵抗運動は，1998年に実施された台北市長選挙への介入運動などをとおして世論を喚起することに成功し，2年間の猶予期間を獲得した．しかし，2001年に猶予期間が終了すると，馬英九市長のもとでついに廃止され，台湾における公娼制は歴史的遺産となった．
　当事者団体の台北市公娼自救会は「日日春関懐協会」（Collective of Sex

Workers and Supporters）へと名称を変え，その後もセックスワークの合法化を求めて運動をつづけている．そして彼女たちの運動は 2000 年代には「性的逸脱者」たちを主体とする性解放運動の一翼を担うことになる．

2009 年，行政院人権保障推進委員会は「セックスワーク特区」（性交易専区）の設置を決定し，特区内においてはセックスワークを合法とし，セックスワーカーも顧客もいずれも法的に罰しないとすることを公表した．これはセックスワークの合法化を求める運動の成功として位置づけられる．だが，2016 年現在，台北市を含むすべての自治体で「セックスワーク特区」の設置は見られていない．それどころか，台北市長は「セックスワーク特区」の設置を求める日日春関懐協会のたび重なる要求を無視しつづけ，その結果，セックスワーカーは非合法下で警察のおとり捜査の対象とされる日々が現在もつづいている（李書璇 2016）．かくしてセックスワークは，「もはや過去のように定められた売春宿で行われるものでは」なく，「より流動的で，不安定で，リスクの高い方法において生存するよう迫られ」るようになった（何春蕤 2013a: 245）．

主流派フェミニズムと性解放派フェミニズムの対立は 2000 年代以降にも見られ，次節で指摘するように主流派フェミニストの推進する立法や法改正をとおして婚姻制度から逸脱的な「悪いセクシュアリティ」の管理強化が進行するという事態が起きている．ただし，「悪いセクシュアリティ」の中の階層化も進行し，近年では LGBT の人権保障や同性パートナーシップが主流派フェミニストの関心を集めるいっぽう，未成年者のセクシュアリティやエイズ，乱交的な性関係は依然として逸脱視されつづけている．換言すれば，2000 年代をとおして主流派フェミニズムの関心にも広がりが見られたが，あくまで脆弱な被害主体としての LGBT の人権保障や婚姻制度に挑戦しない同性パートナーシップが注目を集めているのであり，このような文脈において 2000 年代中葉の性的指向や性自認の人権保障立法（ジェンダー平等教育法，2004）や，2017 年現在の同性婚実現へ向けた政治の動きが主流派フェミニストを媒介として進行しているといえよう．

3 フェミニズム的性解放運動の背景分析

昨日，台湾ではじめて同性愛者らによるパレードが台北の街中で開催され，千名を超える同性愛者やかれらを支持する活動家が参加した．……

114　第Ⅰ部　ジェンダーで見る東アジア

　台北市民政局が「台北レズビアン＆ゲイ・フェスティバル」を開催して4年目になるが，今年のイベントではじめて街頭に出た．……50を超える団体がパレードに参加し，全部で20数個の隊列に分かれた．人数は主催者の予測を超える多さだった．主催を務めた台湾同志ホットライン協会によると，アウティングを恐れるレズビアンやゲイの多くは仮面をつけた参加になるだろうと予測したが，参加者の大多数は素顔をさらし，レズビアンやゲイによる大カミングアウトになったという．……

　民進党立法委員の蕭美琴や国民党市議員の林奕華，中央大学英文学教授の何春蕤などの隊列に参加して声をあげた．また，セックスワーカーの権利を提唱する日日春関懐互助協会や，両性平等教育協会，婦女新知基金会など，非当事者団体も参加して「マイノリティの連帯」を呼びかけた．（『聯合報』2003年11月2日）

　主流派の女性団体に依存してその資源を食いつぶす「寄生虫」と揶揄された性解放派も，2000年代に入るとみずからの団体を立ちあげ，LGBTパレードに代表されるような大規模なデモ活動や運動を組織し始めた．何春蕤が提唱した「フェミニズム的性解放運動」の呼びかけは「性的マイノリティ集団にもひろがり，自己の性的権利を取り戻す呼びかけ」として支持を拡大した（余暁嵐2008: 126）．レズビアンやゲイやバイセクシュアルやトランスジェンダーだけでなく，セックスワーカーやHIV感染者など，異性愛規範から逸脱的なジェンダー／セクシュアリティを生きる「マイノリティ」にまで広く拡散されたのである．

　本節では，かくのごとく多様な「性的マイノリティ」を主体とした性解放運動が2000年代の台湾で可能になった構造的背景を考察する．特徴的な広がりを持つ台湾の「性解放運動」がどのような条件のもとで台頭したのか，本章ではおもにセクシュアリティをめぐるバックラッシュと「圧縮された女性運動」という観点から検討したい．

3.1　戒厳令いまだ解除されず
　　　──逸脱的セクシュアリティ主体へのバックラッシュ

　1990年代の台湾社会は女性差別的な制度や慣行と，他方では急速に進行する自由化とのあいだで「性」をめぐる規範が激しく揺れ動いた時代だった．戒

厳令解除後の言論の自由化はセクシュアリティにたいする社会的関心の高まりを生んだ．また，携帯電話やインターネットなどの情報技術の発展にともない，未成年少女の「援助交際」や「出会い系サイト」などがメディアをとおしてセンセーショナルに報道された．他方，そうした状況に危機感を抱いたキリスト教系の民間団体を中心とした性的保守の運動も台頭し，「道徳」や「純潔」を掲げてポルノグラフィーやセックスワークの廃絶を訴えた．かれらの運動は2000年代には「反性解放」や「反同性愛」へと旗印を替えて急速に支持を広げることになる．児童保護団体や主婦連盟などの主流派女性運動の一部も性的保守と連合し，立法や法改正や訴訟事件などをつうじてセクシュアリティの管理強化を試みた．

1996年，何春蕤は「性の白色テロ」と題した論考を発表して次のように論じている．

　性に関する新奇な現象がメディアの関心を喚起し，……オンライン上の性的言説やポルノグラフィーが注目されるようになると，「エロ」は，伝統的道徳の存亡や青少年の心身の健康をめぐる社会問題として着目され始めた．セクシュアリティの領域は，台湾の自由化と民主化の過程においてもっとも白熱した戦場となったのである．……

　民主化の狂騒ムードのなかで革命的な変化を体験している現在，セクシュアリティの領域では国家による厳格に監視された古い権威体制が依然として確立されたままである．権威体制のもと，すべての国民は脆弱で幼稚な児童であり，国家による保護や指導を必要としているとみなされる．国民は厳格な監督・管理の下に置かれるだけでなく，自己を律してみずから進んで自己を管理する方法を学ぶことさえ求められる．あらゆる逸脱は，かならず公開のもと恥辱を与えられて罪悪感を植えつけられ，逸脱者の心身には深い教訓が刻まれる．性に関するどのような画像やみずからの想像でさえも恐ろしいものとして差別視され，……ひとりでエロを楽しむことさえ不安に変えられてしまう．

　どのような見地に立とうとも，性の白色テロとはまぎれもなく表現の自由にたいする抑圧であり，国家による恣意的な掠奪や抑圧を導くものである．性に関する言論や性行為が刻一刻と厳格に管理されていても，なお自由と民主を追求する魂は座したままでいられるだろうか（何春蕤 1996a）．

116　第 I 部　ジェンダーで見る東アジア

「白色テロ」とは，国家機構による政治的敵対勢力への暴力的な直接行動を意味し，台湾では国民党政府による政治的反対者やその同調者にたいする弾圧行為を指す言葉として知られる．より厳密には，「戒厳実施機関である台湾警備総司令部や政治警察によって行われたもので，狭義には国民党支配体制確立期にあたる 1950 年代前半に集中的に行われた共産党員摘発キャンペーンを指し，広義には 1949 年から 1987 年の長期戒厳令体制下で行われた政治弾圧事件総体を指す」（若林 2008: 305）．何春蕤が「性の白色テロ」に関する論考を発表した 1990 年代の中葉とは，国民党の長期に及ぶ権威主義体制が崩壊の途上にあった時期であり，政府による白色テロは社会や人々に深い傷跡を残していた．実際，1948 年に発生し，戒厳令体制や白色テロの契機となった「二・二八事件」（反国民党運動とその弾圧事件の総称）は，戒厳令下ではその名を持ちだすことさえタブーとされ，1987 年に国民党政府が開始した和解プロセスは1990 年代半ばも現在進行中の政治事件であった．

　このような文脈において，セクシュアリティをめぐる国家による言論統制や抑圧的政策を何春蕤は「性の白色テロ」と呼ぶのだが，1990 年代から 2000 年代にかけては民間の性的保守団体によるバックラッシュ運動が表面化した時期でもあった．日本でも同時代の出来事として 1999 年の男女共同参画社会基本法の施行以来はげしいバックラッシュが見られたが，日本と台湾の顕著な差異は，台湾の性的保守によるバックラッシュがジェンダー平等ではなく，セクシュアリティの自由化のみに向けられた点である．周知のように 2000 年代前半に日本で可視化されたバックラッシュはジェンダー（平等）とセクシュアリティ（の自由化）を区別することなく批判の対象としたが，台湾における性的保守はジェンダー平等を既成事実とみなし，セクシュアリティの自由化を「純潔」や「道徳」の崩壊として問題化したのである．ジェンダー平等がバックラッシュの対象とされなかった背景には，台湾の人々が渇望した民主化が政治の「本土化＝台湾化」，すなわち脱「中国」・脱「儒教」イデオロギーと同義であったことから，ジェンダー平等と民主化が「本土化＝台湾化」という点において改革の方向性を等しくしたことに起因すると考えられる．こうした事情から，2000 年代前後の台湾ではジェンダー平等を志向した一連の施策がきわめて円滑に推進されたのである．

　他方，何春蕤の論考を裏づけるように，1990 年代から 2000 年代にかけてポルノグラフィーやセックスワーク，HIV 感染者や同性愛者や未成年者のセク

シュアリティなど，異性愛規範から逸脱的なセクシュアリティが国家による管理や性的保守によるバックラッシュの対象とされた．以下では「性の白色テロ」として社会的注目を集めたいくつかの事件を整理して記述したい．

　まず，「仁政」を敷き，「社会を導き，一般民衆を良き国民に教育すること」（黄道明 2012b: 111）を目的とする警察は，レズビアンやゲイやトランスジェンダーなどの性的少数者にとっては「人民の擁護者であるどころか，むしろその人権を圧迫し，蹂躙してきた」存在であった（頼鈺麟 2003: 15-16）．台湾では身分証の携帯が義務とされるが，戒厳令時代におこなわれた警察の臨検では，みかけのジェンダーが身分証に記された性別から逸脱していると判断されただけで「善良風俗」を害したとして対象者は警察署へ引っ張られた（何春蕤・丁乃菲・甯應斌・王蘋 2008）．また，ハッテン場の「浄化」を目的としたゲイ男性を狙いうちにした警察による臨検は，「人権」や「市民主義」を掲げた陳水扁台北市長の施政下においてもなくなるどころかむしろ強化され[26]，2001 年に司法院大法官解釈によって任意の臨検が違法と判断されるまでつづけられた[27]（司法院大法官 2001）．

　次に，1990 年代以降，セクシュアリティの管理は立法や法改正をつうじて厳格化された．1990 年に施行されたエイズ予防条例は，外国籍の HIV 感染者の 3 カ月以上の滞在を目的とする入国を禁止した（同措置は 2015 年まで継続）．1991 年に日本の売春防止法をモデルに制定された社会秩序維持法は，セックスワーカーのみを罰して顧客を有罪とせず，セックスワーカーへのスティグマを強化した．1996 年に児童売買の根絶を目的として制定された「児童および少年の性取引防止条例」は，2015 年までに 7 回改正されて未成年者のセクシュアリティをより厳格に管理する方向へと修正された．これにより，出版物やウェブサイトにレーティング制度が導入され，インターネットや電子信号をもちいた性取引の関与を招く恐れのあるメッセージを頒布したものは有罪とされた．その結果，未成年の同性愛者のように「情報獲得やコミュニケーション，連絡の手段をインターネットに頼っている周辺化された性的主体」は性に関する情報のやりとりを萎縮せざるをえず，生存空間が緊縮されてしまった（何春蕤 2013a: 165）．1999 年に改正された刑法 227 条は，未成年者との性行為を双方の合意の有無にかかわらず性暴力とみなして禁止した．また，「姦通罪・相姦罪」を規定した刑法 239 条は，その違法性の有無が 2002 年に司法院の大法官解釈にかけられたものの違憲ではないと判断され，異性愛規範がむしろ強化

118　第Ⅰ部　ジェンダーで見る東アジア

される結果となった[28]（司法院大法官 2002）.

　また，2003 年には性解放運動の牽引役として知られた何春蕤と頼正哲がそれぞれ別件で刑法 235 条「猥褻物頒布等の罪」のかどによって起訴されるという事件が相次いで起きた.「動物性愛ウェブサイト訴訟事件」として知られる何春蕤の事件の概要はこうである．2003 年，何春蕤の所属する国立中央大学ジェンダー・セクシュアリティ研究室が,「性解放」と題した公式ウェブサイトにおいて 2001 年から「獣姦」に関するウェブページへのリンクを提供していたことが「中国時報」の新聞記者によって報道された．何春蕤は知名度が高い人物であったことから，ニュースはセンセーショナルに報道されて物議をかもした．研究室の責任者を務める何春蕤は，児童保護団体や女性運動団体や宗教団体や各地の教師組合など 11 団体の連名によって告発され，刑法 235 条「猥褻物頒布等の罪」に違反したとして起訴された．裁判所は，獣姦写真は学術的論点をサポートするものと判断し，1 審，2 審ともに無罪判決を出した．フェミニズム研究者の黄齢萱によれば，この訴訟事件は「いっけんマスコミが話題作りのために挑発した，学問・言論の自由をめぐる防衛戦のように見えるが，実際には，性の政治の異なる立場を持つ二大陣営……の対立構造」があったという（黄齢萱 2007b: 87）．というのも原告側の勵聲基金会や善牧基金会や ECPAT（アジア観光における児童買春根絶国際キャンペーン）などは，台北市の公娼制廃止や「援助交際」，ポルノグラフィーなどをめぐって何春蕤や性解放派の論客とつねに敵対してきた団体であった.

　つづいて，同時期に同じ罪に問われて起訴された頼正哲の訴訟事件について言及する．頼正哲もまた性解放運動の立役者として知られる人物であり，1999 年に性的少数者に関する書籍や雑誌を専門に扱った台湾初の独立書店「晶晶書店」を立ちあげ，初期の台湾 LGBT パレードの運営にも従事している．2003 年，頼正哲は自身の経営する晶晶書店が男性の裸体を掲載した雑誌を香港から輸入したかどで起訴された．何春蕤の訴訟事件と同様に性解放派による支援運動は盛りあがりを見せたが，2005 年に頼正哲の敗訴は確定し，罰金 4 万 5 千元台湾ドル（約 16 万円）の支払いを命じられた[29].

　以上のように，台湾が自由で寛容な民主社会に向かって変化の途上にあると見られた 1990 年代に，婚姻制度から逸脱的な「悪いセクシュアリティ」が管理されるという事態が同時的に起きていたのである.

3.1.1 「セクシュアリティの権利」

こうした中，性解放派の研究者や活動家は「セクシュアリティの権利」という概念を提起して，スティグマを付与された多様なセクシュアリティ主体をすくいあげる運動を立ちあげた．性解放派フェミニストやセックスワーカー，性的少数者や HIV 感染者らが「セクシュアリティの権利」というフレームのもとに連帯し，「性の白色テロ」やバックラッシュにたいする抵抗運動を展開したのである．

2002 年，性解放派を代表する 4 つの団体が合同記者会見を開催し，「セクシュアリティの権利侵害・十大事件」（十大違反性権事件）を発表した．4 つの団体とは，セックスワーカーの権利運動を推進してきた日日春関懐協会や，同事件で公娼の側に立って婦女新知基金会を解雇された王蘋が率いる台湾ジェンダー・セクシュアリティ人権協会（台湾性別人権協会），1998 年に複数の性的少数者団体が連合して設立した台湾同志ホットライン協会（台湾同志諮詢熱線協会），台湾初のトランスジェンダー団体として 2000 年に結成された TG 蝶園である．記者会見に出席した何春蕤は「総評」として次のように述べた．

　　本日，4 つの団体の代表者たちが，押しつけられたスティグマを打ち破るために具体的な反撃行動に打って出ることを決意しました．ここで紹介した「十大事件」をとおして私がとくに提起したいのは，メディアや警察権力や法こそが人権を侵してきた主体であるということです．私たちは人権侵害の事件に向き合う時，メディアに助けを求め，警察に保護を求め，法に保障を要求します．言い換えれば，メディアや警察や法こそが人権を擁護するための最大の力を持っているのです．ところがセクシュアリティの権利にかんしていえば，メディアや警察権力や法こそがそれを侵害する役割を担ってきたのです．……

　　私たちの記者会見の主題は「セクシュアリティの権利は人権だ」というものです．……社会の激変や多様なセクシュアリティ主体の出現を目のあたりにして，人権を考えるさいにはジェンダーやエスニシティだけでなく性的指向や年齢や身体状況を考慮に入れ，セックスワーカーやトランスジェンダーなど，不断に立ちあがるセクシュアリティ主体に目を向けなければいけません．新しい主体はつねに出現し，まだ私たちの視界には入っていない抑圧に挑戦し，さらには人権という概念の境界線にも挑戦しているのです（何春蕤

120　第Ⅰ部　ジェンダーで見る東アジア

2002）．

　「セクシュアリティの権利侵害・十大事件」は 2002 年以降，毎年末に記者会見で発表され，マスメディアをとおして報道された．この取り組みは現在にいたるまで継続され，姦通罪・相姦罪や，警察によるセックスワーカーや性的少数者への取り締まり，性的少数者へのバックラッシュや未成年者のセクシュアリティの管理強化を求める「純潔」運動などが「セクシュアリティの権利を侵害した事件」として位置づけられ，主催団体は警察や政府や民間の性的保守団体に対する抗議活動に取り組んだ．

　このようにセクシュアリティの領域は「台湾の自由化・民主化の過程においてもっとも白熱した戦場」となり，国家機構による私領域への積極的な介入への批判を理論的支柱とした性解放派フェミニズムは，2000 年代に入ると「セクシュアリティの権利」という新しいフレームを形成し，国家機構による「性の白色テロ」や民間の性的保守によるバックラッシュへの抵抗的な立場を共有して，異性愛規範に逸脱的なセクシュアリティ主体の連帯を促進することに成功したのである．逆説的ではあるが，「性の白色テロ」や盛りあがりを見せたバックラッシュの存在が，周縁化されたマイノリティたちを「性解放」という言説を共有資源とした「連帯」へと導く一因となったのである．

3.2　1990 年代と「圧縮された女性運動」

　クィア理論を専門とする甯應斌（筆名は卡維波）は，「同性愛とセックスワーク，この生命共同体：理論と現実の連帯」と題した論文の中で，公娼を主体とした台北市への抵抗運動に多くのレズビアンやゲイが身を投じた理論的背景を分析した．それによると，同性愛者もセックスワーカーもともに結婚の自由が制限されていること（同性愛者は婚姻制度から排除され，公娼は姦通罪・相姦罪によって結婚する自由が制限される）や，両者がともに警察による人権侵害を受けてきた歴史を共有する点などが「連帯の理論的必然性」であると述べるのだが，論文の冒頭には次のような記述も見られる．

　　1997 年，台湾で「教育予算を救え」と題した大規模なデモ活動が起きたとき，台北市の公娼たちもこれに加わった[30]．デモの隊列のなかで，公娼たちのすぐうしろを歩いたのは偶然にもレズビアンやゲイたちだった．はじ

めに同性愛者も公娼もいっしょになってスローガンを叫んだ. まもなくして
レズビアンやゲイが同性愛にかんするスローガンを叫び始めた. 「私は教師
です. そして同性愛者です」というスローガンである. 同性愛者たちが「私
は教師です」と叫び, ……「そして同性愛者です」と下の句をつづけたとき,
多くの公娼たちは驚きを隠さなかった. 彼女たちは後続する隊列にどのよう
なひとたちが参加しているのか知らなかったのである. 「同性愛者」という
言葉を耳にして, はじめてデモ活動に参加している仲間がそう (同性愛者)
であると気がついたのである. こうして同性愛者と公娼は街頭デモで出会っ
たのだが, これは千載一遇のチャンスと呼ぶしかない偶然であった. ……

 (同じ年に) 公娼たちが台北市にたいする抵抗運動を展開した時, 多くの
ゲイやレズビアンが積極的に身を投じて彼女らを支援し, あるいは署名とい
うかたちで支持を表明し, あるいは沈黙のなかで関心を寄せた. 公娼が市議
会に泊まり込んで活動をおこなった時も現場にはつねにゲイやレズビアンの
姿があった. 同性愛者と公娼の街頭デモでの出会いは**現実的には偶然だった**
が, 歴史的あるいは理論的には必然であったといえる. (甯應斌 2008b: 342)
(強調筆者).

本項では, フェミニストやセックスワーカー, レズビアンやゲイたちが「性
解放」というフレームのもとで連帯が可能になったもう１つの背景として,
1990 年代という時代に着目する. 台湾社会にとって 1990 年代という時代区分
の持つ意味を, 「圧縮された女性運動」や英語圏のフェミニズム研究の影響と
いう点から論じたい.

3.2.1 社会運動の爆発と「圧縮された女性運動」
1990 年代は, 台湾社会にとって多様な社会運動が同時的かつ爆発的に興っ
た時代であった. 台湾の政治変動をテーマにした学術研究で社会運動に言及し
ない論文を探すのは容易ではなく, フェミニズムや性的少数者に関する学術領
域でも社会運動論のアプローチから運動団体や運動事例を対象とした先行研究
の厚みは日本のそれとは比べようもなく大きい. 学術領域における社会運動へ
の関心の高まりも 1990 年代以降に見られたものである. こうした状況は, 世
界史的にも稀といえる約 40 年もの長期におよぶ戒厳令体制の反動による社会
運動の爆発的な盛りあがりが可能にしたものである.

122　第 I 部　ジェンダーで見る東アジア

くわえて，政治の「本土化 = 台湾化」潮流のもと，客家や先住民族（中国語で「原住民」）を主体とする運動が影響力を拡大し，1997 年の第 4 次改憲では多文化主義の理念が「基本国策」として憲法に書き込まれている．このような文脈において「マイノリティの承認」は社会的関心を集め，そうした社会の変化は「女性」や「同性愛者」などのアイデンティティを根拠とした社会運動 = アイデンティティ・ポリティクスの勃興とも重なった．

上記に引用した「教育」デモの路上における公娼と同性愛者との偶然の出会いは，このような時代状況を背景としていたのである．当然ながら，1997 年の「教育」デモと同時代に興った公娼や同性愛者を主体とした社会運動は，時代背景や政治的文脈を共有することができたがゆえに「性解放」という言説のもとで「連帯」が可能になったのだ．社会運動の同時代的展開という時代状況を手がかりにして考えると，いっけんして性的少数者のイシューとはかかわりを持たない反原発運動や死刑反対運動や労働運動などの種々の運動団体が，LGBT パレードで渾然一体となって口々にスローガンを叫ぶという台湾の「日常風景」を理解することができる．

次に，1990 年代という時代区分に着目して台湾の女性運動を検討しよう．くり返しになるが，台湾で大規模な女性運動が台頭したのは政治の自由化が進行した 1980 年後半以降である．アメリカや日本などの先進諸国のそれと比較すると，台湾の女性運動は 1990 年代に圧縮されて展開したと見ることができる[31]．

1990 年代に展開した女性運動は，ジェンダー平等に敵対的な立場をとっていた国民党政府と対峙し，グローバルに展開する性政治の影響外にあって，みずからの手で女性差別的な制度に挑戦を挑まなければならなかった．そして主流派女性運動が政治アクターとして発展を遂げ，国家機構と結託して制度の改変を試みた時，国家による私領域への介入を批判する性解放派の運動が同じ運動体（「運動体」とはかならずしも比喩表現ではなく，しばしば同一の女性団体）の内部から立ちあがったのである．このような女性運動の展開は運動内部の路線の対立を表面化させ，「女」という単一的なジェンダー・カテゴリーのみに依拠した運動の限界を露呈させた．言い換えれば，1990 年代に女性運動が圧縮的に展開されたがゆえに，運動内部の緊張関係がより緊迫した状態で可視化され，2000 年代以降の性解放運動の展開へとつながる下地をつくったということができる．

そして「同性愛」や「セックスワーク」や「エイズ」など，主流派フェミニストが「マイノリティ・イシュー」として切り捨てたセクシュアリティをめぐる問題系は，同時代の英語圏のフェミニズム研究の影響を受けて発展したセクシュアリティ研究やクィア・スタディーズの知見を流用することで，性解放運動を支える理論的根拠となった．

3.2.2　英語圏のフェミニズム理論の影響

1990年代以降の台湾のフェミニズムは理論面でも実践面でもアメリカのフェミニズム理論や運動の影響を強く受けてきた．実際，戒厳令解除後に活躍した女性運動のリーダーや「女性学の研究者のほとんどは，台湾の大学……を卒業し……，米国で大学院教育を受けたひとたち」であった（チェ・チャン 2002: 82）．

その背景には，冷戦体制下における緊密な台米関係や，アメリカ留学ブームの影響が見られる（黄齢萱 2007a）．鄭鴻生（2014）によれば，アメリカ政府は冷戦体制下で，台湾とイランの学生を対象に特別に多額の留学奨学金を提供し，これにより中間層の台湾人のアメリカ留学が実現した．実際，1970年代末にアメリカ在住の台湾人留学生（修士課程在籍者）は3万人を超え，1980年代末の米中和解を機に奨学金のターゲットが中国大陸の学生へと移行されるまで親米派台湾人の育成がアメリカの国策としてつづけられた．そしてアメリカに留学した台湾人学生の多くは公民権運動やベトナム反戦運動やフェミニズムの影響を受けて左派になり，しかしそれゆえに戒厳令下の台湾に帰国する道を選ばず（あるいは国民党政府によって帰国が禁じられ），アメリカを主要基地として反体制運動を展開した．その後，戒厳令解除の前後にアメリカをはじめとする海外在住の台湾人左派が一斉に帰国し，かれらが1990年代の社会運動の主軸を担ったとされる（鄭鴻生 2014）．

英語圏のフェミニズム理論は，アメリカに留学経験を持つ研究者や活動家をとおして積極的に台湾に輸入された．性解放派フェミニストも英語圏の学術動向の影響を受けており，事実，性解放運動を理論面で支えた少数の研究者はほとんど例外なくアメリカの大学で人文系の博士号を取得した人物だった．そして戒厳令解除前後に帰国したかれらをとおして，英語圏のセクシュアリティ研究やクィア理論が台湾に導入されたのである．

クィア理論とは，1970年代以降に発展したレズビアン／ゲイ・スタディー

124　第 I 部　ジェンダーで見る東アジア

ズを批判的に継承して 1990 年代初頭に英語圏で興った学術理論である．ジェンダーやセクシュアリティの問題系について構築主義的アプローチをとり，アイデンティティや規範や主体の産出について批判的議論を展開し，また性的少数者を主体とする社会運動と緊密な関係を持つ点を特徴とする．クィア理論は異性愛と同性愛を二項対立的に把握する二元論を棄却し，異性愛規範じたいを問題化し，ヘテロノーマティヴ（hetero-normative）な社会で抑圧や排除の対象とされた多様な性／生を連帯へと導く理論として受容されてきた歴史も持つ．

　クィア理論は 1990 年代半ばに台湾に輸入され，異性愛規範から逸脱的なマイノリティたちが連帯する根拠として受容された．その端緒となったのが，左派系社会運動をテーマにした雑誌『島嶼辺縁』（1991 年創刊）における 1994 年の「クィア理論特集」である．同特集号で，のちに台湾クィア文学を牽引する紀大偉が「queer」の音訳として宛てた「酷児」（ku er）という言葉は現在の中国語圏で広く用いられている．「我らはフェミニズム，ゲイムーブメントを支持し，左派で，社会主義者で，抑圧された民族と連帯する．我らの敵は，父権主義，性的抑圧，右派資本家階級，反共主義者，国家優先の国族主義者たちである」というスローガンを掲げた雑誌『島嶼辺縁』には，本章で取り上げてきた何春蕤や甯應斌も編集として参与し，その他にも王蘋や倪家珍のように婦女新知基金会を解雇されて性解放運動を立ちあげたフェミニストの寄稿も多く見られる[32]．

　戒厳令解除の前後に帰国したフェミニストは，「当時の知識人青年にとってデモに参加しないという選択肢はなかった」という雰囲気の中（王蘋 2008），英語圏のフェミニズム研究の知見を流用しながら性解放運動を理論面からサポートすることになった．このようにして性解放派フェミニズムは「ジェンダーの平等」を単一戦線としてきた主流派女性運動に異議を申し立てつつ，セクシュアリティとジェンダーの解放を訴える「性解放運動」を提唱し，セックスワーカーや性的少数者などヘテロ・ノーマティブな社会周縁化されたマイノリティの「連帯」を導いたのである．

4　まとめ

　台湾における性的少数者を主体とする社会運動は，戒厳令の解除とともに発展を遂げた女性運動ときわめて密接に結びついて展開された．だが，日本の事

例からも明らかであるように，両者の緊密な関係を自明とする状況は台湾に特徴的であるといえる．本章では「性解放」という言説を共有資源として，フェミニストと性的少数者やセックスワーカーたちによる運動の「連帯」が実現した歴史や背景を論じた．

　台湾の女性運動の大きな特徴の1つは，国家機構による積極的な介入を推進してジェンダー平等の実現を試みた点である．1990年代以降のフェミニストたちは，社会運動を自陣営に取り込んで支持を拡大した民進党と協力体制を形成して中央・地方政治への直接参与を果たし，立法や法改正を主戦場として多くの政治的成果を達成した．台湾の女性運動が立法や法改正を主戦場とした背景として，本章では以下の2点を指摘した．第1に，20世紀初頭に中国大陸で成立した背景を持ち，女性差別的な内容を包含した中華民国の法体系が1990年代まで残存したこと，第2に，台湾が国連を基軸に展開した性政治のグローバル・ネットワークから排除されたことから，台湾の女性たちはジェンダー平等に敵対的な布置をとる国民党政権下においてみずからの手で法律の改正や立法を推進せざるをえなかった点である．戒厳令解除後の女性運動は民進党とパートナーシップ関係を形成し，まもなく民主化潮流の中で脱権威主義体制を試み始めた国民党の後押しを受けて，民法の改正やジェンダー平等の実現を目的とした一連の立法を成立へと導いた．かくして，2000年代には与野党ともに「ジェンダー主流化」の推進を本格化させ，2003年に台湾のジェンダー・エンパワーメント指数はアジア首位を記録している．

　だが，台湾の女性運動はけっして一枚岩的ではなかった．むしろ1990年代半ばには国家機構と結託しながらジェンダー平等の実現を試みる主流派フェミニズムと，「ジェンダー」を単一戦線とすることに批判的な性解放派フェミニズムという2つの路線に分裂し，相互に対立関係を形成しながら発展した．とりわけ「セックスワーク」や「ポルノグラフィー」や「同性愛」などのイシューをめぐって両者は対立し，性解放派フェミニズムは主流派が切り捨てたセクシュアリティをめぐる「マイノリティ・イシュー」を包摂しながら2000年代に台頭する「性解放運動」の基盤を形成した．本章では主流派と性解放派の対立事例として1997年の公娼運動を取り上げた．

　つづいて，「性解放」言説のもと，台湾でフェミニストやセックスワーカーや性的少数者らによる「連帯」を可能にした社会的背景を分析した．第1に，1990年代から2000年代にかけて国家によるセクシュアリティの管理強化や民

126 第Ⅰ部 ジェンダーで見る東アジア

間の性的保守団体によるバックラッシュが可視化された点を指摘した．1990
年代の台湾では性にたいする社会的関心は言論の自由化とともに高まりを見せ
たが，同時に「伝統的道徳の存亡や青少年の心身の健康をめぐる社会問題」と
しても関心を集め，セクシュアリティの領域は「台湾の自由化と民主化の過程
においてもっとも白熱した戦場となった」（何春蕤 1996a）．国家による「性の
白色テロ」や民間の性的保守団体による「純潔・道徳」を掲げたバックラッシ
ュにより，異性愛規範に逸脱的なセクシュアリティ主体は取り締まりや管理の
対象とされた．このようなバックラッシュの展開を背景として，セックスワー
カーや同性愛者，トランスジェンダーや HIV 感染者などの周縁化されたセク
シュアリティ主体は，「セクシュアリティの権利は人権である」というスロー
ガンのもと運動の「連帯」を模索したのである．なお，台湾で台頭した性的保
守団体によるバックラッシュ運動は，日本と異なり，「ジェンダー平等」を自
明視してセクシュアリティの自由化のみを批判の対象とした．

　第 2 に，台湾で女性運動が展開した 1990 年代とは戒厳令の解除をうけて多
様な社会運動が同時代的に勃興した時期であった点を指摘した．このような時
代・政治状況が，女性や性的少数者や公娼を主体とする多様なアイデンティテ
ィ・ポリティクスの「連帯」を可能にした背景をなした．最後に，台湾の女性
運動やフェミニズム研究が冷戦体制下でアメリカの影響を大きく受け，性解放
運動のリーダーたちも例外ではなかったことを指摘した．すなわち，留学帰り
の研究者や活動家を媒介として，同時代の英語圏のフェミニズム研究領域で発
展したセクシュアリティ研究やクィア理論の知見が導入され，これがヘテロノ
ーマティヴな社会を批判する視点を形成して性解放派の「連帯」を思想面から
支えたのである．

　とはいえ，1990 年代末に同性愛やセックスワークなどの「マイノリティ」
イシューを切り捨てた主流派フェミニストも，2000 年代以降には関心の幅を
広げている．ジェンダー平等を目的とした一連の政策の実現を見届けつつある
現在，とりわけ脆弱な被害者像を根拠とした性的少数者の人権保障や婚姻制度
に挑戦しない同性パートナーシップの制度への包摂は主流派の関心を喚起して
いる．かくして，主流派フェミニストを媒介としてジェンダー平等教育法
(2004) や改正版ジェンダー労働平等法（2008）をつうじた LGBT の人権保障
が実現し（福永 2015, 近刊 a），同性パートナーシップの法的保障も 2019 年ま
でに実現すると見られる．性的少数者の婚姻制度への包摂をめぐっては台湾国

内の議論は多様であり，国家によるセクシュアリティの管理を批判してきた性解放運動がどのような動きを見せるのか，今後も注視したい．

※　本稿は JSPS 科研費 JP16J08328 の助成を受けて執筆しました．

注
1) 本章は，東京大学大学院に提出した修士学位論文「台湾における性的少数者の社会的包摂と排除」の第1章を改稿したものである．
2) 女性運動と性的少数者運動の間だけでなく，レズビアンとゲイ男性の間にも緊張関係が見られる．日本について言及するなら，性的少数者運動内部のミソジニーやレズビアン差別についてたとえば鬼レズ（発表年不明）を，また女性運動におけるレズビアン差別については，たとえば掛札悠子（1992）に詳しい．
3) たとえば，遠藤まめたは2016年に国内の任意団体 work with Pride が「LGBTの働きやすい職場」として「ゴールド」賞を電通に賦与したことをうけて，「LGBT フレンドリー」であることを求める風潮が強まる中で「ジェンダー」の問題が置き去りにされていることを批判的に論じている（遠藤 2016）．
4) 台湾のフェミニズム研究において，「主流派」と「性解放派」がセクシュアリティに関するイシューをめぐって対立的な展開を遂げた点に着目した先行研究は少なくない．とりわけ何春蕤（2013b）や丁乃菲（2003，2008），甯應斌（2008b，2012）や朱偉誠（2008a，2008b，2008c，2009）などの「性解放派」フェミニストやクィア・スタディーズの研究者が積極的に論じてきた．活動家でも「性解放派」を自称する王蘋（2008，2013）がとくに言及している．ただし「性解放派」と「主流派」の対立的展開を構造的要因に着目して論じた先行研究はほとんどない．また，日本における台湾フェミニズムの研究として台湾女性史入門編纂委員会（2008）『台湾女性史入門』や野村鮎子・成田静香編（2010）『台湾女性研究の挑戦』などがあるが，収録論文の多くが「主流派フェミニズム」に関するものであり，「性解放派フェミニズム」については紹介程度にしか言及されていない．なお，日本語で入手可能な「性解放派」関連の文献としては何春蕤（2013b）がゆいいつのものである．
5) 本章では詳述しないが，戒厳令下の台湾でも女性を主体とする社会運動が見られなかったわけではない．戦後台湾において女性運動の嚆矢とされたのは1970年代に呂秀蓮が主導した「新女性主義」運動である．台湾大学法学部を卒業した呂秀蓮は，「まずひとであれ，男や女になるのはそれからだ」というスローガンを掲げた「新女性主義」を提唱した．「ひとをもちいるに才能をみて，性別を問うてはならない」とする彼女の言葉に見られるように「新女性主義」の関心は公領域における女性差別の解消にあった．他方，呂秀蓮は「優しさ」や「優雅さ」

や「思いやり」といった女性の美徳を強調し，婚姻や家庭を重視し，家庭内のジェンダー役割分業を積極的に肯定している（范情 2010）．彼女は出版や講演活動をとおして啓蒙活動を展開したが，やがて戒厳令下における党外運動（反国民党政府運動）と結びつき，1979 年の「美麗島事件」における逮捕によって挫折した（2000 年には陳水扁と手を組んで民進党の副総統に就任している）．その後，呂秀蓮の精神を引き継ぎ，党外運動内部の女性差別を問題化した李元貞は 1980年代初頭に「婦女新知雑誌社」を設立し，エリート女性を率いた啓発運動を展開する．婦女新知雑誌社（後に「婦女新知基金会」に改名）は 1990 年代には女性運動を牽引する民間団体として成長を遂げる．

6）女性学学会の初代理事長を務めた李元貞は民進党政権下で総統府国策顧問を任され，2016 年現在は台北市長の顧問を務めている．第 2・4 期理事長の劉毓秀は，陳水扁台北市長の施政下で台北市婦女権益促進委員会にリクルートされ，また第 3 期の林芳玫は行政院青輔会主任委員，第 5 期の劉仲冬は行政院婦権会委員，第 6 期の陳恵馨は教育部より委託を受けてジェンダー平等教育法の草案作成責任者を務めた．なお，陳恵馨やジェンダー平等教育法の成立過程に関しては福永（2015）に詳しい．

7）「ジェンダー主流化」（Gender Mainstreaming，性別主流化）とは，1995 年に北京で開催された国連主催の第 4 回世界女性会議の「行動綱領」で採択された，あらゆる政策にジェンダーの視点を導入しなければならないとした方針である．ジェンダー主流化は日本を含む多くの国の性政治に少なからぬ影響を与えた．日本では北京女性会議の翌年に男女共同参画審議会が「男女共同参画ビジョン」を公表し，これは日本の政治領域にはじめて「ジェンダー」概念を導入した答申となり，ジェンダー主流化への転換点であるとされた（WAN 2015）．

8）民法第 1000 条（妻冠夫姓）．ただし妻が夫の姓を冠するという条文は 1980 年代にはほとんど形骸化されていたことが指摘されている（王如玄 2008）．

9）民法第 1059 条（子女従父姓）．

10）民法第 1002 条（妻以夫之住所為住所，贅夫以妻之住所為住所）．

11）民法第 1004 条（妻之婚後所有財産均帰夫所有）．

12）民法第 1089 条（父母対子女親権之行使以父優先）．

13）民法第 1051 条および 1055 条（離婚子女監護権帰夫）．

14）1987 年には国父記念館に勤める女性 50 名が一斉に解雇されるという事件が起きた．解雇の根拠は，彼女たちの年齢が満 30 歳に達し，外国からの賓客をもてなす国父記念館の職員としてふさわしくないというものであった．婦女新知基金会や台湾大学婦女研究室を中心に大規模な抗議活動が起こり，この事件を契機として女性の就業を保障する法律の重要性が意識されるようになり，婦女新知基金会の尤美女や潘正芬や劉志鵬を中心に両性労働平等法の草案作成が開始された（台湾光華雑誌 2002）．

15)「二・二八事件」については本書所収の第7章「『LGBTフレンドリーな台湾』の誕生」でも言及している.

16) 中華文化復興運動とは,1960年代後半から約15年間にわたって国民党政府により実施された文化政策で,「主として儒教倫理に依り,中華民族固有の伝統文化の復興を目的とした運動である.大陸の共産党政権と対立する国民党政権を担う蔣介石は,66年に中国共産党によって実施された文化大革命を伝統文化の破壊行為とみなし,これに対抗するために中華文化復興運動を計画実施した.さらに,この運動を通じて伝統中国文化の唯一の担い手として国民党政府を印象付け,国際社会における地位を獲得しようとした」とされる(長谷川監修 2009: 741).

17) CEDAWは2011年に国内法(「消除對婦女一切形式歧視公約」)として成立した.これは1990年代以降,国連をはじめとする国際社会への復帰を外交の最重要課題として掲げた台湾政府が,グローバルに展開する性政治の規範をみずから進んで内面化した結果であると位置づけることもできる.なお,約30年もの「時差」を超えて国内法化された結果,CEDAWはトランスジェンダーを主体とする運動によって性別変更要件の撤廃の根拠として活用されるなど,興味深い現象も見られる.

18) 両性労働平等法の成立過程に関しては金戸幸子(2005)に詳しい.なお,両性労働平等法は2007年の改正をうけてジェンダー労働平等法(性別工作平等法)へと名称変更を遂げ,性的指向や性自認などを含む職場における「多様なジェンダー差別」の禁止を規定した.

19) ジェンダー平等教育法は,起草作業が開始された当初は「男女平等」を掲げ(「両性平等教育法」),そこでは性的少数者に関する言及は見られなかった.これが性的少数者を包摂した立法として成立した過程に関しては拙稿(福永 近刊a)に詳しい.

20) 当初は男性を加害者,女性を被害者として想定した立法だったが,1999年には「男女は両方とも被害者になりうる」ことを前提とした修正がなされた.たとえば「強姦」の代わりに「強制性交」という用語を用いたり,男性器の女性器への挿入とされていた「性行為」の定義を拡大して肛門や口への異物混入を含む内容へと改訂された.

21) なお,韓国では1997年に「家庭内暴力の処罰等に関する特例法」が,日本では2001年に「配偶者からの暴力の防止及び被害者の保護に関する法律」が制定されており,東アジアではほとんど同時期にDV防止に関する立法が実現している.

22) ジェンダー平等教育法が性暴力(性侵害)やセクハラ(性騒擾),「性的いじめ」(性覇凌)など,概念を分節化してジェンダー・セクシュアリティをめぐる暴力を厳密に定義するとともに加害者への罰則規定を導入した背景には,女性運動の1990年代以降の関心が通底している.

130 第Ⅰ部 ジェンダーで見る東アジア

23) 台湾では「主流派フェミニズム／フェミニスト」という呼称の用法は一般化しているが，「主流」の定義は錯綜している．「主流派」の代わりに「婦権派」や「道徳派」や「国家派」などが用いられることもあるが，これらに共通する点は「女性」を一枚岩的な存在として把握し，国家機構による積極的な介入をつうじて女性差別の撤廃を試みようとする女性運動（や活動家）を「主流派／婦権派／道徳派／国家フェミニズム（フェミニスト）」としている点であり，本章ではこの定義にもとづいて「主流派」という用語を用いる．

24)「本土化＝台湾化」は，1990年代以降の台湾の政治を読み解く重要な概念である．若林正丈によると，政治の「台湾化」とは，「中国国民党が堅持してきた『正統中国国家』の政治構造（国家体制・政治体制・国民統合イデオロギー）が台湾のみを統治しているという1949年以後の現実にそったものに変化していくこと」と定義される（若林 2008: 401）．空間の「本土化＝台湾化」とは，国民党体制の象徴として付与された道路や公園の名前などをローカル化（本土化＝台湾化）する動きを指す．

25) 台北市長時代の陳水扁の施政や台北市内の再設計プロジェクトについては本書第7章（「『LGBTフレンドリーな台湾』の誕生」）でも論じている．

26) よく知られるのは，陳水扁施政下で1997年7月に新公園付近で起きた「常徳街事件」である．これは警察による近年最大規模の臨検であり，50名を超えるゲイ・バイセクシュアル男性が捕らえられたとされる．

27) 司法院は国家最高の司法機関であり，民事，刑事，行政訴訟の裁判および公務員の懲戒を管轄する．また憲法解釈権と法律・命令を統一的に解釈する権限を有し，大法官を設けて憲法と法令の解釈権を行使する．なお，定員15名からなる大法官は総統によって指名され，立法機関の同意を得て任命される仕組みをとっている（翁岳生 2010）．

28) 2012年を例にとると，年間に男性305名・女性339名が「姦通罪・相姦罪」で起訴されるなど，現在も婚姻外の性交渉は取り締まりの対象とされている．なお，日本にかつて存在した姦通罪は既婚女性（と性交渉をもった配偶者以外の男性）にのみ適用されるものであったが，台湾の刑法は「姦通罪」と「相姦罪」を設けることによってジェンダー平等に適用される．

29) なお，2006年に頼正哲はこのケースを司法院の大法官解釈にかけた．その結果，大法官解釈617号は「性的少数者（性少数）の言論の自由は尊重されるべきであり，判決結果は著しくそれを侵害した」（司法院大法官 2006）としつつも，「男女生活の性道徳感情と社会風俗を保護する」という「社会の多数の共通の性的価値観や秩序の必要にもとづいて」憲法11条の「言論および出版の自由」を「制限する」ことの必要性を認めた内容であった（王琪君 2011: 150-153）．

30) 1997年，政府が教育予算の下限を撤廃する政策を公表したことをうけて激しい抗議活動が発生した．同年9月27日には600を超える民間団体が「教育予算

を救え」というスローガンを掲げた大規模なデモ活動を展開した．台湾では1990年代をとおして急進的な政治改革が進められる中で，教育もとりわけ重要な領域の1つとみなされ，教育改革は官民を問わず高い関心を集めた（福永2015）．
31）「圧縮」という用語を用いるとき，Chang Kyung-Sup（1999，2010）が提起した「圧縮された近代」という概念が参照されている．Changは，西欧社会が約200年かけて実現した「近代」を，わずか半世紀という「圧縮された時間」で達成した韓国の近代化の過程の特徴や問題を論じた．とはいえ，「圧縮」という言葉を用いることで筆者は欧米や日本の女性運動が「標準」であると強調するのではない．
32）『島嶼辺縁』（1991年創刊，1996年発行停止）の記事は，現在も以下の公式ウェブサイトからほとんどすべて閲覧することができる（http://intermargins.net/intermargins/IsleMargin/index.htm，2015年11月3日最終アクセス）．

参考文献
日本語文献
チェ・チャン（2002）「台湾における女性学の動向」『アジア女性研究』（11）：82-86．
遠藤まめた（2016）「デフレ化する『LGBTフレンドリー』〜電通過労死事件とエリート・ゲイ写真から考える「働きやすい職場」」，messy，（http://mess-y.com/archives/37346，2016年11月6日最終アクセス）．
福永玄弥（2015）「台湾における性的少数者の社会的包摂と排除」東京大学大学院総合文化研究科2016年度修士論文．
福永玄弥（2016a）「『蔡英文は同性婚を支持します』―― LGBT政治からみる台湾総統選挙」，シノドス，（http://synodos.jp/international/15953，2016年7月1日最終アクセス）．
福永玄弥（2016b）「私たちが欲しいのは『理解』か，『人権』か？――東アジアとLGBTの人権保障」，シノドス，（http://synodos.jp/international/16788，2016年7月1日最終アクセス）．
福永玄弥（近刊a）「性的少数者の制度への包摂をめぐるポリティクス――台湾のジェンダー平等教育法を事例に」『日本台湾学会報』（19）．
福永玄弥（近刊b）「同性愛の包摂と排除をめぐるポリティクス――台湾の徴兵制を事例に」『Gender & Sexuality』（12）．
范情（2010）「台湾女性運動の歴史をふりかえって」竹内理樺訳，野村鮎子・成田静香編『台湾女性研究の挑戦』人文書院，109-126．
長谷川啓之監修（2009）『現代アジア事典』文眞堂．
伊藤正一（2012）「台湾の少子化と政策対応」『人口問題研究』68（3）：50-65．

何春蕤（2013a）『「性／別」撹乱――台湾における性政治』舘かおる・平野恵子編，御茶の水書房.

金戸幸子（2005）「台湾の『両性工作平等法』成立過程に関する国際社会学的考察：多様化社会建設に向けた国家戦略としてのジェンダー主流化をめぐって」『日本台湾学会報』(7)：18-43.

掛札悠子（1992）『「レズビアン」である，ということ』河出書房新社.

顧燕林（2010）「フェミニズムの体制内改革――台北市女性権益保障弁法制定の過程と検討」羽田朝子訳，野村鮎子・成田静香編，『台湾女性研究の挑戦』人文書院，85-108.

洪郁如（2010）「台湾のフェモクラットとジェンダー主流化」野村鮎子・成田静香編『台湾女性研究の挑戦』人文書院，109-126.

黄齢萱（2007a）「台湾女性運動の軌跡：売春児童保護運動から『妓権』労働運動へ」『技術マネジメント研究』(6)：9-20.

黄齢萱（2007b）「現代台湾における女性運動の動向：『性権派』と『婦権派』の対立を中心に」『ジェンダー史学』(3)：87-93.

翁岳生（2010）「司法院大法官の解釈と台湾の民主政治・法治主義の発展」林成蔚・坂口一成訳，『日本台湾学会報』(13)：135-159.

王如玄（2008）「女性運動の主流化」羽田朝子訳，台湾女性史入門編纂委員会『台湾女性史入門』人文書院，76-77.

鬼レズ（発表年不明）『鬼レズ無双00年代』(file:///Users/Genya/Downloads/%E9%AC%BC%E3%83%AC%E3%82%BA%E7%84%A1%E5%8F%8C%EF%BD%9E00%E5%B9%B4%E4%BB%A3_181501.pdf，2015年11月1日最終アクセス).

台湾光華雑誌（2002）「女性たちの空が広がった――男女就業平等法の施行」(http://www.taiwan-panorama.com/jp/show_issue.php?id=200249104038J.TXT&table=4&cur_page=3&distype=，2015年11月1日最終アクセス).

竹内理樺（2010）「政治の民主化とともに――台湾女性運動の歩み」野村鮎子・成田静香編，『台湾女性研究の挑戦』人文書院，155-170.

若林正丈（2008）『台湾の政治：中華民国台湾化の戦後史』東京大学出版会.

WAN（2015）「報告：北京会議から20年私たちの到達点と課題『第1回～男女共同参画政策を検証する』」(http://wan.or.jp/group/?p=3532，2015年10月5日最終アクセス).

山崎直也（2002）「台湾における教育改革と『教育本土化』(indigenization of education)：「国家認同」(national identity) と公教育をめぐる政治」『国際教育』(8)：22-43.

余暁嵐（2008）「性解放運動」，松尾肇子訳，台湾女性史入門編纂委員会編『台湾女性史入門』，人文書院，126-127.

欧文文献

Chang, Kyung-Sup. (1999) "Compressed Modernity and its Discontents: South Korean Society in Transition", *Economy and Society*, 28(1): 30-50.

Chang, Kyung-Sup. (2010) "South Korea under Compressed Modernity: Familial Political Economy in Transition", Routledge.

Ho, Josephine. (2008) "Is Global Governance Bad for East Asian Queers?", *GLQ*, 14(4): 457-479.

Rubin, Gayle, 1982, "Thinking Sex: Notes for a Radical Theory of the Politics of Sexuality", Carol S. Vance, ed., *Pleasure and Danger: Exploring Female Sexuality*, Routledge & Kegan, 143-178.

中国語文献

丁乃菲（2003）「娼妓，寄生蟲，與國家女性主義之『家』」何春蕤編『性工作』國立中央大學性／別研究室，373-395.

丁乃菲（2008）「家庭與婚姻的女『性』主義政治」北京師範大學「台灣性／別權利的浮現」演講.

反惡法聯盟（発表年不明）「廢惡法護性權」8029235，（http://antilaw.info/，2015年10月27日最終アクセス）.

何春蕤（1994）『豪爽女人：女性主義與性解放』皇冠文學出版.

何春蕤（1996a）「性的白色恐怖」『財訊雜誌』，（http://sex.ncu.edu.tw/members/Ho/Glist_03.htm，2015年1月10日最終アクセス）.

何春蕤（1996b）「色情與女／性能動主題」『中外文學』25（4）：6-37.

何春蕤（1997）「女性主義的性解放」楊淑慧編『呼喚台灣新女性』元尊文化，11-30.

何春蕤（1999）「婦女運動・女同性戀・性解放（完整正確版）」性／別研究室・國際邊緣（http://sex.ncu.edu.tw/members/Ho/H233.htm，2015年4月10日最終アクセス）.

何春蕤（2002）「同志新聞通訊社「性權是人權」專題」，台灣性別人權協會，（http://gsrat.net/news/newsclipDetail.php?ncdata_id=1586，2015年10月27日最終アクセス）.

何春蕤（2013b）「性別治理与情感公民的形成」甯應斌編『新道德主義：両岸三地性／別尋思』国立中央大学性／別研究室．211-232.

何春蕤・丁乃菲・甯應斌（2005）『性政治入門：台灣性運演講集』中央大學性／別研究室.

何春蕤・丁乃菲・甯應斌・王蘋（2008）「同性戀，跨性別，SM，婢妾」香港序書室座談.

黃道明（2008）「台灣公權力的性部署」北京師範大學「台灣性／別權力的浮現」演講．（http://www.coolloud.org.tw/node/65791，2015年9月1日最終アクセス）.

黄道明（2012a）「紅絲帶主流化：台灣愛滋 NGO 防治文化與性治理」黄道明編『愛滋治理與在地行動』國立中央大學性／別研究室，85-144.

黄道明（2012b）「酷兒政治與台灣現代『性』」中央大學出版中心.

紀大偉（紀小尾）・洪凌（紅水鮮）・但唐謨（蛋糖饃）（1994）「小小酷兒百科」『島嶼邊緣』（10）：47-71.

賴鈺麟（2003）「台灣性傾向歧視之現狀」『両性平等教育季刊』（23）：14-21.

李書璇（2016）「抗議柯市府視而不見日日春要求成立性交易專區」，YAHOO! 新聞，〈https://tw.news.yahoo.com/-080028839.html，2016 年 11 月 11 日最終アクセス〉.

林芳玫（1998）「當代婦運的認同政治：以公娼存廢未列」『中外文學』27（1）：313.

甯應斌（1995）「姓『性』名『別』，叫做『邪』」『島嶼邊緣』（14）：43-44.

甯應斌（1998a）「性解放思想史的初步札記：性政治，性少數，性階層」『性／別研究』（34）：179-234.

甯應斌（1998b）「什麼是酷兒？」『性／別研究』（34）：32-46.

甯應斌（2008a）「獨特性癖與社會建構：邁向一個性解放的新理論」朱偉誠編『批判的性政治：台灣性／別與同志讀本』台灣社會研究雜誌社，35-86.

甯應斌（2008b）「同性戀／性工作的生命共同體：理論的與現實的連帶」朱偉誠編『批判的性政治：台灣性／別與同志讀本』台灣社會研究雜誌社，341-381.

甯應斌（2012）「台灣性解放運動十年回顧：試論」何春蕤編『轉眼歷史：兩岸三地性運回顧』中央大學性／別研究所，365-393.

司法院大法官（2001）「釋字第 535 號：警察勤務條例實施臨檢之規定違憲？」〈http://www.judicial.gov.tw/constitutionalcourt/p03_01.asp?expno=535，2015 年 10 月 1 日最終アクセス〉.

司法院大法官（2002）「釋字第 554 號：刑法第二百三十九條對通姦，相姦者處以罪刑，是否違憲？」〈http://www.judicial.gov.tw/constitutionalcourt/p03_01.asp?expno=554，2015 年 10 月 10 日最終アクセス〉.

司法院大法官（2006）「釋字第 617 號：刑法第 235 條違憲？」〈2015 年 10 月 10 日最終アクセス，王蘋（2008）「台灣的婦女運動發展」北京師範大學「台灣性／別權利的浮現」演講.

司法院大法官（2013）「從個人實踐看台灣性／別運動的轉進與衝突」何春蕤編『轉眼歷史：兩岸三地性運回顧』中央大學性／別研究所，305-334.

王蘋（2008）「台灣的婦女運動的發展」北京師範大学「台灣性／別權利的浮現」講演.

王蘋（2013）「從個人實踐着看台灣性／別運動的轉進與衝突」何春蕤編『轉眼歷史』中央大學性／別研究所，305-334.

王琪君（2011）「新保主主義的猥藝治理」甯應斌編『性地圖景』中央大學性／別研究所，149-188.

尤美女（1999）「民法親屬篇修法運動與台灣婦女人權之發展」『一九九九台灣女權報告』（http://www.scu.edu.tw/hr/document_imgs/documents/d6_7.htm, 2015年10月10日最終アクセス）.

鄭鴻生（2014）「解嚴之前的海外台灣左派初探」賀照田・高士明主編『人間思想』金城出版社, 230-262.

朱偉誠（1998）「台灣同志運動的後殖民思考」朱偉誠編『批判的性政治』台灣社會研究雜誌社, 191-213.

朱偉誠（2005）「公民權論述與公民社會在台灣」公民身份與文化歸屬工作坊（台中：東海大學社會學系）學術會議論文.

朱偉誠（2008a）「導讀：邊緣批評之必要」朱偉誠編『批判的性政治：台灣性／別與同志讀本』台灣社會研究雜誌社, Ⅱ－Ⅶ.

朱偉誠（2008b）「台灣同志運動的後殖民思考：論『現身』問題」朱偉誠編『批判的性政治：台灣性／別與同志讀本』台灣社會研究雜誌社, 191-214.

朱偉誠（2008c）「同志・台灣：性公民, 國族建構或公民社會」朱偉誠編『批判的性政治：台灣性／別與同志讀本』台灣社會研究雜誌社, 413-438.

朱偉誠（2009）「性別主流化之後的台灣性／別與同志運動」『台灣社會研究季刊』（74）：419-24.

第 5 章

「全国オモニ大会」に見る北朝鮮の家父長制の変遷

韓東賢

1 「北朝鮮の家父長制」のその後，そして今後

1.1 はじめに

筆者に与えられた課題は，本書の編者，瀬地山角による『東アジアの家父長制——ジェンダーの比較社会学』の「第8章 北朝鮮の家父長制」（瀬地山 1996）の，「その後」である[1]．同論文は 1945 年の朝鮮解放後，朝鮮民主主義人民共和国（以下，北朝鮮）が建国して金日成体制が確立，維持されていく中で，政策的な言説にあらわれたジェンダー観の変化を追ったものだ．その後の瀬地山（1996, 2006）をベースに英文で書かれた Sechiyama（2013）における補足を含め，北朝鮮のジェンダー問題に関する日本国内でほぼ唯一の先行研究といえよう．

それから 20 年，北朝鮮は激動の時代を経てきた．1994 年の金日成の死去にともない，後継が決まっていたその長男の金正日が最高指導者となり，「苦難の行軍」と呼ばれる経済的危機，そして外交・政治的な困難の中で国を導いた．さらに 2011 年に金正日が急逝してからは，その三男の金正恩がその座を引き継ぎ，現在にいたっている．

2016 年 5 月には，金正日時代には開かれなかった朝鮮労働党大会が実に 36 年ぶりに開かれた．同 6 月に開催された最高人民会議では憲法が改正され，国家の最高機関が金正日時代の「先軍政治」を象徴する国防委員会から「平時」を感じさせる国務委員会に代わり，金正恩の肩書も国防委員長から国務委員長となった．こうした動きは，「苦難の行軍」や「先軍政治」という枕詞ととも

に語られる金正日時代の「特異さ」を，改めて浮き彫りにしているように思う．

　本章では，瀬地山の先行研究を受け継ぎつつ北朝鮮の家父長制を時代ごとの特徴に位置づけながら考察するための対象として，「全国オモニ大会」を取り上げる[2]．「オモニ」とは朝鮮語で母親のことだ．

1.2　「全国オモニ大会」とは

　「全国オモニ大会」は 1961 年，1998 年，2005 年，2012 年のこれまで計 4 回開かれている．扱いに若干のばらつきはあるもののいずれの回も朝鮮労働党中央委員会機関紙『労働新聞』で比較的詳細に報道されており，報告や討論などの内容を検討することが可能だ．データとしてはこれを用いる．

　1961 年に初めて開かれた第 1 回全国オモニ大会は，瀬地山（1996）の指摘によれば，その後，金日成を絶対的な「国父」とする家父長制的国家への転換を遂げていく北朝鮮の，そのような意味での「脱社会主義」的なジェンダー観が示された場でもあった．それから 40 年近いブランクを経て，第 2 回大会と第 3 回大会が相次いで開かれたのは国家的な「非常時」としての「特異」な時代，金正日時代だった．そして第 4 回大会は 2012 年，金正恩が執権した翌年に開催されている．

　本章ではまず，金日成時代の第 1 回大会を再検討（第 2 節）した上で，金正日時代の第 2 回，第 3 回大会（第 3 節），金正恩時代の第 4 回大会（第 4 節）を見ていく．各大会において，その時期ごとの政治的経済的背景と，「オモニ」という象徴的な枠組みのもと女性にいかなる役割が求められているかをあわせて検討することで，ジェンダー観を軸にした北朝鮮という国家によるイデオロギーとしての家父長制の変化をあとづけ，その現在地と今後についても仮説的に示してみたい．

2　金日成時代──社会主義化・「脱」社会主義化と家父長制

2.1　先行研究──瀬地山（1996）

　まずは，金日成時代の北朝鮮の家父長制を，国家の女性政策と国家が提示する理想の女性像の面から概観した瀬地山（1996）をおさらいしてみよう．

　北朝鮮の建国は 1948 年 9 月だが，社会主義的な社会改革は朝鮮解放直後の 1945 年から始まっていた．朝鮮半島に社会主義国家の建設を目指した北朝鮮

138　第Ⅰ部　ジェンダーで見る東アジア

人民委員会は，日本帝国主義支配下の封建的慣行を是正することに力点をおい
た一連の改革を次々と実施するが，女性にも男性同様の土地を分配する土地改
革や，同一労働同一賃金を定めた労働法制の制定など，そこには男女平等への
志向が含まれていた．北朝鮮人民委員会の委員長は，建国後，首相を経て主席
となり，死去する 1994 年まで名実ともに国の最高指導者であり続けた金日成
である．

　中でも注目すべきなのは 1946 年 7 月 30 日に制定された男女平等権法令だ．
北朝鮮はこれ以来，政治，経済，社会，文化などすべての領域で男女平等が実
現されたと誇らしげに主張しているが，実際，当時としては形式的とはいえ先
駆的なものだ．瀬地山はとくに，4〜7 条において自由結婚・離婚がうたわれ，
一夫多妻や妾としての人身売買および公娼・私娼・妓生制度の禁止が掲げられ
たことは「家父長制に対する社会主義化の 1 つの挑戦」を象徴すると指摘して
いる（瀬地山 1996: 277-278）．

　1948 年の建国後，全土が焦土と化した朝鮮戦争を挟んでさらなる社会主義
的な改革が進められ，農業の集団化や個人事業の協同組合化が実施される．大
衆動員と思想的な自覚の高揚によって増産を目指す千里馬運動が 1956 年から
展開される中，1958 年 7 月には内閣決定「人民経済各部門に女性たちを一層
流入させることに関して」を通じ，1961 年までに女性労働者比率を教育保健
分野で 60%，その他で 30% まで引き上げる目標が掲げられ，託児所・幼稚園
の建設を急ぐことがうたわれた．

　こうして，もともとは女性の戸外労働に対する忌避感の強い社会だったにも
かかわらず，1956 年に 20% だった女子労働力率は 1960 年には 34%，1963 年
には 36.5% に達した[3]．

　　要するに，男女の別なく労働力として活用する，それに対して支障となる
　ような家族・親族組織や家族経営の組織は解体していく，といった方向性が
　はっきり見られるのが，この 50 年代後半ぐらいまでの時期である．金日成
　の支配力が必ずしも確立していない段階で，社会主義の公式的なイデオロギ
　ーたる女性の労働力化が強力に推し進められるのである．……この段階では，
　社会主義化は朝鮮の伝統社会の家父長制とどちらかといえば対立するようか
　かたちで進められるのである（瀬地山 1996: 281-282）．

第5章 「全国オモニ大会」に見る北朝鮮の家父長制の変遷　139

　ここまでが「社会主義化」の時期における女性政策の展開だ．社会主義国に共通する一般的なプロセスでもある．しかしその後，時期でいうとだいたい1960年代後半から北朝鮮は，瀬地山の指摘するところの「脱社会主義化」が始まる．

　社会主義陣営の大国である中ソが対立する中，難しいかじ取りを迫られた北朝鮮は，マルクス＝レーニン主義から距離をおき，独自の「主体思想」による「われわれ式」の社会主義を掲げて金日成による首領体制を確立し，国としての「自主独立」を守りながら，長男金正日への世襲による後継体制を整えていった．それは，従来の社会主義というより国の最高指導者を中心とする儒教的，民族主義的，家父長制的な国家へと向かっていくプロセスだった．

　瀬地山（1996）は，このような金日成体制確立と脱社会主義化によって女性政策や理想とされる女性像も伝統回帰，保守化の様相を帯びていくとして，それを示す事例の1つとして同大会を取り上げている．次項では，その指摘を踏まえて第1回大会を再検討する．

2.2　1961年の第1回全国オモニ大会「再考」

　第1回全国オモニ大会は1961年11月15〜17日，平壌で開かれた．2ヵ月前の同年9月には朝鮮労働党第4回大会が開かれているが，大会報告で金日成は，朝鮮に先進的な社会主義制度が確立し，自立的民族経済の基盤を持つ社会主義工業・農業国が築かれたと宣言した．そのような時期に，北朝鮮で初めてとなる全国オモニ大会が開かれた．大会には金日成が直々に出席し，「子女教育における母親の任務」と題する演説を行った．

　この演説で金日成は「家庭教育において母親が重要な責任を負わなければなりません．どうして父親より母親の責任が重いのでしょうか？　それは子どもを産み育てるのが母親であるからです」と述べたが，これについて瀬地山は「女性の母親としての役割をなんの疑問もなく肯定し，強調している」と指摘した（瀬地山 1996: 290）．さらに瀬地山は，以下のように続ける．

　　さらにほかの大会参加者の発言からも，悪い姑にも耐えて使えるべき，放蕩する夫も我慢強く教化せねばならない，離婚は望ましくない，社会的労働に参加することが理由で子女教育がおろそかになるのは，革命精神の不足だといった議論が相次ぎ，嫁として，母としての役割が強調されている．これ

は労働力化のみが強調されていた社会主義化の段階とは異なり，女性の家庭役割が強調されるようになったものとして注目に値する．金日成の支配が確立するとともに，伝統的な女性役割も強調されるようになるのである．もちろん母親は子供を「共産主義的」「革命的に」育てなければならない，というのだから伝統的な役割と全く同じというわけではない．しかし男女の役割分担がなにも疑問視されていない点は，大変興味深い．また社会労働への参加が免除されるわけではないので，これはいわば女性の側に家の外へ，そしてうちへと二重に動員をかけるような言説である．一方で男性に家庭役割をもっと果たすようにといった言説はない．北朝鮮では中国と異なり，男性の家事参加はさほど一般的ではないことを考えると，これは女性の側に典型的な二重負担を強いるようなものであるということができるだろう．（瀬地山1996: 290）

　全国オモニ大会が，家庭内における性別役割分担を前提としているのはまぎれもない事実であり，その意味では瀬地山の指摘も妥当だ．だが大会，特にそこで行われた金日成演説の主眼は，次世代を共産主義的に教育し，育成するための具体的な方向性と課題である．

　演説の中でも指摘されているように，日本から解放されて16年，朝鮮戦争を経て，「この期間に朝鮮人民は，民主改革を実施して植民地的・封建的な搾取と抑圧を一掃しただけでなく，都市と農村で生産関係の社会主義的改造を終え，搾取と抑圧のない社会主義制度をしっかりと打ち立て」た．この成果を高らかに宣言し，それを踏まえて「次世代を共産主義的に教育，育成する事業を重要な課題として提起し」たのが，3カ月前の党大会である（以上，引用は前述した金日成演説）．

　瀬地山（1996）は主に同大会における性別役割分担の強調を，ジェンダー観の伝統回帰，保守化ととらえ，脱社会主義的な金日成体制の確立，家父長制的国家への流れに位置づける．だが，金日成体制が確立し，金正日後継への足固めとして血統主義的な論理を取り入れ国を1つの家族に擬制した家父長制的な国家に転換していくのは1960年代後半以降である．

　金日成は演説で，社会主義制度が確立され共産主義社会も遠い理想ではなくなったものの，その実現のために何よりも重要な人々の意識改革が遅れていることを強調し，働くことをいやがり怠けて暮らそうとする悪癖と利己主義思想，

不健全な生活とたたかい，集団主義思想を身につけるべきだと述べ，こうした古い思想とのたたかいで重要なのが家庭教育における母親の役割だと指摘している．

ただし，人がどのように育つかは「父母がどのような影響を与えるかに大きくかかっている」といった発言や，模範的な母親の事例を紹介する中で「共産主義的なおじいさん」として広く知られる男性高齢者についても話し，「利己主義を捨て，党の指針のもとに進めば，誰だって共産主義的な母親，共産主義的なおじいさんになることができ」ると述べているように，性別役割分担意識が徹底されていないところもある．

実際，朝鮮民主女性同盟中央委員会のキム・オクスン第1副委員長の大会報告は，タイトルこそ「次世代を未来の共産主義建設者に教育し，育成するための母親たちの課題について」であるものの，子どもの教育に関する課題について述べる際の主語はすべて「アボジ（父），オモニ（母）」や「父母たち」，「家庭」である（なおこうした傾向は，次節以降で検討していく第2回大会以降にはまったく見られなくなる）．

金日成演説ではまた，子どもを身ぎれいにする問題や家庭内の衛生，健康面の管理について述べ，そのために子どもの日用品や学用品，娯楽などを大量に生産すべき国の役割について言及するなど，老若男女を問わずがむしゃらに労働者として動員して社会主義建設と戦後復旧建設をしてきた時代を経て，将来を見据えた次の段階として，国が主導して近代的な家庭を作っていくことへの意思が見て取れる．

さらに，女性たちの間に残る専業主婦への憧れについて戒め，晩婚であったり未婚のまま勉強している女性たちを愚弄するような正しくない傾向とはたたかうべきだと述べたうえで，結婚して子どもを産んでからでも勉強を続けて学士や博士にもなるべきであり，そのためには国が託児所や幼稚園，クリーニング店などをたくさん作って女性の社会進出を支えなくてはならないと強調している．このあたりはきわめて社会主義的であり，時代的な文脈を踏まえると先進的ともいえよう．

まとめてみよう．1961年に開かれた第1回全国オモニ大会は，社会主義制度の確立を踏まえて共産主義社会の到来を見据え，人々の意識改革をめざして古い思想とたたかうために次世代教育が重要であり，そのためには家庭教育で重要な位置を占める母親を動員する必要があるというニーズで開かれた．大会

142 第Ⅰ部 ジェンダーで見る東アジア

ではこのような意識改革のための思想闘争とともに，その基礎ともなる子育て
の近代化が同時に呼びかけられた．社会主義化というかたちで推し進められた
北朝鮮の近代化は，家庭内にはまだ届いていなかったのだ．

つまり，大会での呼びかけは家庭内の社会主義的な近代化と意識改革をうな
がすものではあったが，そこで男女の役割分担は肯定されていた．ただそれを，
1960年代後半から始まった「個々の家父長制を解体する代わりに，国全体を
一つの家父長制秩序の下に置こうとした」（瀬地山 1996: 286）家父長制的国家
に転換していく流れの一環と見るのはいささか早計ではないだろうか．なぜな
ら1961年のこの段階における呼びかけが，あくまで家庭内の子育てについて
のものだったからだ．

金日成は演説で，教育の場には家庭，学校，社会生活があるという前提を述
べたうえで，特に重要な意義を持つ家庭教育において母親の責任が大きいと述
べている．これは瀬地山も指摘するように，女性に家庭内の子育てと男性同様
の社会進出という二重の負担を強いるものであり，念頭におかれている家庭像
は性別役割分担という意味で家父長制的だ．だが，「国父」としての金日成の
支配を絶対化すると同時に金正日後継への足固めとして「忠孝の一本化」をは
かり，社会全体を血縁の論理で1つの家族に，家父長制的に擬制するようなロ
ジックはまだ登場していない．

しかし次節で詳述するように，1960年代後半から80年代にかけて社会全体
がそのような論理で覆い尽くされる家父長制的国家が完成をみた後[4]，さらに
は90年代からの危機的な状況の中で開かれた金正日時代の全国オモニ大会で
は，女性に家庭を超えた社会全体の，しかも子どもの教育のみならず，軍と国
民が生存していくためのすべてのケア役割を担わせるようなメッセージが発せ
られるようになる．

3 金正日時代──「苦難の行軍」・先軍政治と家父長制

3.1 先行研究──박영자（パク・ヨンジャ，2006）

日本からの解放，そして建国以来，北朝鮮の最高指導者であり続けた金日成
は1994年に死去し，1970年代半ばに金日成によって後継指名され，それが公
式化された1980年の第6回党大会からは名実ともにナンバー2の座にあった
長男の金正日がその座を引き継いだ．

60 年代から中ソの狭間で難しいかじ取りを迫られてきた北朝鮮だったが，1989 年のベルリンの壁崩壊から始まるソ連，東欧社会主義の崩壊によってさらなる困難に直面していた時期である．70 年代からは経済的な退潮も明らかになってきたが，60 年代から築いてきた硬直的な体制のもと，80 年代にわずかに試みた改革も思ったような成果をあげることはできず，ジレンマの中にあった．

文浩一（2011）によると，北朝鮮は建国以来，経済の自立を重視した開発戦略を追求し，自国にないものや自国で生産できないものを輸入する際に必要な外貨を獲得する手段として輸出を行うという，消極的なスタンスから貿易を推し進めてきた．そのほとんどを占める社会主義諸国との取引は国際市場価格よりも低い「友好価格」で行われてきたが，前述したように 90 年代に入り，社会主義市場は消滅した．1994 年から貿易を重視する政策などを打ち出して経済の立て直しをはかったものの，翌 1995 年，農業生産の激減で食糧配給システムを維持できなくなるレベルの大水害が北朝鮮を襲った．

北朝鮮経済は人々の生存環境そのものを脅かすレベルにまで悪化した．1 人当たり GDP は 1992 年の 1,005 ドルから 1996 年の 481 ドルへと半分以下に落ち込んだ．北朝鮮当局は 1995 年から 2000 年までの 5 年間を，解放前の抗日パルチザン活動中，極寒に耐えながら雪山を 100 余日間行軍したという「苦難の行軍」にたとえた．実にこの間，同じく文浩一（2011）の推計によると 33 万6,000 人という大量の餓死者が出た[5]．

このような経済難の中で，国の体制を維持するためには朝鮮戦争休戦の相手である西側資本主義陣営の中心，アメリカと単独で向き合わなくてはいけなかった．そのための手段として，ミサイルや核が開発された．こうして国家の存亡をかけた外交戦略としての核，ミサイル開発を軸に，軍事中心にシフトした軍国主義的な国家運営が行われた．北朝鮮は自らそのイデオロギーを「先軍思想」，政治スタイルを「先軍政治」と名づけ，それは「苦難の行軍」収束後も続いた．

このような，「苦難の行軍」に始まる「先軍政治」の時代に開かれた第 2 回全国オモニ大会（1998 年），第 3 回全国オモニ大会（2005 年）を検討するにあたり，参照したい先行研究がある．この時代の北朝鮮の女性たちが国家にどのようなジェンダー・アイデンティティを求められたのかについて研究した박영자（パク・ヨンジャ）の「先軍時代における北韓女性のセクシュアリティ[6] 研

144　第Ⅰ部　ジェンダーで見る東アジア

究——軍事主義国家権力の性的アイデンティティ構成を中心に」パク（박영자 2006）だ.

　パクは1995～2006年の『金正日選集』，朝鮮労働党中央委員会機関紙『労働新聞』，朝鮮民主女性同盟機関誌『朝鮮女性』を分析したうえで，次のように結論づけている.

　　全体的に先軍政治以前の北朝鮮権力が女性に要求した性的アイデンティティは，報恩と奉仕，献身，勤勉と繊細などといった女性道徳律に集中した. これらの特性は先軍時代10年間を経過して2006年現在まで，北朝鮮女性に強制されている重要な女性性である. 一方，経済難と先軍時代の前の時代と違って，核心的に強制されている女性性は次のようなものである. 第一に，「ケアの倫理」を社会的に確定したことだ. 供給と資源が不足する状況で一時的な資源分配を軍事に集中しなくてはならない先軍時代，国家の国民扶養義務を女性に転嫁させつつ強化された女性性である. 第二に，たくましさだ. 住民生存の責任を国家権力と男性が果たせない状況で，共同体の衣食住を解決するため，物質および実利に敏感で，競争的な市場性を体現する「生存戦争の戦士」として生きることで強化された女性性である. （パク・ヨンジャ 2006: 160-161）

　では次項では，パクが結論づけたような先軍時代に求められた「女性性」——（少し先取りになるが）個々の家庭だけでなくその対象が社会全体に拡張された「ケアの倫理」と，厳しい生存競争における「たくましさ」——が，この間開かれた計2回のオモニ大会でそれぞれどのようにあらわれているのか，具体的に見ていこう.

3.2　「経済危機」と1998年の第2回全国オモニ大会

　第2回全国オモニ大会は1998年9月28～29日，平壌で開かれた（同大会については第1章でも言及されているが，ここではそれ以外の情報も交じえて改めて紹介したい）. 金日成が自ら出席した第1回と違って金正日が出席することはなかったが[7]，大会参加者あてに朝鮮労働党中央委員会からの祝賀文が送られた. 大会報告は朝鮮民主女性同盟の委員長が行った. 本章は資料として『労働新聞』の記事に全面的に依拠しているが，全4回の全国オモニ大会のうち，大

会内容そのものがもっとも詳細に紹介されているのがこの第2回大会である.

　キャンペーンは開会の数日前から始まり，9月26日付の『労働新聞』は5面全面を使い，37年前に第1回全国オモニ大会を開き女性たちを導いてくれた金日成のありがたさを説く論説や，各地の模範的な女性たちを紹介する記事で，特集を組んでいる.

　大会初日の同28日付は1面に社説「第2回全国オモニ大会を熱烈に祝賀する」を掲載した．今大会の意義について，①女性問題解決と次世代の教育に対する党の政策の正当性と生活力を力強く発揮する重要な契機となり，②強盛大国を建設するためのわが人民のたたかいを力強く推進するための歴史的な大会となる——と指摘した社説は，革命の代，民族の代をしっかりと継承し，党の富強祖国建設構想を実現するうえで母親たちが果たす役割は大きいとして，「今大会を通じてわが党の懐の中で息子と娘をたくさん産み，国の頼れる働き手として，英雄として育てた母親たちと，父母のいない子どもを数十人ずつ引き取って実子のように育て，社会主義建設で限りない献身性を発揮した立派な女性たちの模範と経験が広く一般化され，それに学ぶためのたたかいが全社会的な範囲で力強く展開されるだろう」と強調した.

　同29日付に全文掲載された朝鮮労働党中央委員会の祝賀文も，「われわれの母親たちは子どもをたくさん産んで祖国と革命の忠臣として育てることを当然の本分，幸福とみなし，子女教育に心血を注いで革命の交代者をしっかりと準備させることで，わが革命偉業の命脈をしっかりと継承できるようにした」と評価しつつ，母親たちが金正淑（キム・ジョンスク）（金日成の妻で金正日の母）にならって金日成と金正日に従う革命戦士となった上で，「子どもたちをたくさん産んで健康に育て教育を立派に行い，次世代をチュチェの血統をしっかりと継承していく革命の継承者に，社会主義建設の働き手としてしっかりと準備させなくてはならない」と呼びかけた.

　また次の課題として，高尚な道徳品性と集団主義思想をもって家庭の和睦と集団の団結に努力して社会の一心団結強化に寄与することをあげた．さらに社会主義経済と文化の建設で才能と知恵を発揮し，軍の支援の先頭に立って社会と集団のためになることをたくさんするよう求めた[8].

　その下に掲載された大会の開幕記事は，大会では37年前の第1回大会の金日成演説で示された課題を貫徹するためのたたかいにおける成果を総括し，「わが革命の新たな段階の要求に即して，女性たちがチュチェ型の共産主義革

146 第 I 部 ジェンダーで見る東アジア

命家として自らをよりしっかりと準備し，社会主義建設と社会と集団のための
よいことに積極的に参加し，子どもをたくさん産んで偉大な将軍の真の息子，
娘に育てることに関する問題を討論する」と報じた．また記事によると，「大
会には社会主義建設に積極的に参加し子どもをたくさん産んで立派に育て，祖
国防衛および革命と建設における困難で重要な現場に立たせた母親たち，父母
のいない子どもを実子のように育てている女性たち，党と祖国のため，社会と
集団のためにいいことをたくさんした女性たちが参加した」．

　大会報告を行った朝鮮民主女性同盟中央委員会の千延玉委員長も，「大会は，
共産主義的な母として育ったわが女性たちが人間愛の最高化身である敬愛する
将軍の懐の中で祖国の未来である子どもたちをもっとたくさん産み，党の真な
る忠臣，孝子として育て，わが革命の代をしっかりと継承するうえで新たな革
命的転換をもたらすための次世代愛の大会，革命の片輪を担ったわが女性たち
と母親たちを将軍の雄大な富強祖国建設構想を実現するための英雄的闘争へと
力強く呼び起こす忠誠の大会」となるだろうと指摘し，この 37 年間，女性た
ちと母親たちが共産主義女性革命家，共産主義的な母親に育ち，子どもたちの
最初の教育者は母親という高い自覚と責任感を持って子どもたちを祖国の未来，
チュチェ革命偉業の頼もしい継承者として立派に育てるとともに，社会主義建
設を支援し，またその主体としてたたかい寄与していると総括した．

　委員長は今後の課題を示す中でも，「子どもをたくさん産み立派に育てるの
は，祖国の隆盛発展と革命の輝かしい未来を担保する重大な事業であり，わが
母親たちの崇高な幸福であり喜びである」と強調しながら，子どもたちを将軍
に忠実で祖国と人民，社会と集団のために献身する忠誠童，孝行童に育て，銃
を握れば将軍の銃爆弾英雄に，ハンマーと鎌を握れば創造の英雄になるように
すべきだと呼びかけた．

　大会では 2 日間にわたって 33 人の女性たちが討論し，『労働新聞』にはすべ
ての討論要旨がひとりひとりの写真つきで掲載された．第 1 章で紹介されてい
るように，この中には親を失った子どもの養育にまつわる話が 10 例，子ども
を軍隊に送り亡くした事例が 5 例出てくる．家内作業班などで家畜を育て，荒
れ地を開拓して食料品や生活必需品を生産するエピソードも複数あった．この
ように彼女たちは自力で子どもや孤児を育て，さらに軍隊や栄誉軍人，周囲の
人たちを助けた．

　つまり，何よりも軍を支えることが重要で．そのためにもたくさん子どもを

産み孤児を引き取って忠実な軍人に育て，こうしたすべてのことに必要な物資を自力更生で確保すること，それこそが女性にとって国と最高指導者への忠誠を示すことであり，女性の本分，幸福，名誉だと強調されている．こうした討論の端々からは，深刻なヒト不足とモノ不足が伝わってくる．

改めて1961年の第1回大会と比較してみよう．第1回大会になかった最大の特徴として，子どもを多く産むことが奨励され，孤児を引き取り実子のように育てることが美徳として賞賛されていることがあげられる[9]．第1回大会時はあくまでも，個々の家庭にいる子どもをどう育てるかという問題意識だったとすれば，それから37年を経て，家庭で，そして社会全体で，子どもという「資源」をいかに確保するかという問題意識に変化しているというわけだ[10]．

その背景としてはやはり，1995〜2000年の「苦難の行軍」による人口減少を切り離して考えることはできないだろう．前述したようにこの間，文浩一（2011）の試算によると，33万6,000人が餓死した．またやはり文浩一（2011）によると，そもそも北朝鮮の出生率は1970年代から低水準を維持してきており，国連の働きかけによって初めてセンサスが実施された1993年の合計特殊出生率は2.16で，明らかな少子化傾向にあった．

しかもこうした「資源」確保への働きかけが，制度的な男女平等によって封建社会からの近代化をうながした金日成の恩，それを継承して女性たちを革命の片輪として押し立てている金正日の恩に報いる「報恩」の問題として提起されていることに注目したい．少なくとも1961年の第1回大会の段階では，子育てする女性を支える各種サービスは国家の役割だと強調されていたが，そのような言説は跡形もなく消え，自己犠牲的な献身性を持って子を産み育てることが国と指導者に報いるための義務であることがとなえられている．

同時に，厳しい経済難，食糧難の中，増加する孤児を引き取り育てたり，軍や地域の食の世話をしたりといった，家庭内にとどまらない社会全体のケア役割も女性性，「オモニ」という枠組みにおもねるかたちで強調された．これらについてもやはり「報恩」，忠誠心の問題として提起されることで，そこに家庭内，家庭外，つまり公私の線引きを持ちこませないようなロジックが用意されている．

このように，血縁家族を擬制した家父長制的国家は経済危機のもと，家庭と社会がシームレスにつながる形の「二重の家父長制」の姿をあらわにし，女性個人に二重三重の過重な負担を背負わせる方向に向かった．それは「非常時」

148　第Ⅰ部　ジェンダーで見る東アジア

の国家にとっては「合理的」な戦略であったのだろう．ただし興味深いのは，2回目のセンサスが実施された2008年の合計特殊出生率は2.01であり，国がいくら多産を強調しても少子化はさらに進んでいったという事実だ．つまり，少なくとも多産の奨励については効果がなかったということになる．

3.3　「政治的危機」と2005年の第3回全国オモニ大会

　金正日時代2回目となる第3回全国オモニ大会は2005年11月22〜23日，平壌で開かれた．1998年の第2回大会同様，金正日は出席しなかったが朝鮮労働党中央委員会の祝賀文が送られ，大会初日となる11月22日付の『労働新聞』は1面に社説を掲載した．しかし，これらとともに大会報告全文およびすべての討論者の討論を写真入りで載せ，他にも政論や論説，人物紹介などの関連記事が多数掲載されていた第2回大会と比べるとずいぶんあっさりした扱いで，社説の他は党中央委員会の祝賀文全文と全体をまとめた長文の大会報道，金日成の遺体が保存されている錦繡山記念宮殿での参加者の記念写真が掲載されただけである[11]．

　とはいえこうした報道を見る限り，大会の規模や内容等は前回を踏襲しているようだ．『労働新聞』11月22日付の社説「第3回全国オモニ大会を熱烈に祝賀する」は，同大会の意義を「先軍の旗印のもと，強盛大国建設を力強く急いでいくうえで重要な意義を持つ」と指摘，革命の片輪を担った女性たちの任務は重いとして，①子どもをたくさん産み父母がいない子どもをたくさん引き取り実子のように面倒を見て銃爆弾勇士，強盛大国建設の頼もしい働き手，英雄に育てる母親たち②援軍事業と次世代教育事業，強盛大国建設で大きな功勲を打ち立てた女性たち——の模範と経験が広く紹介され，そこに学ぶためのたたかいが全社会的に力強く展開されるだろうと強調している．

　朝鮮労働党中央委員会の祝賀文は，「われわれの母親たちは，子どもをたくさん産んで立派に教育し育成することを当然の義務とみなし，『苦難の行軍』の時期，子どもたちを党と革命の忠臣として育て，祖国の防衛線を守る銃床兵士として押し立てることで，わが革命偉業の命脈をしっかりと継承し，先軍の威力で革命と建設の転換的局面を開くうえで大きく寄与した．母親たちと女性たちは，すべてが不足し困難な中でも家庭をしっかりと運営し社会に積極的に進出し，担った革命任務を責任を持って遂行して，人民軍を誠心誠意で援護し，父母のいない子どもの面倒を実子のようにみることをはじめ，軍と人民のため

にいいことをたくさんする高尚な美風を発揮した」と評価した.

祝賀文はそのうえで，①金正淑の領袖決死擁護精神にならって金日成を奉じ金正日を守り党の領導に従う革命戦士に②祖国のために献身する③子女の教育教養に心血を注ぎ新世代を国の柱，チュチェ革命偉業の頼もしい継承者に準備④軍事重視気風，援軍美風を発揮して革命的軍人精神をもって強盛大国建設で熱意と才能を発揮して革命の片輪を力強く推進⑤家庭の和睦と集団の団結をうながし社会生活のすべての分野で民族性を守り反動的なブルジョア思想文化と生活風潮を排撃し社会主義生活様式を徹底的に確立⑥革命的で高尚な軍人文化に学び家庭を「先軍生活文化模範家庭」に作り町と村，職場を文化衛生的に整備し，家庭生活と国の生活をしっかりと抜け目なく──すべきだと課題をあげた.

こう見ると，第2回大会で掲げた方向性がより強化されている.「二重の家父長制」にもとづき，家庭および軍を中心とした社会における再生産とケア──食をはじめとした人間の生存に必要なすべてのこと──役割，思想・文化的な教育・教養の役割をすべて女性個人に担わせることが，国家的な課題として明確になっている.

大会で報告した朝鮮民主女性同盟中央委員会のパク・スニ委員長は，第2回全国オモニ大会後の7年間，わが女性とオモニたちは先軍時代の女性革命家らしく次世代育成事業と社会主義強盛大国建設のためのたたかいで大きな成果を成し遂げたとして，①女性と母親たち自らが革命の首脳部決死擁護闘士，党の先軍革命偉業に忠実な戦士として準備②祖国と民族への義務感を自覚し子どもをたくさん産んでチュチェ革命偉業の頼もしい継承者に，党と領袖を決死擁護する銃爆弾英雄に立派に育成③祖国が困難な時期に父母のいない子どもを引き取り立派に養育④人民軍の強化と援護⑤社会主義強盛大国建設に参加して労働偉勲を打ち立て，社会と集団のためにいいことをたくさんして祖国の繁栄に寄与──したことをあげた.

報道によると大会では20人が討論したが，水害から白頭山3大将軍（金日成，金正淑，金正日）の肖像画を守った女性，手りゅう弾の誤爆から命がけで同志を守り英雄称号を授与された兵士の母親，火事から白頭山3大将軍の肖像画を命がけで守って犠牲になり英雄称号を授与された女学生の母親が最初に紹介されたのが，何よりも今大会の位置づけから見て象徴的だといえるだろう．他にも6人の子どもたちが白頭山精神を身につけるために10年間に18回白頭山に

150 第Ⅰ部　ジェンダーで見る東アジア

登るようにし白頭山を奉じる忠臣一家として評価された母親，自らも子どもた
ちも領袖決死擁護の銃爆弾勇士に育てようと述べた女性軍人，軍人の食の問題
解決にすべてをささげている元軍人の女性，栄誉軍人と20年間苦楽をともに
してきた女性，157人の孤児を引き取って育てた女性らが登壇した．

　まとめると，第2回大会の流れを汲みつつも「苦難の行軍」の終結を受け，
アメリカと軍事的に対決している中で相対的にもより「先軍」シフトが強まり，
経済的な問題以上に最高指導者への忠誠と一心団結，自己犠牲を訴える精神論
的，思想動員的な方向に先鋭化しているように見える．

　その背景にはまた，外交面だけでなく内政的な危機感もあっただろう．経済
難による配給制度の崩壊と社会保障の縮小，そしてなし崩しの「市場経済化」
は，相対的に自由が効くことから一家を支える稼ぎ手となった女性たちの気持
ちを国や指導者から離反させた[12]．この時期，年間2,000人近くの脱北者が出
るようになったが，その過半数は女性である．

4　金正恩時代——「再帰的保守化」のもとで

4.1　「母の日」制定と2012年の第4回全国オモニ大会

　第4回全国オモニ大会は，金正日の死去により慌ただしく金正恩体制が始ま
った翌年の2012年11月15日，平壌で開かれた．この大会を見ていく上でま
ず，何よりも重要なのはこの日付である．51年前の1961年に第1回全国オモ
ニ大会が開かれたのと同じ日にちだ．また大会開催に先立ち，第1回大会で金
日成が演説した11月16日を「母の日」に制定することも明らかにされ，記念
切手や記念カードなども発行されている[13]．

　そして『労働新聞』を見る限り，国をあげてのかつてない盛り上げぶりであ
る．大会2日前の11月13日付には，第1回大会からの半世紀を振り返りなが
ら，金正恩が母親や女性たちにとっても金日成，金正日の正統な後継者であり，
三位一体となった国の家父長であることを示唆する内容の長文の論説が掲載さ
れたが，これを皮切りに複数の政論や論説の掲載が続いた．大会前日の14日
付には，大会参加者が全国各地から続々と平壌に到着する様子の写真報道や同
行ルポもあった．平壌市内での参加者たちの動向についてはこの後も連日報じ
られた．

　15日付1面には毎回恒例化している「第4回全国オモニ大会を熱烈に祝賀

する」という社説が掲載されたが，第3回までと比べて長文でその扱いが大きい．大会報道は16日で，女性同盟委員長の大会報告と個別の討論は前回大会同様，別立てではなくその中に盛り込まれていた[14]．金正恩は出席しなかったものの，大会終了後に大会参加者と記念撮影を行った．朝鮮労働党中央委員会は前2回のような祝賀文ではなく，金己男書記が出席して祝賀演説を行い，その全文が掲載された．

　大会は何より，「苦難の行軍」という非常時を象徴する金正日よりも，「よかった時代」の金日成の権威を借りる形で国家運営の正常化をはかろうとしている金正恩政権の特徴をよく示している．執権から2年目でオモニ大会を開いたのも，「母の日」制定や記念撮影，紙面を使った盛り上げに見られるように，実質的なニーズというより象徴的な意味合いが強いように見受けられる．

　この大会を見る上で，15日付の長文の社説に注目したい．社説は，国が母親たちに求める役割について①熱い愛と情で先軍朝鮮の未来を育てる園芸士②わが社会を和睦な社会主義家庭として作っていく美しい生活の創造者——だときっちり定義しており，前述した理由から，大会そのものの内容よりも金正恩時代の家父長制を占ううえで雄弁なものとなっているように思うからだ．

　社説はまず，新たに制定された「母の日」（それはくどいようだが51年前に金日成が初の全国オモニ大会で演説した日だ）に際して第4回全国オモニ大会を開く金正恩の恩情について指摘しながら，「わが母親たちは革命と建設の力強い力量であり，社会と集団，家庭の活力であり生気である」と定義した．また大会の現在的な意義について「現実発展の要求に即して母親たちの役割をいっそう高め，強盛国家建設の最終勝利のためのわが軍と人民のたたかいを力強く鼓舞し，推進するための重要な契機となる」と指摘した．

　社説はまた，この間の金日成，金正日の導きについて言及する中で，理想の母，女性革命家のモデルとして金日成の母である康盤石，その妻で金正日の母である金正淑をあげたうえで，「わが母親たちは，熱い愛と情で先軍朝鮮の未来を育てる園芸士だ」として，「わが母親たちと女性たちにとって子どもをたくさん産み立派に育てることは当然の本分であり，これ以上ない愛国事業となっている」と指摘，今回の参加者に「子どもを9人，10人産んだ母親もいるし，父母のない子どもたちを実子のように大切に育てている母親もいるし，子どもたちすべてを銃床兵士に育てた母親もいる」と強調した．

　ここまではかつてとそう変わらないように見えるが，ここから先，いくつか

152 第 I 部　ジェンダーで見る東アジア

ポイントがある．まず，「子どもの面倒をみて夫が自分の仕事に忠実でいられるよう内助の功を果たすだけでも母親の苦労は数えきれない」という表現で，子ども（それが実子であっても引き取った孤児であってもレトリックとしての兵士であっても）のケアだけではなく内助の功，つまり「夫のケア」についての言及が初めて登場した．

また「社会の細胞」である家庭の重要性について述べた中で，「すべての母親たちは，父母を尊敬し夫と子どもたちを陰で支え，生活を抜け目なく行い，どの家庭からも『うちの夫』『うちの嫁』の歌声があふれるようにしなくてはならない」と強調した．夫だけでなく，「嫁」という言葉で夫の親の存在まで示唆しており，社会主義化以前の伝統的な家族観への回帰が見て取れる．

さらに，町や村，職場を衛生文化的に整備するうえでの主導的役割を担うよう強調しつつ，「集団と同志を愛して礼儀道徳と公衆道徳を守り，服装や身だしなみを健全で高尚にすることで朝鮮女性の美を花咲かせなくてはならない」という，女性の道徳性を社会主義や共産主義の倫理ではなく民族性と強く結びつけるような言説からも，保守的な傾向がうかがえるだろう．

4.2　むすびに代えた仮説――脱社会主義，その後の行方

北朝鮮の国家運営は，金日成時代に社会主義化から脱社会主義化へと進み，金正日時代には経済および政治的な危機による非常時シフトを取った．全国オモニ大会という限定された対象ではあるが，本章で見てきた女性政策も，こうした流れを象徴的に，凝縮されたかたちで反映したものであった．

図表 5-1 にまとめたように，家父長制という枠組みに沿って見ていくと，脱社会主義化以前の金日成時代に開かれた 1961 年の第 1 回大会はいわば「社会主義的家父長制」，家父長制的国家が完成し「苦難の行軍」と「先軍政治」のもと金正日時代に開かれた 1998 年の第 2 回と 2005 年の第 3 回大会は「全体主義的家父長制」が体現された場であったといってもいいだろう．だとすれば，2012 年の第 4 回大会はもしかすると周回遅れの「資本主義的家父長制」の登場を予感させる場ではなかったか，というのが筆者の仮説である．

北朝鮮では，配給制度の崩壊と社会保障制度の有名無実化につながった「苦難の行軍」を経て，事実上の市場経済化が進んでいる．国がことさら呼びかけなくても女性たちがたくましくサバイバルしている様子は内外から漏れ伝わってくる．だが，それは国と社会のためではない．自分と自分の家族のためだ．

第5章 「全国オモニ大会」に見る北朝鮮の家父長制の変遷　153

図表 5-1　「全国オモニ大会」各回の時代ごとの特徴一覧

第1回 1961.11.15～17	金日成時代 ・直接参加し演説	・共産主義社会の到来を見据えた意識改革における次世代教育の重要性 ・家政，子育ての近代化 ・父親，男性の役割にも言及 ・あくまで各家庭の問題 ・女性の自立と，それを支える国の社会主義的な施策の重要性も指摘	「社会主義的家父長制」 ・労働と家庭の二重負担
第2回 1998.9.28～29	金正日時代① 「苦難の行軍」 (経済危機)	・個々の家庭を超えた社会全体の次世代という資源の再生産と確保 ・多産と孤児引き取りの奨励 ・国民を生存させるためのケア役割の社会化	「全体主義的家父長制」 (家父長制的国家) ・家庭と社会の「二重の家父長制」 ・公私の別なく社会全体のケア役割
第3回 2005.11.22～23	金正日時代② 「先軍政治」 (政治的危機)	・前回の流れを汲みつつも，物理的なケアよりも指導者への忠誠，滅私奉公を求める精神論	
第4回 2012.11.15	金正恩時代 ・参加者と記念撮影	・金日成時代の第1回大会と同日開催による正統性，継承性の強調とノスタルジー喚起 ・夫やその親への言及 ・伝統的，ブルジョア的家族観への回帰 ・女性の道徳，倫理と民族性の接続	「資本主義的」な価値観が反映されたものへ……？

　第3節で見た金正日時代の全国オモニ大会は，こうした生存競争における女性たちのたくましさを，家父長制的国家観のもと，国と最高指導者への忠誠や報恩，さらに女性性や母性という本質主義的なロジックで，国が搾取しようとしたものでもあった．

　なし崩し的な市場経済化によって歪ではあるが一定の経済的立て直しも進む中，貧富の差が広がり，新たな特権階級が生まれ，再び専業主婦が女性たちのステイタスになっているという．金正恩時代の全国オモニ大会ににじむ保守的な——それは 2017 年現在の日本社会で生きる筆者にとって身近なものでもある——女性観は，そのような現在の北朝鮮の姿の1つの反映なのではないか．

　1984 年に生まれ，小さい頃からスイスに留学し欧米式の教育を受けて育っ

154　第Ⅰ部　ジェンダーで見る東アジア

た金正恩は帰国後，2011 年に死去した金正日の後を継いで国の最高指導者となった．祖父は建国の父，金日成だ．どうしても「特殊」な国だと思われがちな北朝鮮だがこうして見ると，世界の新興国において決して珍しいパターンではない．金正恩は，公式行事にしばしば妻の李雪主をともなって登場する．北朝鮮の歴史上，初めてこのような形で表舞台に登場したファーストレディは元歌手で，フェミニンなスカート姿を好みヨーロッパの高級ブランドのバッグを愛用している．

　危機の時代を経て，金日成の権威を借りつつ 2010 年代に行われている金正恩時代の「正常化」は，その意味で「再帰的保守化」の様相を帯びている．「再帰的」というのは金日成時代へのノスタルジーではあるが，「保守化」というのは単に社会主義化以前の「伝統」への回帰というよりも，価値観的には，もしかすると周回遅れでやってきた「資本主義化」といえるようなものなのではないのだろうか．

　だからこそそれは，Sechiyama（2013）が土着化（indigenization）という言葉で説明したものとは位相が異なっているように思う．瀬地山のいう北朝鮮における家父長制の土着化は，社会主義的家父長制が脱社会主義的家父長制へと向かう中で，社会主義的な改革によって一度は覆い隠されようとしていたはずの伝統的価値観，つまりは朝鮮半島の儒教的規範が再び露わになり，影響を及ぼしているというものだ．だが現在の北朝鮮の家父長制は，伝統的価値観に社会主義的価値観，脱社会主義的かつ全体主義的な価値観が接木され，さらに周回遅れでもあり同時代的でもある資本主義的な価値観も重なった複数の層が，あちこちで露わになって少しずつ影響を与えあいながら存在しているというようなものだろう．

　瀬地山は「社会主義の崩壊は，多くの国で女性を職場から追いやるという働きを持っている」と指摘しながら，万一，北朝鮮が崩壊して韓国に吸収されても，またゆるやかな経済開放の道に進んでも，「儒教の影響が強い朝鮮半島の家父長制の型を考えれば，豊かになった層を中心に徐々に女子の非労働力化が進み，主婦の誕生が起きると考えられるのではないだろうか」と予測した（瀬地山 1996: 294）．

　それから 20 年，今のところどちらのシナリオも現実化していない．だが，別のシナリオのもとで，結果だけはこの予測の方向に進んでいるのかもしれない．

注

1) 念のために断っておきたいのだが，筆者は北朝鮮の専門家ではない．ジェンダー，セクシュアリティについても，現在の専門とはしていない．にもかかわらず，なぜ筆者が本章を担当しているのか．それは，北朝鮮のジェンダー，セクシュアリティを専門とする研究者が日本国内にほぼ見当たらないためである．筆者は大学院入学前に11年間，『朝鮮新報』の記者を務めていた．北朝鮮の政治，社会，文化を担当した時期もあり，平壌支局の駐在を含む複数回の現地取材を行った経験もある．また大学院時代，テレビ局の外報部などで北朝鮮報道の映像翻訳の仕事にも7年ほど携わっていた．その後は継続的にウォッチし続けてきたわけではないが，ある程度，文脈と作法がわかるということで指名されたのだろう．いささか身に余る仕事だと思いつつも，引き受けることにした．

2) 瀬地山 (1996) は同書の分析概念としての家父長制を，「性と世代に基づいて，権力が不均衡に，そして役割が固定的に配分されるような規範と関係の総体」と定義した (瀬地山 1996：45)．本章でもこの最大公約数的な定義を採用したうえで，全国オモニ大会と関連する公的な言説にあらわれた理念，イデオロギーとしての家父長制を見ていく．

3) 瀬地山 (1996) はさらに，「女性たちの社会進出の比率は，朝鮮戦争直後の56年の20% から1971年に53.7% の最高値に達した後，現在までほぼ横ばいの水準を維持している」と指摘した．なお，2008年に実施された第2回センサスでは，女性の労働力参加率は62.2% だった (Central Bureau of Statistics (Pyongyang, DPR Korea) 2009)．

4) 多くの先行研究は，1961年の第4回党大会で党内を完全に掌握した金日成が1965年からチュチェ思想を強く打ち出し始め，北朝鮮は1960年代後半に「首領制」や「遊撃隊国家」と呼ばれるような脱社会主義的な独特の体制に移行したと見る．本章の枠組みでそれは，家父長制的な国家への転換の始まりだった．1980年代半ば，最高指導者を「オボイ（父・親)」と呼ぶのに合わせて「オモニ（母）党」という標語をかかげたのは，後継者でナンバー2の座にあった金正日自身だった．

5) 文浩一 (2011) によると，この期間の北朝鮮の飢饉規模と関連しては，1998～2004年の複数の先行研究における餓死者数に25万～350万人という大きな幅があり諸説入り乱れていたが，韓国統計庁が2010年11月に発表した「1993～2055年北朝鮮人口推計」においても文と同様の33万6,000人と推計しているとしている．専門家の間ではコンセンサスができつつあると言っていいだろう．

6) パクは同論文で，「セクシュアリティは，われわれがよく『男性性と女性性と話すような性的アイデンティティ』を意味する．すなわち国家と社会権力が男性と女性に対し，それぞれ異なったものを求める道徳と倫理などの生の基準であり，1つの社会における『性的な正常状態』を表現した概念である．また国家が性役

156　第Ⅰ部　ジェンダーで見る東アジア

割を規範化するジェンダー政策の一環である」と定義している（パク 2006: 131）.

7）もっとも,「非常時」のリーダーという「特異性」とおそらく本人の性格もあって, 金正日は金日成に比べて公の場に出ることが極端に少なかった（一方, 金正恩は若さのアピールと祖父のイメージを借りる戦略から, 公の場に出ることが多い）.

8）ただし, 祝賀文は,「社会生活, 経済」としながらも, 具体的には軽工業農業と述べている. ここで注意深く外されている「重工業」は男性の領域である. また軍の「支援」であることにも留意したい. つまり, 再生産とケア以外はハード面ではなくソフト面を担当するのが女性なのであり, 前提に強い性別役割分担がある. その意味でとても家父長制的だ.

9）瀬地山（2006）は, この第 2 回全国オモニ大会で, 1961 年の全国オモニ大会における金日成の演説「子女教育における母親の任務」の録音が流され, 朝鮮民主女性同盟中央の千委員長の演説でも「その課題を貫徹するための闘争」が成果を上げてきたことが強調されることから,「露骨に性差を認める金日成の路線は, 1998 年にあってもなお強調される」とその連続性を指摘したうえで,「61 年のオモニ大会が金日成体制の補強のためであったとすれば, 第 2 回オモニ大会は『苦難の行軍』の中で先軍政治をつづける金正日体制安定化のための布石であることが読み取れる」と主張している（瀬地山 2006: 164-165）.

10）第 1 回全国オモニ大会が開かれた 1961 年が朝鮮戦争の休戦から 8 年目だったことから考えると相当数の戦争孤児が存在したはずだが, 第 2 節で見たように, 第 1 回大会で孤児を引き取って育てることが奨励された形跡はない. ちなみに 1956 年 4 月の朝鮮労働党第 3 回大会で行った活動報告で金日成は,「戦災孤児の養育, 保護に社会的関心を向け, 愛育院, 初等学院の運営を改善すべきであります」として, その解決が国の役割であることを示唆している（ちなみに 1961 年の第 4 回党大会報告にはない）.

11）その理由について分析するのは, 本章の性格からしても資料的にも限界があるが, 大会の詳細な紹介が『労働新聞』から女性同盟の機関誌『朝鮮女性』に移っていること, また女性同盟の組織強化等があまり指摘されなくなったことから考えて, 女性同盟の地位および役割に何らかの変化があったのではないかと推測される. また非常時体制における女性の役割がクローズアップされ, 大きくドライブした第 2 回大会がやはり特殊だったということかもしれない. なお第 2 回大会が大々的に報じられたのは, 金正日が国際婦人デー 85 周年の 1995 年 3 月 8 日に党中央の指導幹部らに対して行った談話「女性たちは革命と建設を推進する力強い力量である」で, 国際婦人デーに新聞, テレビなどのメディアが女性問題を扱わなかったと批判したことも関係しているかもしれない.

12）梨花女子大学校統一学研究院編（2010）の第 5 章「北朝鮮社会保障制の縮小と

家族経済——北朝鮮女性の生活と意識変化」参照．ちなみに同書は，韓国の第一線の研究者たちが北朝鮮の各種公刊資料および脱北者に対する大規模な調査等を駆使して金正日時代の女性政策や女性たちの意識について多角的に分析したもので，全体を通して大変参考になった．なお同書の序章「先軍時代における北朝鮮の女性と家族」はこうした分析を踏まえ，「北朝鮮当局は経済危機の時期および経済の回復と安定を目指す政策実行過程において，社会の基礎単位とみなしている家族を活用し，特に女性の役割を強調した．この過程で北朝鮮の女性は女性個人が活用できる資源，すなわち家の中の備品，労働力，身体などを動員して家族の生計を担ってきた．北朝鮮女性の生計維持のための努力は，以前とは異なった生活様式，つまり商売をして利益を追求し国境を越えるなど国家政策に背いていく過程であったし，その過程で女性の意識と行為は変化した．だが体制の安定をはかり経済発展を成し遂げるための北朝鮮当局の政策的措置のもと，北朝鮮の女性と家族は，自身と家族のための生存戦略と国家の政策を受容しなくてはならないという困難な状況におかれることになった．これに対して北朝鮮の女性と家族は，国家政策と自らの現実をそれなりになんとか調整する戦略を駆使している．とはいえこうした戦略の駆使が，既存の強力な社会秩序と国家秩序を変化させる力を持っているとは言えない」とまとめている（梨花女子大学校統一学研究院編 2010: 29）．

13）翌 2013 年からは 11 月 16 日の「母の日」が国家的休日となっている．なお同年から 3 月 8 日の「3・8 国際婦人デー」も国家的休日となった．

14）「数千万の息子，娘たちの偉勲とともに革命の年代記ごとに美しく刻まれた母親たちの限りない献身は時代を感動させ，チュチェの代，先軍革命の血統をしっかりと継承した．熱い愛国衷情と真の母性愛で強盛朝鮮を支える力強い柱，先軍革命継承者たちの大部隊を育てるわが母親たちこそ，社会主義大家庭の誇りとなっている」と母親たちをたたえた報道によると，「大会には子どもをたくさん産み父母のない子どもたちを引き取り立派に育てている母親たち，党の先軍革命領導を忠実に支えている軍人家族たち，労働革新者たち，活動家をはじめとした模範的な女性たちが参加した」という．この報道で紹介されている討論内容にも新味はなく，取り上げ方も含め惰性的な感がいなめない．

参考文献
日本語文献
文浩一（2011）『朝鮮民主主義人民共和国の人口変動——人口学から読み解く朝鮮社会主義』明石書店．
瀬地山角（1996）『東アジアの家父長制——ジェンダーの比較社会学』勁草書房．
瀬地山角（2006）「第 8 章　東アジアの家父長制，その後」『家族の変容とジェンダー——少子高齢化とグローバル化のなかで』日本評論社．

158　第Ⅰ部　ジェンダーで見る東アジア

欧文文献

Central Bureau of Statistics（Pyongyang, DPR Korea）（2009）"D P R Korea 2008 Population Census National Report".

Sechiyama, Kaku.（2013）*Patriarchy in East Asia: A Comparative Sociology of Gender*, Brill.

朝鮮語文献

박영자（2006）「선군시대 북한여성의 섹슈얼리티（Sexuality）연구 : 군사주의적 국가권력의 성 정체성 구성을 중심으로」『통일정책연구』15 권 2 호，129-161

이화여자대학교 통일학연구원 편（2010）『선군시대의 북한여성의 삶』이화여자대학교출판부

조선로동당 중앙위원회 기관지『로동신문』

조선로동당 중앙위원회 직속당력사연구소（1975）『김일성저작선집 3』조선로동당출판사

第 6 章

家族構造から見る現代中国企業組織と流動人材

中村　圭

1　問題設定

　第 2 章〜第 5 章では，第 1 章の 2000 年前後までの記述に対応する形で，それ以降の各社会をジェンダーの観点から延長して分析してきた．本章も本質的には同じ作業になっているのだが，表面的には少し異なることをやっているように見える．「ジェンダーとセクシュアリティ」などという名のついた本に，なぜ企業組織を扱う本章が紛れ込んでいるのかと違和感を持つ方もいるかもしれない．まずどのようにつながっているのかについて簡潔に説明しておきたい．

　『東アジアの家父長制』（瀬地山 1996）は東アジアに関するジェンダーの比較社会学だが，そこには実はトッド（Todd 1990＝1992）をベースにしながら，家族構造がその社会の組織のあり方に大きな影響を及ぼすという議論が伏在していた．それをより明確に示しているのが「東アジア版『イエ社会論』」（瀬地山 1997）であるが，その後（瀬地山自身を含め）それを発展させる研究は管見の限り出ていない．

　瀬地山（1997）は，年齢別の位階秩序を持たない台湾の中小企業組織のあり方が，（年齢別の位階秩序を持つ）韓国や日本とどう異なるかを論じたものであったが，そこでは中国の企業について，充分に論じられているとはいえない．本章の結論を先取りしていえば，1990 年代後半以降，国有企業がさまざまな形で解体・再編され，人材の職業移動が自由となっていく空間が出現する中で，中国型の家族構造に裏打ちされた組織のあり方があらわれたということになる．これは社会主義であっても，その背後にあるジェンダーや家族規範が，改革開

160 第Ⅰ部 ジェンダーで見る東アジア

放とともにしみ出すように影響を与えるという一連の瀬地山の議論における土着化（indigenization）の議論と同型の現象である（瀬地山 2006, Sechiyama 2013）.

2000 年代以降の中国のジェンダーについては，第 1 章で婦女回家を中心として論じられている．本章では中国型の家族構造のあり方が，いかに組織のあり方に影響を与えるのかという点に注目して分析をしたい．特に先輩／後輩関係という 1 歳単位の上下秩序を持たないことは（日本や朝鮮半島と異なって），兄弟間で均分相続が徹底される中国文化圏の特徴であり，それが後述の「親分／子分関係」型組織の議論へとつながっている．

日本における「イエ社会論」は，戦前から家と経営組織の関係を論じてきた有賀喜左衛門（1939＝1967）から村上・公文・佐藤（1979）に至るまで，「家族を見ればその社会の組織がわかる」という射程を持つものであった．瀬地山も「家族社会学を研究して家族のことしかわからないのであれば……おもしろい研究には見えないであろう」（瀬地山 1997: 11）と述べる．本章はそうした「家族構造から社会の組織原理がわかる」という「大風呂敷」の試みである．

本章では，現代中国都市部の頻繁な人材の職業流動と，それらを受容している企業組織について，家族構造の規範から考察する．最初に断っておくが，本章で分析の対象としている人材[1]とは，都市部において自分自身の実力で他へと職業移動することが可能な高学歴かつすでに職業技能と社会関係資本を蓄積している高度人材に限定している．そして本章で行いたいのは，企業組織だけではなく，それらを通して見るその社会の人々の行動様式の分析である．人が何らかの目的を持って集団化し，その空間で自由に交流してよい状況になった時には，その社会に通底するある行動規範というものが存在する．それはジェンダーおよび家族規範と密接につながっているのだ．

わかりやすい例を挙げよう．日本社会では集団に参入した年次というものが実年齢より優先される．大学のサークル活動では，大学への入学年次が先輩／後輩を規定し，先輩に対しては敬語を使う，順番を譲るなど，場の「空気を読んで」振る舞うことが集団成員に求められる．それは義務教育時から，課外活動などを通して我々が刷り込まれてきた「成果」であるのだが，この無意識に構成されてしまう行動規範は，一体どこから来るものか．本章の，中国の職業移動が自由化した空間の事例を読めば，その一端がわかっていただけるのではないか，と筆者は考えている．

2 問題の背景

　最初に，流動人材が出現した背景を説明しよう．かつて社会主義計画経済体制をしいていた中国では，人々の自由意思に基づく職業移動は厳しく管理されていた．それどころか高等教育を受けた稀少な人材は，計画に基づいて配分されるべき国家の重要な「財産」であった．人々の移動は戸籍制度や人事ファイル（档案）などで厳格に管理され，制限された．都市部においては，高等教育修了後，人材は「単位」と呼ばれる職場に「分配」された．この「単位」は，生産組織であるばかりでなく，雇用・医療・住宅・各種社会保障などあらゆる社会サービスを保障した．そのため，自由意志による職業移動はほぼ不可能な状況で，「単位」を離れることは基本的な生活維持基盤の喪失に直結した．

　改革開放後，中国の経済成長が加速したのは 1990 年代以降である．同時期にはじまるグローバル化により，多数の外資系企業が格安の製造コスト等を誘因として中国の大都市や沿海都市部に競って進出をし，製造拠点を中国へと移転した．そのためそこに大量の労働力が必要となった．人々の移動を厳しく制限していた各種制度は徐々に緩和され，人々が自由に職業移動できる空間が発生した．農村部からは大量の余剰人口が農民工として出稼ぎ労働に従事し，都市部では職業経験があり即戦力となることが可能な人材にチャンスが生まれ，転職ブームが起こった（中村 2007）．こうして中国は 1990 年代末には「世界の工場」と呼ばれるまでなり，Made in China の工業製品が大量に輸出され，世界中を席巻した．

　一方で，中国に進出した外資系企業にとって，最も厄介な「チャイナ・リスク」の 1 つが，せっかく雇用した人材が定着せずに簡単に職場を去ってしまうことにあった．終身雇用が一般的である日系企業では，当初，現地で採用した人材に対しても丁寧に研修を重ねたが，あまりにも多数が流出してしまうために，人事戦略を方向転換せざるをえない企業が相次いだ．

　中国に進出した日韓台企業のビジネス展開を比較分析した園田茂人・蕭新煌編『チャイナ・リスクといかに向き合うか』では，「日韓台，どの企業で働いている（中国人）従業員も，給与や待遇に対して不満を持ち，出来れば別の企業で働きたいと思っている」（園田ほか 2016: xi）ことに言及し，そのマネジメントの難しさに触れている．何より，中国における転職というのは，日本に

おけるようにある期日を区切りとし，今まで属していた組織から別の組織へと移動するというものではなく，その境界は非常に曖昧である．ある組織で働いている間にもパラレルワークをすることは全くめずらしいことではない．これはごく一般的な中国人の働き方なのだが，日本人にとっては理解するのが非常に難しい厄介な問題でもある．日本では2010年代に，非正規雇用が3分の1を超え，現在は大卒の新入社員も入社3年以内に3分の1が転職している．雇用の流動化は進行する一方であるにもかかわらず，人々の間にはいまだに1つの組織に属する正社員雇用や終身雇用「信仰」が根強く存在しており，現在のような状態はしばしば「雇用不安定な社会」として捉えられてしまう．

　一方，中国国内では，転職を繰り返す流動人材についての捉え方は全く異なっている．人々は転職することに対して非常に前向きに捉えていることが多い．何より若者たちにとっては，給与や待遇に対して不満を持たずとも，「もうそろそろ，この会社での勤務も長くなってきたから」ということが，彼／彼女らが転職を考えるのに充分な理由になり得てしまう．

　なぜ中国では，社会主義計画経済時代の一生安泰なはずの職業生活から，改革開放後のごく短期間でこのように転職が当然の社会へと移行し，人々はこのような意識を持つに至ったのだろうか．中国では急激な経済発展にともない，人々は近未来さえ予測不可能な状況におかれることとなった．自分自身も経済発展の波にのり遅れないように成長するため，大都市の最新の職業経験を積み，業界のコネクションを数多く得ることが可能な職場へと移動することを希望した．そうして仕事上の経験知と社会関係資本をより多く蓄積することが，将来的に自分自身の「安定」に結びつくことを理解していたためであった（中村2009）[2]．人々は「流れる水は腐らない，使っている扉は虫に食われない（流水不腐，戸枢不蠹）」「樹は植え替えると枯れてしまうが，人はところ変わると活きる（人挪活，樹挪死）」と信じて果敢に転職を繰り返し，こうして1990年代の半ばには流動する人材の一群が発生した．前述の園田の研究のように，終身雇用を基本として働く日系企業の日本人管理職の視点から見れば，流動する人材は「リスク」に見えるのかもしれないが，中国人のまなざしで無意識のうちに中国人の行動規範を構成しているものを考えれば，人材の流動は企業・人材の双方にとって非常に合理的な行動となりうる．

　なぜ「合理的」なのだろうか．中国社会研究の祖ともいうべき費孝通の「差序格局」理論（1947＝1999：333-334）では，伝統的な中国の社会関係について

以下のように説明している．西洋では分業化・制度化された社会関係が基本となり，成員資格が権利の問題として扱われ，集団境界が明瞭であるのに対して，中国における社会関係は，自分を中心としたネットワークとしてイメージされ，石を水の中に投げた際にできる波紋のように，自己を中心として外延に広がる遠近として意識されている．そこでは，自己の所属する集団への帰属意識よりも個人やコネクション[3]が優先され，集団の境界は曖昧となる．つまり，集団への帰属意識よりも個を中心としたコネクションを重視する中国社会では，流動人材が組織から「流出」したとしても，それまでに個人同士が友好的な関係を確実に築いてさえいれば，競争相手ではあるとしても，新しいビジネスやプロジェクトが立ち上がった際には役立つ業界のコネクションとなり得る可能性がある．組織という枠組みの一員として行動することが徹底されてきた日系企業の日本人管理職には，このような行動様式は少しハードルが高いかもしれない．

ポラニーが唱えるように，経済活動とはその社会に深く埋め込まれたものであり，それは人々の無意識のうちに刷り込まれている行動と密接な関係がある．頻繁な人材の職業流動に適応する中国の企業組織とは一体，どのようなものか．それらについて本章は，瀬地山の議論を援用して分析を試みるものである．

3 東アジア版「イエ社会論」

瀬地山（1997）は，東アジア版「イエ社会論」において，家族類型を比較することを通じて，東アジア社会の家族の形態から経営組織論を論じている．

日本版「イエ社会論」とは，有賀喜左衛門らの議論を発展させた村上泰亮ら（1979）の作業に基づくものである．これは日本の企業の組織形態の源泉を，血縁を擬制した「イエ」の倣え拡大に見いだしたことに特徴がある．その成員は純粋な血縁集団ではないにもかかわらず，擬制家族として組織へと拡大していくのである．当主の役は次世代にバトンタッチするまでの継続的事業体となるイエ・ビジネスの一機関に過ぎない．（家業としての）「イエ」の存続と発展を重視するため，日本の「イエ」は，優秀であれば非血縁成員であっても実の子どもを差し置いて「養子」として完全に家族の中に取り込むことを多用してきた．それが現在でも各種組織に受け継がれているという考え方である．これに対して，朝鮮半島，中国では家族が血縁原理を越えることは基本的にはあり

164　第Ⅰ部　ジェンダーで見る東アジア

図表 6-1　中国人と日本人の組織モデルの比較

a. 日本人（先輩／後輩型組織）

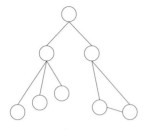

b. 中国人（親分／子分型組織）

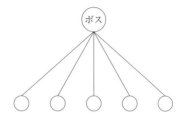

出典：瀬地山（1997: 16）より引用

えない．

　瀬地山（1997）の研究では，「イエ社会論」を東アジアに拡大している．東アジアの4社会（韓国・北朝鮮・台湾・中国）を，民族の別（漢民族・朝鮮民族）および社会体制（資本主義・社会主義）で4分類し，家族類型を比較することを通じて，日中の経営組織論を論じるというものである．さらに瀬地山は，日本・韓国と中国・台湾の年齢に基づく位階秩序に注目し，東アジアの「イエ社会論」として経営組織形態を論じる．日本・韓国の社会では，年齢が1歳でも異なると上下関係が発生し，その序列によって敬語が選択される．さらに日本では韓国とは微妙に異なり，大学や会社などでは，年齢よりもその組織への参入時期がその序列を規定することが多い．「こうした年齢に基づく位階秩序は，同世代の人間たちの間に，年齢に基づいて自然と序列を生み出していくこととなる．つまり図表6-1aの日本人の組織モデルに見るよう，ヒラの間でも序列ができるようなピラミッド型の階層を作りやすく」なり，こうして自然と企業などの組織にもいわゆる先輩／後輩型の集団秩序が形成される．

　一方，「台湾を含む中国人の社会では，年齢に基づくような上下関係は，朝鮮半島や日本に比べれば明らかに希薄であり，共同体家族型[4)]の親への服従という形で存在している」ことを瀬地山は指摘する．下部の成員間では「上下関係はさほど強調されず，一方でボス（親）への服従という情報を持つため，その組織は，図表6-1bの中国人の組織モデルようにボスを中心とする放射状の形をとることとなり，いわゆる「親分／子分関係の集積」となる．このような社会で「企業が凝縮力を持つためには，親族の外延に企業を一致させてしまえばよい．日本のようにイエを倣え拡大して企業（企業一家）をつくるのでは

なく，むしろ企業の方を縮小して，家族に合わせることで，一家企業を作る」のが合理的な選択となり，中国人の会社組織は，中国人の家族構造の情報と密接に関わっていることを指摘している（瀬地山 1997: 16-18）.

「親分／子分関係」という用語法については，ひと言加えておかなければならない．日本語では，親子関係において，「親分／子分関係」という言葉を使うことはないからである．やくざの社会では「兄貴」というのが，血縁関係を越えて使われる．「親分／子分」も同様である．これはまさに血縁関係が擬制されて倣え拡大をして，組織原則となっていることを象徴している.

しかしこれは，日本語で親子関係の延長で組織原則を語っているのであって，「親分」と「子分」が家族ではないと最初に考える日本のほうが実は変わっている．中国社会にあって，血縁関係を越える準則は存在しない．つまりここでいう「親分／子分関係」とは，日本におけるそれと同様に，親子関係という親族構造に倣いつつ，組織の中で擬制されて生まれる関係なのである.

図表 6-1b の中国人の組織モデルは，後述する中国企業組織の事例と重なる．経営者であるボスのもとには，それぞれ流動可能な高度人材である子分たちが独立した「シマ」としての業務部を作り，ボスとの請負契約を締結している[5].

請負という形態についてだが，戦前の調査において柏祐賢[6] は中国社会の持つ「包」的律動性を指摘している．「包」とは現代中国語でいう「承包」，つまり請負をさす．なぜ，中国社会は「包」的律動性を持つ社会であるのか．柏の説明によると，中国社会，特に漢民族の発祥の地でもある華北部は，耕作に必須である水源の制御が非常に難しく，これらの自然的な成果の不確定性を確定化するために，人々は社会関係の中にその途を求めた．すなわち，人と人との間の取引的営みの不確定性を，「第三の人にその間を請負わせることによって確定化しよう」という行為が「包」なのである．柏は「経済社会秩序が全体としてこのように「包」的律動を持つときは，あらゆる者が自らの経営の成果を，他の第三者を挿入して，もって確定しようとすることとなり，社会は「包」的重層的構造を持つこと」（柏 1986: 167）を指摘する[7].中国企業にとっても流動する人材は，後述する「包」を基盤とした際には，「確定性」を担保しうるものとなる．ここでいう「確定性」とは，「リスク」に対して，将来得ることが可能な利益を確定することができるという意味であり，企業にとっては「リスクヘッジ」となりうる.

本章では，現代中国でも特に転職や起業が頻繁に行われている貿易業界のあ

166　第Ⅰ部　ジェンダーで見る東アジア

る企業グループを事例として取り上げる．事例となる企業グループは全部で
54 の子会社を持っており，1995 年から深刻な経営危機に陥っていた子会社の
経営改革として利益分配請負制度（「包」）のシステムが実験的に導入されはじ
めた．本章の主たる事例となる子会社では，2000 年にそれまでの組織形態か
ら請負型（「包」）システムへと企業内組織改革を実施している．

　前掲の図表 6-1b の中国人の組織モデルでは，図表 6-1a の日本人の組織モ
デルにあるような中間管理職は存在せず，直接にボスとつながっている．事例
の企業も改革後には，下部に利益分配請負制度（「包」）でつながる複数の業務
部を設置している．1 つの業務部は，顧客開拓から受注・生産，出荷からその
後のフォロー業務まで，1 つの小さな会社といっても過言ではない機能を持つ．
それぞれの業務部は各自独立性が保たれている．企業側は，普段から業務部リ
ーダー（流動人材）と親密なるコミュニケーション（感情交流）を行っており，
経営者の理念や経営方針に納得した人材だけが流動せず企業にとどまってボス
の下で働くという，まさに「親分／子分型」の企業形態となっている．

　一方で，日本企業は，正社員は基本的に終身雇用を前提としている．新入社
員は先輩社員から仕事を教えられ，組織に適応するように育成される．このよ
うな日本企業によく見られる先輩／後輩型組織では，中間管理職を含めた上下
関係，年功序列というものが重視され，退職してその組織からスピンアウトし
た個人は，もはや資源とは見なされないことが多い．そのため，冒頭の園田ほ
か（2016）の研究や多くの日系企業のように，人材の「流出」に関してはデメ
リットしか感じていない．しかし前述したように人材の「流出」も，人材の
「流動」として見なされる中国人の個人を中心としたコネクション社会のネッ
トワークから見れば，それらは確実に業界における重要な社会関係資本となり，
「合理的」になりうるものである．そのことにうまく対処ができない外資系企
業は，人材の「流出」は「リスク」としか見なすことができず，「流出」して
しまう中国人人材を「自分勝手な存在」として頭を悩ませるケースが多い．

　さて，ここで 1 つ疑問が生じる．瀬地山（1997）の研究は基本的に台湾の中
小企業を念頭に置いて議論をしたものであった．大規模な国有企業の改革を経
た中国においても，この親分／子分型組織の議論が適用できるのか，という問
いである．その疑問を解くための一例として，現在の社会主義市場経済におい
ても，如何に無意識のうちに，戦前の柏が見いだしていた中国の「伝統」的構
造が復活し機能するのか見てみよう．

次節からは，具体的に事例における企業―人材の双方を詳述する．

4 現代中国の企業組織改革の事例

まず本章が主な事例とする A 社企業グループの概況を説明する[8]．A 社企業グループは中国の山東省青島市にある国有企業である．その前身は，1998年に国家が筆頭株主となって設立された国有貿易会社である．2000 年に，同市関連の貿易系企業を統合し，A 社をトップとする企業グループが設立された[9]．本章は，主に A 社企業グループの中でも有力な子会社の 1 つであり，人材流動が最も激しい業界の 1 つである繊維系貿易会社（以下，A-1 社とする）の企業内組織改革を事例としている．A-1 社の主たる業務内容は衣料品の OEM 生産・輸出である．

4.1 企業内組織改革以前

まず A-1 社における企業内組織改革と組織の再編成について説明しよう．A-1 社では，2000 年から企業内組織改革に着手し組織の再編成を行っている．図表 6-2 は，2000 年以前の改革前の組織図である．

改革前組織の最大の特徴は，職能別の縦割り組織であったことである．副社長は 4 名おり，それぞれ財務部，業務部，仕入部，生産部を統括していた．しかしこのシステムではしばしば，大きなトラブルが生じていた[10]．当時の組織では，業務部と仕入部はそれぞれ別々に業務を行っており，業務部は，顧客への営業と受注を担当するだけで，仕入部が原材料を手配しており，業務部には工場や製造に携わる権限がなかった．仕入部は採算をあまり考慮せず，トラブルが発生して賠償が生じ利益が消失しても，その責任の所在は明確にできなかった．何より改革前の仕入部は，何かがあった場合には常に企業側ではなく（外部にある）工場側の立場に立った．なぜなら，これらの工場は仕入部の社員が開拓しているために関係が構築されており，しかもそれは担当していた個人の資源となっていた[11]．また利益の分配も難しいものがあった．1 年間で何千もの取引があるため，一取引ごとの採算どころか，それぞれの取引がどのようなプロセスになっているのかさえ把握できなかった[12]．何より皆が組織として行動するという意識が希薄であり，自分自身の利益にしか興味がなく，企業内の職位でさえも自分自身の資源としか見なしていない．このように縦割り組

168　第Ⅰ部　ジェンダーで見る東アジア

図表 6-2　企業内組織改革前の組織図（2000 年時点）

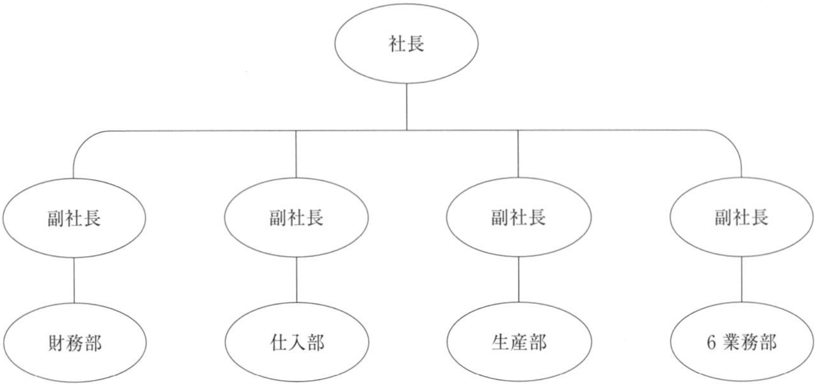

社長

副社長　　副社長　　副社長　　副社長

財務部　　仕入部　　生産部　　6 業務部

出典：インタビューをもとに筆者作成

織で職務を各業務部で責任をもって分担していくという社内システムには無理が生じていた．

4.2　企業内組織改革の実施

　1998 年，A-1 社の業務部出身であった Z 氏が社長に抜擢されて就任し，2000 年より企業内組織改革が実施された．最初に仕入部を解散し，人員を各業務部に再配属し，次に生産部の人員も各業務部内に配置転換した．こうして縦割り組織から業務部が中心となる請負制へと組織再編がはかられた．

　図表 6-3 は 2011 年時点での改革後の組織図である．2011 年，A-1 社の従業員は約 180 人，18 の業務部が存在した．1 つの業務部内は流動人材である業務部リーダーを中心として 3～10 人で構成されており，それぞれの業務部は基本，単独で業務を行い，独立採算制をとっている．1 つの業務部では，顧客開拓から原材料の仕入・工場への生産発注，検品，出荷，通関から顧客へのアフターサービスまで，貿易業務に関する一切の仕事を内部で完結して行っている．改革後には，工場への支払いも各業務部の仕事となって取引単位別のコストや利益が明確になった．また一取引ごとに業務部内で担当の責任者を設置することで，問題が起こった場合の責任の所在が明確にできるようになった．こうして 1 つの業務部はリーダーの管理下で「小さな会社」と同様の機能を持つことになった[13]．

第6章　家族構造から見る現代中国企業組織と流動人材　　169

図表6-3　企業内組織改革後の新組織図 (2011年)

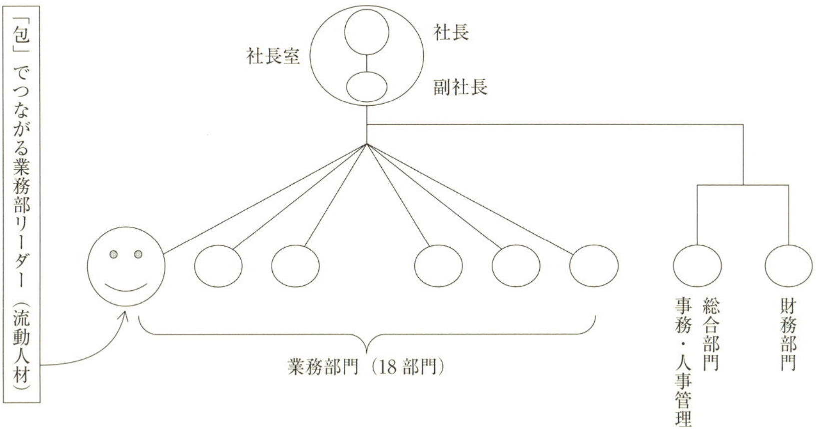

出典：インタビューをもとに筆者作成

A-1社では転職してきた人材を業務部リーダーとして任命し，新しく業務部を立ち上げて即戦力としている[14]．では，具体的に流動人材は，A-1社内でどのようにして転職後に即戦力として活躍しているのであろうか．以下は，流動人材の1人であり，A-1社で仕事を始めて半年であった30代の業務部リーダーS女史にインタビューしたものである．

　私は2006年秋にA-1社に入社した時，それまで私が外資系企業や私営企業などの職場で得た自分の貿易の顧客を全部，連れてきた．私の業務部は3人で私はリーダー．顧客を持っているから私がボス．ここは私が来てから立ち上げた業務部で，現在，私は実質的に業務部リーダーとして半年働いているが，まだ会社からは正式には任命されていない．もしかしたら将来は，個人として独立するかもしれないが，ここで仕事をすることが，今の自分には安定感がある．(2007年春　A-1社業務部リーダーS女史へのインタビュー)

S女史は，日系企業を含む繊維系貿易関係3社で勤務したのちに起業し，その後，A-1社に業務部リーダーとして入社していた．理由は，個人経営は資金繰りが大変であったこと，受注における大企業のネームバリューと信用力に大きなメリットを見いだしたためであった．A-1社の業務部リーダーの約半

数が女性であった．繊維業界は女性の従事者が多い業界でもある．衣服の製造はデザインごとに異なるため，発注ごとに色染めや刺繍，ボタンなど細部のチェックが必要になるハードな仕事である[15]．ボタンの発注を忘れるなど，万が一ミスした場合には，急ぎの仕事として工場に頼まなければならず，常に工場との良好な関係も要求される．さらに A-1 社で業務リーダーになるためには，顧客を持ち，豊富な衣服製造の知識や経験に加え，さらに貿易実務や外国語能力などが必要となる．

A-1 社の給与は，少額の基本給プラスボーナス（利益分配）[16]で，A-1 社に入社後の S 女史の収入は，青島市のホワイトカラーの平均収入の 5〜8 倍ほどになった．A-1 社入社後も S 女史はそれまでの職場で得た顧客と継続取引を行っている．このように業界を流動する人材は顧客を「個人の資源」として捉えており，また業界においても顧客を引き連れて転職してくることは暗黙の了解となっている．特に近年，繊維業界は，世界的なファストファッションの隆盛を背景として，1 つのデザインの衣服を 200 や 300 という小ロットで製造して売り切って販売終了するというマーケティングスタイルが主流となっている．そのため，中国側の製造現場でも，小ロットの衣服を製造して取引が完了するため，それまでの組織を離れても，以前からの顧客から注文を請けやすく，顧客との関係の維持が容易である．繊維貿易の場合，一般的に海外の顧客は，中国側の担当者が組織を移動しても，慣れた人と商売を続けることが多い．前述の通り衣服の製造は，色や素材，デザイン等，微妙で複雑なやり取りが必要であり，担当者は，それまでのやり方を知り尽くして気心も知れているから信用ができるためである[17]．

一方で転職者は，A-1 社に所属することで，資金の融通や顧客からの信用力などの面でメリットを持つ．企業側は，転職者の持つ生産工場とのコネクションや顧客といった社会関係資本を企業の利益として取り込んで資源化し，ビジネスチャンスをタイムリーに捉えることが可能となる．そのために国有企業とはいえ A-1 社の社内規定は柔軟に運用され，S 女史のように新しく採用された人材が，グループ本部から正式に任命される半年も前にすでに業務部リーダーとしての権限を持ち，即戦力として働くことが可能になっている．

業務部内ではリーダーの持つ顧客の注文の仕事をこなすため，業務部同士の横のつながりは希薄で日常業務上は基本的に全く関わりはなく，業務部ごとに単独で業務が遂行されている．業務部リーダーは裁量労働が可能であるが，企

業側から一取引ごとに利益を厳格に管理され，半年ごとにしっかりと結果として利益を出さなければならない[18]．

　企業内組織改革後のメリットについて，A-1 社の Z 社長の下で働いている X 副社長は，現在はそれぞれの業務部リーダーが細かく指揮をするため効率がよく，働く人々のモチベーションも改革前とは明らかに違っていることを指摘し，「受注量がある程度，規模が大きくなり，従業員の職業遂行上のモラルに問題がないとすれば，やはり今のシステムの方がよい」と語っている．

　このような管理システムについて A-1 社の Z 社長は以下のように語っている．

　　私の知っている限り，今，国内においては，我が社のような規模の貿易会社，近隣のいくつかの有名企業，国有企業改革が終わっている企業も含めて大部分がこの管理システム，つまり利益分配請負制をとっている．一部の会社ではまだ仕入の集中管理をしている企業はあるが，それらはまだ受注量が大きいのでやっていけるのだろう．（2011 年 3 月　A-1 社 Z 社長へのインタビュー）

　このように繊維貿易業界において流動人材が転職や起業をしやすい理由に，業界内には大企業からの暖簾貸し[19] を受けて，個人でも貿易の仕事をすることが可能なシステムが存在している点がある．この暖簾貸しという制度もまさに「包」の一形態であり，企業は，暖簾を貸すことによって得られる収入を確定することが可能となる[20]．

　こうして A-1 社を含めた地域の繊維貿易業界では「包」的システムが社内・社外で広く取り入れられることとなった．

5　現代中国の親分／子分型組織

　2015 年グローバル・アントレプレナーシップ・モニター（GEM）調査[21] における総合起業活動指数（TEA）では，日本は 4.8% に対して，中国は 12.8% と，中国は起業・独立志向の高い社会である．ここまで見てきたように，起業までは至らなくても暖簾貸しなどで個人事業主として独立することが容易な中国の繊維貿易業界において，どのような人々が組織にとどまって「子分」として働くことを選択するのだろうか[22]．実際に，法や社内制度というものは彼

172　第Ⅰ部　ジェンダーで見る東アジア

／彼女たちを引き止めるための方法として実効性を持っていない[23]．流動人材が職場で自己の発展の限界を察した場合には，実際に行動する前に引き止める有効なマネジメントの方法がなければ離職されてしまう「リスク」が企業側に発生する．そのため，企業側はあらゆる状況を敏感に計算しながら，人材側へ「利益」を分配していく必要がある．当然のことながら「利益」というものは，金銭面のことだけではなく，企業に所属することにより得られるチャンスも含まれる．人材側の「リスク」とは，プライベートな部分までも含まれる．このように「人材」－「企業」の双方にとって，「利益」と「リスク」の合理的計算は重要な意味を持つ．企業側は，人材の転職を抑止するために，人材に適正な「利益」を与えることを常に考慮しつづけなければならないし，人材側も転職をする際の「利益」と「リスク」を常に計算している．こうして，企業と人材は社会的状況を共有しながら，それぞれ常に「利益」と「リスク」の均衡点を探りあっている．

　こうして見ると，企業と流動人材は単なる契約に基づいた雇用－被雇用の関係ではない．転職という社会的行為を介して，常に柔軟性，伸縮性を持ち，時に対等な関係となる．ここに日本企業の年功序列をベースとした先輩／後輩型のタテ型組織とは決定的に異なる点があるのだ．

　しかし利益だけを考慮するなら，確実に，独立／起業した方が多額の管理コストを納めずに済むし，有利な暖簾貸しの条件の会社を渡り歩くことも可能である．では，実際に人材を企業につなぎとめるものとは一体，何であろうか．

　そのことについて，A-1社のZ社長は次のように語っている．

　　ビジネスをする場合，普通は誰でも少しでも多く儲けたいと思うだろう．転職の多い貿易業界でも，古参の業務部員でも転職をしない人もいる．彼らは企業側に多額の管理コストを支払ってもまだ利益のバランスがとれていると思っているから，この会社にとどまっているのだろう．もちろん中には独立したほうが儲かると思っている人もいるかもしれない．しかしうちでこれくらいの儲けがあるのなら，まぁ納得できるな，と思っている人もいることは確かだ．人は納得できると転職しない．転職せずに会社にとどまる．会社というのは，このようなバランスがとれないと絶対ダメだ．そうでなければ会社経営は安定させられない．人材はみな逃げてしまうだろう．それには**「親密なるコミュニケーション（感情交流）」**が必要．どのようにすれば業務

部リーダーに新規顧客が開拓できるのか．常に営業活動を支えないといけない．つまり顧客と業務部リーダーと会社の3者が緊密に絡み合うようにする．そうすると会社が失うものはない．つまり，みんな絡まって解けないようにする．絡まれば絡まるほどいい，ということだ．（2011年3月　A-1社Z社長へのインタビュー．太字は筆者による強調）

　このバランスとは「利益」と「リスク」の均衡点のことである．このバランスが納得できるものであることが，企業にとって利益の柱となる人材を引き留める鍵となる．しかしそれでも時には転職を考えることはあるだろう．Z社長は非常に長く貿易業界での経験があるので，業務の細部まで熟知しており，人材の些細な動きでも直感が働くという．ではその場合はどうするのだろうか．Z社長は人材との「親密なるコミュニケーション（感情交流）」を重要視している．このコミュニケーションによって，いわゆる「親分／子分」としての感情を構築している．
　Z社長の「親密なるコミュニケーション」について，部下である業務部リーダーのS女史は筆者のインタビューに対して以下のように語っている．

　　いくつかの仕事を経験して，今，私が仕事で一番重視しているのは職場の雰囲気．同僚間にしても，リーダーとの関係にしても雰囲気はとても大事．収入はもちろん多ければ多いほどいいけれど．でも仕事場の雰囲気は何より大事だ．以前勤務していた暖簾貸し企業の女性社長は40歳くらいの人だったが，性格のキツい人で仕事ばかりで家に帰らず，毎日，社長について残業だった．今，A-1社で仕事していく上で一番重要視していることは，社長の人柄ね．彼は善良だし，元々，現場で働いていた人だから，現場の辛さを知っていて，とても理解してくれる．何より一番困っている時には助けてくれる．私には昇進の機会とかはもう関係ない．私はもうこれでいくと思う．もっと昇進して副社長になるとか，そういうこと以外なら，昇進ということにはあまり魅力を感じない．（2011年秋　A-1社業務部門リーダーS女史へのインタビュー）

　ここで少しS女史の経歴とワーク・ライフ・バランスについて見てみよう．S女史は大学時代の同級生と結婚し，A-1社に入社する直前に独立・起業して

いた時期に出産している．子どもがまだ幼い頃は自分の母や親戚に預けて仕事をしていた．中国ではリタイヤした祖父母や親戚のネットワークで孫の面倒をみてもらい，母親は働き続けるということがごく普通に行われている．女性の就業や男性の家事参加は当然という社会主義計画経済体制で自分の子どもを育てた祖父母世代は，ひとりっ子の孫を巡って双方の両親が競って面倒をみたがる状況であるし，何より祖父1人でも夕食づくりも含めて孫の面倒をみることが何ら問題なく行われる場合が多い．

S女史の夫は，結婚する前には上海の外資系企業に勤務していたが，結婚を機にS女史のいる青島へと引っ越し，転職活動を行った．しかし思うような仕事が見つからず半年ほどS女史が一家の稼ぎ手として働き，夫が主夫をしている．その後S女史の夫は，青島の外資系企業に転職している．夫の職場は，残業は少なく基本的に定時に帰宅できるため，S女史が忙しい時は夫が毎日の料理担当で育児も半分ずつ分担している．S女史が海外出張の際には，数日間，夫は1人で子供の面倒をみている．このようなS女史夫婦のライフスタイルは，中国ではよく見られるパターンでもある．

ここで説明したいのは，流動人材にとって転職は決して個人的行為ではなく，常に生計を同じくする家族内で，収入や福利厚生などのバランスをとっており，新しい仕事への挑戦は家族としての合理的な選択の結果でもある，ということである．流動人材の果敢な転職のチャレンジは，夫婦が共に働いて稼ぐことを当然としている社会であるからこそ可能なのである．

さて，前述の親密なるコミュニケーションについてだが，企業が大規模になった場合には，時間も濃度も減少することが予想される．Z社長自身，企業規模が大きくなった場合の個人としての管理の限界に気付き，経営理念の重要性やさまざまな経営戦略について言及している．何より中国の経済変動は激しく，近未来さえ予測できない状況が連続している．自分自身が経済と共に成長し，職業上の経験知と社会関係資本を蓄積することが「安定」へとつながっていく．そのような「海図なき航海」において，人材は転職して乗り込む船の選択や，下船などの判断で方向変換も容易であるからこそ，航海指針としての経営者（親分）の理念や部下育成の方向性を明確に提示することが重要になってくる．どの「親分」につくか．自分自身が「親分」になれる自由な選択があるからこそ，それらの理念はより重要な指針となる．それでも転職や起業を考える人材にはどのように対処するのだろうか．Z社長は人材流出を以下のように防いでいる．

第6章　家族構造から見る現代中国企業組織と流動人材　175

　転職や独立を考えている従業員に対しては「この会社にはチャンスがある．それでも転職や起業をしたかったらすぐに辞めてもいいですよ」とはっきりいうことにしている．転職や起業をしたい人は仕方がない．しかし普通に考えると人間には惰性があるから，辞めるのにはかなりのエネルギーがいる．会社は人材に働く空間を提供している．また会社にはネームバリューがあるから，顧客獲得も信用も全然，違う．他にも会社は福利厚生，仕事の調整など，私は最大限の便宜を図っている．何より重要視しているのは，良い仕事環境を提供することだ．こんなふうに転職を防ぐためにはあらゆる方面から，社員に考えさせなければならない．（2011 年 3 月　A-1 社 Z 社長へのインタビュー）

　Z 社長は，企業をとりまくさまざまな社会的状況に関しても社長として気遣っていかねばならないが，「大切なのは，この会社にいることのメリットに気付かせることである」と語る．つまり企業は，人材に企業ブランドによる信用や資金力などが備わった活動のプラットフォームを提供し，その見返りとして，人材が稼ぐ利益を得られる．こうして企業側は，利益の確定性を担保しているのである．

　人材側も利益とリスクのバランスがとれ，かつ企業―人材の双方が利益を巡って納得がいくことが最も望ましい．それでもその状況に満足できない，またはさまざまな要因により仕事が充分にできないと考える人材は，転職や起業に向けた行動を始めるだろう．そのような場合はどうするのだろうか．

　従業員は転職したいと思っている人が多い．そうした場合，引き止めることはできない．引き止めても意味がない．もし引き止めることができて出勤したとしても，自分の仕事をするだろう．帰宅してからも自分の仕事をしているだろうし，そうなるともう会社にはわからないし管理の方法がない．会社にとっていいことはない．だから私は，転職したい人に対しては「したかったらしてもいいよ」と話している．（2011 年 3 月　A-1 社 Z 社長へのインタビュー）

　中国社会というのは，組織の論理を重視するよりも，個人のコネクションベースで思考している社会であるからこそ，引き止めることは悪影響しかないこ

176 第Ⅰ部 ジェンダーで見る東アジア

とを社長は経験知として理解している. 自らの説得によって, 人材がいったん組織にとどまったとしても, またいずれ独立したい気持ちが湧き上がり, 自分自身の顧客を作ることを考えはじめるからである.

組織における人材の流動について社長は以下のように語っている.

　人材の流動というのは, 正常なことだと思っている. 実際に, 人材が流動しないことは会社にとっていいことではないのかもしれない. どのような会社でも, よく働く人と働かない人がおり, 仕事ができる人, できない人がいる. いつもそのように膠着されたら組織としては困ってしまう. やはり仕事のできない人は外部へと流れるルートを作らなければいけない. そして新卒の大学生を入社させる. これは1つの循環といえるだろう. ただし組織の中堅的な人材が突然いなくなるのは困る. 企業の骨格の部分に当たるからだ. 主要業務部門は安定させないといけない. 今, このような中堅の人たちは, 私が信頼している人たちだ. 彼らは大部分が40代なので, もう転職も起業もしない. 安定しているからもう必要ないだろう. (2011年3月 A-1社Z社長へのインタビュー)

　中国における転職の限界は35歳であると考えられており, それ以降は, よほどの経験知や社会関係資本が蓄積されていない限り, 企業に採用されるのは難しくなる. こうして, 信頼がおけてかつ仕事のできる者だけが企業に残るシステムが構築された. 骨格の部分にあたる重要な人材は必要であり, まさに彼らこそが, 「親分」の理念を理解し, 信頼して残った「子分」であり, 企業の骨格を形成している. そして仕事のできない社員は淘汰され, 余裕がある状況下では新卒の人材を育成する. つまり企業として人材流動のよい循環を作らなければいけないことをZ社長は語る.

　A-1社は, 中国の繊維貿易産業の不況を背景として, 2016年秋には業務部を3つに縮小している[24]. 利益を上げられなくなったり, 他に活路を見いだした業務部リーダーたちはA-1社を去り, 新規に顧客や技術を持ったリーダーが入社している. 新しい業務部リーダーたちは, 日本の最先端の化学繊維素材の縫製加工の技術を開発したり, 独自のデザインを提供したりしてイノベーションをはかっている.

　こうして, 流動する人材を前提として企業の組織改革を実行した結果, 生み

出されたシステムとは，「包」的律動を持つ組織であった．企業側は柔軟なマネジメントで，流動人材が自由に活動できるプラットフォームとシステムを与える．また顧客開拓や資金面できめ細かくサポートし，得られた利益を，企業と人材が分配する．人材は，親密なコミュニケーションによって親分であるボスの経営方針や理念に納得した子分だけが組織に残っていく．それは台湾の中国人社会で見られていた親分／子分型の組織形態であった．

「親分（経営者）」との「関係」が，「子分（人材）」との間に構築されていれば，人材が何らかの理由で企業から離れたところでも，個人的な「関係」が続き，また何らかのビジネスの際には，再び業界の人脈としてつながることが可能になる．つまり，この企業経営システムは，流動人材を企業側の利益に取り込んだり，企業を離れた場合にもそのまま個人的な「関係」としてつながりをとどめておいたりと，中国人の人間関係のあり方，社会関係資本の利用方法をうまく組み込んだ組織形態として巧みに機能している．何より，流動人材のもたらす最新の経験知と社会関係資本は企業内に蓄積されて新結合を誘発する．それらは企業にとってイノベーションの資源となるのだ．

厳しい市場競争と流動人材に適応するために改革された「伝統」的構造を持つ企業組織は，こうして広く取り入れられ，現代中国の企業経営の代表的なモデルの1つとなったのである．

6　まとめ

中国において，現在のように頻繁に職業移動が行われるようになったのは1990年代半ば以降のごく短期間のことである．なぜ，中国ではこのように短期間で，それまでの一生，安泰なはずの職業生活から，現在のように職業移動が当然の社会へと移行できたのか．それらを可能にしている企業組織とはどのようなものか．それらを解き明かすために，本章は，中国でも人材流動が頻繁に行われている繊維貿易産業を事例とした．この国有企業では，1995年頃から激しい企業間競争や人材流動にも適応できるように企業内組織改革が行われている．それは決して状況主義的なのものではなく，中国人の組織運営としてうまく適応するよう改革されたものであった．こうしてA-1社を含めた地域の繊維貿易業界では「包」的システムが広く取り入れられ，「包」的律動を持つ社会となっている．

178　第Ⅰ部　ジェンダーで見る東アジア

　本章では，筆者のフィールドワークの事例をもとに議論してきた．当然のことながら，この事例だけで現時点での中国すべての産業にあてはまるとは言えないだろう．繊維貿易業界の世界的トレンドであるファストファッションの隆盛，流行最先端の小ロットの衣服を売り切って生産を打ち切る，という販売の仕方がこれらの働き方を可能にしている．しかしさまざまな制約が解き放たれ，自由な空間から出現した行動様式というものは，台湾や，柏（1986）が社会主義国家成立以前の中国社会に見た組織形態と大きく重なる．何より1980年代，中国が改革開放路線に舵を切る際にはまず農業において生産責任制――「包」が導入され，農業経済改革の第一歩となっている．これは自由な空間が発生した時，人は如何に無意識のうちに類似の行動様式をとるのかということの証左となろう．これらの現象はSechiyama（2013）の「土着化 indigenization」の議論と符合する．つまり社会主義経済による国有化のしばりが解け，市場経済が導入される「土着化」の時期になると，結局中国社会が持っていた家族規範に基づく組織原理が作用するようになるのだが，それは親分／子分型の組織に落ち着くことを意味する．結果として台湾の企業形態と似ていることとなり，社会主義の弛緩によって文化規範がにじみ出る現象ということができるのだ．そして柏が「律動」と呼んだものとは，このように目の前で繰り返される行為・変化・ダイナミズムが，結果として見た時に一定のリズムのように，同じ「波長」を持つ組織原則となるということなのだ．そしてその背景に，脈々と生きる中国の家族構造が底流として存在しているのである．

　この1事例をもって「東アジアのイエ社会」を論ずるのはいささかおおげさな議論かもしれない．しかし本章で取り上げた事例は，A社企業グループだけではなく，市場経済の競争と「流動人材」に適応するために地域に広く取り入れられており，既に現代中国の社会・経済構造の中に深く組み込まれているのである．

＊本章の議論は『なぜ中国企業は人材の流出をプラスに変えられるのか』（勁草書房，2019年）に詳しい．

注
1) 中国語では「人才」と「人材」という2つの言葉があり，「人才」という言葉を使用する際には「才能のある」という意味が強調されるが，日本語に翻訳する場合は双方とも「人材」と訳される．本章では「人才」を対象とするが，日本語訳

として「人材」と表記する．「人才」は年々増加し続けている．2003 年，中国人事部による『中国人才報告』では，「人才」の総数は 8914 万 8 千人であった．中国共産党中央組織部の『中国人才資源統計報告』によると，2008 年 1 億 1385 万人，2010 年 1 億 2165 万人，2015 年には 1 億 7490 万人と，中国の「人才」の人口的規模は日本の人口をはるかに超えている．

2) 例を挙げると，常に最新のプロジェクトを数多く経験させてもらえる職場と，単調な仕事を毎日処理するだけの職場を比較すれば，3 年後に自分自身が蓄積している仕事上の経験知も社会関係資本も大きな差ができてしまうことになる．

3) 中国語では「関係 guanxi」である．

4) 共同体家族型とは，エマニュエル・トッドの家族類型の 1 つである．親子関係は権威主義的であり，兄弟関係は平等主義的である制度を共同体家族型と類型している．

5) 子分がお互いに独立形態を取っていることに関しては，台湾の人類学者である陳其南の提示した「房」の概念が有効であろう．「房」は，チャイニーズの家族関係において，父親に対して息子のみが構成するものである．「房」は男系原則を持ち，娘はいかなる場合も「房」を構成することはない．息子が複数いる場合にはそれぞれの息子は単独で独立してひとつの「房」を構成し，その他の兄弟とは分化するという原則を持つ．房は，系譜上不断に分裂して形成される．ここには相続における兄弟均分の原則が深く関係している（陳 1985＝2006）．

6) 柏祐賢（1907-2007）．柏は，京都帝国大学卒業後に農林省や京都帝国大学の助教授として勤務し，1938 年から 1944 年中国東北部の調査に参加した．その結果をまとめたものが『経済秩序個性論——中国経済の研究』であり 1947 年から 1948 年にかけて出版している．この柏の「包」の理論は，改革開放後，日本の中国社会研究者からは論じられていたのだが（首藤 2002）近世研究が専門の歴史学者，岸本美緒（2006）の研究によって注目され始め，その後，加藤弘之（2010），原田忠直（2011，2014）らによって現代中国における「包」の現代的意義の再検討が行われている．

7) 柏は，船内買辦を例として挙げる．「船内買辦が船客定員を超過するも，でき得る限り多数の船客を乗船せしめ，しかも会社に対して正当なる乗客数を報告しないで過少に報告してその間に私利を得る」場合，買辦の船会社に対する関係は，定員数の賃金総額に対する責任以外にはなく，買辦自体の「経営」に関する事柄であり，船会社にはかかわりのないこととなる．柏が「包」として挙げたこのような「経済活動」は，日本社会ではなかなか理解しがたい行動ではある．しかし一旦，「包」として請け負った以上，それらは請負人の「資源」であり，それらを元に「経済活動」を行うことには，中国において倫理的・道徳的な問題は生じない．これが，柏の述べる「中国経済社会の「包」的倫理的規律」である．

8) 調査は，2006 年 8 月～2016 年 10 月まで現地および日本において断続的に参与

180　第Ⅰ部　ジェンダーで見る東アジア

観察およびインタビューを実施した．本章は主に 2011 年の 12 月〜2012 年 3 月の間に得られたデータを中心に分析，構成している．今回の調査対象である国有企業 A 社企業グループでは，国有企業 A 社企業グループ本部社長・人事担当，A 社企業グループ子会社（本章では A-1 社と表記する）社長・副社長・人事担当社員・業務部リーダー，各部門社員にフォーマルインタビューを実施した．またそれ以外にも会食したり，社長や業務部リーダーの日本出張の際にもインフォーマルインタビューを実施している．

9)　2011 年時点での A 社企業グループの従業員は約 3000 名（パート従業員を含む）．業務は対外貿易，生産工場，不動産，不動産管理業など多岐におよぶ．主な取引先国はアメリカ，ヨーロッパ各国，日本，韓国である．A 社企業グループは青島市でも有名なブランド企業の 1 つであり，海外企業からの信用力も高く，大学新卒生からの就職人気も高い．A 社企業グループの本部はマクロ管理だけを行っており，子会社にそれぞれ経営権，人事権を与えている．福利厚生・医療保険の規定などは企業本部で細かく決められているが，人事権や利益の分配に関しては，それぞれの子会社の裁量で行うことが可能である．また，社内運営に関する規定も本部とはほぼ関係なく，独自で決定することが可能である．

10)　たとえば 1 元と 1.2 元の生地があった場合，仕入部の者にはコスト意識がなかったため，「この生地のほうが良品質，低コストだったから，これを仕入れた」と平気でコストの高いほうを選び，自分たちの正当性を主張した．また仕入れの量についても，仕入れ先の言い値で購入して，在庫を余らせてしまうようなことも日常茶飯事だった．何より，製造コストが高くなったら商品は売れないという，ビジネスでは基本中の基本であるようなことでも，仕入部の業績には何の関係もないため考慮せず，原材料の在庫が残っても仕入部には何の責任も残らなかった．

11)　もし取引を中止した場合，その工場はすぐに経営が行き詰まり破産に追い込まれる可能性がある程，発注側である仕入部の権力は大きなものがあった．

12)　実際に衣料品を製造する場合，色や品質，デザインなど，原材料に対して顧客からかなり繊細な注文をうける．組織改革前には顧客から正式受注を得られなかったサンプル製造の費用にかかる損失は，業務部に計上されていた．しかも問題が発生しても誰の責任なのか明確ではなかった．社内規定では，責任の所在が明らかになった場合には，ボーナスから損害賠償分が差し引かれることになっており，多額の損失が出た場合にはボーナスなど消滅してしまう．たとえ問題が発生しても，上司はお互いの言い分を聞くことしか出来ず，問題の所在を明らかにすることも不可能で，結果として責任を折半する以外に方法がなかった．

13)　企業内組織改革後の部門内の仕事の流れを説明しておきたい．業務部の部門リーダーは，新規顧客開拓および顧客のオーダーに応じてサンプルを製造して送付し，受注するまでの一連の交渉を行う．注文をもらったら「跟単 gendan」と呼ばれるフォロー業務係に渡す．この「跟単」とは，この企業内組織改革時に新し

く設置された職務であり，1取引で発注され作成された注文書にそって，原材料の発注から海外発送，その後のアフターフォローの業務まで，つまり注文書単位で最初から最後までの1取引について責任を持って完了させる担当責任者である．業務部リーダーは，製品の販売価格を決定する前に，採算チェックを受けるために社長室に粗利益の見積もりを出さなければならず，この価格査定にパスしなければ，その取引を実行することは出来ない．また，社長直属の社長室がおかれ，副社長はそこで全体を総合的に管理している．総合部門では人事管理，事務を行う．工場の使用には社長室の許可と登録が必須となる．資金は財務部門の管轄となり，工場への支払いはすべて監視下におかれている．

14) 2011年時点で，A-1社の18あった業務部の内，3分の1のリーダーは顧客を連れて転職してきた業界内の流動人材であり，3分の1が，2000年以降に内部で育成されて業務部リーダーに抜擢された者であった．

15) 衣服製造の経験があれば，生地の特徴からどのような問題が発生する可能性があるか，あらかじめ予測がつくため，最初に工場に対して注意を呼びかけることができる．

16) 利益の分配額は取引額で決定し，約4〜6.5割が企業側の取り分となる．A-1社では，利益の分配比率は厳密ではなく，状況によって柔軟に交渉が行われる．

17) A社企業グループ本部社長は，A社から退社する者について「大部分が起業であり，この会社で顧客を作り自分の顧客として連れていく」ことを語っている．

18) 従業員の目線で見ると，順調に利益を上げている時は良いのだが，受注が少なければボーナスも支給されず，基本給だけでは生活が維持できない水準にまで収入は落ち込む．業務部リーダーは，内部の費用や従業員の給料にも責任を持たなければならないので日々，多大なるプレッシャーを感じながら仕事に従事している．また部門内に1つの会社としての機能がすべてあるということは，そのまま一企業としてのノウハウを持っているので，顧客さえあれば理論上は簡単に起業が可能である．この請負制は，企業側にも管理のプレッシャーを与えている．

19) 中国語では「挂靠 guakao」．A-1社では，従業員が退職してすぐに自分で法人を設立するケースは稀であり，大部分はまず他の貿易会社から代理費用を支払い，暖簾貸しをうけている．というのは，法人を設立した場合，税金，給与，保険などの費用が発生することに加えて，毎年，主管部門の審査や税務部門の立ち入り調査，公証局からも検査等があり，責任のともなう煩雑な業務が増加する．一方で暖簾貸しの場合は，輸出入の権利だけを借りるので税などの費用を抑えることが可能になる．

20) 当然のことながら契約方法によっては，企業側にリスクが発生する．万が一，人材が失踪した場合には法律上の責任も賠償も企業側が全面的に負わねばならない．

21) 経済産業省平成27年度　起業・ベンチャー支援に関する調査），起業家精神に

182　第 I 部　ジェンダーで見る東アジア

関する調査報告書 http://www.data.go.jp/data/dataset/meti_20160628_0237（2017
年 5 月 20 日最終アクセス）. GEM とは,「Global Entrepreneurship Monitor」
（グローバル・アントレプレナーシップ・モニター）の略で, 米国バブソン大学
と英国ロンドン大学ビジネススクールの起業研究者たちが集い,「正確な起業活
動の実態把握」「各国比較の追求」「起業の国家経済に及ぼす影響把握」を目指し
たプロジェクトチームが実施する調査である. だが本章でも述べているように,
会社を設立せずとも暖簾貸しや大企業に所属する形で起業できるシステムが存在
しており, 陰性起業率も含めると実際の中国の起業活動率はこれよりも高い数値
になると思われる.

22）A-1 社からの退職人材の行方だが, 社内では利益を上げることができない業
　　務部門はリストラの対象となる. また社内に残留しても, 生活できないレベルに
　　まで収入が落ちてしまうために自然と淘汰され, A-1 社を去って行く.

23）転職や起業して退職する者に対して, 唯一, 企業に損失を与えた場合のみ転職
　　していく者たちを引き止めることが可能である.

24）中国における製造コスト高などによる繊維産業の貿易不況も背景にあるが,
　　A-1 社が国有企業であるという特殊な事情も存在している.

参考文献

日本語文献

有賀喜左衛門（1939）「南部二戸郡石神村に於ける大家族制度と名子制度」（＝1967
　　『大家族制度と名子制度——有賀喜左衛門著作集第 3 巻』未来社.）

有賀喜左衛門（1970）『家と親分子分——有賀喜左衛門著作集第 9 巻』第 2 版. 未
　　來社.

陳其南（1985）「房与伝統的中国家族制度：兼論西方人類学的中国家族研究」『漢学
　　研究』第 3 巻第 1 期, 台北：漢学研究資料及服務中心（＝小熊誠訳・陳其南
　　（2006）「房と伝統的中国家族制度：西洋人類学における中国家族研究の再検
　　討」編・訳瀬川昌久『中国文化人類学リーディングス』風響社.）

原田忠直（2011）「柏史観と『包』の倫理基準」日本福祉大学経済論集第 43 号.

原田忠直（2014）「現代中国における『包』と『発展のシェーマ』についての一考
　　察」愛知大学国際中国学研究センター編, 『中国社会の基層変化と日中関係の
　　変容』日本評論社.

柏祐賢（1986）『柏祐賢著作集第 4 巻経済秩序個性論——中国経済の研究』京都産
　　業大学出版会.

加藤弘之（2010）「移行期中国の経済制度と「包」の倫理規律」, 中兼和津次編『歴
　　史的視野からみた現代中国経済』ミネルヴァ書房.

岸本美緒（2006）「中国中間団体論の系譜」『「帝国」日本の「学知」——東洋学の
　　磁場第 8 巻』岩波書店.

村上泰亮・公文俊平・佐藤誠三郎（1979）『文明としてのイエ社会』中央公論社.

中村圭（2007）「現代中国の『跳槽』に関する一考察」『同志社社会学研究』2007年第11号.

中村圭（2009）「『跳槽』——グローバル化における中国の「人才」流動に関する考察」『日中社会学研究』第17号.

中村圭（2014）「『中国企業』vs『流動人材』——企業経営にみるチャイニーズネスの考察」『日中社会学研究』第22号.

中村圭（2017）「『中国企業』vs『流動人材』——親族構造と「包」の概念から見る現代中国企業組織」成城大学経済研究所報告第78号.

中村則弘（2005）『台頭する私営企業主と変動する中国社会』ミネルヴァ書房.

中村則弘編（2008）『日中社会学叢書 グローバリゼーションと東アジア社会の新構想1 脱オリエンタリズムと中国文化』明石書店.

中野卓（1978）『商家同族団の研究』未來社.

李捷生（2000）『中国「国有企業」の経営と労使関係』御茶の水書房.

瀬地山角（1996）『東アジアの家父長制』勁草書房.

瀬地山角（1997）「東アジア版「イエ社会論」へ向けて－家族の文化比較の可能性」『家族社会学研究』第9号（9），日本家族社会学会.

瀬地山角（2006）「東アジアの家父長制，その後」富田武ほか編『家族の変容とジェンダー——少子高齢化とグローバル化のなかで』日本評論社.

瀬川昌久・西澤治彦編（2006）『中国文化人類学リーディングス』風響社.

首藤明和（2002）「〈包〉的構造と中国社会のダイナミズム」『日中社会学研究』第10号.

首藤明和・落合恵美子・小林一穂編（2008）『分岐する現代中国家族』明石書店.

首藤明和（2008）「家族研究における関係的・実践的アプローチが秘める可能性」『21世紀東アジア社会学』創刊号，日中社会学会.

園田茂人編著（2012）『勃興する東アジアの中産階級』勁草書房.

園田茂人編（2012）「大連，吹き荒れるストライキ（2005年）——日本人ビジネスマンが見た企業内摩擦の変遷」『日中関係史 1972-2012 Ⅲ 社会・文化』東京大学出版会.

園田茂人・蕭新煌（2016）『チャイナ・リスクといかに向き合うか——日韓台の企業の挑戦』東京大学出版会.

末廣昭（2006）「アジア調査の系譜——満鉄調査部からアジア経済研究所へ」『「帝国」日本の「学知」——東洋学の磁場第6巻』岩波書店.

唐燕霞（2004）『中国の企業統治システム』御茶の水書房.

米村千代（1999）『家の存続戦略』勁草書房.

184　第Ⅰ部　ジェンダーで見る東アジア

欧文文献

Polanyi, Karl（1957）*The great transformation: the political and economic origins of our time*, Beacon Press＝（2009）野口建彦・栖原学訳『「新訳」大転換——市場社会の形成と崩壊』東洋経済新報社.

Sechiyama, Kaku（2013）, *Patriarchy in East Asia: A comparative Sociology of Gender*, Brill.

Todd, E.（1990）*L'Invention de L'Europe*, Editions du Seuil.＝（1992）石崎晴己訳『新ヨーロッパ大全Ⅰ・Ⅱ』藤原書店.

Todd, E.（2011）*L'Origine des Systemes Familiaux Tome 1. L'Eurasie*, Editions Gallimard, Paris.＝（2016）石崎晴己監訳『家族システムの起源Ⅰ　ユーラシア上・下』藤原書店.

中国語文献

陈力・杨刚基主扁（2006）『我国转型期的人才流动与人才流动』研究出版社.

陈力主扁（2010）『我国人才流动宏观调控机制研究』中国人事出版社.

费孝通（1947）「乡土乡会」（＝1999『费孝通文集第五卷』）.

何茂春（2004）「国际经贸人才的现状及发展战略」潘晨光主编『人才蓝皮书中国人才发展报告No1』社会科学文献出版社.

李培林（2000）「中国就面临的挑战和选择」『中国人口科学』2000年第5期.

陆学艺主编（2004）『当代中国社会流动』社会科学文献出版社.

罗家德・王竞（2008）「中国管理之自然系统特质」『管理学家』2008年第1期.

罗家德・贾本土（2014）「"关系"与本土管理学」『中国人力资源开发』2014年第8期.

孟秀劲主编（2007）『北京人才工作报告』中国人民大学出版社.

彭希哲，任远（1998）「从知青一代的职业流动看社会变迁」『社会学研究』1998年第1期.

孙立平（2003）『断裂——20世纪90年代以来的中国社会』社会科学文献出版社.

王春光（2003）「中国职业流动中的社会不平等问题研究」『中国人口科学』2003年第2期.

中共中央组织部编（2015）『中国人才资源统计报告』党建读物出版社.

中国人事科学研究院（2005）『中国人才报告（2005年）——构建和谐社会历史进程中的人才开发』人民出版社.

第Ⅱ部

セクシュアリティで見る東アジア

第 7 章

「LGBT フレンドリーな台湾」の誕生[1]

福永玄弥

1　はじめに

1.1　問題意識

　2016 年 5 月 20 日，激しい選挙戦を勝ち抜いた蔡英文が台湾の総統に就任したニュースは日本国内でも大きく取り上げられた．台湾史上初となる女性総統の誕生や，国民党による一党独裁政治が続いた台湾で民主進歩党（民進党）による 2 度目の政権交代を果たしたことなどが話題を集めたのである．ところが日本のマスメディアは総統選挙において性的少数者をめぐる議題が争点となったことに関心を示さなかった．事実，蔡英文は選挙期間中の 2015 年 10 月 31 日，台湾 LGBT パレード（台湾同志遊行，Taiwan LGBT Pride）の開催にあわせて同性婚の法制化を支持するビデオメッセージを発表し，英語圏のニュースメディアはこれを「アジア初の同性婚」の実現へ駒を進めるものとして関心を寄せたが，この点に言及した日本のマスメディアによる報道は管見のかぎり皆無であった[2]．

　同じく，日本ではほとんど知られていないが，蔡英文の前任者である馬英九（国民党）前総統（2008〜2016 年）が「LGBT フレンドリー」な政治家であることは台湾国内では周知の事実である．実際，馬英九は 1998 年に台北市長に就任して以来，「LGBT の公民権獲得」を目的に掲げた台北 LGBT フェスティバル（正式名称「台北 LGBT 公民運動」）（台北同玩節・台北同志公民運動，Taipei LGBT Civil Rights Movement）の開催を継続し，性的少数者にたいするバック

ラッシュ運動と対峙しながら，選挙戦のたびに「LGBT フレンドリー」な姿勢を強調してきた．馬英九の後を継いで台北市長に就任した郝龍斌（国民党）も「台北市をアジアでもっとも LGBT フレンドリーな都市にする」と公言し（郝龍斌 2010: 4），2015 年には柯文哲（現台北市長）のもとで同性パートナーシップを婚姻関係に準ずる関係と定めたパートナー登記が開始している[3]．

　ここで，1 つの仮説が立ちあがる．すなわち，台湾では政治エリートによる「LGBT フレンドリー」の姿勢表明が総統選挙や市長選挙において戦略的パフォーマンスとして機能しているのではないか，というものである．後述するように，台湾では 2000 年代に入ってからキリスト教系の民間団体を中心とする性的少数者へのバックラッシュ運動が急速に勢いを増し，支持を拡大しつつあるのだが，そうした状況にもかかわらず総統や市長をはじめとする政治エリートは政党の差異を問わず「LGBT フレンドリー」であるみずからの立場を積極的に表明してきたのである．いうまでもなく台湾でも性的少数者の人口比率は日本と変わらずマイノリティ（少数派）であると考えられるため，選挙戦における姿勢表明が当事者の投票行動のみを期待したパフォーマンスであると想定するにはいささか無理がある[4]．換言すれば，性的少数者による投票行動が選挙戦の要諦となりえない現状では，政治エリートによる「LGBT フレンドリー」の表明はマジョリティに働きかける何らかのイメージを産出するものとして期待されているのではないか．であるならば，そのイメージとはどのようなものなのか．あるいは，そもそも「LGBT フレンドリー」な政治エリートは台湾ではいかにして登場したのだろうか．

　本章では，これらの問いに答えるために，以下の 2 つの事例を検討する．第 1 に，台北市による性的少数者に関する取り組みである．台北市による「LGBT フレンドリー」な取り組みは 2000 年の馬英九市長のもとで開始された．だが，1996 年には陳水扁市長の施政下で新公園と呼ばれる公共空間をめぐってゲイ／レズビアン運動による台北市への抗議運動が展開されるなど，1990 年代までは台北市と性的少数者運動のあいだにはむしろ緊張関係が見られた．本章では，陳水扁から馬英九へと市政の長が移行する過程で性的少数者をめぐる地殻変動が起きたと仮定し，その経緯や要因を検討する．第 2 に，民進党・陳水扁が政権を奪取した 2000 年代初頭に掲げた「人権立国」政策を取り上げる．陳水扁政権による「人権立国」の特色の 1 つは，同性愛者やトランスジェンダーの「人権」が政治課題に包摂された点であった．性的少数者の人権はど

のような政治的背景のもとで政府が取り組むべき課題とされたのだろうか. 以上2つの事例検討をとおして,「LGBT フレンドリーな台湾」の起源を検証することが本章のおもな目的である.

1.2 台湾における性的少数者をめぐる状況

本論に入るまえに,台湾における性的少数者をめぐる状況を概観しておきたい. 本章では同性愛とトランスジェンダーを中心に取り上げて論を進める.

まず,同性愛に関しては,台湾では同性間の性行為を刑法による刑罰の対象とした歴史を持たなかった. この点において,近年までソドミー法を有していたアメリカ(各州法)や中国や,現在も有する香港とは異なる[5]. しかし,その事実は,台湾社会が同性愛につねに寛容的であったということを意味しない. むしろ同性愛は戦後から1990年代初頭までは,おもに「異常犯罪」や「精神病理」との関連において社会で語られてきたことが明らかになっている. 1980年から2009年までの新聞メディアにおける「同性愛」言説を調査したところ,「同性愛」は1980年代には,警察機構をはじめとする政府機関や医療機関により「精神病理」や「変態性欲」として社会の外部へ放擲され,あるいは「治療」をとおして「正常な異性愛」に矯正されることによってのみ社会への参入が認められるとされた(福永 2015, 近刊 b). すなわち「同性愛」は強烈なスティグマを付与されていたのである.

ところが1990年代に入ると,こうした状況に変化が見られる. 戒厳令の解除(1987年)を契機として政治の自由化が進展すると,同性愛を「人権」の観点から語る言説が急増したのである. このような言説状況の変化と時期を同じくして,1994年には政府による同性愛の脱病理化宣言が見られた. その結果,たとえば「性心理異常」としてゲイ男性を兵役免除としていた従来の政策は見直され,ゲイ男性の徴兵制への包摂が実現している(福永 2015). レズビアンやゲイ男性による運動が大きく展開し始めたのも1990年代初頭から半ばにかけてのことであった.

次に,出生時に割り当てられた性別とは別の性で生きようとするトランスジェンダーを見てみよう. 台湾では「跨性別」という言葉が英語の「transgender」に由来するものとして2000年頃から当事者によって用いられるようになった. この語とは別に,日本語の「性転換」に似たニュアンスを持つ「変性」という言葉も新聞メディアなどでは使われており,こちらの方が長い歴史を持

190 第Ⅱ部 セクシュアリティで見る東アジア

つ[6].

　性別違和の疾病概念として「性同一性障害 Gender Identity Disorder」という語が1980年にアメリカ精神医学会が発行した『DSM-Ⅲ』において登場し，その影響下で，日本と同じく台湾でも性別違和は精神疾病であると考えられてきた．そのため，トランスジェンダーは現在も「性心理異常」として兵役免除の対象とされている点が同性愛をめぐる状況の変化と比べて対照的であるといえる（福永 2015）．

　また台湾にも戸籍制度が存在し，出生登記には性別を記載する欄が設けられており，これにしたがって国民身分証の性別欄が決定される．神尾真知子（2008）における鈴木賢の報告によれば，台湾にはトランスジェンダーの性別変更に関する法律は存在しないが，性別適合手術を終了したことを示す医療機関の証明があれば，戸籍や国民身分証における「性別」の変更は実務上認められてきたという[7]．ただし，2008年には内政部が性別変更に関する行政命令を出し，性別の変更を申請するものは2名の精神科専門医師による評価鑑定の診断書と，医療機関において生殖器を取り除く手術が完了したとする診断書の提出が義務づけられた[8]．ところが内政部による行政命令はトランスジェンダーの「病理化」を促進，または強化するものであるとして一部の当事者団体が激しい抗議運動を展開し，これをうけて行政院は2014年12月23日に「強制手術」を定めた行政命令の撤廃を宣言している[9]．この方針転換は「ジェンダー自己決定運動」の成功と位置づけられ（台灣性別不明関懐協会 2013），トランスジェンダーの「脱病理化」という世界潮流に向けて台湾も足を進めたものであると評価されている[10]．

2　台北市と民主社会の「同志」たち

2.1　台北市の位置づけ

　本節では，台北市を事例として，馬英九以降の歴代市長が台北市をして「アジアでもっとも LGBT フレンドリーな国際都市」（郝龍斌 2010: 4）と公称するにいたった経緯を分析する．その前段階として，陳水扁施政下で起きた性的少数者による台北市への抗議運動（1996年）から記述を始めたい．本項ではまず，台湾における台北市の位置づけを確認しよう．

　台北市は台湾の首都であり，政治経済の中心都市である．人口は約260万を

有し，近郊の新北市と基隆市をあわせた首都圏人口は700万人超で香港と同規模の都市圏を形成し，アジア有数の国際都市である．

　台北市は日本統治時代の1920年に行政区域改革によって設置された．1945年に国民党政府が台湾を接収すると，台北市は省轄市となり，政治経済の中心として発展していく．1949年に国民党政府が遷台すると，中華民国の実質的な首都として建設が推進される．台北市の経済は1970年代から1980年代にかけて高度成長を遂げ，1980年代中頃には大量の外国資本が投入され，サービス業を主体とした都市へと変貌を遂げる．1990年代には交通インフラが急速に整備され，台北捷運（MRT）と呼ばれる地下鉄や自動車専用道路などが設置された．

　台湾には現在6つの直轄市が置かれている．1967年に台北市が直轄市に昇格し，つづいて1979年に高雄市が，のちには新北市や台中市，台南市（いずれも2010年），桃園市（2014年）が直轄市に指定されている．直轄市とは中央政府の行政院が直轄する都市を指し，市長は行政院会議（閣議）に出席する資格を有することから，直轄市の市長の持つ政治的影響力は小さくない．6つある直轄市の中でも台北市は政治的に重要な地位を占め，過去に台北市長を務めた李登輝や馬英九や陳水扁はその直後に総統へ選出されている．

　1994年には民主化の流れをうけて直轄市（当時は台北市と高雄市）で最初の住民選挙が実施された．「市民主義」（市民の市政への参加）を掲げた民進党の陳水扁は国民党の候補者を破って台北市長に当選し，文化や教育環境やサービスの向上を目的とした都市計画を積極的に推進した．そして，彼が市長に就任した翌年（1995年）に発表した新公園の改修計画が性的少数者からの抵抗運動を喚起することになる．

2.2 「ホモと犬はお断り」——レズビアン＆ゲイ公民空間行動戦線の闘争

　我々の王国には闇夜があるだけで，白昼はない．夜が明けるや，我々の王国はたちまち姿を隠す．極めて非合法な国だからである．我々には政府もなければ憲法もない．承認も受けていなければ，尊重されることもない．我々が持っているのは，単に烏合の衆の国民だけである．（白先勇　1983＝2006：13）

192 第Ⅱ部 セクシュアリティで見る東アジア

1995 年 8 月，陳水扁率いる台北市は，市が管理する新公園の改修計画を発表した．改修計画の目的は，新公園の中央に「二二八平和記念碑」を建立して二・二八事件の犠牲者を追悼することとされた．1947 年に起きた二・二八事件とは国民党の長期におよぶ独裁政治を象徴する歴史的事件であり，戒厳令が解除されるまでの約 40 年ものあいだ，それについて語ることさえ許されなかった政治事件である[11]．陳水扁市長による新公園の改修計画は，それゆえ国民党政府による独裁支配から民主化への政治的転換を象徴する施策であると位置づけることができる．

ところが，新公園にはそうした大文字の歴史からは排除されつつも，それを語る時に言及を欠いてはならないもう 1 つの「特別な文化的意義」があった（何春蕤 1996）．それはゲイ男性が性交渉の相手を求めて集まる「ハッテン場」としての歴史である．新公園のハッテン場としての側面は，台湾国内ではゲイ男性のみならず，新聞をはじめとするマスメディアをとおして社会的にも広く知られている．とりわけ 1970 年代以降，新公園は同性愛者のコミュニティと（異性愛）社会とをつなぐ「窓口」とされ，同性愛者に関する犯罪事件やエイズを報じた新聞記事において「新公園」の表象は欠くことのできない存在となった（謝佩娟 1999）．こうして新公園は，異性愛社会によって「ホモの世界」（玻璃圏）と名づけられるとともに「犯罪者の集う天国」として表象され，「変態性欲者や犯罪者やセックスワーカー」が「無垢の異性愛者を攻撃する」危険な空間というイメージが形成されたのである（謝佩娟 1999: 77）．

そうしたメディア表象は新公園の「ホモ」を掃討してほしいという市民の要求を生みだし，台北市も民意に応えて警察の臨検を強化し，しばしば「浄化」活動をおこなってきた．新公園および付近での「ホモ」を狙いうちにした警察による臨検は，後述するように陳水扁施政下でもおこなわれ，ゲイ男性をはじめとする性的少数者にとって「警察は人民の擁護者であるどころか，むしろその人権を圧迫し，蹂躙してきた」といわれるゆえんである（頼鈺麟 2003: 15-16）．台湾クィア文学の旗手とされる作家の白先勇が 1983 年に出版した長編小説『孽子』の中で，ハッテン場としての「新公園」を指して「極めて非合法な国」であり，「承認も受けていなければ，尊重されることもない」と描写したのはこうした背景による[12]．

ただし 1990 年代に登場したゲイ・スタディーズの研究者たちが論じてきたように，新公園はかならずしも新聞メディアなどで表象されてきたような「無

法地帯」ではなく，ゲイ男性にとっては性交渉をおこなう（ハッテンする）場であるだけでなく，年長者から人生や恋愛について学んだり仲間と交流したりすることのできるコミュニティ空間としても機能していたことが明らかになっている（賴正哲 1997；謝佩娟 1999）．いわば，新公園はゲイ男性にとってはパブリックとプライベートが交差する特別な空間だったのである．

2.2.1　新公園を奪還／争奪せよ！

1995 年 8 月，台北市が新公園を含む「博愛特区」（総統府前広場から台北賓館，介壽公園など）一帯の空間の再設計を発表すると，これをうけて台北市内のゲイたちが「私たちは新公園の原住民である」として新公園を「奪還」するための抗議活動を展開した（謝佩娟 1999）．かれらは台北市による新公園の改修計画を「性的少数者の公共空間からの排除」の問題として再定義したのである．一連の抗議活動は，結果として，台湾において性的少数者が政治のアリーナに介入した最初期の大規模な運動となり，新聞メディアもこれを大きく取り上げた．ところが台北市の当初の反応はかんばしくなく，性的少数者の排除という「意図はなかった．そんなことは思いもよらなかった」というものであった（『聯合報』1995 年 12 月 30 日）．実際，新公園の改修計画は政府による二・二八事件の和解という政治的文脈に位置づけられるものであり，性的少数者に関する直接的な言及は見られなかった．であるならば，かれらはなぜ新公園の改修計画を「性的少数者の公共空間からの排除」として読み替え，抗議活動を始めたのだろうか．そして運動はどのような結果を導き，その後の市政にどのような影響を与えたのだろうか．

台北市長就任後，陳水扁は都市計画委員会や都市設計審議委員会を設置し，1995 年 8 月には 3 名の空間デザイナーを招いて博愛特区一帯の改修計画を提言した．その一報をうけて，当時台湾大学の学生だった謝佩娟は，同大学のゲイサークルの仲間たちと連絡をとりあうようになり，彼女たちの活動を契機として「レズビアン＆ゲイ公民空間行動戦線」（同志公民空間行動陣線）が結成される．

1995 年 10 月 31 日，謝佩娟は台湾大学のゲイサークル「Gay Chat」の仲間たちと話し合いの場を設け，「新公園が危機にさらされている」ことを問題化した．その後のミーティングを経て，かれらは「同性愛運動」の立場として新公園の改修計画に直接介入すべきであるという結論にたどりついた．その主張

は「ゲイ男性は新公園の原住民である」という立場に依拠したものであり，先行する原住民による社会運動（「私たち原住民の土地を返せ運動」）から着想を得たものであった（謝佩娟 1999）．かれらがここで「原住民」運動のフレームを用いた背景には，都市計画を市民の直接参加によって推進するとした陳水扁の「市民主義」があったと考えられる．すなわち，かれらは陳水扁の掲げた「市民主義」を逆手にとって，「市民」参加による改修計画から新公園の「原住民」であるゲイ男性が排除されていることを問題化したのである．

こうして「ゲイ男性も市民であると台北市に認識させることを運動の出発点とする」ことが確認された（謝佩娟 1999: 141）．台北市側は，「新公園はこれまで市民のための公園ではなく，市民の活動する空間がなかった．改修計画は**市民のための公園に変える計画である**」とする見解を公表しており[13]，これは明らかにゲイ男性を「市民」と見なさない主張であり，それどころか，ゲイ男性の公園からの排除を目的としたものであると受けとめられたのである（謝佩娟 1999: 129）．

ただし，かれらの運動はただ新公園を「原住民（ゲイ男性）に返せ」と主張するだけにはとどまらなかった．むしろ新公園という空間が「日中は異性愛者，夜間はゲイ男性」という二分法によって分断されていることを問題化し，その「二分法をいかに打ち破っていくか」という点を運動の課題とすることが強調されたのである（謝佩娟 1999: 141）．こうして中国語で性的少数者を意味する「同志」が，「公民」として「空間」を奪還するというフレームにもとづき，「同志公民空間行動戦線」という呼称が立ちあがった．ところが議論をくり返すうちに1つの問題に遭遇することになる．「同志」とはいったいだれを指すのかという問いである．

ここで，かれらが用いた「同志」という言葉の来歴を簡潔に述べると，その起源は20世紀初頭の辛亥革命にまで遡ることができる．辛亥革命の中心的人物であり，中華民国の初代（臨時）大総統に就任した孫文が，近代化運動の文脈においてともに革命を担う「同胞」という意味で「同志」という言葉を用いたのがその起源とされている．このような意味を持つ「同志」は，しかし1990年代に入ると性的少数者を指し示す言葉として中華圏で広く用いられるようになる[14]．革命を成すためにともにたたかう「同胞」という原義から，異性愛社会に抵抗する「同胞」という意味へと流用されたのである．福永（2015）で明らかにしたように，台湾の新聞メディアにおいて「同志」の新し

い用語を広めたきっかけをつくったのは，本節で取り上げた「同志＝レズビアン＆ゲイ公民空間行動戦線」であった．かれらは異性愛社会から名づけられ，スティグマ化された「同性愛者」（同性恋者）ではなく，「同志」という言葉を流用することによって新しい性的主体の立ちあげを試みたのである．

ただし，「同志」という語が指示対象の広がりや曖昧さを内包するがゆえに，かれらは困難に遭遇することになった．上述したように，新公園はそもそもゲイ男性にとってのハッテン場であった．謝佩娟は改修計画を「同性愛者全体の問題」としてとらえたが，彼女が呼びかけた多くのレズビアンはこの問題にほとんど関心を示さなかった．事実，1995年11月29日には台湾大学でGay Chatとレズビアンサークルの共催によるミーティングが開催されたものの，少数しか出席しなかったレズビアンのほとんどは途中で退席してしまった（謝佩娟 1999: 146）．こうした状況をうけて，同年12月6日の会議では「もし新公園をゲイ男性のための空間とするなら，レズビアンは過去にそのような空間をもたなかった．なぜレズビアンがゲイ男性と連帯しなければならないのか」という疑問が提出され，これをうけた同月22日の会議では，「女にはそもそも性のための公共空間がなかった．女の性はプライベートな領域で管理され，隠されてきた．ゲイ男性における新公園のような空間をレズビアンはそもそも持たない」ことを積極的に問題化する運動でなければならないという意見が提起された（謝佩娟 1999: 153）．その結果，同志公民空間行動戦線における「同志」とは，ゲイ男性だけでなくレズビアンを含む「情欲主体」を指し，「情欲主体」として「空間」を奪還，争奪する運動を立ちあげることが決まった．こうして1995年12月28日，4つのレズビアン団体を含む11団体からなる「レズビアン＆ゲイ公民空間行動戦線」が正式に成立したのである．

2.2.2 台北市との交渉

その昔，上海の虹口公園の入口に（日本人によって）「華人と犬は進入禁止」と書かれた告知が張り出された．これは華人のアイデンティティを喚起し，中国全土の民衆を憤慨させた．いま，「ゲイ男性の独立した領土」である新公園をめぐる空間攻防戦の反対派は，「ホモ（と犬）は進入禁止」と書かれた看板を掲げようと試みている．これはゲイ男性（同志）のアイデンティティを喚起し，さまざまな差別に抵抗するひとたちをも激怒させた．……

196　第Ⅱ部　セクシュアリティで見る東アジア

　「はっきり言えよ．おまえら同性愛者たちはどんな空間を求めているんだ？」

　私たちの答えはこうである．

　「私たちはどこにでもいる．だから，あらゆる空間を要求する！」[15]

　レズビアン＆ゲイ公民空間行動戦線（以下「行動戦線」と略記）は，陳水扁が掲げた「市民主義」を逆手にとって運動を展開した．つまり，新公園の未来を市民の参与とともに策定するという改修計画から，「原住民」であるゲイ男性が排除されていることを問題化したのである．しかしながら，かれらは改修計画へのゲイ男性の包摂をたんに要求したのではなかった．むしろ，ゲイ男性の排除に限定することなくレズビアンを含む「情欲主体」の問題と再定義してフレームの射程を拡大させたのである[16]．かくして，行動戦線の活動は白昼の新公園を舞台にしたフリーマーケットやパーティーの開催，芸能人や歌手の人気投票，新聞メディアをとおした広報活動など，多彩な広がりを持つ内容になった[17]．

　行動戦線は1996年2月8日から14日のバレンタインデーまで連日イベントを開催し，その活動に幕を閉じるのだが，2月7日には「市民との会合」という台北市の取り組みを活用して陳水扁市長への直訴を試みている．陳水扁は多忙を理由に出席を断ったが，代わりに副市長の白秀雄との会談が実現することになった．行動戦線のメンバーは報道陣を引き連れて会合へ向かった．かれらはレズビアンやゲイがふだんはクローゼットの中に閉じこめられている現状を訴えるため，全員が仮面を被って出席するというパフォーマンスを披露した．そこで陳水扁に向けて執筆した手紙を読みあげ，次の3つの要求を伝えた（謝佩娟 1999: 202-203）．

(1) レズビアンやゲイを市民の構成員とみなし，市民としての公民権を保障すること．
(2) レズビアンやゲイは日常生活では仮面をつけて生きることを強いられてきた．新公園の改修計画者は私たちを見てみぬふりするのではなく，私たちが被ってきた社会的差別の解消へ向けて努力し，旧時代の蛮行をくり返さないこと．
(3) 台北市は異性愛を尊重して同性愛を軽視するという発想をやめ，レズビ

アンやゲイのコミュニティのために障壁のない空間をつくること.

　この手紙の中では,新公園改修計画への直接参与を求める内容は言及されていない.さらに「公民権」の「保障」が具体的に何を指すかが明らかにされていないなど,抽象度の高いメッセージとなっている.言い換えれば,かれらは台北市にたいして具体的な施策や対策を要求するというよりは,市のサービスの対象や「市民」のカテゴリーからレズビアンやゲイが排除されてきた歴史や現状を問題化し,その反省を促すものであったといえる.
　行動戦線の手紙にたいして,ついに陳水扁からの応答はなかった.しかし2月11日に新公園で開催されたイベントに,台北市新聞局長の羅文嘉が「陳水扁に代わって」参加した(『自立早報』1996年2月12日).羅文嘉は新公園で報道陣に向かって「同性間でも互いを愛する権利があり,台北市として異性愛を中心とする社会の古い価値観を変えていきたい」と述べ,つづけて「台北市は春節が終わってから,新公園でレズビアンとゲイのためのパーティーを開催したい」とする見解を表明した(『自立早報』1996年2月12日).この見解が行動戦線の要求にたいする返答であったことは明らかである.羅文嘉新聞局長による「ゲイフレンドリー」な発言は,台北市による性的少数者に関する最初の公的宣言となり,2000年代以降に見られる「LGBTフレンドリー」言説の起源にあたるものとなった.

2.2.3　レズビアン&ゲイ公民空間行動戦線の残したもの
　それでは,レズビアン&ゲイ公民空間行動戦線が台北市の「ゲイフレンドリー」な応答を引き出すことに成功した要因は何だったのか.まず,行動戦線は新聞メディアを活用して世論に働きかける戦略を採用したが,これは台北市の応答を喚起するために効果的な手法であった.というのも,民主化を背景として女性や原住民などの「人権」や「マイノリティ」イシューがマスメディアの関心を集める中で,「同性愛」ももはや例外ではなくなったのである.事実,行動戦線の活動は媒体を問わず多くの新聞誌面に良心的な記事として掲載され[18],運動主体(行動戦線の中心メンバー)へのインタビュー内容を中心とする記事の増殖は,新公園をめぐる陳水扁市長の対応を戒厳令時代の国民党政府の独裁政治になぞらえて批判的に捉える世論を生みだした.また,副市長との面会時に報道陣を招待するなどの工夫や仮面をつけたパフォーマンスや,「市

198　第Ⅱ部　セクシュアリティで見る東アジア

民主義」を逆手にとった言説戦略も，メディア受けする効果的な演出であったといえるだろう[19]．

　行動戦線による世論を巻き込んだ運動や，「同性愛者も市民である」（同志公民空間行動陣線）などの言説戦略は，国民党による権威主義体制を批判し，さまざまな社会運動団体を自陣営に包摂しながら「人権派」の政治家として支持を拡大してきた民進党の陳水扁にとっても，けっして無視することのできない存在であった．行動戦線は，かくして台北市新聞局長の羅文嘉による「ゲイフレンドリー」なメッセージを引き出すことに成功したのである．そして行動戦線の活動をとおして台北市とのあいだに形成されたネットワークは，1998年の市長選挙を経て，2000年以降の台北LGBTフェスティバルへと結実する．

　さて，行動戦線の運動は，新公園改修計画への直接参与を実現できなかったという意味において失敗であったと評価をくだすこともできる．しかし，その一点に運動の目的を置かなかったかれらにとって，そのような評価は何の意味も持たないだろう．

　「二二八平和公園」と名前を変えた旧「新公園」は，2016年現在もハッテン場としての空間を維持している．ハッテン場としての規模は，情報技術の発展や公共空間におけるLGBTコミュニティの急速な拡大などをうけて以前に比べると見る影もないほど縮小し，遠くない将来その歴史的役割を終えることになるかもしれない．だが，ハッテン場としての新公園は少なくとも強制的に幕を下ろされることはなかったのであり，この点は強調されてしかるべきである．

2.3　「アジアでもっともLGBTフレンドリーな都市」の誕生

　台北市はアジアの中で急速な変化の途上にあり，さまざまなサブカルチャーが集積して共存する国際的な大都会になりました．重要な歴史的変化の途上にあって，台北市は市民に「マイノリティの尊重と差異の理解」という民主主義の真理を理解してもらうべく多様な文化教育を推進してきました．こうした理念のもと，台北市は昨年から「レズビアン＆ゲイ公民運動」を開催しました．……これはジェンダーの人権教育にとって最初の一歩にすぎませんが，台湾地区およびすべての華人社会にとってひじょうに重要な意味を持つ大きな一歩でもあります（馬英九 2001: 1）．

2000 年，馬英九市長率いる台北市は，性的少数者の団体をはじめとする約30 の民間団体と協力して台北レズビアン＆ゲイ・フェスティバル（台北同玩節）を開催した．これは台湾で性的少数者のイベントに公的資金を拠出した最初の取り組みであり，市議員や民間の性的保守団体からホモフォビック（同性愛嫌悪的）な批判を受けながらも毎年開催がつづいている（2003 年に「台北LGBT フェスティバル」へ改名）．台北市といえばアジア最大規模の動員を誇る台湾 LGBT パレードがよく知られるが，じつはパレードも同フェスティバルのイベントの一環として 2003 年に始まったものである[20]．2015 年 6 月には台北市は日本（渋谷区）に先駆けて自治体として同性カップルのパートナー登録制度を開始しており，「アジアでもっとも LGBT フレンドリー」を自他ともに認める「レインボー都市」（郝龍斌 2010）へと変化を遂げつつある．換言すれば，台北市は 2000 年代をとおして性的少数者を包摂する施策へ舵を取ったのである．

本節では台北市の代表的かつ先駆的取り組みとしてレズビアン＆ゲイ（LGBT）フェスティバルを検討する．次項では，フェスティバル開催の直接的契機となった 1998 年の台北市長選挙にさかのぼって議論を進めたい．

2.3.1 選挙の大衆化と性的少数者による介入運動

日本では 2000 年代半ばより衆参議員選挙や都道府県知事選挙などで性的少数者の人権課題に関する政見を選挙候補者へ問う運動が見られるようになるが，台湾では 1990 年代の選挙の大衆化（全国民動員選挙）をうけて，性的少数者を含むさまざまな社会運動アクターが選挙活動への介入運動を始めた[21]（朱偉誠 2005）．性的少数者たちも 1995 年の立法委員選挙を皮切に，総統・副総統直接選挙（1996 年）や台北市長選挙（1998 年）をはじめとする各地の市長選挙で「われわれ（同志）も選挙権を有する公民である」というスローガンを掲げて，候補者へ圧力をかける運動を開始した[22]．

1998 年の台北市長選挙に臨んで，「1998 年レズビアン＆ゲイ人権連盟」（1998 年同志人権連盟）（以下「人権連盟」と略記）を名乗る団体が結成された．かれらは被選挙候補者の馬英九（国民党）と陳水扁（民進党），王建煊（新党）の 3 名に政見アンケートを送付し，「レズビアンやゲイへの政見をもってレズビアンやゲイによる一票へ変えよう」（同志政見換同志選票）というスローガンを掲げた．人権連盟は記者会見を開催して「レズビアン＆ゲイ人権宣言」を発

表し，3名の候補者へ以下の4つの要求を提示した．すなわち，レズビアンやゲイの①安全，②人権教育，③異性愛者と平等な労働の権利の保障，それから④市長として同性愛にたいする尊重を示すこと，である．馬英九と陳水扁はこの宣言に応じて署名をしたが，王建煊は宗教上の理由から拒絶し，同性愛に反対する立場を表明した（許雯娟 2007: 6）．

　結果として，選挙戦では馬英九が前市長の陳水扁をくだして勝利を収めた．陳水扁が台北市長に就任したさいにフェミニストを含む社会運動のエリート活動家を台北市へ送り込んだように，馬英九も社会運動畑出身の林正修や顧雁翎や鄭村棋などを台北市にリクルートした．そして民政局長に就任した林正修を中心として，「レズビアン＆ゲイ人権宣言」の公約を果たすべく 2000 年のイベント開催に向けた準備が開始された．このように 1998 年の台北市長選挙への介入運動が，2000 年以降の台北市によるイベント開催の直接の契機になったのである．

2.3.2 「LGBT フレンドリー」言説の台頭

　2000 年 9 月，第 1 回台北レズビアン＆ゲイ・フェスティバル（台北同玩節，以下「台北フェスティバル」と略記）が台北市の主催によって開催された．これは台湾ではじめて公的資金を導入した性的少数者を主体とするイベントであると同時に，台北市にとっては性的少数者を施政下に包摂する意味合いを持つ施策でもあった．

　1998 年の台北市長選挙の最中に「レズビアン＆ゲイ人権宣言」に署名した馬英九は，「市長として同性愛にたいする尊重を示す」とした公約を実現するための行動に打って出た．市長就任直後，かれは民政局に指示を出して台湾同志ホットライン協会（台湾同志諮詢熱線協会）幹部や台湾ジェンダー・セクシュアリティ人権協会（台湾性別人権協会）の代表者らを招待して意見交換をおこなったのである．この会合の結果，台北市（民政局）が資金を拠出して主催を務め，性的少数者を主体とする民間団体が事務局として実際の運営をおこなうという形態で，2000 年にイベントを開催することが決まった（許雯娟 2007）．

　第 1 回台北フェスティバルは，台北市が約 370 万円（100 万台湾ドル）の予算を拠出して，2000 年 9 月 2 日と 3 日に「レインボーピクニック」（彩虹園遊會）と「台北レズビアン＆ゲイ国際フォーラム」を開催した．また事務局を務めた台湾同志ホットライン協会をはじめとする民間団体の編集により『レズビ

アン＆ゲイを知るハンドブック』（認識同志手冊）と題した冊子を発行し，台北市内の学校や図書館などに配布した．

　台北フェスティバルの運営主体に目を転じると，台北フェスティバルと1996年のレズビアン＆ゲイ公民空間行動戦線とのつながりを見いだすことができる．第1回台北フェスティバルでは30の民間団体が事務局として運営を務めたが，その中心となった台湾大学建築設計研究所には行動戦線で中核を担った謝佩娟が所属していた[23]（許雯娟2007）．1996年の行動戦線によって形成された台北市とのネットワークが2000年代の台北フェスティバル開催に活かされたのである．

　1996年の行動戦線との連続性は，台北フェスティバルの主張からも読みとることができる．台北レズビアン＆ゲイ（LGBT）フェスティバルは「レズビアンとゲイ（とバイセクシュアルとトランスジェンダー）も市民（公民）である」として，性的少数者の人権を主張するメッセージを強調してきた．そのメッセージはイベントの正式名称に端的に表れており，「台北レズビアン＆ゲイ公民運動」（台北同志公民運動，Taipei Lesbian & Gay Civil Rights Movement，2003年以降は英語名称の「Lesbian & Gay」が「LGBT」へ変更）という名称は，レズビアン＆ゲイ公民空間行動戦線で採用された「レズビアンとゲイも市民（公民）である」とする言説と地続きである．

　ただし，1996年の運動と大きく異なるのは，台北フェスティバルが台北市の主催でとりおこなわれたことである．これにより，台北フェスティバルは台北市内外からのホモフォビックなバックラッシュを可視化させる事態を招くことになった．たとえば，大手新聞社の中国時報は「国内初，政府主催の台北レズビアン＆ゲイ・フェスティバル：馬英九も参加」と題して，次のような記事を掲載している．

　　国内初となる台北市主催のレズビアン＆ゲイ公民運動が今日と明日の2日間，台北市内で開催される．……9月3日午後に市議会大礼堂で開催される「台北レズビアン＆ゲイ国際フォーラム」には馬英九台北市長も参加する予定だ．
　　台北市民政局の林正修局長によれば，台北レズビアン＆ゲイ・フェスティバルの主催を公表して以来，民政局には各界から賛否の意見が相次いでいるという．その中にはフェスティバルの開催が公費の無駄づかいであるだけで

なく，同性愛を「奨励」する行為として批判する声も少なくない．しかし，と林正修はいう．実際に必要な公費は多額ではなく，このイベントによって異性愛者が「感染」して同性愛者になるはずもない．憲法が保障する公民の権利はいかなる差別的待遇も許さず，公民権には性的指向も含まれることから，台北市はレズビアンやゲイの公民権獲得のために一連の活動を主催するという．

　白秀雄（台北市副市長）も次のように指摘する．台北市はすべての市民のサービスに務める義務がある．当然，レズビアンやゲイの要求もその中には含まれる．台北市は当事者と非当事者のあいだの風通しをよくするための役割を務め，イベントをとおして，レズビアンやゲイも市民としての基本的な権利を有するという当然の事実を非当事者にも理解してもらいたい．（『中国時報』2000 年 9 月 2 日）

　台北フェスティバルへの批判の声が存在することを認めながらも，レズビアンやゲイが「市民」（公民）に包摂されるという点を民政局長の林正修や副市長の白秀雄は強調している．これをもって「レズビアンやゲイを市民の構成員とみなせ」と要求した 1996 年の行動戦線にたいする台北市からの応答と読みとることもできるだろう．

　そして 2000 年以降，台北フェスティバル開催のたびにホモフォビックな批判が台北市に向けられるのだが（福永 2015），市長や民政局長をはじめとする政治エリートはこれらの批判に応答しつつ，「LGBT フレンドリー」な言説を形成していく[24]．

　たとえば，第 1 回台北フェスティバルには馬英九台北市長だけでなく陳水扁総統も参加し，「総統として同性愛の人権尊重を示す」という事務局からの要求にたいして「まったくもって同意する」（非常同意）と回答している．これは総統としてはじめて性的少数者の人権尊重に同意した公的宣言であった．そして馬英九以後の歴代市長も，台北フェスティバルをとおしてレズビアンやゲイ／LGBT を支持する立場をつよく表明してきた．台北フェスティバルは毎年『レズビアン＆ゲイを知るハンドブック』（認識同志小冊）を刊行しているが，馬英九（2000〜2005 年）や郝龍斌（2006〜2014 年）は市長として序文を寄稿し，「LGBT フレンドリー」なみずからの立場を表明している[25]．たとえば第 4 回台北フェスティバルへ向けた馬英九の宣言文を見てみよう（馬英九 2003: 2-3）．

第7章 「LGBT フレンドリーな台湾」の誕生　203

　　LGBT への関心は，私が5年前にはじめて市長選挙に出たときから政見で
示してきたとおりであり，そのことは私の誇りです．世界各国で人権を重視
する国際都市にはすべからく LGBT の文化があり，LGBT パレードも有名
です．これらの都市には寛大な気風があり，寛容な雰囲気をつくりだしてい
ます．……
　　今年の『LGBT を知るハンドブック』は去年までの内容にくわえて，さら
に2つの主題を追加しました．「バイセクシュアル」と「トランスジェンダ
ー」です．私たちのスタッフの中にも，親しい友人の中にもおそらくバイセ
クシュアルやトランスジェンダーのひとたちはいるでしょう．……
　　公共テレビで放映された白先勇のドラマ版『孽子』は，私が見ても胸に突
き刺さるものがありました．台北の歴史は悠久で，情愛に満ち，性的少数者
たちはつねに台北の歴史に参与してきました．台北がこれからも成長を遂げ
る中で，より寛容で，人情味を増していくことを期待しています[26]．

馬英九の後任を務めた郝龍斌台北市長も第11回台北フェスティバル（2010
年）で次のように述べている．

　　台北市は毎年「LGBT 公民運動」を開催し，地方政府として長期にわたっ
て LGBT への関心を示してきました．台北市と民間団体の相互努力の結果，
台北市は LGBT フレンドリーなレインボー都市（同志友善彩虹都市）として
アジアでも広く知られるようになりました．……今後，台北市が，国内だけ
でなく全アジア地域において，**もっとも LGBT フレンドリーなレインボー
都市**となることを期待しています．（強調筆者，郝龍斌 2010: 4-5）

このようにして，行動戦線（1996年）や台北市長選挙への介入運動（1998年）
を契機に開催が始まった台北フェスティバルをとおして，馬英九や郝龍斌に代
表される政治エリートは「LGBT フレンドリー」言説を構築してきたのである．
換言すれば，台北市による「LGBT フレンドリー」な施策を可能にした主要な
アクターは性的少数者の当事者運動であったということができる．そして，民
間の LGBT 団体を運営主体として公的イベントを2000年から継続的に開催し
てきた台北市は，実際，2010年代には「LGBT フレンドリー」な「国際都市」
として，台湾を代表するだけでなく「アジアでも広く知られる」ようになった

204　第Ⅱ部　セクシュアリティで見る東アジア

(Jacobs 2014). 次節では，2000年に野党としてはじめて総統に就任した陳水扁による「人権立国」に着目し，国政の文脈で「LGBT」が政府の「人権」政策に包摂された背景を検討しよう．

3　民進党政府による「人権立国」と「LGBT」

3.1　民進党政府と「人権立国」

　台湾では1990年代から2000年代にかけて選挙運動が大衆化する中，性的少数者も総統選挙や市長選挙への介入運動を展開してきた．ただし，性的少数者が選挙戦において大規模動員をもたらすほどの政治力を持たなかったことは前述のとおりである．事実，1995年や2001年の立法委員選挙では性的少数者団体の政見要求を黙殺した候補者が多数であり，また2000年の総統・副総統直接選挙でも当選の可能性がもっとも低いとされた候補者（無所属の許信良・朱恵良ペア）が回答を寄せただけであった[27]（朱偉誠 2005）．とするならば，性的少数者の選挙における動員力がきわめて限定的な状況において，陳水扁や馬英九をはじめとする政治エリートは，なぜ「ゲイ／LGBTフレンドリー」な立場を強調してきたのだろうか．本節ではこの点をより大きな政治的文脈に位置づけて検討したい．

　クィア理論を専門とする朱偉誠は「台湾における公民権言説と公民社会」（公民権論述興公民社会在台湾）と題した論文で同様の問題を提起し，その答えとして台湾社会の規範の変化と，政治エリートがそれを読みとる力にすぐれていた点を主張する．いわく，

　　戒厳令解除後の台湾社会が，新しい時代において正当的で主流たりえるアイデンティティをつくり変える過程で，LGBTを含むマイノリティの社会運動を支持することが開放的であると同時に進歩的であると見なされるようになった．……社会の進歩的な風潮の中で政治家たちは「イメージ政治」を展開し，LGBT運動の要求にポジティヴに応答してきたのである．したがって選挙戦ではLGBTのイシューをめぐって（見解の）衝突がみられることはほとんどなく，（陳水扁と馬英九という）2人の政治エリートは競争が激化する中で，少ないコストでLGBTの声に応じることで支持を拡大させようと試みてきたのではないか．（朱偉誠 2005: 7-8）

第7章 「LGBT フレンドリーな台湾」の誕生　205

　朱偉誠が指摘する社会規範の変化は，台湾の新聞メディアにおける「同性愛／LGBT」言説の歴史的変遷を考察した福永（2015）でも論じたとおりであり，実際，2000 年代の民主化以降の台湾社会において性的少数者のイシューは解決されるべき「人権」課題として強調されてきた[28]．

　それでも疑問は残る．たしかに権威主義体制から民主社会への政治変化の過程で，先住民（中国語で「原住民」）や女性差別などの「人権」イシューへの関心が急激な高まりを見せたことはよく知られている．事実，1990 年代には政治の自由化や政治の「本土化＝台湾化」潮流のもと，客家や原住民族を主体とする社会運動が影響力を拡大し，1997 年の第 4 次改憲では多文化主義の理念が「基本国策」として憲法に書き込まれている[29]．このような文脈において「マイノリティの承認」は社会統合の理念となり，「人権」や「マイノリティ」への社会的関心は急激に高まった．だが，これまで論じてきたように同性愛をめぐっては台北市内外の政治家やキリスト教を背景に持つ民間団体から激しいバックラッシュ運動が展開されており，馬英九は「LGBT フレンドリー」であることを理由に批判の矢面に立たされてきた．そうしたバックラッシュの大きさを考慮するならば，性的少数者をめぐるイシューの人権施策への包摂はかならずしも自明とはいえないのではないか．

　そこで，本節ではこの問いをより深く検討するために，2000 年以降の民進党政権のもとで展開された「人権立国」政策に着目する．というのも，「人権立国」こそが性的少数者のイシューを解決すべき人権課題としてはじめて規定した政策だったからである．以下では，まず「人権立国」の背景を説明し，次に「人権立国」を実現するための政策が性的少数者のイシューを包摂した要因を考察したい．

3.1.1　中華民国台湾の戦後史

　民進党政権による「人権立国」を理解するために，中華民国台湾の戦後史を簡潔にふり返っておきたい．

　中華民国は 1912 年に孫文を臨時大総統として中国大陸で成立した．アジア太平洋戦争が 1945 年に終結すると，中華民国は主要戦勝国の一国として国際連合の設立メンバーとなり，台湾の統治権を日本から移譲され，同年 10 月に台湾へ進駐する．ところが 1947 年 2 月 28 日に本省人による国民党役人への抗議デモをきっかけとして台湾全土で抵抗運動が勃発（二・二八事件）すると，

206　第Ⅱ部　セクシュアリティで見る東アジア

これを契機に国民党政府は台湾の言論統制を強化し，1948 年に動員戡乱時期臨時条款を施行，1949 年には戒厳令を布告する．動員戡乱時期臨時条款は1947 年 1 月 1 日に公布された憲法を凍結し，1991 年まで存続．これにより世界最長とされる 38 年間にわたる戒厳体制が可能になった．

　1949 年 10 月 1 日，共産党政府が北京を首都とする中華人民共和国を建国する．国共内戦に敗れた国民党政府は同年 12 月 7 日には南京から台北へ撤退し，台北を臨時首都とし，台湾島地域および金馬地区などを実効支配する国家として中華民国を再編成する．その後，中華人民共和国は「台湾解放」を旗印に，台湾島をはじめとする中華民国の実効統治領域への侵攻を目標に掲げる．他方，中華民国も「大陸反攻」を掲げて「1 つの中国」を実現するべく軍事力の強化をはかる．1950 年に朝鮮戦争が勃発して米中の対立が決定的になると，台湾海峡は冷戦構造に組み込まれていく．中華人民共和国と中華民国のあいだで武力衝突の危機はたびたび訪れるが，中国との本格的な戦争を望まないアメリカの影響下で中華民国の「大陸政策」は変更を余儀なくされ，「1 つの中国」をめぐる攻防は 1970 年代以降，外交領域に舞台を移してくり広げられる．

　1971 年，中華人民共和国が「中国」を代表する国家として国連へ加盟したことをうけて，中華民国は国連から事実上追放され，つづいてアメリカや日本をはじめとする主要国との断交を迫られる．一連の外交的挫折は，中華民国こそが「中国」を代表する正統かつゆいいつの合法的政府であるという国民党政府の公式主張に揺さぶりをかけるものであった．そして 1980 年代から 1990 年代をとおして政治の自由化が進展すると，「中国」アイデンティティからの脱却と「台湾」アイデンティティの形成が盛りあがりを見せる．一方，1980 年代後半から 1990 年代にかけて政治は激動の転換期を迎え，民主化潮流のもと，司法・行政・財政・憲政・教育など多くの領域で急進的な政治改革が進められた．

　約 40 年もの長期に及ぶ戒厳令体制は社会運動を萎縮させた．事実，女性運動も 1970 年代には反体制運動と結びついて弾圧されている[30]．その後，1980 年代以降，政治の自由化が進展するとともに社会運動は黄金の時代を迎え，性的少数者を主体とした運動も 1990 年代半ば以降に盛りあがりを見せる．2000 年の総統選挙で国民党をくだして権威主義体制を終結させた陳水扁も，弁護士として美麗島事件の被告弁護団に参加するなど党外活動に取り組んできた背景を持ち[31]，副総統としてコンビを組む呂秀蓮をはじめとする多くの党外活動

家が民進党・新政府のもとで重職を担うことになる.

3.1.2 民進党政府と「人権立国」

2000 年 5 月 20 日，民進党は国民党政府による約 50 年におよぶ一党独裁体制を終結させた．民進党の陳水扁は総統就任演説で「立ちあがれ台湾」と題したスピーチを述べ，「人権立国」を宣言した．

　21 世紀到来前夜，台湾の人々は民主選挙という手法を用いて歴史的な政権交代を果たしました．これは中華民国がはじめて経験する歴史であるだけでなく，全華人社会にとって記念すべき出来事です．台湾はアジアにおける民主化の新しい規範を樹立し，世界的な第三の民主化潮流に感動すべき事例を加えることができました．……

　私たちは自由と民主こそが普遍的で不滅の価値観であり，人類が理性をもって追求すべき目標であることを，神聖なる選挙をとおして世界中に証明しました．……

　中華民国は国際社会において重要な役割を果たしていくことができるでしょう．つよく結ばれた交友国と実質外交を継続し，さまざまな国際的 NGO にも積極的に参与します．人道や経済協力や文化交流など多様な方法を用いて……台湾の国際社会における生存空間を拡大し，国際社会に復帰しましょう．

　さらに，国際的な人権擁護にたいしても積極的な貢献を果たします．中華民国は世界の人権潮流の外に身を置くことはできず，私たちは「世界人権宣言」，「市民及び政治的権利に関する国際規約」，さらにはウィーン世界人権会議における宣言と行動計画などを遵守し，**中華民国も国際人権体制の枠組みに入ります**．

　そのため，新政権は，立法院に「国際人権規約」の批准を要請し，それを国内法化して「台湾人権規約」とします．私たちは，国連が長期にわたって進めてきた主張を実現するため，台湾に独立運営の「国家人権委員会」を設立し，さらに国際法律家委員会ならびにアムネスティ・インターナショナルという 2 つのすばらしい人権 NGO を招聘し，わが国のさまざまな人権保護政策の実施に向けての協力を依頼し，中華民国をもって **21 世紀における人権のあらたな指標**にしたいと願います．（強調筆者，陳水扁 2000）

陳水扁は総統就任演説において「民主」と「自由」を新時代の規範に掲げた「人権立国」を宣言した．民進党政府は「21世紀における人権のあらたな指標」を体現するとした宣言を実行に移すべく，「人権立国」を実現するための政策を矢継ぎばやに展開する．その皮切りとして2000年10月には総統府に「人権諮問グループ」が設置され[32]（呂秀蓮副総統を主任委員に任命），弁護士や法学者，専門家，アムネスティ・インターナショナル台湾総会秘書長などの30名からなる委員会が結成された．2001年7月には行政院人権保障推進チームが設置され，2002年に『国家人権政策報告書』を刊行し，ここにおいて「同性愛」と「トランスジェンダー」の人権保障の項目が「マイノリティと特殊権利主体の保護」として導入されている（行政院人権保障推動小組 2003）．さらに，2002年10月には法務部が「人権基本保障法草案」を起草し，同性パートナーシップの制度保障が検討課題に組み込まれた[33]．かくして，民進党政府による「人権立国」を実現するための一連の政策の中で「同性愛」や「トランスジェンダー」は政府が取り組むべき人権課題に包摂されたのである．

また，民進党政府は「人権立国」を実現するための戦略として「人権外交」を打ち出し，これは以下の5つを含むものとされた（佐藤和美 2007）．①国際人権組織への加盟．②国際人権規約への加盟・調印・批准の推進と，その国内法化．③国際人権機関や各国の人権団体との交流や協力関係の強化．④国内人権団体の国際社会での支援および，政府と民間の関連人材の育成．⑤「民主と人権」を，他の民主国家との第2ルートによる対話の主要議題とし，各国の青年層との交流・連携を強化することである．

民進党政府の「人権立国」や「人権外交」の背景を考察するには，台湾の国際社会における周縁的ポジションを理解しなければならない．佐藤和美（2007）によると，「民進党政権の人権外交は，人権問題をテーマとした第2トラック外交の開拓であると同時に，欧米諸国，特にアメリカと人権基準を共有しない中国に対抗する『人権社会』台湾をアピールするという，ソフトパワーを駆使した外交」であると要約される（佐藤 2007: 131）．前述のとおり，国際社会における中華人民共和国の台頭をうけて台湾は国連追放（1971年）を皮切りに，アメリカや日本などの主要国とのあいだで国交の断行を相次いで経験している（図表7-1参照）．1970年代から80年代にかけては飛躍的な経済成長が政治的孤立を緩和し，経済実態としての国際的プレゼンスの拡大を果たしたものの，1990年代以降は国際情勢の変化をうけて，国連復帰運動に代表される

第7章 「LGBTフレンドリーな台湾」の誕生　209

図表7-1　中華民国台湾と中華人民共和国の国交国数の推移

年	1950	1954	1965	1969	1971	1972	1975	1979	1986	1992
国家総数	87	91	132	141	147	147	156	164	171	189
中華民国と国交 同上比率（%）	37 43	39 43	57 43	68 44	55 37	42 29	27 17	22 13	23 13	29 15
中華人民共和国と国交 同上比率（%）	18 21	20 22	48 36	44 31	65 44	86 59	106 68	120 73	133 78	152 80
双方と国交なし 同上比率（%）	30 34	30 33	25 19	27 19	26 18	18 22	21 13	20 12	13 8	6 3
中華民国台湾・備考	米，台湾海峡介入	米華相互防衛援助条約締結	米経済援助終結	国交国数最大	国連追放	対日断交		対米断交，米華条約廃棄，国交国数最低	民進党結成，本格的自由化開始	国連復帰運動開始

資料：若林正丈（2008：112）を参照して筆者が作成

ように国際社会における生存空間の拡大が喫緊の政治的課題となる．

　1990年代後半から2000年代にかけて，台湾は中国の経済大国としての急速な台頭による中台間のパワー・バランスの変化と，米中関係を軸とした中台間の相対的関係の変化という，2つのバランスシフトとの対峙を迫られた（佐藤2007）．経済面では，中国が「世界の工場」として世界経済における存在感を増す一方，台湾の経済成長は減速傾向を見せる．また台湾企業が生産拠点を中国へシフトさせた結果，国内経済の中国依存度も増加．くわえて，戦後一貫して台湾の強力な支援者であったアメリカも，中国との関係を重視し始める．アメリカの対外政策における中国の重要度は急激に高まり，アメリカ政府は経済面のみならずテロ対策やエネルギー問題などさまざまな国際的イシューについて中国政府からの協力を必要とするようになった（佐藤 2007: 133-134）．

　つまり，民進党政府が「人権立国」や「人権外交」を宣言した2000年代とは，台湾が国際環境の急激な変動に直面して国際社会における生存空間の拡大を喫緊の政治課題とした時期であった．そもそも民進党は，過去には党外勢力として民主化運動をつうじて勢力を拡大させてきた背景を持ち，こうした「党の歴史の延長線上に立ち，政府主導により台湾を人権社会としてさらに成熟させることで『人権立国』台湾を内外にアピールし」，同時に「人権・民主」イ

シューを対外交流の基盤に置くという，「いわば台湾の国際活動空間を拡大するための間接的な手段」として「人権外交」が展開されたと佐藤は分析している（佐藤 2007: 131）．

　民進党による「人権立国／人権外交」が対中国意識に依拠したことは自明である．というのも，民進党は 1990 年代にはすでに国内の人権状況を国際社会へアピールするために中国国内の「人権侵害の被害」を強調していた．たとえば 1993 年に民進党が出版した外交政策白書では，1989 年の天安門事件によって露呈した中国の人権侵害状況と台湾の民主化とを比較して，「人権尊重が世界秩序を構築するスローガンとなった国際社会において，人権保障社会として成熟した台湾の国際的イメージが，対外政策推進に，特に米台関係強化に寄与する」と論じていた（佐藤 2007: 132）．2000 年にも，ワシントン戦略・国際研究センター代表を含むアメリカからの賓客を招待した第 7 回「台北円卓会議」において，総統に就任したばかりの陳水扁は次のように述べたという．

　　中華民国版人権委員会の結成はすでに具体化し，就任演説でも述べたように，中華民国は 21 世紀においても人権を一層重視していきます．中華民国と中国の決定的な相違点は民主政治であり，これは中国がわが国に及ばないところであります．（佐藤 2007: 135）

　こうした民進党政府による一連の「人権立国」関連の政策および国際社会への広報活動の結果，台湾の対外的イメージにはたしかに変化が見られた．例をあげると，2003 年には陳水扁が国際人権連盟から「人権賞」を授与され，中華圏の最初の受賞者としてニューヨーク市内で開かれた授賞式に出席している．授賞式の直前には，民進党政府が同性パートナーシップの制度保障を検討する姿勢を示しており，その結果，授賞式のさいに「『東アジアで台湾が最初に同性婚を実現？』というニュースは世界にとどろいた」という[34]．（王蘋 2003）

3.2　進歩的人権課題としての「LGBT」

　LGBT の尊重は多様な文化の尊重と人権の保障を意味している．それは先進国家の人権指標のひとつであるだけでなく，私たちの卓越した国家が人権先進国と同質であることの重要な証明でもあります．（馬英九 2004: 1）

以上見てきたように，「中華民国をもって21世紀における人権のあらたな指標」にすることを掲げた民進党政府の「人権立国」や「人権外交」は，対米・対中関係に規定されたことが明らかになった．民進党政府は，「人権後進国」の中国とは対称的に民主化の成功を実現したとするアイデンティティに依拠し，人権状況の改善を国策に据えることによって対米関係の深化や国連に代表される国際機関・国際社会への復帰を実現しようと企図したのである．とするならば，2000年代の国際社会において新しい人権課題として関心を集めた「LGBT」こそが，台湾政府にとっては国際社会にキャッチアップするとともに性的少数者に抑圧的な政策を展開してきたことで知られる中国と差異化できるイシューと考えられたのではないだろうか．

　実際，国際社会では1990年代から2000年代にかけてLGBTイシューの「人権化」とも呼ぶべき動きが見られた．たとえば，民進党政権によって台湾に招聘されたアムネスティ・インターナショナルは，1979年には早くも「同性愛を理由として人びとを迫害することは，彼らの基本的権利の侵害である」とする見解を表明したが，1990年代に入ってからLGBTの権利保障に取り組む姿勢を大きく打ち出している（アムネスティ・インターナショナル日本 2015）．また民進党政府の「人権立国」に大きな影響を与えたアメリカの動向に関しては，1990年代以降，同国のレズビアンやゲイの権利運動が台湾国内の新聞報道できわめて高い関心度をもって注目され，とりわけLGBT運動の発展がさまざまな角度から報じられたことが（福永 2015）の調査により明らかになっている[35]．

　そして1990年代，台湾が復帰を切望した国連においても，「性的指向」や「ジェンダー・アイデンティティ」にもとづく人権侵害の解消を求める機運は高まりを見せている．たとえば，東アジアの性政治に大きな影響を与えた1995年の第4回世界女性会議（北京）では，一部政府からの反対をうけて行動綱領への導入は否決されたものの，政府間会議において「性的指向」は守られるべき「女性の権利」として議題に取り上げられている（趙静・石頭 2015）．時代は下り，2007年には「性的指向と性自認の問題に対する国際法の適用に関するジョグジャカルタ原則」が公表され，2008年に性的指向と性自認が遵守されるべき人権イシューであると正式に表明されており[36]，国連の「LGBT」に関する取り組みは台湾国内でもつねに注目を集めてきた（福永 2015）．かくのごとく，1990年代から2000年代にかけて「LGBT」の人権は国

212　第Ⅱ部　セクシュアリティで見る東アジア

際社会において保障されるべき新しい規範となりつつあり，国際社会のそうした動向は台湾国内の当事者運動の展開とも呼応しつつ，マスメディアを介して受容されたのである．

　次に，中国の性的少数者をめぐる人権状況と台湾国内での表象を見ておきたい．中国では1997年まで同性間性行為は刑法における「道徳的腐敗」（流氓罪）として刑罰の対象とされ（1979年〜），くわえて1996年以降は「同性愛」をテーマにした書籍の出版や映画の製作・上映が禁止されたり制限を受けたりするなど，「同性愛」をめぐる表象は社会的制限を受け，当事者運動もしばしば政府によって弾圧されてきた．とはいえ本論において重要なのは，むしろ中国のこうした動向が台湾国内でどのように表象されたかという点である．これも福永（2015）で明らかにしたように，台湾国内では中国の「同性愛者」や「LGBT」の「人権被害の状況」を報じたニュース報道が少なくなく，中国の状況は **2000年代に入ってからはじめて国内で注目を集めた**ことがわかっている．さらに，これらの新聞報道の90%以上は，中国の「LGBT」が「LGBTフレンドリーな台湾」国内の状況とは対照的に共産党政府から抑圧されているとして「人権侵害」を強調する言説であった[37]．すなわち，台湾を「LGBTフレンドリーな社会」とする自己表象は，「中国」を他者化する言説を必要としたのである[38]．

　以上論じてきたような文脈を背景として，「LGBT」の人権保障は民進党政府によって取り組むべき政治課題として包摂されたのである．くり返すならば，「LGBT」の人権は台湾にとっては中国と差異化することのできるイシューであるだけでなく，国際社会の理念を国連にさきがけて体現することを可能にするものでもあったのだ．

　最後に，馬英九による台北レズビアン＆ゲイ・フェスティバルに向けた挨拶をあらためてふり返ってみよう．いわく，台北市による「レズビアン＆ゲイ公民運動（台北フェスティバル）」は「ジェンダーの人権教育にとって最初の一歩にすぎませんが，台湾地区およびすべての華人社会にとってひじょうに重要な意味をもつ大きな一歩」というものであった（馬英九 2001: 1）．もはやいうまでもないが，「LGBTフレンドリーな台湾」言説がしばしば婉曲表現としての「華人社会」や，より直接的には「中国」を参照軸として語られてきたことはけっして偶然ではなかったのである．かくして，性的少数者をめぐるイシューは政府の取り組むべき人権課題として規定され，民進党政府や，それを引き継

いでふたたび与党に返り咲いた馬英九率いる国民党政権の政治エリートたちも「LGBT フレンドリー」な言説を形成していった[39]．そして台湾が欧米先進国に劣らず「LGBT フレンドリー」であるとする言説は，台湾国内の LGBT 運動の活動家や研究者も流用をはじめ[40]，その結果，2010 年代には「台湾はアジアの LGBT にとって希望の灯火」（Jacobs 2014 による The New York Times の記事）であると評されるまでになった．

4 まとめ

本章では「LGBT フレンドリーな台湾」にかんする言説を検討するため，「LGBT フレンドリー」な政治エリートが台頭した経緯を検証した．最初に台北市の取り組みを取り上げ，次に民進党政府による「人権立国」に着目した．

第 1 に，台北市による「LGBT フレンドリー」な取り組みを見るまえに，1996 年に展開された新公園をめぐる性的少数者による台北市への抗議運動を取り上げた．「レズビアン＆ゲイ公民空間行動戦線」を名乗る運動は，陳水扁台北市長の性的少数者への関心を喚起することに成功し，2000 年以降の台北 LGBT フェスティバルを実現する契機をつくった．かれらの運動が台北市の姿勢を「ゲイフレンドリー」なものへと転換させた背景として，本章では権威主義体制から民主社会へと社会規範が変化する移行期にあった点を指摘した．すなわち，新聞メディアが「人権」の観点からこの運動を大きく取り上げる中で，国民党政府の権威主義体制を相対化する野党（民進党）のリーダーとして台頭した陳水扁は，かれらの要求を無視できなくなったのである．こうして性的少数者をめぐる問題も女性や原住民などのそれと同様に「人権」イシューであると台北市によって認知されることになった．

1998 年の台北市長選挙で「ゲイフレンドリー」な姿勢を公言して市長に就任した馬英九のもとで，2000 年より台北レズビアン＆ゲイ・フェスティバルの開催が始まった．台北市内外からのホモフォビックな批判が相次ぐ中で，歴代市長は「LGBT フレンドリー」な立場を堅持し，「LGBT も市民である」と主張しつづけた．本章では，台北市のフェスティバルが 1998 年の台北市長選挙を直接の契機としつつも，その主張内容や運営面において 1996 年の行動戦線の運動と地続きにあることを強調した．つまり，当事者運動が台北市の「LGBT フレンドリー」な施策を可能にした主要なアクターだったのである．

214　第Ⅱ部　セクシュアリティで見る東アジア

このようにして開催が始まった台北フェスティバルをとおして，2000年代の歴代市長たちは「台北市＝LGBTフレンドリー」言説を蓄積させてきた.

　第2に，陳水扁に代表される政治エリートが2000年代以降「LGBTフレンドリー」である立場を強調した背景として，民進党政府（2000年〜）による「人権立国」に注目した．民進党政府が「LGBT」の人権を政策課題とした要因として，まず，民進党の歴史的政治的背景を指摘した．国民党権威主義体制を打倒し，「民主」や「自由」や「人権」を掲げて勢力を拡大してきた民進党にとって，進歩的な人権課題である性的少数者のイシューは党の方針と親和性が高かった．次に，台湾の国際社会における周縁化されたポジションに着目した．中華人民共和国の台頭をうけて，1990年代より国際社会における生存空間の拡大を政治的課題としてきた台湾にとって，「人権立国」は国民国家としてのプレゼンスを拡大するための方略でもあった．そして民進党政府による一連の「人権立国」政策は対米関係および対中関係に規定されたことから，「LGBT」は「解決すべき人権課題」として政策課題に包摂されたと述べた．なぜなら「LGBT」は1990年代から2000年代にかけて国際社会で「先進的な人権課題」として関心を集めただけでなく，台湾にとっては「LGBT」に抑圧的な政策で知られる中国と差異化するためのイシューでもあったからである．また，台湾が権威主義社会から民主社会へと移行を遂げる過程で「マイノリティの承認」が社会統合のあたらしい理念となった点も指摘した．このような政治的文脈において，「LGBT」は民主時代のあらたな人権課題として包摂されたのである.

　最後に，台湾の首都である台北市は他の自治体よりも政治的にとりわけ重要な位置にあった点も指摘しておきたい．陳水扁や馬英九は台北市長時代の「LGBTフレンドリー」な姿勢を総統在任中も継続して採用しており，台湾で「LGBTフレンドリー」な政治エリートが台北市の首長から誕生したのはかならずしも偶然ではなかった．そして2016年時点で，台湾のすべての直轄市は「LGBTフレンドリー」（同志友善）を公言する首長によって占められている.

　また台湾の司法院大法官は，2017年5月24日，同性婚を認めない民法の規定を違憲とした上で，2年以内に必要な措置を執るよう政府に命じる，アジア初の画期的な同性婚を認める判決をだした．詳しくは福永（2017）を参照されたい.

　日本でも昨今，性的少数者をめぐるイシューは政治領域で高い関心を集めて

いる．とりわけ 2015 年 4 月に渋谷区で成立した，同性パートナーを婚姻関係に準ずると定めた条例（男女平等及び多様性を尊重する社会を推進する条例）が世論を喚起して以来，性的少数者にたいする差別の解消を地方行政や国政レベルで問う動きが加速している．実際，国政レベルでは与野党ともに「LGBT」を看過できない政策課題とみなし始め，さらにはパレードへの参加などをとおして「LGBT フレンドリー」を公言する政治家が見られるようになった[41]．

台湾や日本では，性的少数者が明示的な「排除」や「差別」の対象とされた時代は終焉へと向かいつつある．私たちは同性愛やトランスジェンダーであることを理由にスティグマを刻印されて排除される社会ではなく，むしろ「LGBT フレンドリー」な社会へと移行する転換期を生きているのだ．だが，台湾の歴史が示唆するように，性的少数者をめぐるイシューは多様なアクターによる単一的ではないポリティクスの結果として「排除」されたり「フレンドリー」に遇されたりするのであって，性的少数者である私たちに求められることが「LGBT フレンドリー」な政治エリートの誕生を手放しに称賛する姿勢でないことは，もはや自明である[42]．

※本稿は JSPS 科研費 JP16J08328 の助成による研究成果の一部である．

注
1) 本章は，東京大学大学院に提出した修士学位論文「台湾における性的少数者の社会的包摂と排除」の第 5 章を改稿したものである．
2) たとえば，The New York Times は「蔡英文：台湾初の女性総統について知っておくべきこと（Tsai Ing-wen: What you need to know about Taiwan's first woman president）」と題した記事の中で，蔡英文が「LGBT の権利獲得を支持した総統である」としてこのビデオメッセージに言及している（Moria 2016）．
　ただし蔡英文による同性婚法制化支持の姿勢表明は，台湾の当事者運動において手放しの賞賛を受けたとはいいがたい．実際，「多様性のある婚姻法案」草案を起草した NGO の台湾パートナーシップ推進聯盟（台灣伴侶權益推動聯盟）の許秀雯（代表）は「蔡英文は 2012 年にはすでに多様性のある婚姻法案の支持表明に署名をしており，（2015 年のビデオは）3 年前の姿勢をあらためて繰り返したにすぎない」とする冷ややかな声明を発表している（陶本和 2016）．
3) 2016 年 6 月現在，台北市の他，新北市，桃園市，台中市，台南市，高雄市，嘉義市の計 7 つの市で同性パートナーの登記がおこなわれている．これにより，台

216 第Ⅱ部 セクシュアリティで見る東アジア

湾人口の約 75％ が同性パートナーの登記が可能な都市に住んでいる計算になる（張童恩 2016）．なお，いずれも各市内の戸政事務所で申請をして登録が可能となるが，法的効力はない．身分証や戸籍謄本に関連の記載はなされないが，登録された同性パートナーは医療法上の「関係者」として認められる．

4) 林逸祥・孫旻暐（2014）によれば，「近年発表された台湾国内の人口調査では，性的指向が異性愛ではない者の割合は 4.4％ であった」という．また，台湾国際クィア映画祭（台灣國際酷兒影展 2015）は「近年の調査によると台湾国内のLGBT の割合は約 10％ であった」としている．ただしいずれも根拠は言及されておらず，管見のかぎり台湾で学術的手続きを踏んだ関連の調査は見あたらない．

5) 台湾と歴史的に密接な関係にある中国では，1957 年に最高人民法院が自発的行為にもとづく同性間の性行為を犯罪行為とみなさないとする判断をくだしたが，同性愛は「資本主義のもたらした害悪」として忌避され，文化大革命期には「同性愛」を理由とした死罪を含む「粛清」が頻繁におこなわれたとする証言が残されている（郭暁飛 2007；李銀河 2009）．さらに文革終焉直後の 1979 年に同性間性行為は「ごろつき」や「道徳的腐敗」として刑罰化され（「流氓罪」），97 年に刑法が改正されるまで存続した．また香港では同性間の性行為は，刑事犯罪条例において合意の有無にかかわらず当事者がともに 21 歳以上でない場合に禁止の対象とし，違反した両当事者にもっとも重い場合に終身刑を科すとした規定がある．ただしこの規定は 2005 年に市民の申立てによる司法審査を受け，ゲイ男性にたいして差別的であり，香港特別行政区基本法および民権条令に違反しているとする見解が出され，対象年齢が 21 歳から 16 歳に引きさげられた．

6) 1966 年の新聞紙面にはすでに「変性」という言葉が用いられていたことがわかっている（12 月 31 日付『聯合報』）．現在は新聞メディアでは「変性」と「跨性別」とが混在して使われている（福永 2015）．

7) ただし，こうした実務上の性別変更がいつ頃より見られたものであるかは不明である．

8) 具体的には，女性から男性へ性別を移行する者は，乳房，子宮，卵巣を含む女性器を取り除かなければならず，男性から女性へ性別を移行する者は陰茎および睾丸を含む男性器を取り除くことが義務づけられた．

9) 一部の当事者団体とは，台湾性別不明ケア協会（台湾性別不明関懐協会／Intersex, Transgender and Transsexual people care association）を指す．

10) とはいえ，2008 年の行政命令をめぐるトランスジェンダー団体の反応もけっして一様ではなかった．むしろ台湾性別不明ケア協会をのぞく代表的な当事者団体（台湾トランスジェンダー蝶園（台灣 TG 蝶園）と台湾同志ホットライン協会（台灣同志熱線協會））は「強制手術」要件の撤廃には慎重な姿勢を示しており，立場の相違が見られた．この点は，2015 年 8 月 14 日に筆者がおこなった両団体の聞き取り調査による（福永 2015）．

11) 1908年に建設された新公園は，日本統治から解放された直後の1947年には本省人（アジア太平洋戦争以前より台湾に居住する台湾人）による国民党政府への抗議活動の中心地となった．その経緯と概略は以下のとおりである（若林 2008）．1947年2月27日，台北市内で煙草を販売していた本省人の女性にたいして，国民党政府の取り締まりの役人が暴行を加えるという事件が発生した．国民党政府は日本統治時代の専売制度を引き継いで，煙草や酒，砂糖や塩を政府による専売制としていた．ところが煙草は中国では自由販売とされたため，取り締まりや暴行に不満を抱いた本省人が翌日市庁舎に集まって抗議デモをおこなったのである．憲兵隊はデモ隊に向けて発砲し，これを契機として，国民党政府と本省人による抗争は台湾全土に広がった．

　　本省人による抗議活動の背景には外省人の統治にたいする不満があったとされ，本省人は各地で軍事行動を起こして多くの地域で一時的に実権を掌握した．しかし国民党政府が大陸に救援を求めた結果，蔣介石はただちに援軍を派遣し，武力によってこれを徹底的に鎮圧した．国民党政府による支配は約2週間で回復されたが，その後も逃亡した関係者の摘発や武器の徴収が全土でおこなわれ，さらなる逮捕・監獄・処刑者がでた．これらを総称して「二・二八事件」と呼び，この事件による犠牲者の総数については，1992年に発表された行政院の調査チームの報告によると，約1万8千人から2万8千人のあいだとされている．なお，二・二八事件は国民党によるその後の統治にも大きな影響を与えた．たとえば，二・二八事件のさなかに発布された戒厳令は1987年まで解除されず，その間には「白色テロ」と呼ばれる政治的反対者や同調者にたいする政府の弾圧が長期にわたっておこなわれた．

12) 『孽子』とは，ゲイであることが発覚して学校や家庭から排除された青年が，たどり着いた新公園で年長や同年代の同志（ゲイ男性である同胞）たちと出会って自立していく過程を描いた文学作品である．戒厳令時代のゲイ男性の苦難を描き，台湾で絶大な人気を誇る作品である．

13) 強調は筆者による．

14) 1989年に，香港の活動家が「レズビアンやゲイ」を指す言葉として「同志」をもちいたのが性的少数者にとっての「同志」の起源である．1980年代当時の香港は中国にとっては国際社会との中継地であり，台湾にとっては中国との中継地であったことから，異性愛社会に抵抗する「同胞」としての「同志」は香港を起点として中国や台湾でも運動・学術領域を問わず急速に広がりを見せた．なお，台湾で「同志」が性的少数者を指す言葉として流用されたのは，管見のかぎりでは1992年の台北金馬映画祭における「同志映画特集」（同志影展單元）が最初である（福永 2015）．

15) 何春蕤（1996）．

16) 運動の中心的人物となった謝佩娟は，台北市による博愛特区の改修計画は公共

空間の「脱性化」を企図したものであり，「脱性化」に抵抗する運動でなければならないと考えたと述懐している（謝佩娟 1999: 128）．当時，台北市は「公共の安全」という名目でカラオケやゲームセンターなど性行為が発生しやすい場所の管理と取り締まりを厳格化していた．やや時期は前後するが，陳水扁施政下では 1997 年 7 月に新公園付近において警察による近年最大規模の臨検がおこなわれて 50 名を超えるゲイ男性が捕らえられ（7 月「常徳街事件」），同年 9 月には台北市の公娼制度が廃止されて 128 名の公娼のライセンスが取り消されるなどの施策が見られた．つまり陳水扁施政下では，未成年者の性行為やゲイ男性やセックスワーカーなどが取り締まりを受けるという状況が起きたのであり，「脱性化」とも呼ぶべき施策にたいする危惧を背景としてレズビアン＆ゲイ公民空間行動戦線は「情欲主体」という概念の構築を迫られたのである．

17）たとえば，1996 年 2 月 8 日には新公園で「十大・夢中・アイドル」投票がおこなわれた．「十大・夢中・アイドル」投票とは，レズビアンやゲイがそれぞれ「夢中」になっている「アイドル」を選出するという企画であり，同性愛者がみずからの性的欲望やアイデンティティを肯定的にとらえることを促すとともに，異性愛文化のアイドル投票を模倣することによって「主流文化の転覆」を試みるイベントとされた（謝佩娟 1999: 176）．選出された「アイドル」の多くは芸能人や歌手であった．政治家としてはゆいいつ馬英九が 10 位に選ばれたが，陳水扁の名前はなかった（馬英九の選出理由は「才能にあふれ，イメージもよく，学歴も抜群に高い」ことであった）（謝佩娟 1999: 付録 26）．

18）行動戦線に関する新聞記事は，1995 年 12 月 30 日より 96 年 2 月 12 日までの 3 カ月で全 7 社計 26 の記事が掲載されている．詳細は福永（2015）を参照．

19）行動戦線は新聞各社への広報活動を積極的におこない，結果として聯合報や中国時報など大手新聞社をはじめとする数多くの新聞社がその活動を取り上げた．新聞社が路線を問わず，かれらの運動を積極的に取り上げた背景には異性愛社会の性的少数者にたいする「好奇心」だけでなく（朱偉誠 2005），1987 年以降，雨後の筍のように社会運動が乱立し，権威主義社会から民主社会へと社会規範それじたいが変化の途上にあったことが大きかったと考えられる．一方，当事者運動が展開を始めたばかりの当時にあって，運動団体が活動資金を欠いた点もマスメディアへの広報を推進した要因だった（朱偉誠 2005）．行動戦線の主要メンバーは大学生で，活動資金はきわめて貧弱であった（謝佩娟 1999）．こうした資金状況はかれらの低予算のイベント内容（新公園でのピクニックやフリーマーケットの開催，アイドル投票やトークイベントなど）にもあらわれている．

20）ただし台湾 LGBT パレードは台北市議員からのホモフォビックな批判を受けて，2004 年には台北市が主催する台北 LGBT フェスティバルの管理から独立し，それ以降は民間団体の運営によって継続されている．

21）たとえば，日本では「性的マイノリティに関する政策調査プロジェクト（愛

媛）」が 2005 年の衆議院議員選挙以来，政見調査をおこなっている．同プロジェクトの公式ウェブサイトは以下 http://blogs.yahoo.co.jp/project_gl05，2016 年 6 月 15 日最終アクセス．

22）1995 年 12 月に実施された立法委員選挙では，台湾大学文学部教授の張小虹が発起人となって「レズビアン＆ゲイ観察団」（同志観察団）を結成し，台北市の候補者に政見アンケートを送った．しかし肯定的な回答を寄越したのは少数の候補者だけであった（朱偉誠 2005：7）．

23）これらの団体の中には「私たちの間」（台湾初のレズビアン団体）をはじめとする 1990 年代初頭の運動団体や大学サークルに加え，セックスワーカーの労働権を主張した日日春関懐互助協会や，1992 年に設立された労働運動団体（工人立法行動委員会）なども含まれる．

24）馬英九のリクルートによって民政局長に就任した林正修は，台北レズビアン＆ゲイ（LGBT）フェスティバルの開催を全面的に支持し，ホモフォビックな批判にたいしてもっとも積極的に応答してきた人物である．台北フェスティバルを調査した許雯娟も，林正修による全面的な支援を成功要因の 1 つに挙げている（許雯娟 2007）．

25）同ハンドブックは約 100 ページの厚さからなる冊子で，市長からの挨拶文や性的少数者に関する解説や当事者運動の歴史，民間団体やホットラインの紹介などを掲載している．

26）ここで言及されているように，台北レズビアン＆ゲイ・フェスティバルは 2003 年以降，「レズビアン＆ゲイ」に「バイセクシュアル」や「トランスジェンダー」をくわえた「LGBT」を名乗るようになる．その背景には，2000 年代初頭におけるトランスジェンダーやバイセクシュアル運動の台頭があった．

27）2000 年に実施された第 2 回総統・副総統直接選挙ではレズビアンやゲイに向けた政見をおこなった許信良・朱恵良（無所属）ペアの得票率は 0.63％ であった．この選挙では民進党の陳水扁・呂秀蓮ペアが得票率 39.3％ を得て当選を果たし，本節で論じる「人権立国」の取り組みが開始されることになる．

28）実際，「同性愛」や「LGBT」を含む新聞記事は 2004 年に量的ピークを迎え，たとえば『中国時報』で年間 134 件，『聯合報』で 110 件の記事が掲載され（単純計算で約 3 日に 1 度のペース），関心の高さを読みとることができる．さらに記事の内容も 2000 年代には「人権」の観点から語る記事が全体の約 40％ を占め，1980 年代や 90 年代と比較して大幅に増加していることが明らかになった（福永 2015）．

29）「本土化＝台湾化」は，1990 年代以降の台湾の政治を読み解く重要な概念である．若林正丈によると，政治の「台湾化」とは，「中国国民党が堅持してきた『正統中国国家』の政治構造（国家体制・政治体制・国民統合イデオロギー）が台湾のみを統治しているという 1949 年以後の現実にそったものに変化していく

220　第Ⅱ部　セクシュアリティで見る東アジア

こと」と定義される（若林 2008: 401）.

30) 戒厳令体制下の女性運動については本書収録の第 4 章（「台湾におけるフェミ
　　ニズム的性解放運動の展開」）を参照のこと.

31) 美麗島事件とは，1979 年 12 月，世界人権デーに高雄市でおこなわれた党外活
　　動家らによるデモを契機に，主催者らが投獄されるなどの言論弾圧に遭った事件
　　を指す．雑誌『美麗島』の主催者が中心となってデモを開催したため，美麗島事
　　件と呼ばれる．台湾の民主化に大きな影響を与えたとされる．2000 年に副総統
　　に就任した呂秀蓮もこれに関わった.

32) 2004 年に「総統府人権諮問委員会」へ改称.

33) 同草案はその後たびたび議論の俎上にのったが，最終的に成立には至らなかっ
　　た.

34) ただし，最終的には法制化が見送られたことをうけて，民進党政府による「ゲ
　　イフレンドリー」な姿勢を「国際社会へ向けたアピールにすぎない」として，性
　　解放運動の著名な活動家である王蘋は陳水扁を痛烈に批判している.

35) その 1 つとして，兵役への参与を求めるアメリカの性的少数者運動への注目度
　　は高く，この点に関しては福永（近刊 b）も参照.

36) 2008 年 12 月 18 日，国連総会において性的指向と性自認に関する声明が提出
　　された．この表明は性的指向や性自認による差別をおこなわない原則を確認し，
　　日本を含む 66 の国々によって提出された.

37) これらの記事の中からいくつかの見出しを例にあげると，「（北京で開催され
　　た）レズビアン＆ゲイ映画祭：政府の干渉を逃れるのは困難で中止」（『聯合報』
　　2002 年 6 月 24 日），「大陸 3,000 万人のゲイ：境遇はまさに『ブロークバック・
　　マウンテン』」（『聯合報』2006 年 1 月 18 日），「台北 LGBT パレード開催：大陸
　　の LGBT は羨望のまなざし」（『聯合報』2006 年 10 月 2 日），「2 万の LGBT が凱
　　達格蘭大道をパレード：中国の LGBT 当事者は目立たないようにこっそり応援」
　　（『聯合報』2009 年 11 月 1 日）などである．これらの記事は，中国の LGBT の置
　　かれた境遇を台湾のそれとは非対称的なまなざしでとらえている点が特徴的であ
　　る.

38) この点は，2000 年代以降のクィア・スタディーズで重要な論点の 1 つとなっ
　　ている Jasbir Puar のホモナショナリズム（Homonationalism）論を参照しつつ
　　（Puar 2007），別の機会により深く掘り下げて論考をおこないたい.

39) とはいえ，陳水扁や馬英九ら政治エリートによる「LGBT フレンドリー」な言
　　説は選挙運動のパフォーマンスでしかないとする批判も見られる．代表的なもの
　　として王蘋（2003）を参照.

40) たとえば，第 7 回台北 LGBT フェスティバル（2006 年）が同性婚挙式イベン
　　トを開催してキリスト教系保守団体からはげしい批判を受けたさい，フェスティ
　　バルの運営を担った台湾同志ホットライン協会の活動家は次のような返答をもっ

て再批判をおこなった．いわく，「同性愛は社会が進歩に向かって前進するとき
に避けてとおることのできない問題である．LGBT を尊重する都市は多様な文化
にたいする寛容度の高さを示しており，これは国際化や〈文化の〉先進性の指標
にほかならない」．つづけて，フェスティバルを主催する台北市にたいしては，
「首都として，その政策は中央政府よりもさらに開放的で先進的であることを目
標に掲げて保守派やこれらの差別的言論に負けてはならない」と発破をかけた
（『聯合報』2006 年 8 月 26 日）．もう 1 つ例をあげよう．台湾国際クィア映画祭
（台湾国際酷児影展）は「台湾はアジアの LGBT にとって希望の灯火である」と
題した The New York Times の記事を引用して，台湾が「LGBT の人権課題を
推進する国家としてアジアでもっとも耳目を置かれる存在」であることを強調す
るとともに，「真にアジアの LGBT の灯火となる」ために「台湾が中心になって
アジアのクィア映画の発展を先導し，アジア各国のジェンダー平等の権利にかん
する情報交流や共有を促す」として「アジア地域クィア映画祭連盟」の設立を宣
言している（台灣國際酷兒影展 2015）．活動家によるこれらの言説は，馬英九を
はじめとする政治エリートが 2000 年以降積み重ねてきた言説と地続きであると
いえよう．

41）たとえば，2016 年に開催された東京レインボープライドでは，性的少数者で
　　あることをカミングアウトしている政治家だけでなく，「LGBT フレンドリー」
　　を公言する政治家の参加が多数見られた．

42）本章で明らかになったように，台湾で「LGBT フレンドリー」な政治エリート
　　が登場したのは 1990 年代後半と日本よりも早く，日本と比較するならば両者の
　　あいだの「時差」が顕著である．本章の論点にそくしていうならば，国際社会に
　　おける周縁的なポジションが台湾をしてより進歩的な人権課題への関心を比較的
　　早い時期に喚起した要因の 1 つであった仮説を立てることができるが，日本の動
　　向に関しては別の考察をもっておこないたい．

参考文献

日本語文献

アムネスティ・インターナショナル日本（2015）「LGBT と人権——アムネスティ
　　の取り組み」（http://www.amnesty.or.jp/humanrights/topic/lgbt/amnestys_
　　efforts.html，2015 年 10 月 12 日最終アクセス）．

福永玄弥（2015）「台湾における性的少数者の社会的包摂と排除」東京大学大学院
　　総合文化研究科 2016 年度修士論文．

福永玄弥（2016a）「『蔡英文は同性婚を支持します』—— LGBT 政治からみる台湾
　　総統選挙」，シノドス，（http://synodos.jp/international/15953，2016 年 7 月 1
　　日最終アクセス）．

福永玄弥（2016b）「私たちが欲しいのは『理解』か，『人権』か？——東アジアと

LGBT の人権保障」, シノドス, (http://synodos.jp/international/16788, 2016 年 7 月 1 日最終アクセス).

福永玄弥（2017）「台湾で同性婚が成立の見通し——司法院大法官の憲法解釈を読む」, シノドス (http://synodos.jp/society/19837, 2017 年 7 月 29 日最終アクセス).

福永玄弥（近刊 a）「性的少数者の制度への包摂をめぐるポリティクス——台湾のジェンダー平等教育法を事例に」『日本台湾学会報』（19）.

福永玄弥（近刊 b）「同性愛の包摂と排除をめぐるポリティクス——台湾の徴兵制を事例に」『Gender & Sexuality』（12）.

何春蕤（2013）『「性／別」撹乱——台湾における性政治』舘かおる・平野恵子編, 御茶の水書房.

神尾真知子（2008）「東アジアの戸籍制度からみるジェンダー問題：2007 年 6 月アジア法学会研究大会報告」『アジア経済』49（3）：55-67.

金戸幸子（2005）「台湾の『両性工作平等法』成立過程に関する国際社会学的考察——多様化社会建設に向けた国家戦略としてのジェンダー主流化をめぐって」『日本台湾学会報』（7）：18-43.

佐藤和美（2007）「民進党政権の『人権外交』——逆境の中でのソフトパワー外交の試み」『日本台湾学会報』（9）, 131-153.

瀬地山角（1996）『東アジアの家父長制——ジェンダーの比較社会学』勁草書房.

清水晶子（2013）「『ちゃんと正しい方向に向かってる』——クィア・ポリティクスの現在」三浦玲一・早坂静編『ジェンダーと「自由」』彩流社, 313-331.

若林正丈（2008）『台湾の政治——中華民国台湾化の戦後史』東京大学出版会.

山崎直也（2002）「台湾における教育改革と『教育本土化』（indigenization of education）——「国家認同」（national identity）と公教育をめぐる政治」『国際教育』（8）：22-43.

欧文文献

Duggan, Lisa. (2003) *The Twilight of Equality?: Neoliberalism, Cultural Politics, and the Attack on Democracy*, Beacon Press.

Ho, Josephine. (2008) "Is Global Governance Bad for East Asian Queers?", *GLQ*, 14（4）：457-479.

Jacobs, Andrew. (2014) "For Asia's Gays, Taiwan Stands Out as Beacon", The New York Times, (Retrieved July 20, 2015, http://www.nytimes.com/2014/10/30/world/asia/taiwan-shines-as-beacon-for-gays-in-asia. html?_r =0).

Moria Weigel. (2016) "Tsai Ing-wen: What you need to know about Taiwan's first woman president", The New York Times, (Retrieved November 20,

2015, http://nytlive.nytimes.com/womenintheworld/2016/01/15/5-fast-facts-about-taiwans-tsai-ing-wen/）.

Patton, Cindy.（2002）"The Globalization of 'Alterity' in Emerging Democracies", Arnaldo Cruz-Malave and Martin F. Manalansan, *Queer Globalizations : Citizenship and the Afterlife of Colonialism*, NYU Press, 195-218.

Puar, Jasbir.（2007）*Terrorist Assemblages : Homonationalism in Queer times*. Duke University.

中国語文献

白先勇（1983）『孽子』遠景出版社.（＝2006, 陳正醍訳『孽子』国書刊行会.）

蔡英文（2015）「我是蔡英文，我支持婚姻平權」（https://www.facebook.com/tsaiingwen/videos/10152991551061065/, 2015 年 11 月 10 日最終アクセス）.

陳水扁（2000）「台灣站起來：迎接向上提升的新時代中華民國：中華民國第十任總統陳水扁宣誓就職演說全文」（http://www.president.gov.tw/Default.aspx?tabid=131&itemid=7542, 2015 年 7 月 1 日最終アクセス）.

郭曉飛（2007）『中国法視野下的同性恋』知識産権出版社.

郭玉潔（2012）「台北，被同性戀佔領的城市」, 紐約時報中文網,（http://cn.nytimes.com/culture/20121210/cc10taiwanletter/zh-hant/, 2015 年 1 月 11 日最終アクセス）.

郝龍斌（2010）『擁抱青春夢，共賞彩虹花』台北市政府民政局『台北 2010 同志公民運動：認識同志手冊』4-5.

何春蕤（1996）「同性戀與狗不得進入」中央大學,（http://sex.ncu.edu.tw/members/Ho/Hlist_05.htm, 2015 年 1 月 10 日最終アクセス）.

紀大偉（2010）「缺了同志人權不算完整民主」『中国時報』2010 年 10 月 28 日.

簡家欣（1997）「喚出女同志：90 年代台灣女同志的論述形構與運動集結」國立臺灣大學建築與城鄉研究所修士論文.

賴鈺麟（2003）「台灣性傾向歧視之現狀」『兩性平等教育季刊』（23）：14-21.

賴正哲（1997）「在公司上班：新公園作為男同志演出地景之研究」淡江大學建築學系碩士論文.

李銀河（2009）『同性恋亜文化』内蒙古大学出版社.

林逸祥・孫旻暐（2014）「共創同志心理健康」, 台中市政府衛生局,（http://subject.health.taichung.gov.tw/SUBhhc/form/index-1.asp?Parser=2,26,233,219,,,2519,,,,2, 2015 年 10 月 5 日最終アクセス）.

馬英九（2001）「多元的性別文化，友善的國際大城」台北市政府民政局『台北 2001 同志公民運動：認識同志手冊』1.

馬英九（2003）「台北：講究人情味的大都會」台北市政府民政局『台北 2003 同志公民運動：認識同志手冊』1.

224 第Ⅱ部 セクシュアリティで見る東アジア

馬英九（2004）「小小的種子，散播與與耕耘」台北市政府民政局『台北 2004 同志公
　　民運動：認識同志手冊』1.

馬英九（2005）「多元的六色彩虹，多樣的城市文化」台北市政府民政局『台北 2005
　　同志公民運動：認識同志手冊』1.

倪家珍（1997）「九零年代同性戀論述與運動主體在台灣」何春蕤編『性／別研究的
　　新視野：第一屆四性研討會論文集（上）』元尊文化，125-148.

台灣國際酷兒影展（2015）「第二屆台灣國際酷兒影展合作提案」（http://web.
　　cm.mcu.edu.tw/sites/default/files/u3/2015/document/TIQFF%E4%BB%
　　8B%E7%B4%B9.pdf，2015 年 10 月 11 日最終アクセス）.

台灣性別不明關懷協会（2013）「兩公約盟兩公約總檢討：各部會比一比：民間團體
　　公布兩公約四週年檢討報告」（http://www.istscare.org/2013/12/13/161/，
　　2015 年 11 月 2 日最終アクセス）.

台灣性別不明關懷協会（2014）.「跨性別者，陰陽人及性別不明者在性別登記及性別
　　平等議題」（http://www.istscare.org/wp-content/uploads/2014/05/ISTScare_
　　shadow_report_2014_chinese.pdf，2015 年 11 月 22 日最終アクセス）.

陶本和（2016）「蔡英文支持同志 3 年前早說過　許秀雯：請給具體承諾」，東森新聞
　　雲，（http://www.ettoday.net/news/20151031/589173.htm，2016 年 6 月 20 日
　　最終アクセス）.

王蘋（2003）「人權基本法三步曲打造同志『台灣夢』？」，性別人權協會，（http://
　　gsrat.net/events/events_content.php?et_id=10，2015 年 10 月 12 日最終アク
　　セス）.

吳翠松（1997）「報紙中的同志：十五年來報紙同性戀議題報導的解析」中國文化大
　　學新聞研究所修士論文.

謝佩娟（1999）「台北新公園同志運動：情慾主體的社會實踐」國立臺灣大學建築與
　　城鄉研究所修士論文.

行政院人權保障推動小組（2003）『2002 年国家人権報告』（http://www.humanrigh
　　ts.moj.gov.tw/public/Data/210493551854.pdf，2015 年 12 月 20 日最終アクセ
　　ス）.

許雯娟（2007）「臺北非常同志：臺北同玩節作為一種社會運動」國立臺灣大學建築
　　與城鄉研究所修士論文.

友善台灣聯盟（2012）「『台灣同志壓力處境問卷』調查結果初步分析」台湾同志諮詢
　　熱線協会，（http://hotline.org.tw/news/190，2015 年 11 月 20 日最終アクセス）.

張童恩（2016）「霸氣 8 縣市准同志伴侶註記涵蓋 75% 人口」，番新聞，（http://
　　www.ettoday.net/news/20151031/589173.htm，2016 年 6 月 20 日最終アクセ
　　ス）.

趙静・石頭（2015）『我们在这里』女权之声（＝福永玄弥訳，2016，『私たちはここ
　　にいる！：北京女性会議と中国レズビアン運動の記録』，第 10 回関西クィア映

画祭上映).

朱偉誠(2005)「公民權論述與公民社會在台灣」公民身份與文化歸屬工作坊(台中：東海大學社會學系)學術會議論文.

朱偉誠(2008a)「導讀：邊緣批評之必要」朱偉誠編『批判的性政治：台灣性／別與同志讀本』台灣社會研究雜誌社, Ⅱ－Ⅶ.

朱偉誠(2008b)「同志・台灣：性公民, 國族建構或公民社會」朱偉誠編『批判的性政治：台灣性／別與同志讀本』台灣社會研究雜誌社, 413-438.

朱偉誠(2009)「性別主流化之後的台灣性／別與同志運動」『台灣社會研究季刊』(74)：419-24.

第 8 章

中国との比較で見るセクシュアリティ
——性欲は社会が塑型する

瀬地山　角

1　はじめに

　セクシュアリティ（sexuality）という言葉を，カタカナを使わずに日本語訳するのは難しい．ジェンダーも似たような面がある．「性差」という生物学的に決まっていると勘違いされてきた領域に，「社会」という「色眼鏡」が挿入されていることに気がついた点が，ジェンダーという言葉の「破壊力」である．だから一語では訳せず「社会的性差」「社会的文化的性差」などとされる．

　セクシュアリティという言葉も，問題系は同じなのだが，世の中の勘違いの度合いがより重篤なので，ジェンダー以上に誤解されているように思われる．性意識，性欲，性行動といったものがどのようなあり方をとるかは，社会的，文化的に，あるいは日々の生活の中で決まるものであり，そのあり方を指してセクシュアリティと呼ぶ．「社会的性」では意味が通じないし，「社会的性欲」では「欲」の部分だけではないので，概念として狭くなりすぎる．したがって結局カタカナ表記しか流通していない．中国語ではジェンダーについて「社会性別」という定訳があるが，セクシュアリティに対しては，そうした訳語も定着していない．表音文字を持たない以上なんらかの漢字で表現せざるを得ないのだが，「性」や「性相」といった用語が統一されることなく使われている．

　本章では中国社会のセクシュアリティに関するいくつかの統計データを参照しながら，日本社会のあり方を逆照射することを試みる．題材としては自慰を中心に扱う．自慰というのは，生存に不可欠な行為ではない．また種の保存に必要な行為でもない．つまり「ヒト」という動物にとっては別になくても困ら

ない行為だ.

　もちろん自慰行為をする動物は他にも知られているが，それでも「1匹（人）の個体」がどの程度自慰行為を行うかは環境に依存しており，生物学的に決定されているものではない．そして社会のあり方が他の動物よりもはるかに複雑である以上，少なくとも人間社会において，自慰は社会の産物なのだ.

　性欲はしばしば食欲，睡眠欲と並んで，3大欲求の1つに挙げられる．それもあってか，多くの人が「性欲は本能だ」と勘違いし，そして「性欲があるから自慰をする」と勘違いしている．確かに性欲の存在自体は，種の保存のためにヒトにある程度は埋め込まれているものかも知れない．しかしその性欲がどのような形で発現するかは，とても「本能」といった単純な概念で説明できるようなものではない.

　もし種の保存だけのために性交渉があるのであれば，現代日本社会のほとんどのカップルにとって「有効な」性交渉は生涯でたかだか1〜3回程度ということになる．後述のコンドームメーカーの調査にも出てくるが，日本は著しく性交渉の頻度が低い社会だ．だがそれでも週に1回の性交渉が1年間（約50週）で行われると仮定すると，25歳から45歳までの20年間で約1000回の性交渉があることになる．しかし合計特殊出生率が2を切っている状況では，性交渉を通じて生涯に産まれる子どもはせいぜい1〜2人だ．であればカップル間の性交渉の99.8％以上は，種の保存という観点からは「無駄な」ものだということになる．日本は婚姻外出生の著しく少ない社会なので，婚姻外の性交渉のほとんどが種の保存という意味からは「無駄な」ものと見なし得るし，女性が閉経すれば，すべての性交渉が「無駄な」こととなってしまう．同性愛の存在を「自然に反する」などと主張する暴論は，99.8％以上「無駄な」性交渉と，100％「無駄な」性交渉との間に，恣意的な線を引いているだけに過ぎない．人間の性というのは，種の保存などといった生物学的な観点から説明しきれるようなものでは到底ないのだ.

　本章の結論は，専門家にとっては大変凡庸なものである．性欲は社会的に形作られ，その社会によって生み出された性欲によって自慰やその他の性行動が行われる，ということを中国のデータと対照させながら，明らかにするという作業である．このような「凡庸な」結論が，なにがしかの意味を持ってしまうとしたら，それは今までのセクシュアリティ研究の中で，中国語や韓国語などの文献や研究があまり参照されてこなかったからだとしか考えられない．非西

228　第Ⅱ部　セクシュアリティで見る東アジア

欧圏の性に関する調査というのは，確かに利用できるものが少ない．ただ中国ではサンプリングの問題があるものの，いくつかなされてきているので，それを参照しつつ，議論を展開してみたい．

2　欧米との比較

　こうした性行動などの調査では，当然アメリカをはじめとする先進国のデータが蓄積されており，日本のデータもしばしばそれと比較される．代表的なのは『セックス・イン・アメリカ』（Michael et al. 1994 = 1996）である．アメリカで初めてきちんとしたサンプリングをして行われた調査であり，思われていたよりは控えめな調査結果が得られたことで逆に話題となった．日本語訳では上野千鶴子が解説を書いており，そこでは著者たちの議論を追認する形で「本書が発見した『アメリカ人の真実』とは何だろうか？　性革命のアメリカ，エロティックで刺激的なセックスに溢れたアメリカの『性の神話』に反して，平均的なアメリカ人は驚くほど保守的でつつましい性生活を送っている」ことが発見されたと述べている（Michael et al. 1994 = 1996: 393）．過去 12 カ月間のセックスパートナーが 2 人以上だった割合は，男性で 23%，女性で 12%．これはこの間に（夫婦を含む）排他的な交際の対象が替わっていれば，いわゆる「浮気」でないものも含まれることになる．既婚者に限るとわずか 5% で，アメリカ社会が強い一夫一婦規範を持つことがよくわかる[1]．

　自慰行為の頻度も思ったほど高くない．過去 1 年間にマスターベーションをしたことのある男性が 18 歳から 24 歳で 6 割程度，女性で 4 割未満．54 歳以上では男性では半分以下，女性では 3 割未満だが，30 代の女性ではほぼ半数となる（Michael et al. 1994 = 1996: 189）．独身者よりも既婚者の過去 1 年間の自慰の比率が高く，男性で 85%，女性で 45%．「マスターベーションはセックスの面で恵まれない人々のための代償行為ではなく，他の性行動とたがいに誘発しあう行為である」（Michael et al. 1994 = 1996: 191）．セックスをする人ほどマスターベーションをしやすいというのだ．

　上記のデータは充分に興味深いが，これと比較しても日本の性行動が，「奇妙だ」という意味で，変わっているという印象を持つほどではない．国際比較で日本が最も変わっているのは，なんといっても性交頻度の低さ，いわゆるセックスレスの問題だろう．これについては，別稿で論じる予定だが，簡単に紹

第 8 章　中国との比較で見るセクシュアリティ　229

図表 8-1　セックスの頻度上位 10 カ国と下位 10 カ国

順位	国	頻度（回／年）
1	ギリシャ	138
2	クロアチア	134
3	セルビア・モンテネグロ	128
4	ブルガリア	127
5	チェコ	120
〃	フランス	120
7	イギリス	118
8	オランダ	115
〃	ポーランド	115
10	ニュージーランド	114
32	中国	96
33	スウェーデン	92
34	台湾	88
35	ベトナム	87
36	マレーシア	83
37	香港	78
38	インドネシア	77
39	インド	75
40	シンガポール	73
41	日本	45

資料：Durex 社の調査（2005 年）より筆者作成

図表 8-2　性生活満足度上位 10 カ国と下位 10 カ国

順位	国	満足度（%）
1	ベルギー	57
2	ポーランド	56
3	オランダ	54
4	アメリカ	52
〃	クロアチア	52
6	イギリス	51
〃	スイス	51
8	アイスランド	50
〃	チェコ	50
〃	チリ	50
32	アイルランド	40
33	フランス	38
34	台湾	37
35	イスラエル	36
〃	イタリア	36
37	インドネシア	34
38	ポルトガル	33
39	香港	30
40	日本	24
41	中国	22

資料：Durex 社の調査（2005 年）より筆者作成

介しておこう．コンドームメーカーの Durex 社が数年に一度行っている調査
（Global Sex Survey）は有名だが，それの 2005 年調査[2]では日本人のカップル
の年間の性交回数は 45 回で，調査対象国 41 カ国中最低である．しかも次に少
ないシンガポールの 73 回とは大きな差があり，1 位のギリシャ（138 回），5 位
のフランス（120 回），7 位のイギリス（118 回）などと比べると約 3 分の 1 に
過ぎない（瀬地山 2014）．（図表 8-1 参照）

　中国は 96 回で 32 位だが，性生活の満足度は 22%と最も低く，その次に低

230 　第Ⅱ部　セクシュアリティで見る東アジア

いのが 24％ の日本だ（図表 8-2 参照）．「私の性生活は単調」と答えた人の比率
も中国に次ぐ第 2 位の 13％（中国は 7％）．「性に対してオープンな考えを持っ
ている」人の比率も 41 カ国中最低で，わずか 20％（同 45％）．別に困ってい
ないのであれば，性交の頻度など他人がとやかく言う性質のものではないが，
回数が極端に少なく，満足度も低く，さらにそれを解決するために必要な「オー
プンな考え」がないとなると，これは社会として，不幸であり，問題だとし
かいいようがない．

　自慰が「無駄な」行為であるのと同じように，セックスも種の保存という観
点からはほとんど「無駄」であり，だからこそどのようにそれがおこなわれる
かは文化の問題ということになるのだ．

3　中国との比較で見る日本のセクシュアリティ

　話を自慰に戻すことにしよう．筆者がここで示したいのは，そうした欧米と
の比較であぶり出されるようなデータではない．中国でおこなわれたいくつか
の調査を参照しながら，それを日本社会を考える上での論点として用いてみた
い．

　まず 1999 年から 2000 年にかけておこなわれた調査を見てみよう．『現代中
国人の性行為と性関係（当代中国人的性行为与性关系）』（潘・白・王・劳曼 2004）
として公刊されているものである[3]．サンプリングの方法は少し複雑だが，現
在の中国で完全なランダムサンプリングの調査ができないことを考えれば，比
較的サンプルバイアスに配慮した調査である[4]．

　同書でまず驚くのは，生涯の自慰の経験率が時代によって変わるという知見
である．中国はそもそも 20 世紀後半時点でも男性の自慰が一般的ではなかっ
た社会で，調査時点で 55 歳から 59 歳の間では生涯の自慰の経験率が男性で
12.6％ に過ぎず，25〜29 歳で 47.2％ となっている．

　さらに青年時（遺精を経験する平均年齢）の政治状況によって，生涯の自慰の
経験率が変わる．自慰が遺精という「受動的な」現象によって関連づけられる
ところも，日本と異なっていて興味深い．日本でももちろんそうした層はいる
が，性に関する情報のあふれかえる日本では，男性の最初の自慰は多くの場合，
より「主体的に」おこなわれてしまう．

　加えて政治状況による変化だが，新中国成立期（1949〜1955 年頃）に青年期

だった男性では，生涯の自慰の経験率が20.9％だったのに対して，大躍進運動（1958〜1961年）前後に青年期だった世代では18.7％になり，文化大革命（1966〜1976年）後期に青年期だった世代では14.7％となる．繰り返すが，これはその時期の自慰の経験率ではなく生涯の自慰の経験率である．

　大躍進運動や文化大革命は毛沢東を頂点として，中国共産党が経済建設以上に継続革命路線を重視した時期である[5]．社会の内部に階級の敵を見つけて批判や自己批判を繰り返したり，科学的な合理性を軽視して，主観的な能動性（やればできる）を強調した増産活動がおこなわれたりした時代だった．

　現代の日本社会では想像できないような，緊張した政治運動のあった時期で，1つ間違えば「非国民」扱いされたという意味で，第二次大戦期の日本に似ている部分があるといえば伝わるだろうか．その頃に青年期を経験した男性は，その前の世代に比べて**生涯**での自慰経験率が低いのだ．これはこの調査のサンプル内部から検出された違いなので，この調査が仮に多少のサンプルバイアスを持っていたとしても，意味を持つことになるという点から注目すべき現象である．つまり同じ中国社会でも，時の政治状況によって，生涯の自慰の経験率が「下がる」ということがありうるのだ．そしてその後の改革開放路線のもとで，自慰の経験率が上がっていく．

　性については，戦後日本社会は多くの場合，性規範がより自由な方向へと弛緩することのみを経験しているので，こうした「緊縮」の方向への変化は，社会がセクシュアリティにどれほど大きな意味を持つかを改めて示す現象として注目に値するといってよいだろう．

　そしてそもそも男性で生涯の自慰の経験率が50代後半で12.6％であったり，文革後期に青年期だった世代で14.7％であったりという現象が見られるのならば，現代日本社会の若年男性の9割を超える自慰の経験率が「自然」や「本能」などと呼べないことは明らかである．中国人男性の自慰が時代によって社会の抑圧を受けたものであるのと同時に，おそらく日本の若年男子の自慰の経験率は社会に「煽られた」ものなのだ．どちらをよしとするかという価値評価の問題とは別に，そこに社会が介在していることに，日本社会は気がついていないように思えてならない．「性欲があるから自慰をしている」と誤解したままでいるのだ．中国を鏡とすれば，それが「作られた欲望」だとわかるにもかかわらず．

　この研究は女性の自慰についても言及している．女性の自慰は日本でも抑圧

232　第Ⅱ部　セクシュアリティで見る東アジア

図表 8-3　女性の学歴と自慰の経験率（%）

無学	0.3
小学校在学経験あり	1.2
中学校在学経験あり	10.7
高校在学経験あり	15.4
短大・専門学校在学経験あり	16.9
四年制大学在学経験あり	30.8

資料：潘・白・王・労曼（2004）より筆者作成

が強いので，世代間で大きな違いが見られる．「抑圧」といわれてもピンとこ
ないかも知れない．女性が自分の性と向き合い，楽しむことをはしたないと考
える文化の中にどっぷりと浸かっていれば，その中にいる人間から見ればそれ
は「抑圧」とは思われず，それを当然とする環境にいるだけだ．ただそれを外
側から見れば，特定の規範に縛られた「抑圧」に見える．1999 年の NHK の
「日本人の性行動・性意識調査」でも女性の生涯の自慰の経験率が 30 代の 58
% をトップとして，40 代で 55%，50 代で 37%，60 代で 25% と下がっていく
（NHK「日本人の性」プロジェクト編 2002）が，中国社会ではより強い抑圧的規
範が存在したことを物語っている．

　一方中国のこの調査では，自慰と学歴の関係に注目している．図表 8-3 に見
るように，女性の学歴が上がるにつれて，自慰の経験率が上がっていくのだ．

　日本においてもそうであるように，女性が自らのセクシュアリティに向きあ
うという知識や機会がない限り，女性の自慰は起きにくい．当然だが筆者は自
慰の経験のない女性を否定的に評価しているのではないし，多くの女性が自慰
をすべきだといいたいのでもない．ただ社会として，特定の年代層や特定の階
層（たとえば学歴）によって，自慰の経験率が著しく違うとすれば，そこには
異なる抑圧があったと解釈するのが妥当であり，まさにそれこそが性が社会に
よって塑型されるという現象なのだ．

　潘・楊（2004）は，先述の『当代中国人的性行為与性関系』に用いられた調
査に加えて，四年制の大学生に対する 10 年間の追跡調査をもとにしたもので
ある．それで見ると，自慰の経験率は思ったより高い．全国調査との乖離は，
同じ社会の中にあってもまさに世代や学歴によって，自慰が異なったものとし
て立ち現れることを示している．

　この調査は 1991 年と 1995 年が北京地区の大学生，1997 年と 2001 年が全国

第 8 章　中国との比較で見るセクシュアリティ　233

図表 8-4　中国の大学生の自慰経験率（%）

	1991 年	1995 年	1997 年	2001 年
男子	84.8	81.0	81.2	83.5
女子	69.7	58.1	54.0	54.7

資料：潘・杨（2004：66）より

図表 8-5　日本の大学生の自慰経験率（%）

	1999 年	2006 年	2011 年
男子	94.2	94.4	91.1
女子	40.1	45.9	36.2

資料：日本性教育協会編（2001，2007，2013）より
　　　筆者作成

の大学生を対象としており，サンプルが違うために 1991 年調査の女性の自慰経験率が極端に高く出てしまっているのかも知れない．

　日本性教育協会が継続して行っている『「若者の性」白書』（「青少年の性行動全国調査報告」）では図表 8-5 に見るように男子大学生の自慰の経験率は著しく高い．これを見れば，日本が男性の自慰行為については，「性欲が作り出されている社会」と考えることができる．これに対して女子のそれが中国と比べても低めに出るのは，なんらかの抑制的な規範が作用していると解釈すべきだろう（日本性教育協会編 2001，2007，2013）[6]．

　中国における先述の 2 つの調査に中心的に関わった潘綏銘はこのあと中国のセクシュアリティ研究をリードする研究者となる．その代表的成果が『性之変』（潘・黄 2013）で，同書は少なくとも 2010 年代前半における中国のセクシュアリティ研究でもっとも有名なものといってよい．広範な領野にわたる研究であり，とてもその全体をここで紹介できるようなものではないが，ここでは，「社会が塑型する性」という観点から，その一部だけを取り上げてみたい．

　まずは出生年代別の女性の自慰と性交の初体験年齢である．これは経験者の平均年齢で，経験していない層をカウントできないので，データとしては全体の平均よりかなり早い年齢になる．興味深いのは，性交年齢が 1990 年代生まれを別にすれば，あまり大きく変化をしていないのに対して，自慰の経験年齢が 1950 年代生まれ，1960 年代生まれのように，文革の終焉（1976 年），改革開放路線の始まり（1978 年 12 月第 11 期三中全会）以前に思春期を迎えた層に

234　第Ⅱ部　セクシュアリティで見る東アジア

図表 8-6　中国女性・男性の出生年代別自慰と性交の初体験年齢

	新中国成立前（1940 年代）	50 年代	60 年代	70 年代	80 年代	90 年代
自慰	18.5	21.5	22.0	20.2	18.9	15.5
性交	23.3	23.3	22.8	22.3	21.1	17.1
自慰（男性）	19.6	19.6	18.6	18.0	17.5	15.2

資料：潘・黄（2013: 126）より

向かって，経験年齢が遅くなり，次に改革開放路線のもとで育つ，1970 年代生まれ以降でどんどん早くなっていくという現象である．いったん遅くなり，そして早まるという点で，潘・白・王・劳曼（2004）が確認した政治とセクシュアリティの連動を見て取ることができる．「自然」や「本能」ではなく，「社会」の痕跡なのだ．

　男性の自慰行為の初体験年齢は 1950 年代生まれで 19.6 歳，1980 年代生まれで 17.5 歳，1990 年代生まれでも 15.2 歳．潘・白・王・劳曼（2004）で見られたような，いったん経験率が下がって，のちに上がるというデータから見ると不思議に思われるかも知れないが，1940〜1950 年代生まれが思春期を迎えたのが文革期（1966〜1976 年）になるので，そもそも先のデータではもっとも経験率の低かった世代を出発点としており，かつ経験をした層のみを計算した数値だと考えれば，理屈として矛盾するデータではない．そしてこれらはいずれも日本では考えられないほど遅い．これは，中国社会の性の発現に対する「抑圧」を示すとともに日本の自慰行為がいかに「煽られた」ものであるかを逆照射しているということになる．

　ポルノに正面から向きあっているのも，統制の厳しい中国の中にあっては，大変めずらしい研究であり興味深い．日本では（もはや死語だが）「ピンク映画」のように，「エロ」を指す色としては「ピンク」が用いられ，英語ではブルーフィルムのように，「ブルー」が用いられることがあるが，中国語では「黄色」になる．したがって黄色を掃除する「掃黄」はポルノや買売春取り締まりという意味で使われる．

　ポルノを見たことがある層は 2010 年の調査で，18 歳から 30 歳の男性で 76.4%，女性で 49.6% となっている．当然だが，この数値自体が，その是非とはさしあたり別に，日本と比べればはるかに低い．比率が上がり続けており，政府がおこなう「掃黄」は実質的な意味を持っていないとする中で，日本の

AV 女優蒼井そらが，中国で大人気となり「蒼先生（蒼老师）」ともてはやされた現象も指摘されている[7]．

またデータから見る限り，ポルノを見たことがある層は，学歴の上昇とともに上がり，かつ性的逸脱行動を容認する方向には向かっていないと指摘する．一方で「インターネットが性関係を発生させる機会を増加させる」点について，肯定的か否定的かという価値評価の面では，調査対象の 14 歳から 61 歳で，肯定が 48.8%，否定が 51.2%．おそらく世代的な差異が大きいために起きた現象だと思われるが，社会の反応が完全に二分されているといってよいだろう．

最後に，逆に時代を遡ることになってしまうが，1990 年に行われた中国のセクシュアリティに関する調査から結果を引用して，「社会と性」について考えてみたい．これは「中国『性文明』調査」と呼ばれ，『中国現代性文化（中国当代性文化）』（刘达临編 1992）として出版されたものである．キンゼーリポートと同じで，ランダムサンプリングに基づく調査ではない．調査地点となる都市や町村をクォータサンプリングに近い形で選び，各地域ではランダムではない選び方で調査対象が選ばれている．したがって，たとえば自慰の経験率の数値が出たとしても，それを全国に当てはめることには慎重にならざるを得ないが，サンプル数は約 2 万あるので，要因間の分析にはある程度使いうるということになる．そうした点を前置きとしながら，1 点のみ紹介しておきたい．

「全裸でセックスをしている割合」というものだ（刘达临編 1992: 376-394）．最初に読んだときは正直に言って「何を考えてこのような質問を入れたのだろう」「こんなことを調べて何の意味があるのだろう」と不思議に思ったのだが，続く調査結果は興味深かった．全裸でセックスをする割合というのが，地域別や年齢別でどのように分布するかなどと考えたこともなかったからだ．

全裸でセックスをする割合について，さまざまな比較がなされているのだが，まず「南方で多い」という指摘があった．当たり前だろう．暑いからだ．その要素を除くために，上海の都市部とその近郊の農村部で比較して都市と農村の違いを示し，さらに都市部で年齢別，学歴別の違いを示す部分を抜き出したのが，図表 8-7 である．

一見してわかるように，農村部よりも都市部で，年齢では若い層で，学歴では高学歴層で全裸でのセックスの頻度が高くなっている．抽出されたサンプルの中での要因連関なので，多少サンプルがランダムサンプリングの状態から偏っていても，これは命題として成立しうるということになる．そしてこれが意

236   第Ⅱ部　セクシュアリティで見る東アジア

図表 8-7　中国における全裸でセックスをする割合（%）

	常に全裸	時々全裸	全裸になったことはない
都市農村別			
上海都市部男女（n＝2475）	7.9	55.8	36.3
上海郊外男女（農村）（n＝350）	8.9	40.0	51.1
年齢別			
都市部妻 26〜35 歳（n＝1585）	14.6	57.1	27.6
都市部妻 36〜45 歳（n＝1477）	8.5	52.9	38.6
都市部妻 46〜55 歳（n＝574）	8.4	42.3	49.3
学歴別			
都市部妻中学程度（n＝1239）	9.4	51.3	39.4
都市部妻高校程度（n＝1783）	12.5	53.7	33.8
都市部妻大学程度（n＝764）	14.7	55.1	30.2

資料：劉达临編（1992）より筆者作成

　味するところは，凡庸だが重要なことだ．人間は「学習」しないと裸でセックスなんぞしないのである．裸のセックスというのは人間にとって「自然」でもなんでもなく，おそらくは現代の西洋文化やその映画，ドラマなどの影響を受けて生まれた，ある「特殊な」性のあり方なのだ．

　実際日本の江戸時代の春画でも，ほとんどが衣をまとっており，全裸のものは少ない[8]．ということは逆に着衣でのセックスが「コスプレ」などとして，時に「変態視」される現代日本の状況は，二重にひねって元に戻っていることになる．つまり着衣から移行して全裸が「標準」になったことで，再び着衣への欲望が成立しているのだ．

　着衣でのセックスという「標準」から，肌と肌とが触れ合うという形へと性が「解放」され，それが次の「標準」となってしまったことによって，それを覆う着衣でのセックスに対して欲望が生まれる．「標準」や「禁忌」が生まれることによって，欲望が作り出され，そうした欲望による「逸脱」が「標準」となることで，次の「逸脱」が生まれるという意味で，これは社会が性欲を塑型する典型例であると考えられる．社会は常に「変態性欲」を生み出していることになり，それが一周回って，ある意味で元に戻ってしまったりするのだ，着衣→全裸→着衣，というように．

4 「正解」のない性

　私たちはしばしば性のあり方について，「自然な」「本来の」といった言葉を枕詞に用いて論じたりする．しかしそれが根本的に誤ったとらえ方であることが，これまで述べた中国との比較で見えてくる．それがまさにセクシュアリティという用語で性を考えることでもある．性は社会によって塑型されるのだ．

　性欲を喚起する商品に煽られて，マスターベーションを繰り返す「愚かな（？）」日本の若年男性は，自分たちの社会が課す制約から自由になったとしても，それは結局のところ，何かまた別の制約を負うだけだ．

　中国の女性や男性が，マスターベーションへのアクセスを持っていないからといって，そこからの「解放」を求めれば，おそらくは商品によって媒介された性の世界に入り込むだけだろう．

　私たちはみんな性について「色眼鏡」をかけている．特定の時代の，特定の社会の，特定の階層の「色眼鏡」だ．しかしその「色眼鏡」を外したところで，どこかに「真の」性があるのではない．もしそんなものが定義されれば，それは「正しい性」として必ず抑圧的な効果を持つ．私たちが性に関して本質主義（essentialism）を避けなければならないのは，性が歴史的，空間的にさまざまな様態をとることを，本質主義は認めようとしないからだ．

　したがって選択肢は構築主義（constructionism）にならざるを得ない．性欲が社会によって作られるとする構築主義の立場からできるのは，自分のかけている「色眼鏡」に気がつくことだ．しかしそれができたとしても，別の「色眼鏡」を通して性を見るだけで，「色眼鏡」がなくなることはない．私たちはなんらかの「色眼鏡」なしにものを認識することはできないのだ．それは終わりのないタマネギの皮むきのようなもので，むいてもむいても「本質」にたどり着くことはない．

　「正解」のない皮むきは無意味に思えるかも知れないが，中国のセクシュアリティ研究を対比させたことで，現代日本では，性欲があるからマスターベーションをしているのではなく，性欲が生み出されてマスターベーションが行われていることがわかった．これは欲望があって，商品が生まれるのではなく，商品があって，広告などによって購買の欲望が作り出されるという意味で，完全に「消費社会論」の議論になっている．商品そのものが摩滅する前に，買い

238　第Ⅱ部　セクシュアリティで見る東アジア

換えが起きるのは，新しい商品への（かつては存在しなかった）欲望が作り出されるからで，それはボードリヤールの議論の一部になる（Baudrillard 1970＝2015）．セーラー服が性的欲望の対象となるのだとすれば，それはもののみごとに「記号的な」欲望の消費だ．

　私たちはおそらくこのようにして，構築主義によって，一歩だけ「自由」を獲得する．つまり自分たちの性欲のあり方が，いかに社会によって塑型されているかを認識し，消費社会論と同じ構図になることを知って，「本能」や「自然」という言葉から距離を置くことが可能になる．あてどのない皮むきであっても，「正解がない」ことを知った分だけ，私たちは自由になるのだ．

　注
1）政治の世界でもアメリカでは一夫一婦規範が強調されるために，婚外性関係は大きなスキャンダルの対象となる．おそらくこの対極にあるのがフランス社会であろう．
2）2005 Global Sex Survey Results http://www.data360.org/pdf/20070416064139.Global%20Sex%20Survey.pdf（2017年3月25日最終アクセス）
3）この調査以降中国人民大学は，中国のセクシュアリティ研究の重要な拠点となっている．ちなみに著者4名のうち白維廉と労曼はアメリカ人である．前者はおそらく White William を意訳・音訳したものだが，後者は Roman の音訳で，名前がわからない．したがって文中の著者名表記では労曼のみ姓として2字表記している．
4）非農業人口にウエイトをかけているため，中国東南部地域がより代表されやすく，その中で住民委員会（居民委員会）ごとに，農村からの流動人口を反映しているところと，反映していないところに分けながら，住民委員会の中でサンプルを選び，さらに2000年のセンサスに合うように，ウエイトをかけて調整している．
5）文革の反省に立った1978年の中国共産党11期3中全会以降の改革開放路線と対比すると，経済全体の発展よりも，分配にもとづく平等を重視した時期で，社会主義革命後も，国内に階級的対立があるとの立場をとった．生産活動以上に政治運動に重点がおかれた時期である．
6）ちなみに2011年調査ではすべてのセックスなど性行動の経験率が下がるという，1974年にこの調査を始めて以来の変化が見られた．なぜそのようなことが起きたのかは，「草食化」といったキーワードで語られているものの，まだ学問的には説明できていない．
7）香港での出版であるが，『蒼井空現象學（蒼井そらの現象学）』（張梅 2013）と

いう本が出版されており，その裏表紙には若い中国の男性2人が「釣魚島（日本名，尖閣諸島魚釣島）は中国のもの，蒼先生は世界のもの」というスローガンを掲げている写真が載っている．

8）春画展日本開催実行委員会（2015）『春画展』の図版を見るとよくわかる．

参考文献

日本語文献

NHK「日本人の性」プロジェクト編（2002）『日本人の性行動・性意識』NHK出版．

日本性教育協会編（2001）『「若者の性」白書第5回青少年の性行動全国調査報告』小学館．

日本性教育協会編（2007）『「若者の性」白書第6回青少年の性行動全国調査報告』小学館．

日本性教育協会編（2013）『「若者の性」白書第7回青少年の性行動全国調査報告』小学館．

瀬地山角（2014）「あなたは大丈夫？『セックスレス大国』日本」東洋経済オンライン2014年11月13日（2017年3月25日最終アクセス）．

春画展日本開催実行委員会（2015）『春画展』春画展日本開催実行委員会発行．

欧文文献

Baudrillard, Jean（1970）*La Société de Consommation* ＝（2015）今村仁司・塚原史訳『消費社会の神話と構造』（新装版）紀伊國屋書店．

Michael, R. et al（1994）*Sex in America* ＝（1996）近藤隆文訳『セックス・イン・アメリカ』日本放送出版協会．

中国語文献

刘达临主编（1992）『中国当代性文化―中国两万例「性文化」调查报告』上海三联书店出版．

刘达临（2000）『20世纪中国性文化』上海三联书店．

马晓年・杨大中（2005）『中国女性性调查报告』光明日报出版社．

潘绥铭・白维廉・王爱丽・劳曼（2004）『当代中国人的性行为与性关系』社会科学文献出版社．

潘绥铭・杨蕊（2004）『性爱十年全国大学生性行为的追踪调查』社会科学文献出版社．

潘绥铭・黄盈盈（2013）『性之变――21世纪中国人的性生活』中国人民大学出版社．

張梅（2013）『蒼井空現象學――新媒體與形象行銷』香港：上書局．

第 9 章

日本のゲイは「普通の存在」になったのか？

森山至貴

1 問題設定

　日本社会においてゲイ（男性同性愛者）への差別が解消されているのかという問いは，「差別が解消されている」という表現を類似のものに言い換えるだけで問いの力点が変わってしまう，思いのほか厄介なものである．「寛容になってきている」「理解が高まっている」「普通の存在になってきている」「社会に包摂されている」といった表現は，基本的に重なりつつも，ニュアンスがそれぞれ異なる．

　そしてまた，言い換えたそれぞれの問いに対する答えも多様であり，しかも相反するように見える答えが必ずしも矛盾しているわけではないところも厄介である．「寛容」という語を用いた（同性愛に関する＝ゲイだけでなくレズビアンも議論の対象とした）例をいくつか列挙できる．石原英樹（2012）は世界価値観調査の二次分析をもとに，日本において同性愛への寛容性は基本的に増大していることを定量的にあとづけている[1]．他方，石原（2012: 37）自身も指摘しているように，ここでの「寛容」は無関心にすぎない可能性がある．あるいは「寛容」が「寛容を付与する側」の優位を覆さない構造的不正義の再生産にすぎない，との指摘もある（風間 2015）．同性愛は常にからかいの対象なのだから日本社会は同性愛に寛容であるとするのは間違いである，との主張も存在する（前川 2011: 210）．

　同性愛（者）に対する心的態度でなく同性愛に関する知識の「理解」に重心を置いても，標準的な解答を容易に共有できるようにはならない．たとえば，

同性愛に対する「無知」と「知ったかぶり」は 1990 年代から問題視されていた（ヴィンセントほか 1997）．この議論が危機感を持って指摘したのは，「誰が，誰の，何を理解するべきなのか」自体が「理解」する側に都合よく設定されてしまうという事態である．この時，「同性愛に理解がある」という言明は，むしろ同性愛差別を隠蔽する言葉となりうる．他方，市民の「理解」が不十分であることが国や自治体による差別是正の取り組みを控えて良いことの「理由」となってしまう例も存在する[2]．「理解」は，差別をめぐる議論の足場ではなくむしろ争点の 1 つなのである．

　事態をさらに複雑にするのは，差別される側もまた「もの言う存在」である（べきだ）という点である．後述するが，ゲイをめぐる歴史はゲイ自身の自己定義の歴史でもある．自己定義が変化すれば，「理解」すべき内容も，「寛容」であるべき対象も当然変化する．これも後述するが，レズビアンとゲイのカミングアウトが政治課題となった 1990 年代以降，当事者による自己定義と非当事者による他者定義の相互作用自体が一つの争点となる．また，男性が女性よりその発言を聞き入れられやすい社会においては，レズビアンに比べてゲイが自己定義をしやすく，受け入れてもらいやすい可能性も指摘できるだろう．

　したがって，ゲイへの差別が解消されているかとの問いに精緻に答えようとするならば，①ゲイ自身によるどのような自己定義が，②マジョリティ側にどのような形で受容されている／いないのか，という 2 点についての考察を避けることはできない．たとえば，「かつてに比べてゲイへの差別は減じている」という記述が仮に正しいとして，それが「ゲイのポジティヴな自己定義をマジョリティが受け入れるようになったから」なのか，「ゲイ自身の自己定義の方がマジョリティの受け入れやすいネガティヴなものに変容したから」なのかで，事態に対する評価も大きく変わってしまう．

　そこで本章では，ゲイ自身の自己定義とマジョリティによる他者定義の関係性を軸に日本のゲイをめぐる歴史を辿り直し，その帰結としての現在に特有の問題点を指摘する．結論を先取りすれば，ゲイに対する差別が減ったといえなくもないが，事態は決して望ましいとはいい得ない方向に動いていると指摘することとなる．

2 日本のゲイの歴史

本節では，まず日本のゲイの歴史を駆け足で辿り，次に自己定義と他者定義という観点からこの歴史を整理する．なお，「ゲイ（gay）」という言葉は太平洋戦争後進駐軍によって日本に持ち込まれたものだが（三橋 2015: 221），本章では自己定義と他者定義の関係性の変容を追いかける目的のため，「ゲイ」と「男性同性愛者」を互換的に取り扱い，同性愛概念が日本に「輸入」された1910 年代から現在までの歴史を追いかける[3]．

1910 年代以前の日本社会でも男性間の親密な関係性は存在したが，その担い手たちが自らを「同性を愛する者」と定義したり，また他者から定義されたりすることはなかった．たとえば，同性愛概念輸入直前の明治期における学生男色と呼ばれる男性間の親密な関係性は，学生の成長に貢献する「男らしい」行為であり，礼賛される場合も多かった．しかし 1900 年代に高等女学校が各地に設立され，女学生という存在が生まれると，男女学生の恋愛が主流化する（前川 2011: 20-141）．同じ男子学生という集団が学生男色から恋愛の担い手へと変容することは，同性間の親密な関係性がその担い手の「同性を愛する者」としての属性という自己定義を伴わなかったことを示している．

しかし，1910 年代に同性愛概念が輸入されると，男性同性愛を「変態性欲」として問題化し，その担い手を他者化して定義するマジョリティ側の視線が生まれる．同性愛概念は，当時流行していた通俗性欲学によって人口に膾炙し，結果として，男性間の性行為の担い手が，否定的な属性を持った集団としてくくりだされることになったのである（前川 2011；森山 2012: 31-40）．

そして，この否定的な他者による定義を引き受ける形で自らを同性愛者だと自己定義する男性同性愛者が生まれる．この「悩める『同性愛者』」（古川 1994: 48）としての他者定義の引き受けは，一方で「自らが迫害され抑圧される属性を持った人格である」というリアリティを伴うことによって男性同性愛者を苦しめた．他方で，肯定的な自己定義への書き換えを目指す主体としての男性同性愛者を可能にし，また特定の属性を持った集団としての協同を可能にすることで男性同性愛者のコミュニティ形成を可能にした．

1960 年代以降，性自認が男性であり，男性を性的な欲望の対象とする，という現在でも一般的な男性同性愛の定義が，ゲイ自身にとって明確に選び取ら

れていく．「男らしい」ゲイと，身体上は「男性」でありながら「女であろうとする」人々はしだいに区別されるようになり，1980年代にはこの区別はゲイ，トランスジェンダー女性の明確な分化を帰結した（村上・石田 2006: 529-539）．

他方，マジョリティ側も，1970年代前半には性的指向において自らと区別されるべき集団としてのゲイという他者定義を明確なものとする．アルフレッド・キンゼイ（Kinsey, A.）の『人間男性における性行動』の日本語版発売を契機として，1960年代には homosexual の略語としての「ホモ」が差別的なニュアンスを持ちつつ「新語」として発明される．1970年代前半には「ホモ人口」という表現が用いられるようになり，集団としてのゲイが想定され，否定的に眼差されるようになった（石田 2014）．

1910年代から1980年代までのゲイの歴史は，マジョリティ側からの否定的な他者定義をゲイ自身が自己定義として一旦は引き受けることで，集団としてのゲイが発展，維持していく過程であったとまとめることができる．ゲイは否定的な他者定義を引き受けることで精神的な苦痛を被り，クローゼットの中に閉じ込められ続けた．他方，その他者から定義される者として同じ属性を共有するゲイの集団が可能となり，互いをエンパワーするコミュニティの形成が促進されたという側面も重要である．

特に戦後確実に発達してきたコミュニティの支えもあり，1990年代には，ゲイ自身が「もの言う存在」として否定的な他者定義を肯定的な自己定義によって塗り替えようとする動きが活発化する．1994年には，伏見憲明がレズビアンの掛札悠子とともに全国キャラバンを行った（伏見 1991; 掛札 1992）．1997年には府中青年の家裁判において当事者団体であるアカーが全面勝訴を勝ち取った（ヴィンセントほか 1997）．

1990年代において，ゲイの自己定義の深化とコミュニティの凝集力のさらなる高まりを帰結した重要な事象は，HIV／AIDS である．HIV／AIDS を自らの問題として考えざるを得なかったゲイは，集合的な社会運動を自覚的に担うようになる．いわば，「エイズのゲイ化と同性愛者たちの政治化」（風間 1997）が起こったのである．HIV／AIDS に対する危機感が，ゲイとしての自己定義の引き受けと，同じ問題を共有し解決に向かうコミュニティの意義を再びゲイに意識させることになった．

他方，HIV／AIDS が，マジョリティによるゲイへの他者定義を強化した側

面も存在する．HIV／AIDS の問題を契機に，国家の公衆衛生政策のアクターとして，国家による支配に主体的に，かつ集団としてゲイは組み込まれていった（新ヶ江 2013）．

　ここまでの歴史を，自己定義の収束と，自己定義の他者定義に対する優越，という2つの点にまとめることができる．それぞれをコミュニティ（感覚）の醸成，ゲイプライドの確立，と呼び換えることもできるだろう．両者は密接に関連しているが，以下では区別して検討する．

　1910 年代から 1990 年代に時代が下るにつれて，ゲイとは何か，というゲイ自身の定義は，いくつかの歴史的な事象によってしだいに一本化していった．たとえば，1960 年代以降の男性同性愛者とトランスジェンダー女性の分離は，「男を愛する男」というゲイの自己定義の醸成にとって不可欠な条件であった．また，ゲイバーなどを通じてゲイ同士が交流する中で，互いが「同じ」属性を持つことが認識され，コミュニティへの帰属意識が高まっており，その傾向はHIV／AIDS 以降のゲイの「政治化」によってさらに加速した．HIV／AIDSをめぐっては，国家という「外圧」によって，公衆衛生のアクターとしてのゲイの集団の凝集性が高められた．内外の動きによって，ゲイは一定の自己定義を共有する集団として自らを規定していったのである．

　この自己定義によってマジョリティによる否定的な他者定義を乗り越えることが企図されたのが，次に重要な点である．1990 年代のいくつもの政治的達成は，否定的なまなざしや，それを維持した上での同情や憐憫ではなく，そもそもその否定的な他者定義を，ゲイ自身が発信している定義によって書き換えさせることを求める運動であった．マジョリティのまなざしに屈することの拒絶は，2007 年および 2010 年に東京でおこなわれたセクシュアルマイノリティのパレードが「東京プライドパレード」であることなどにもあらわれている[4]．

　ここまででまとめた以降のゲイの歴史，特に 2010 年代以降の歴史における大きなトピックとしては，ゲイ以外のセクシュアルマイノリティとの連携と，「同性婚」の2つを挙げることができる．前者に関しては，「LGBT」や「ダイバーシティ」という言葉がそれなりに日本社会に膾炙してきたこと，後者に関しては，渋谷区や世田谷区での同性パートナーシップ証明の発行開始などを証左として挙げることができる[5]．

　先取りして述べておくと，2010 年代以降の日本のゲイをめぐる状況は，先

の「自己定義の収束」と「自己定義による他者定義の乗り越え」がどちらも切り崩されている状態と捉えられる．一見すると「LGBT」「同性婚」ブームはこれまでの流れを促進しこそすれ阻害することはないように見える．しかし，実際はまさにこれらの事象こそが自己定義の拡散や他者定義への優越が単純には進展していないことを示しているのである．

　この点を論証するため，次節ではまず，自己定義と他者定義のかつての対立点の１つであった「普通」をめぐる議論を検討する．

3　「普通」をめぐる闘争

　ゲイに限らず，マイノリティへの差別に抵抗する試みが「普通」という言葉を通じて争点化されることはよくある．たとえば，「ゲイは病気じゃない，普通の存在だ」あるいは「ゲイはどこにでもいる普通の存在」などという言葉は，当事者からも非当事者からも発せられることがある．

　と同時に，この「普通」という言葉をマジョリティが使うことを被差別者が相当に警戒してきたのも事実である．なぜなら，普通であるか否かを判断するのが依然としてマジョリティであるならば，それは抑圧構造の転覆ではなく，むしろ強化にすぎないからである．さらに，その際「普通」の内容をマジョリティが決定しているのであれば，被差別者はマジョリティに「認めてもらう」ことを条件にマジョリティの期待に沿うよう脅迫されているのと変わらない．

　他方，そのような発話状況の問題性の他にも，「普通か否か」が差別をされなかったりされたりする理由となることに対する異議が当然存在する．「おっしゃるとおり私たちは普通ではない．しかし普通でないから差別してよいわけではないのだ」という主張も当然成り立つ．

　ゲイをめぐっても，「普通」をめぐるいくつかの立場が存在することを指摘できる．「普通か否か」「差別をしてもよいか否か」の２軸を組み合わせると４つの類型，現実的には３つの類型が想定でき，それぞれの類型に属する議論が歴史的には存在した（図表9-1）．

　1910年代から存在し，現在でも根強いのが，ゲイは普通の存在ではないので差別してもよい（立場 A）という主張である．ここでは古い例として，通俗性欲学における重要文献の１つであった澤田順次郎・羽太鋭治『変態性欲論』（1915）の記述を挙げておく（斎藤編 2000）．同性愛は「甚だ不自然」であり

246　第Ⅱ部　セクシュアリティで見る東アジア

図表 9-1　「普通」をめぐる類型

	普通でない	普通である
差別してもよい	立場 A：ゲイは普通の存在ではないので差別してもよい	（立場 B：ゲイは普通の存在なので差別してもよい）
差別してよいわけではない	立場 C：ゲイは普通の存在でないが，だからといって差別してはいけない	立場 D：ゲイは普通の存在なので差別してはいけない

「甚だ憂うべき」であり，「社会を破壊」するものだとして批判されている.

　　人の異性に対する感情，即はち色情は，性欲の最も普通，且つ自然なるものにして，個人の上にも，将た又，種族全体の上にも，必要にして，而かも欠くべからざるものなることは，既に説きたる如くなるが，茲に同性に対して快感を得んと欲するところの，一種の感情（甚だ不自然にして，而かも性欲の本旨に戻れるもの）を有するものあるは，怪しむべきなり．……
　　一般の人々より，考へらるるところに依れば，斯くの如く不自然にして，且つ不必要なる性交は，決して在り得べからざるものなり．……
　　……同性乃はち男と男と，女と女と相対しては，普通一遍の交際外に色欲の起こることなきは，言ふまでもなし．何となれば同性に対しては，互に忌ましく，其の関係を一種醜汚なるものと感ぜられるるが故なり．（斎藤編 2000: 234　漢字の新字体表記は引用者による）

　　同性間性欲は，甚だ憂ふべき一種の伝染病にして，其の蔓延するところの，社会を破壊することは，彼の亡国病なる肺結核，花柳病及び酒毒に似たり．（斎藤編 2000: 310　漢字の新字体表記は引用者による）

　ゲイは普通の存在なので差別してもよい，という主張（立場 B）は，異性愛中心主義的な社会においてはありえないので現実的には無視してよい．なぜなら，もしこの主張をするのであれば，ゲイ以上に「普通」である異性愛も当然差別の対象とならなければならないからである.
　他方，その見かけと異なり実際には差別性が隠れてもいると批判されてきたのが，ゲイは「普通」の存在なので差別してはいけない（立場 D）という主張

第9章 日本のゲイは「普通の存在」になったのか？　247

である．ここでは，1990 年代の府中青年の家裁判におけるアカー（動くゲイと
レズビアンの会）を支持した柄谷行人の文章を取り上げる．

　　ゲイを社会的に承認することは，ゲイに特別なものが何もないということ
　を承認することだ．……
　　……若くもなく，美しくもなく，非凡でもないような同性愛者が大多数な
　のだ．……ゲイに特別な価値は何もない．「価値」は差別が生んだものであ
　る．（柄谷 1997: 86-87）

　この引用においては，人がどんな属性を持っていようと扱いにおいて差をつ
けられてはならないというアカーの主張が，（柄谷から見たところの）ゲイの
「非凡でなさ」の指摘と地続きになってしまっている．確かに，裁判闘争にお
いては，柄谷が指摘したようにゲイに特有の「特別な」経験は捨象されざるを
えない．しかし，そのこととゲイが「特別なもの」であってよいことは両立す
る．裁判は社会そのものではなくその一部分であるゆえ，裁判で捨象されてし
まった部分に社会における何らかの意味が付与されることはあってもかまわな
い．
　「マジョリティが想像するよりゲイはずっと『普通の』存在である」ことが
反差別のために必要な認識となるならば，大多数のゲイが「非凡」に見えるな
ら差別があってもかまわない，ということになりかねない．どこにでもいる，
「普通の存在」であるか否かが差別の有無の論拠になってはいけないのである．
　上記の批判とは全く逆の方向の反差別の主張として，ゲイは「普通」の存在
でないが，だからといって差別してはいけない（立場 C）というものが存在す
る．この立場において重要なのは，「普通」でないこと自体がきわめて肯定的
な特性として指摘される場合もあることである．劣っているからといって差別
してはいけない，ではなく，そもそも差別してはいけない，加えてゲイの「普
通でなさ」は肯定的な価値を持つ，との主張がなされるのである．その最も典
型的な例として，フーコー（Foucault, M.）の一連の発言を取り上げる．

　　ゲイではない者たちを最も困らせるのは，ゲイの生活スタイルなのであっ
　て，性行為ではないのだということをしかと信じてください．……私は単に
　ゲイたちが，他の人々が関係について抱いている観念とは逆の，強固で満す

248　第Ⅱ部　セクシュアリティで見る東アジア

べき関係を成立させてしまうことに対する一般の恐れについて話していたのです．それは，ゲイが今までなかった関係の様式を創造できるということに対する恐れであり，それを多くの人々は認容することができないのです．（Foucault 1982b＝1987：71-72）

　新たな関係を発見し，発明するためにおのれの　性　を用いるべきだと私は言いたい．ゲイであること，それは生成過程にあるということであり，さらに，ご質問にお答えするため，同性愛者になるべきだではなく，しかし懸命にゲイになるべきなのだと付け加えましょう．（Foucault 1982a＝1987：41-42）

　ここで注目すべきは，ゲイの「普通」でなさは性的指向とは別の部分にあり，そこを肯定的に捉えるべきだ，という主張である．そのことを明らかにするためにフーコーは「同性愛」と「ゲイ」を区別するという，独自の用語法を提出している．その用語法自体は現代の日本社会で一般的とはいえないが，「普通」であることを拒絶する思想は，現代ではクィア・スタディーズの基本的な発想に受け継がれている．

　ここまでのいくつかの立場の検討においてもっとも重要なポイントは，いずれの立場においても，ゲイが「普通」であるか否かは，ゲイの全体に対して，（明示されていない場合もあるが）何らかの1ないし1つながりの連関した基準にしたがって判断されていることである．つまり，「普通な人と普通でない人がいる」あるいは「普通な部分と普通でない部分がある」という事態が決定的な重要性を持つとはほとんど考えられてこなかった．柄谷の引用中の「大多数」や，フーコーの無防備な「ゲイの生活スタイル」という言葉遣いに，それらの特徴は端的にあらわれている．
　しかし，筆者の見立てでは，2010年代のゲイに特有の問題は，このような「普通」をめぐる一様さの崩壊によって特徴づけられる．すなわち，「普通な部分と普通でない部分がある」ことや「普通な人と普通でない人がいる」ことが決定的な重要性を持つ時代をゲイは生きていると考えられるのである．次節ではそのような時代性の特質を検討していく．

4 ねじれと序列化

4.1 「普通」をめぐるねじれ

ゲイは「おしゃれ」であるという評価をもとに，ゲイへの好意を表明する語りが存在する．実際，テレビなどのマスメディアにカミングアウトした上で登場するゲイの多くは，スタイリストや美容の専門家など，「見た目の美」に関する職種の人々が多い．マジョリティの美的センスに辛口の批評を与えて変身させる，メイクオーバーメディア（マリィ 2015）の登場人物にゲイは多い．

前節の立場 C にも似たこの主張は，もちろん「おしゃれでないゲイもいる」という端的な事実に拠って覆されるべきであり，いってしまえば単なる偏見である．マスメディアが求めるゲイの「普通でなさ」は，実際のゲイの「普通でなさ」（があるとして，それ）とは異なる．

しかし，2000 年代以降のゲイに関する議論は，実はむしろゲイ自身が積極的に「おしゃれ」であることを求め，「おしゃれなゲイ」イメージを積極的に引き受けてきた，という側面を浮かび上がらせる．ポイントは，消費社会とゲイの関係である．

男性としての稼ぎを得て，「妻子を養う」ことのないほとんどのゲイの可処分所得は，消費社会におけるファッション企業にとってはターゲットとしての大きな魅力を持っていた．生活に必要でなくても商品を次々と購入する（＝差異を消費する）購買層を必要とする消費社会の企業にとって，したがってゲイの消費に訴えかけることはきわめて合理的な選択なのである．先進諸国では1990 年代以降明確にゲイをターゲットとした広告戦略がとられている．たとえば，Calvin Klein は 1982 年の広告からアンダーウェア一枚のみを身につけた男性を登場させるなど，ゲイ男性の購買意欲を刺激する広告戦略を現代まで一貫してとりつづけている．また，とりわけバブル崩壊後の日本社会では，落ち込んだ消費を補塡する購買層としてのゲイは積極的に必要とされていた[6]．

そして当のゲイ自身（正確にいえば所得の高いゲイ自身）もまた，この流れに積極的に応答し，消費の主体としてふるまうようになる．以下はその象徴的な事例の指摘である．

また新宿二丁目にほど近い有名デパートでは，2003 年秋に男性用の商品

250　第Ⅱ部　セクシュアリティで見る東アジア

販売を中心とするために売り場を改装した．以前からそのデパートではゲイ
が買い物をする姿をしばしば目にしていたが，男性用商品の売り場目当てに
さらに多くのゲイが買い物にきているようである．（河口 2003: 112）

　しかし，消費社会へのゲイの取り込みが同性愛差別の解消にはつながらない
ことを，ドゥガン（Duggan, L.）は「新しいホモノーマティヴィティ（new ho-
monormativity）」という概念を用いて指摘している（Duggan 2003）．新しいホ
モノーマティヴィティとは，既存のヘテロノーマティヴな体制に異議を申し立
てず，よき消費者として市場で存在感を示すことでその体制に認められようと
する同性愛者のあり方を指す．この際，異性愛主義的な社会体制は解体される
のではなくむしろ補完されより強固になる．
　したがって，消費社会に順応する，すなわちこの場合「普通以上におしゃれ
である」ことによって認められようとするゲイのあり方は，実際のところゲイ
への差別を温存する．このような状況が，それまでの運動の成果を否定するこ
とに対する批判も存在する（清水 2013）．

　他方，ゲイもまた「普通である」ことをアピールすることによって認められ
ようとし，結果として既存の社会体制を補強する，という危険性が指摘されて
いる要素として，同性婚を挙げることができる．
　そもそも，1970年代のゲイ解放社会運動は同性婚に否定的であった．たと
えば，アメリカの同性愛者の権利運動において同性間の「結婚という目標が比
較的広範に支持されるようになるのは一九九〇年代に入ってからであり」
（Chauncey 2004＝2006: 131-132），1970年代に「運動にかかわるレズビアンや
ゲイ男性の間では，結婚支持者は明らかに少数派だった」（Chauncey 2004＝
2006: 137）．なぜなら，結婚とは異性愛中心主義的な社会制度の最たるものだ
ったからである．
　1990年代以降，日本では2010年代以降に活性化した同性婚の法制化を支持
する声は，同性愛者の多様な生存に否定的に働くはずの諸制度を解体するので
はなく，補強する働きを持っている．たとえば，モノガミーや戸籍制度（堀江
2011）といった，既存の社会において「よき市民」として認められることと密
接に関連する諸制度を，同性婚支持者は結果的に，ないし自覚的に肯定してい
る．

第9章 日本のゲイは「普通の存在」になったのか？ 251

言い換えれば，同性婚支持の動きは，同性愛が「普通」のことであり，また異性愛制度と同じような「普通」さを同性愛（者）が帯びることをむしろ積極的に望んでいることと結果的に同義である．そこでは，「差異の承認と維持が存在しているが，それは同時に，『まっとうな市民』になることにより，セクシュアリティの側面を捨象することで，同性愛と異性愛の差異を減じるようにしていくこと」（河口 2013: 166）が要求され，またゲイ自身がそれを遂行しているのである．

以上の動きから見えてくるのは，2010年代以降のゲイは，「ある面では普通でなく，別の面では普通である」ことによって社会的承認を得ようとする生存戦略をとっている，あるいはとらざるをえない，ということである．もはや，「ゲイである」ことそのものが「普通か否か」という問いは存在し得ない．「普通か否か」は，「既存の社会体制に都合がよいか」に横滑りし，失効する．結果残るのは，普通に関する「ねじれ」である．

繰り返すが，「普通か否か」に関する言明を単なる「偏見」と単純に退けられないのは，ゲイ自身がまさにその基準にしたがって自己定義している場合も存在するからである．「ゲイゆえのおしゃれへの気の配り方，ファッションへの金払いの良さ」や「異性愛者と同じく，モノガミーに基づく安定的なパートナーシップを築く」ことを自らの美徳と認識するゲイは決して少なくない．もはや事態は，他者定義と自己定義のどちらが優先させるべきか，という問いを離れている．「他者定義と結託可能な自己定義の主体にいかに変容するか」が重要になっている．「ゲイへの社会的理解が進んだ」のではなく，「社会が理解できる形にゲイが自ら変容した」と表現することも可能だろう．

しかし，「金払いの良さ」という要素から明らかなように，誰もがそのような自己定義をおこなえるわけではなく，したがって「誰が『普通か否か』に関する現代的な自己定義を行えるか」という問いがここに浮上する．求められる自己定義をおこなう能力の有無に関する序列が存在する可能性が続いて検討されねばならない．

4.2 自己定義をめぐる序列化

社会の理解しやすい「ある面で普通であり，ある面で普通でない」ゲイ像に合致する自己定義を多くのゲイがスマートにおこなうことができないのであれ

ば，ある意味事態は単純である．既存の社会体制にとって都合がよくないゲイ
への差別など一向に解消しない，という帰結を生むだけだからである（もちろ
ん，筆者はそれでよいと主張したいのではない）．

　事態を複雑にしているのは，他のセクシュアルマイノリティに比べてゲイな
らば比較的「ある面で普通であり，ある面で普通でない」自己定義をしやすい，
という点である．正確に述べるならば，ゲイの中にもこの自己定義の容易さに
関する格差があるが，全体としては他のセクシュアルマイノリティに比べて容
易なのでその問題性が指摘されにくい構造ができあがっている．

　金を多く稼ぎよく消費することでセクシュアルマイノリティの承認を得よう
とする戦略は，必然的にセクシュアルマイノリティの中でもゲイだけが「認め
られていく」現状を生む．セクシュアリティについてオープンにしなければ，
「ノーマルな」人々と変わらず男性として働くことができ，子どもや配偶者に
所得を用いず自分のために使い切れるゲイと，治療に高額の費用がかかる場合
も多く，「見た目」による差別で就労の機会が奪われやすいトランスジェンダ
ーや，男女の賃金格差の影響を受けるレズビアンとでは，市場での購買能力に
決定的な格差が存在する．

　また，異性間の結婚が貧困によって難しくなる今，そもそも同性婚カップル
として想定されているような一定の水準以上の生活が可能なのは，セクシュア
ルマイノリティのカップルの中でも，男性同士のダブルインカムで子無しのゲ
イカップルに圧倒的に偏る．同性婚は，理念の上では権利の平等にまつわる議
題であるが，実際問題としては貧富の格差が親密な関係性の成立を左右する事
象と考えられる．渋谷区でパートナーシップ証明を申請する際に数万円する公
正証書を作成しなければならないことは，そのあからさまな一例である[7]．

　したがって，「ある面で普通であり，ある面で普通でない」ことによって社
会に「認められる」のは，比較の上ではゲイにとって容易である．セクシュア
ルマイノリティの中に格差が生まれ，ゲイは事実上「一人勝ち」している．

　しかし，全てのゲイがこの「勝ち」を享受できるわけではない．ゲイの間に
も当然格差は存在するからである．そしてさらに事態を厄介にするのは，にも
かかわらず個々のゲイはここでいうところの「勝ち」を希求するということで
ある．その鍵は，ゲイを他から差異化する性的指向という属性にとって根源的
な要素であるところの，性的欲望である．次項で検討する．

4.3 格差と「モテ」

「普通か否か」という条件を外してみれば，「ある面では普通であり，ある面では普通でない」，既存の社会体制に受け入れられやすいゲイのあり方の諸要素は，相互に無矛盾に連結する．すなわち，経済力があれば，ファッションに多くの金銭をかけることができ，そのようにして形成された「見た目の良さ」は，パートナーを得ることにつながり，結果としてその親密な関係性は規範的な家族像に近づく．因果関係の連鎖は他でもありうる．規範的家族へのあこがれは，パートナーの希求を包含しており，そのために「見た目の良さ」を得ようとする試みを，顔立ちなど所与の条件でない部分でのアピールに重きを置いておこなおうとすれば，必然的に魅力的に着飾ることが必要となり，経済的な豊かさへのインセンティヴが生まれる．

端的にいってしまえば，「モテたい」とゲイが思うことによって，「ある面では普通であり，ある面では普通ではない」自己定義は，むしろゲイにとって積極的に引き受けられるべきものになる．他者から（きわめて大雑把な表現になるが）「性的な」魅力のある人間と思われたい，という欲求それ自体は非難されるべきものでないゆえ，ゲイ自身の自己定義の変容を単に「体制への迎合」として批判することもできないし，またすべきでもないのである．

加えて，「モテる」者と「モテない」者の格差は，ゲイ男性同士の相互交流にスマートフォン上のアプリが重要な役割を果たすようになった2010年代以降，ますます広がってきている．「二丁目に捨てるゴミ無し」という言葉が象徴する，ゲイ男性のネットワークの中では誰もが誰かにとって性的魅力のある対象であるという信憑は，スマートフォン上のアプリを通じたドライな「選別」の主流化により，「モテる人と，その他大勢」の格差を生み出している（森山 2014）．2015年の東京レインボープライドの時期から急激に使用されるようになった「シャイニーゲイ（パーティやパレードなどへ積極的に参加し充実したライフスタイルを送る，「モテる」ゲイ）」（牧村 2015）という語と，彼らを揶揄しやっかむ発言の増大は，序列化がゲイ自身によって気づかれていることの証左である．

このようにゲイの中でも「シャイニー」なライフスタイルへ「抜け駆け」することが可能な現在において，そもそもゲイ全体の社会的承認や差別の是正を問うことが難しくなっている．正確には，承認の圧倒的な不在や差別，たとえば偏見に基づく心無い言葉や嫌がらせに対しては依然として抵抗の言葉は有意

味であるが，さまざまなゲイの置かれた社会的立場をまるごと劣位と括り問題
化することは難しくなっている．「ある面で普通であり，ある面で普通でない」
スタイルを自覚的に選ぶゲイが他より一足先に「理解」されてしまう，という
事態が存在するからである．

5　結論

「モテる者」≒「（資源を）持てる者」であり，さらにマジョリティに「理
解」されやすい者であるかもしれない，という事態を踏まえると，ゲイに対す
る「社会の理解」なるものの増大は見かけ上のものにすぎず，ゲイはかつてな
い分断の危機にあるとすら主張できる．この表現が誇張に過ぎるとしても，今
後「社会の理解」が進んでいく際，それがゲイに「持てる者」であること，ゲ
イ自身の言葉遣いに直せば「シャイニー」であることを条件とするものである
ならば，その「理解」がいかほどの価値を持つのか，という問いはもっと誠実
に検討されてよい．

　もちろん，この問題を純粋にゲイアイデンティティの問題性や他者理解の暴
力性といったトピックに還元することはできない．ゲイを対象としたマーケテ
ィングや，「シャイニーゲイ」の問題化に，現代の日本社会の経済状況がよく
ないという要因が極めて強く働いているからである．その意味で，経済状況の
推移によって，今後のゲイへの差別に関して全く思いもよらない方向に事態が
進む可能性を冷静に吟味しなければならないだろう．

　ただし，ゲイが自己の生き方を決められるようにすべきこと，他者理解が誠
実になされなければならないこと，という基本的な立場に忠実であろうとすべ
きならば，それでもなお気をつけておくべきことは指摘できる．自己定義と他
者定義の関係性を追ってきた本章の道筋から，次のような定式化が可能であろ
う．

　すなわち，「ゲイであること」「ゲイを理解すること」「ゲイとして理解され
ようとすること」はそれぞれ異なるものであり，他者理解が上手くいっている
ように思えるその時でもこの三者を串刺しにせず，その多層性に着目し，考察
しなければならない．「ゲイだって結婚したい」「ゲイは異性愛男性と違ってお
しゃれ」「ゲイは男と女両方の気持ちがわかる」「好きになった人が同性だった
だけで，その他の点は異性愛者と変わらない」……これらの言葉がどのような

第 9 章　日本のゲイは「普通の存在」になったのか？　255

意味で事実であったりなかったりするのか，それを誰が（ゲイが／マジョリティ側が，など）言っているのか，誰がそのように思おうと／思われようとしているのか，それらの分析なしに，「ゲイが差別されなくなった」「ゲイが理解されるようになった」「ゲイに対して社会が寛容になった」といった判断をするのは，（とりわけゲイの自己定義がねじれと序列化を抱えている現代においては）早計である．

　ゲイは昔に比べて差別されなくなったという，わかりやすくて間違っているとも言い切れないような言明によって隠蔽されてしまうものを捉えることが決定的に重要である．自己定義と他者定義が相互浸透しながらゲイが認識されていく現代日本において，その注意深い眼差しこそが，具体的なゲイの生きづらさを実際に解消していくためには必要なのだ．そうでなければ，差別の問題は「ゲイを理解した／された」というポーズがいかに共犯的に成り立つかに還元されてしまう．本章は，そのような誤謬を避けるために必要な「時代診断」の共有の試みであった．

※本稿は科学研究費補助金（若手研究（B），15K20932）による研究成果の一部である．

注
1) 石原によれば，1990 年代から 2000 年代にかけて，若年女性，若年男性，中高年女性の順に同性愛への寛容度が増大しているが，中高年男性の寛容度はそれほど増大していない．石原の議論の旨味は，むしろ同性愛への寛容に関して，日本社会の不均質さをデータに基づき指摘したことにあるといえる．
2) 東京都の「人権施策推進のための指針骨子」（2000 年 6 月 19 日発表）から，指針策定のための専門家懇談会提言に盛り込まれた「同性愛者の課題」が削除された．この件に関する同年 7 月 7 日の都議会総務委員会での質問に対し，田口正一人権部長（当時）は，「同性愛につきましては，多くの方々の理解を得るに至っていないなどの状況を考慮いたしまして指針骨子としてまとめた」と回答している（東京都議会　会議録の検索と閲覧システムより 2016 年 4 月 18 日最終アクセス）．2016 年 4 月に発表された自由民主党の「性的指向・性自認の多様なあり方を受容する社会を目指すためのわが党の基本的な考え方」という文書においては，「必要な理解が進んでいない現状の中，差別禁止のみが先行すれば，かえって意図せぬ加害者が生じてしまったり，結果として当事者の方がより孤立する結果などを生む恐れもある」（自由民主党政務調査会性的指向・性自認に関する特命委

員会 2016：1) という文言がある．つねに意図せず被害者の立場におかれるセク
シュアルマイノリティの状況よりも，マジョリティが「意図せぬ加害者」になら
ないことが優先されるべきだとすれば，それは「マジョリティが加害者にならな
いよう，マイノリティは差別を受けても被害者だと抗議せずに受忍しろ」と暗に
要求しているに過ぎない．

3) ただし「ゲイ」という言葉が日本に持ち込まれた当初は，男性同性愛者と男性
の女装者が区別されず「ゲイ」と呼ばれていた（三橋 2015：221)．

4) ただし，レズビアンやゲイだけでなくその他のセクシュアルマイノリティも排
除されずに参加できるようにするために「レズビアン＆ゲイパレード」にかわる
名称が必要とされたから，というのがこの名称選択のもっとも重要な理由である．

5) もちろん，同性婚と同性パートナーシップは似て非なるものである．この点に
ついては赤杉ほか（2004)．

6) ファッションに関する消費と同様にゲイに期待されているのが，観光の消費で
ある．奈良市の国際ゲイ＆レズビアン旅行協会への加盟（http://www.sankei.
com/west/news/160224/wst1602240012-n1.html，2017 年 7 月 18 日最終アクセ
ス）といった動きが示唆しているのは，地元に住んでいるゲイ（を含むセクシュ
アルマイノリティ）それ自体が手厚い待遇を受けるべきなのではなく，「金を落
とす」セクシュアルマイノリティが優遇される，という事態である．そして「金
を落とす」ことが可能なのは，中流層以上のゲイに圧倒的に偏る．

7) 公正証書の提出を必要としない世田谷区のパートナーシップ制度など，経済的
問題がパートナーシップ制度の利用の妨げにならないようにする改善の試みもす
でに存在している．渋谷区でも，提出すべき公正証書が（通常の 2 種でなく）1
種ですむ特例を設けている．

参考文献

日本語文献

赤杉康伸・土屋ゆき・筒井真樹子編著（2004)『同性パートナー──同性婚・DP
法を知るために』社会批評社．

古川誠（1994)「セクシュアリティの変容──近代日本の同性愛をめぐる 3 つのコ
ード」『日米女性ジャーナル』17：29-55．

伏見憲明（1991)『プライベート・ゲイ・ライフ』学陽書房．

堀江有里（2011)「「反婚」思想／実践の可能性」『論叢クィア』4：50-65．

石田仁（2014)「戦後日本における「ホモ人口」の成立と「ホモ」の脅威化」小山
静子・赤枝香奈子・今田絵里香編『セクシュアリティの戦後史』京都大学出版
会，173-95．

石原英樹（2012)「日本における同性愛に対する寛容性の拡大──「世界価値観調
査」から探るメカニズム」『相関社会科学』22：23-41．

自由民主党政務調査会性的指向・性自認に関する特命委員会（2016）「性的指向・性自認の多様なあり方を受容する社会を目指すためのわが党の基本的な考え方」（http://jimin.ncss.nifty.com/pdf/news/policy/132172_1.pdf，2017 年 7 月 18 日最終アクセス）

掛札悠子（1992）『「レズビアン」である，ということ』河出書房新社.

柄谷行人（1997）「アカーの裁判を傍聴して」『現代思想』25（6）：84-87.

河口和也（2003）『クィア・スタディーズ』岩波書店.

河口和也（2013）「ネオリベラリズム体制とクィア的主体——可視化に伴う矛盾」『広島修大論集』54（1）：151-169.

風間孝（1997）「エイズのゲイ化と同性愛者たちの政治化」『現代思想』25（6）：405-421.

風間孝（2015）「性的マイノリティをとりまく困難と可能性——同性愛者への寛容と構造的な不正義」大澤真幸編『身体と親密圏の変容』岩波書店.

前川直哉（2011）『男の絆——明治の学生からボーイズ・ラブまで』筑摩書房.

牧村朝子（2015）「注目の新語「シャイニーゲイ」！　あなたはシャイニー？　シャイニーゲイとシャイニくないゲイの違いまとめ」（http://www.2chopo.com/topics/7749/，2017 年 7 月 18 日最終アクセス）

マリィ，クレア（2015）『「おネエことば」論』青土社.

三橋順子（2015）「日本トランスジェンダー小史」『現代思想』43（16）：218-30.

森山至貴（2012）『「ゲイコミュニティ」の社会学』勁草書房.

森山至貴（2014）「「二丁目に捨てるゴミ無し」と人は言うけれど，」『ユリイカ』46（10）：246-53.

森山至貴（2017）「セクシュアルマイノリティとネオリベラリズム」『解放社会学研究』30：88-104.

村上隆則・石田仁（2006）「戦後日本の雑誌メディアにおける「男を愛する男」と「女性化した男」の表象史」矢島正見編著『戦後日本女装・同性愛研究』中央大学出版部，519-56.

斎藤光編（2000）『性と生殖の人権問題資料修正　第 29 巻〈性科学・性教育編 3 一九一三—一五〉』不二出版.

清水晶子（2013）「「ちゃんと正しい方向にむかってる」——クィア・ポリティクスの現在」三浦玲一・早坂静編『ジェンダーと「自由」——理論，リベラリズム，クィア』彩流社，313-31.

新ヶ江章友（2013）『日本の「ゲイ」とエイズ——コミュニティ・国家・アイデンティティ』青弓社.

ヴィンセント，キース・風間孝・河口和也（1997）『ゲイ・スタディーズ』青土社.

258　第Ⅱ部　セクシュアリティで見る東アジア

欧文文献

Chauncey, George (2004) *Why Marriage?: The History Shaping Today's Debate over Gay Equality*, New York: Basic Books. = (2006) 上杉富之・村上隆則訳『同性婚——ゲイの権利をめぐるアメリカ現代史』明石書店.

Duggan, Lisa (2003) *The Twilight of Equality?: Neoliberalism, Cultural Politics, and the Attack on Democracy*, Boston: Beacon Press.

Foucault, Michel (1982a) "Entreiten avec Michel Foucault", *Masques*. Mars. = (1987) 増田一夫訳「同性愛の問題化の歴史」『同性愛と生存の美学』哲学書房, 21-44.

Foucault, Michel (1982b) "Lousque l'amant part en taxi", *Salmagundi*. Numéro d'automne. = (1987) 増田一夫訳「恋人がタクシーで去るとき」『同性愛と生存の美学』哲学書房, 45-77.

参照 HP

東京都議会　会議録の検索と閲覧　http://asp.db-search.com/tokyo/

第 10 章

中国における BL（ボーイズラブ）マンガ
──マンガ表現論から読み解く日本アニメ・マンガの国際的流通

守　如子

1　中国におけるマンガ環境の変化

　2006 年の中国北京で，私は日本のボーイズラブコミックが売られているの
を見つけた．ボーイズラブ（以下 BL）とは，男性同士の恋愛を描く，女性を
メインターゲットにした作品である．学校の前にあるその店は，中高生が買い
食いするものや，文房具，スポーツ用品などの売り場もある広い店で，書店コ
ーナーも日本の「商店街の小さな本屋さん」ぐらいの品ぞろえだった．私はそ
の店で今市子『大人の問題』（芳文社，1997 年）の翻訳『成人的問題』（2006 年）
を買った．中国は性表現規制が厳しいことで有名であるが，この作品は，離婚
した父親の新しい恋人が男性であることを知った男性主人公と，彼らのまわり
の人間関係を描くハートフルな物語で，もちろん性的なシーンは一切描かれて
いない．日本でも，有名というよりマンガに詳しい人ならば知っている作品，
といったほうがいいと思う．中国は，韓国や台湾・香港など，他の東アジア諸
地域と比べて日本のマンガやアニメが流通し始めた時期が遅く，情報も制限さ
れてきた．当時の私は，中国にも日本の BL コミックが流通していること，そ
してこのような BL の王道とはいえない作品まで翻訳されていることにずいぶ
ん驚いた記憶がある．
　帰国して数年たった頃だろうか，中国からの留学生にも腐女子を名乗る人が
あらわれ始めた．その 1 人にこの単行本を見せたところ，彼女はこれは海賊版
であるという．いわれて初めて気づいたが，確かに，この本には著作権に関わ
ることが何も記されていない．印刷や装丁が日本のマンガ単行本と変わらない

レベルだったので，私はこれが海賊版であるとは想像もしていなかった．

2011 年に再度北京に長期滞在する機会を得た私は，今はどのような作品が翻訳されているのかを調べるつもりで，同じ店を訪れてみた．しかし，BL どころか，その店からは書店コーナーそのものが跡形もなくなっていたのである．

私は，新しく知り合いができるたびに，書店の情報をたずね，いろいろな場所を探し回ってみたが，日本の BL コミックは北京のどこにも売っていなかった．BL どころか，日本マンガは，正規のルート（国営の新華書店や他の大型書店）で売られている『航海王（ONE PIECE）』（浙江人民美術出版社）[1] など，少数の有名マンガしか見つけることができなくなっていた．

マンガはどこに行ったのだろうか．どうしてマンガの売り場はなくなってしまったのだろうか．そして BL はどうなったのか．

ところで BL には，作者自身が創作したオリジナルの作品（先にあげた『大人の問題』もこちらである）と，既存の作品をファンが読み替えた二次創作の作品（日本ではながらく「やおい」という呼び名で流通してきた）の 2 種類がある．後者の，二次創作によって男性同士の恋愛を描く BL マンガ同人誌は，日本のアニメ・マンガ・ファン文化の中心の 1 つといえるだろう．

この年，日本の BL コミックを見つけることはできなかった一方で，中国における BL 文化の広がりを強く実感する機会を得ることはできた．2011 年 11 月に北京で開催された「"囧囧有神" 動漫交流展」でのことである．「動漫」[2] とは，新しい中国語[3] で，「動画＝アニメ」と「漫画＝マンガ」文化（特に日本風のもの）全体を指す．広い会場には，コスプレイベントや，たくさんのアニメ・マンガグッズはもとより，「腐」や「攻・受」などの BL 用語をデザインしたグッズや，BL イラスト（図表 10-1）に加えて，種類は少なかったものの BL マンガ同人誌も売られていた．

アニメ・マンガ・ファン文化にはさまざまな活動が見られるが，それらのうちでも BL マンガ同人誌の出現は，この文化の広がりをはかる指標になっていると私は考える．日本のマンガは，他国のマンガとは異なる特有の技法を持っている．日本アニメ・マンガの海外のファンが日本と同様のファン文化を生み出すためには，日本のマンガの技法を十分に身に付けなければならない．日本のマンガ技法が十分に浸透した証が BL マンガ同人誌なのである．本章では，このことを論じるために，第 2 節では，まず，中国における日本アニメ・マンガの流通状況と，それらのファン文化の広がりを見ていく．日本からアニメ・

第 10 章　中国における BL（ボーイズラブ）マンガ　261

図表 10-1　"囧囧有神"動漫交流展（2011 年）

出典：筆者撮影

マンガが伝わる中で，中国で BL 文化がいかに広がっていったのかを確認したい．第 3 節では，「BL マンガ同人誌はアニメ・マンガ・ファン文化の広がりをはかる指標である」ことを説明するために，BL マンガ同人誌をマンガ表現論の側面から読み解いていく．以上を踏まえ，第 4 節では，中国の BL をめぐる状況の特殊性と，BL の意義を考えていこう．

2　消えた BL 単行本の背景にあるもの

2.1　アニメを中心とした流通

　中国において，日本産のアニメ・マンガが流通し始めたのは，1980 年代のことである．まずそれは，テレビのアニメ番組から始まった．テレビが中国の家庭に入り始めた 1980 年代初頭，『鉄腕アトム』を皮切りに，『一休さん』や『花の子ルンルン』など，児童向けのさまざまな作品がテレビで放映されていった．児童向けの番組だけでなく，1990 年代にはターゲット年齢層をあげた日本産アニメ作品が放映され，ブームを巻き起こした．このようなアニメに大きく影響を受けて育ったのが，中国で新世代として注目されてきた 1980 年代生まれの若者である．この世代を中国語では「80 後（80后）」と呼ぶ．中国のオンライン百科事典「百度百科」によると，「80 後」は，たくさんのアニメ作品に囲まれて育ち，アニメが人格形成にも深く関わってきたこと，彼らの懐か

しのアニメが『聖闘士星矢』,『北斗の拳』,『キャプテン翼』,『スラムダンク』[4] などであることが指摘されていた. ここで挙げられた作品は, 日本の『週刊少年ジャンプ』に連載されたマンガを原作とするアニメ作品である. これまでの中国にはなかった, 青少年をターゲットにしたアニメ作品が,「80後」世代に熱狂的に受け入れられていったのである. また, 遠藤誉の『中国動漫新人類』には,『セーラームーン』への思いを熱く語る「80後」の女性も登場している (遠藤 2008: 28-35). 男女を問わず「80後」の若者は日本産アニメの影響を大きく受けて育ってきた.

他方, マンガがいつから流通し始めたのかは定かではないが, アニメの放映に前後して, マンガ単行本も流通し始めていたようだ. ただし, その多くは海賊版であった. たとえば『ドラえもん』についていえば, 1989年に中国美術出版社から日本の出版社と正式に契約した単行本が出版されているが, ほどなくして70種類以上の安価な海賊版が出版され, 中国全土を席巻したという (遠藤 2008). 1990年初頭には海賊版で『ドラゴンボール』や『聖闘士星矢』が出版され, 日本の少年マンガが広く読まれるようになった. そして, 90年代中頃にかけてマンガ単行本の出版ブームが到来する[5]. この頃, 少年マンガだけでなく, 少女マンガ[6] の単行本も多数出版されるようになった[7]. 少女マンガの中でも, 90年代初頭にCLAMPの作品 (『聖伝』,『東京BABYLON』,『X (エックス)』) が次々に翻訳されていたことに注目したい. CLAMPの作品は, 男性同士の恋愛をにおわせながら, 決定的なことは描かないという特徴を持つ[8]. BLテイストを持つ少女マンガの単行本が90年代初頭には流通していたのである. その後, 94年の尾崎南『絶愛』を皮切りに, 男性同士の恋愛を主題にする作品も流通していく. マンガだけでなく, 日本BLの起源の1つとされる竹宮惠子の少年愛マンガ『風と木の詩』を原作とするアニメも90年代後半には流通していたようだ (呉 2008: 233).

ここで注意しておきたいのが, 日本マンガの海賊版は, 中国だけではなく, 東・東南アジア全体[9] で広く見られる現象であったという点である (白石 2013). そして, 当時それらの国々は著作権の国際的保護を規定する条約に加入していなかったため, 海賊版はある意味, 違法とはいえなかった. 中国がベルヌ条約に加盟したのは1992年, WTO・TRIPS協定に加盟したのは2001年のことである. また, 海賊版の流通に関しては, 海賊版の違法性を直視すると同時に, 遠藤誉が指摘する「貧者のための文化普及の力」(遠藤 2008: 97) を

第 10 章　中国における BL（ボーイズラブ）マンガ　263

見過ごすことはできない[10]．日本とは大きな経済格差が存在した時期であっても，安価な海賊版[11]だったからこそ，中国の青少年が自分の小遣いで購入でき，自分で見たい作品を選ぶことができた．海賊版は，日本のアニメ・マンガの普及に貢献しただけでなく，中国の青少年が自らの手で選ぶ大衆文化の形成にも役立ったのではないかと遠藤は述べている．

　時代が変化するにしたがって，マンガだけでなく，VCD（ビデオ CD）やDVD などによるアニメの海賊版も作られ流通するようになる（山田 2009）．そしてその後，インターネットが日本アニメ・マンガの主な流通媒体になっていく．2005 年頃までには，日本でテレビアニメが放映された直後，日本国内で録画されたアニメ番組に，「字幕組」と呼ばれるボランティアが字幕をつけ，ネット上にアップするというルートが確立されていった．アニメ海賊版においては，テレビのアニメ番組とは異なり，字幕は中国語であるものの，音声は日本語のままである．その結果，中国でも日本同様に，声優がファンの注目を集めるようになっていった（須藤 2008）．マンガについても，「翻訳組」の手を介して，インターネット上にアップされる仕組みはアニメと同様である．ファンの作品への愛が，インターネット上で日本のマンガやアニメを流通させていったのである．

　また，以上をふりかえって見ると，中国における日本作品の流通は，テレビ番組のアニメ放送とマンガ単行本（海賊版も多い）の時代から，インターネット上でアニメとマンガを視聴する時代に変わっていったことがわかる．ある「80 後」の男性は，ネット上にアップされた中国語に翻訳されたマンガ『NARUTO』と，その回の内容解説の 2 つのサイトをチェックすることを週に 1 度の楽しみとしていた．『週刊少年ジャンプ』で掲載されたマンガが，すぐにネットにアップされるため，日本の読者と同様に，中国の読者も毎週『NARUTO』をチェックすることができていたわけである．彼はもともとアニメでこの作品を知ったが，続きが気になり，原作のマンガもチェックするようになったという（2012 年 2 月，筆者によるインタビュー）．時代によって流通の媒体は変化しているが，まずアニメを視聴し，マンガに接するのはその後である人が圧倒的に多いことは，中国のみならず海外のアニメ・マンガ・ファンの特徴といえる[12]．

　このように見ると，マンガの売り場がなくなってしまった原因には，まず，インターネットの普及があることがわかる．さらに，2010 年以降のスマート

264 第Ⅱ部 セクシュアリティで見る東アジア

フォン普及の影響も大きい．紙媒体のマンガ単行本を買うのではなく，ネット上でアニメもマンガも見る時代が現在なのである．

マンガ売り場がなくなってしまった原因はこのことだけではない．中国政府が海賊版の取締りを強めてきていることも大きく関係している．海賊版の取締りについては，2つの理由がある．1つは，いうまでもないことだが，国際的な著作権意識の高まりがある．2001年のWTOへの加盟と，2007年にアメリカが中国の知的財産権侵害に関してWTOに提訴したことなどもあいまって，中国政府は海賊版の取締りを徐々に強めていった．2006年11月3日の上海青年報によると，この年，中国政府は，全国の出版社や書店，露店，印刷所に約50万人の検査員を派遣し，違法出版物を扱っていた場合には閉鎖においこんだという（遠藤 2008: 128-129）．2008年のオリンピック開催もあって，北京では厳しい取締りが行われたため，2011年の時点で私はマンガ単行本を売っている場所を見つけることができなくなっていたのではないか．北京在住のある「80後」の女性は，海賊版マンガの減少にともなって，マンガ読者の数は，90年代前半生まれをピークに，90年代後半生まれの世代ではかなり減少傾向にあると語る（2012年1月，筆者によるインタビュー）．

ただし，海賊版マンガの取締りについては，地域格差があるかもしれない．2011年に中国を訪れた時にも，内モンゴル地区の駅の売店で，印刷の悪い海賊版を売っているのを見かけたことがある．また，2016年に訪れた長春では，古書店に90年代に発行された大量の海賊版が並べられているのを見つけた．留学生に話を聞くと，内陸部では，いまだに学校の前のショップや，町の露店やスタンド（報亭）で海賊版とおぼしきマンガ単行本[13]を売っているという．国際的なイベントが行われた北京や上海などでは海賊版の取締りが他の地域に比べて徹底していたのかもしれない．

この点に関連して，海賊版の流通だけではなく，テレビアニメについても地域による格差が見られることを指摘しておこう．私は複数の「80後」世代男女にインタビューを行っているが，子どもの頃にテレビで見た日本アニメとして，もっとも多くの番組数をあげたのは，新疆出身者だった．逆に，北京出身者は見た記憶のある日本アニメがあまり多くなかった（2011～13年，筆者によるインタビュー）．ある時期まで中国のテレビ番組でたくさんの日本のアニメ作品が放映されていたのは，放映料が安かったからであるという（遠藤 2008）．その際，自作の番組を多く揃えることができなかった地方局のほうが，日本ア

ニメをより多く放映していたのではないか.

近年, ネット上の海賊版についても, 排除の働きかけが強まっている. 2010年頃には, 中国の大手動画配信会社のサイトの「Youku（优酷）」や「土豆」などが, 正規の映像のみを扱うようになった. 同時期に, テレビ東京がアニメ版『NARUTO』を「土豆」に独占販売した. 有力な中国企業に正規版を売ることで, ネット上から海賊版排除の流れを作ろうとしたためであるという[14]. 2017年現在, 中国のサイトでは正規のアニメ以外は見ることができない状態といえる. 政府やIT業界など, 多方面から著作権保護対策が行われているのである.

中国政府が海賊版の取締りを強化するもう1つの理由は, 中国国内の産業の保護である. 安価な値段で日本の作品が大量に流通してしまうことが, 中国のアニメ・マンガ産業にとっての脅威とされてきたからである. たとえば, 1996年8月15日の『人民日報』の記事は, 子どもに有害な内容を持つ日本のマンガが, 海賊版という形をとって流通することで, 子どもに悪影響を与え, 中国の伝統的な児童書文化に打撃を与えていると, 警鐘をならしている[15]. 2000年代後半には, 中国政府は自国のアニメ・マンガ産業の育成により積極的に動くようになった[16]. 2006年より, 17時から20時（2008年からは21時に延長）のゴールデンタイムの海外アニメのテレビ放映が禁止された. 日本のマンガやアニメが「たかが子ども向けの作品」と見なされ, 何の規制もなく中国に普及していった時代から, 中国のアニメ・マンガ産業の育成のために, 規制される時代へと変化したのである（遠藤 2008）.

中国において海賊版が広く流通してしまうのは, 中国政府が自国のアニメ・マンガ産業の育成のために, 日本のアニメ・マンガ作品の輸入を規制しているという社会的な背景があることを忘れてはならない. たとえば, 2006年から2008年のあいだで, 中国政府から唯一輸入が許可された日本アニメ『テニスの王子様』は, 正規版DVDが6万巻も売れたという. 正規版があるならファンは正規版を購入する. 日本の作品が正規メディアから締め出されてしまっている以上, 中国のファンは海賊版に頼らざるを得ないのが現状なのである（須藤 2008）.

中国政府による国産アニメ・マンガ保護の政策と, 海賊版の流通の減少により, 日本のアニメ・マンガが新しい中国のファンを獲得しにくい状況が到来しつつあるのかもしれない.

2.2 アニメ・マンガ・ファン文化の盛り上がり

日本アニメ・マンガの流通にともなって，ファン文化も盛り上がりを見せてきた．大きな変化は90年代後半のことである．子どもの頃にアニメやマンガに親しんだ最初の世代が，受験勉強でそれらに接触できなかった期間を経て，大学生や大人になり再び活動を始めたのがこの時期というところだろうか．まず，『漫友』（1997年創刊）を始めとして，日本のアニメ・マンガ情報を専門的に扱う雑誌が続々と出版された．また，大学にアニメ・マンガのサークル[17]ができていった[18]．早い時期にできたサークルの1つが，1999年に発足した清華大学の「次世代文化と娯楽協会」である（遠藤 2008: 20）．このようなサークルは，マンガ本の貸し出しや，アニメ鑑賞会・ゲーム大会の開催，そしてイラストやマンガを描く創作活動も行うようになっている．

また，同時期に，同人作品の創作が始まった．「同人」とは，本来，同じ趣味や志を持った仲間をさす言葉であるが，日本のアニメ・マンガ・ファン文化の中で，自分で創作した作品を公開・売買する人たちのことを「同人」と呼ぶようになった．自分の好きなアニメ・マンガ作品のキャラクターを用いて小説やイラストやマンガを描き（＝二次創作），紙媒体として製本したものが「同人誌」である．女性ファンの二次創作の主流のスタイルの1つが，原作の男性同士の友情を男性同士の恋愛関係に読み替える作品，つまり，BLなのである．

1990年代末に，この「同人」という概念が日本から台湾や香港を経由して中国大陸に伝わり，ネット上で自分たちが創作した同人小説が回覧されるようになった[19]．ここで1つ注意しておきたいのは，中国における「同人」と日本における「同人」の言葉は使われ方には違いがあるという点である．日本では，「商業誌」の対義語として「同人誌」という言葉が使われている．他方，中国における「同人」は二次創作を意味する言葉であり，対義語は「オリジナル」である．本章は，以降，中国での用語法にそって，「同人」という言葉を使用していく．

『同人の世界』[20]の著者，王錚によると，2008年の時点で確認できる，最も早い時期の同人作品は，1998年の小説『楽屋裏』である．この小説は日本のアニメ『新世紀エヴァンゲリオン』を原作としている．また，早期に広汎な影響力を持った作品が，1999年の小説『世紀末，最後の流星雨』で，原作は日本の少年マンガ『スラムダンク』であった．最初の紙媒体の同人誌は，2001年の『同人を進める（将同人进行到底）』で，原作は『東京BABYLON』や

『聖闘士星矢』などであるという（王 2008: 11）.

同人誌は，ネット上だけでなく，この時期から開催され始めた「動漫展」でも流通していった．「動漫展」とは，アニメ・マンガ・ファンのお祭りで，コスプレイベントや，イラストやグッズの販売などとともに，同人誌もやりとりされている．政府の認可を受けた民間団体によって開催されているものも多い．たとえば，YACA 動漫協会（YACA＝Young Animation and Comic Association）は 2000 年からの準備期間を経て，2003 年に正式に創立されており，これまでに団体が開催したイベントへの参加者数は累積で 50 万人を超えるという[21].

同人小説だけではなく，2004 年には最初の同人イラスト画集『如月之恒』が発行されている．原作は『聖闘士星矢』である（王 2008: 217）．マンガ同人誌は，少し遅れた 2005 年に『SUGAR』というタイトルで『デスノート』を原作とした作品集が発行された（王 2008: 218）．同人誌作りが盛んになる中で，2007 年から同人誌の売買に特化した同人誌即売会も開催されるようになる（張 2011）.

以上からわかるように，中国のアニメ・マンガ・ファンたちによって，2000 年前後にマンガキャラクターのコスプレやイラスト，同人小説が描き始められ，2000 年代後半にはマンガ同人誌も作られるようになったのである.

3　マンガ表現論から見た BL マンガ同人誌

3.1　女性たちが好む男同士の絆

ところで，女性ファンたちはなぜ BL マンガ同人誌という形で作品への愛を表現するのだろうか.

なぜ女性ファンは男性同士の恋愛を好むのかについては，これまでさまざまな議論が展開されてきた．金田淳子（2007）は，90 年代以前の「やおい（＝現在の「BL」）論」は，やおいを「病気」や「社会問題」とみなす否定的な議論が多かったことを指摘している．「当事者を異常・逸脱とみなす問い」ではなく，女性たちは何を欲望し，何に快楽を覚えているのか，やおいの魅力とは何かを問うものへと視点を転換する必要があると金田は強調する.

東園子（2015）は，BL や宝塚のファンの欲望のありようを「相関図消費」という言葉で説明している．「相関図消費」とは，主に男性オタク文化に見られるキャラクター単体に関心を向ける「データベース消費」と対置して定義さ

れるもので，キャラクター間の関係性に関心を向けるものである．女性ファン
は，同性同士の親密性に欲望を向けているのである．

　男性同士の親密性に女性が「萌え」を感じることは「異常な」現象ではない．
たとえば，男性アイドルグループのコンサートにおいて，アイドル同士が体を
寄せあった時の女性たちの歓声を思い起こしてほしい．海外に目を転じてみて
も，同様の現象が見いだせる．アメリカでは，テレビ番組『スター・トレッ
ク』の熱狂的な女性ファンたちが，作品中の男性同士の関係をロマンス化した
同人誌を発行した．このジャンルは登場人物の頭文字，カークのＫとスポッ
クのＳをとって〈Ｋ／Ｓフィクション〉と呼ばれ，1976～77 年にファン・マー
ケット上に一気に拡大した．その後，「／小説」というカテゴリーで男
性キャラクター同士の愛を描くジャンルが確立されていった（小谷 1994）．日
本における「やおい」の成立期も 1970 年代である．こうして見ると，アメリ
カのスラッシュ・フィクションと日本における「やおい」はほぼ同時期に立ち
あがったジャンルであることがわかる．日米の違いは，日本においては小説＝
文章だけでなく，マンガによってもこのテーマが表現されたという点である．

　そこで，以下では，なぜ「マンガ」という形式で BL 同人誌が書かれている
のかを考えてみたい．ここで導きの糸になるのが，「マンガ表現論」（あるいは
「マンガ表現学」）である．マンガ表現論とは，「マンガはどのように表現してい
るのか」を考察するために，マンガというメディアの特性に焦点をあてるもの
である．90 年代以降，マンガ研究が確立されようとする中で，夏目房之介や
竹内オサム，伊藤剛などによって提唱された学問ジャンルがマンガ表現論であ
る．マンガ表現論は，表現技法の創造が「マンガが何を表現しているのか」を
支えてきたことを明らかにしてきた．マーシャル・マクルーハンの「メディア
はメッセージである」という言葉にもあるように，メディアの特性は，伝達す
る内容を規定する側面を持つ．結論を先取りするなら，マンガ表現論を踏まえ
ると，マンガで表現される BL は，少女マンガの表現技法を用いて少年マンガ
を読み解いた表現であると定式化できる．少年マンガへの思い入れを，少女マ
ンガの文法を用いて二次創作するため，恋愛を描く BL マンガ同人作品が描か
れるのではないだろうか．つまり，BL マンガ同人誌とは，通文化的な男性同
士の親密性を楽しむ気持ちに加えて，ジェンダー化され，高度に発達した日本
マンガの表現技法に支えられた表現なのではないか．以下この点について説明
したうえで，海外における日本のアニメ・マンガのファン文化の発展について

第 10 章　中国における BL（ボーイズラブ）マンガ　269

も，マンガ表現論の視点から読み解いていこう．

3.2　動きを表現する少年マンガと感情を表現する少女マンガ

　日本のマンガは，少年―男性向けと少女―女性向けに分かれた形で発展してきた．マンガ表現論においても，少女マンガと少年マンガには，表現技法においてさまざまな違いがあることが指摘されてきた．

　そもそもマンガの「表現」とはなんだろうか．一般的には「「絵」「コマ」「言葉」の緊密な結びつきがマンガを構成している」と論じられている（斎藤1995）．「言葉」「コマ」「絵」のそれぞれについて，少年マンガと少女マンガの表現技法の違いはどのように分析されてきたのだろうか[22]．

　まず第 1 に，「言葉」についていうと，現代マンガの「言葉」は大きく 3 種類に分けることができる．①「ふきだし（スピーチバルーン）」の中に書かれる言葉．登場人物が声に出して話した言葉を表す，最も一般的な「マンガの言葉」である．②「内面のモノローグ」．背景上に直接書かれたり，四角でくぎられた枠の中に書かれたりする言葉で，登場人物が心の中で考えた事柄を示す．③オノマトペ．風がふく「ピュー」という音や心臓が鼓動する「ドキドキ」という音などがデザイン化されて絵とともに描かれる．このうち，マンガ表現論において，少女マンガに特徴的な表現技法として最も指摘されるのが「内面のモノローグ」の技法である（夏目 1996 など）．主人公の内面を表現するモノローグの表現技法を確立したのが「24 年組」と呼ばれる少女マンガ家世代であることが論じられてきた．大塚英志が，この技法の確立と，少女マンガが「性」を書き始めたことが重なっていることを繰り返し論じていることにも注目しておきたい（大塚 1997 など）．図表 10-2 は 70 年代少女マンガを代表する竹宮惠子の『風と木の詩』，図表 10-3 は 2000 年代に大きなブームを巻き起こした矢沢あいの『NANA』の 1 ページである．これらを見てもわかるように，少女マンガでは内面のモノローグが多用されている．逆に，少年マンガにおいては，内面のモノローグが使用される頻度は少なく，闘いのシーンにおける動きを示すオノマトペが目立つ傾向がある．マンガの「言葉」に注目すると，登場人物の内面＝感情を言葉で示す少女マンガと，闘いのシーンの動きを強調する少年マンガという対比が見えてくる．

　第 2 に，「コマ」の特徴について考えてみよう．コマの最もベーシックな機能は時間継起を示すことにある．隣り合うコマ同士の連続性によって，何が変

270　第Ⅱ部　セクシュアリティで見る東アジア

化していくのかが示される．竹内オサム（2005）は，コマ割りが何を表現しているのかを，3つのタイプに分けられると論じている．戦前のマンガは「空間」の移動を示すものであった．そこから，戦後の手塚マンガに典型的に見られるように，人物の「動作」の変化を重視するタイプのコマ割りがあらわれる．さらに，1970年代の少女マンガが「心理」を中心に画面を構成する方法を洗練させていったという．70年代以降の少女マンガは，「人物の意識の流れを外面と内面，あるいは現在と回想や想像の間で並立させたり，分裂，錯綜させたりすることで，微妙な揺れを表現する」（夏目 1995）ために，コマ割りを複雑化させた．このような少女マンガのコマ割りは，しばしば装飾的であるとか，「重層的なコマ構成」と呼ばれ，少女マンガの大きな特徴として指摘されている（典型的には，図表10-2）．70年代以降の変化についても述べるなら，増田のぞみ（2002）が，少女マンガのコマ構成が，90年代に重層的なスタイルから平面的なスタイルへと変化したと指摘している．「平面的なスタイル」とは，コマとコマの間の白い部分（間白）がないことを指す（図表10-3 もこれにあたる）．間白がなくなることによって隣り合うコマが直接的に相互に干渉しあうようになるため，1つ1つのコマの時間・空間的な独立性，自律性が弱まり，1つのページに時間や空間が拡散する．「重層的なスタイル」のもとでは主人公の内面世界が丁寧に掘り下げられていたのに対し，「平面的なスタイル」のもとでは主人公の日常世界と，出来事によって変化していく友人や恋人など親しい周囲の人物との関係が重点的に描かれるようになったという．

　　第3が，「絵」である．藤本由香里（2007）は，少女マンガの表現形式が少年マンガからはっきり枝分かれをしていったのは1950年代後半の高橋真琴の作品群であり，その特有の表現形式は「3段ぶち抜きのスタイル画」，「瞳に星」であるとする．「3段ぶち抜きのスタイル画」とは，3段以上のコマを縦断して描かれる，ポーズをとった少女の全身像のことである．図表10-3 でも，主人公がコマをぶち抜く形でページの中心に配置されている．初期少女マンガのスタイルが，現在にも引き継がれているといえるだろう．

　　また，安川一（1993）は「少女―女性マンガ」の表現様式を「ポーズ・カット」様式，「少年―男性マンガ」の表現様式を「ショット・カット」様式と名付けた．「ショット・カット」様式は，出来事／状況の流れからある局面を切り取り，細部にまで描きこんだリアルな「ショット」の連続体として特徴づけることができる．それに対し，1つ1つのカットがいかにもそれらしい"キメ"

第 10 章　中国における BL（ボーイズラブ）マンガ　271

図表 10-2　竹宮惠子『風と木の詩』6 巻　　図表 10-3　矢沢あい『NANA』5 巻

出典：白泉社文庫　1995 年

出典：集英社　2002 年

の「ポーズ」で，その配置によって構成されるのが「ポーズ・カット」様式である．この「ポーズ」1 つ 1 つが，ストーリーと背景を思い起こさせ，キャラクターの心理に思い至らせる．

　図表 10-3 で，主人公がページのコマをぶち抜いた形で配置されていることを指摘したが，この結果，彼女が着ているカワイイ服や，彼女の表情がとても強調される．また，少女マンガにおいて，目の中の輝きが強調されたり，登場人物の目が大きく描かれたりするのは，感情を強調するための表現技法に他ならないことが，この絵を見るだけでわかるのではないか．他方，少年マンガでは，スポーツや戦闘の中の躍動感に溢れるアクションのワンショットが切り取られ，動きを示す背景の「動線」がさらに動きを強調する．「絵」の側面からも，感情が強調される少女マンガと，動きが強調される少年マンガの特徴が露わになる．

　「言葉」「コマ」「絵」のそれぞれについて，少年マンガと少女マンガの表現技法の違いを見ると，少女マンガは人間の感情を描くのに適しており，少年マ

ンガが動きを描くのに適していることがよくわかる．少年マンガが闘いやスポーツなどを主題にするのに対し，少女マンガのテーマが，登場人物の内面の悩みや人間関係，とりわけ恋愛が主題になることが多いことは，表現技法と大きく結びついているのである．

　以上のような，マンガ表現論の視点から見た少女マンガと少年マンガの表現技法の違いは，現代マンガの発展の歴史から見て取ることもできる．第1に，手塚治虫を起点とする戦後マンガの旗手たちは，マンガに「動き」を求めてきた．手塚治虫の作品『宝島』がいかに衝撃的な作品であったかについて，後続するマンガ家たちによってまるで神話のように繰り返し語られていることはよく知られているだろう．たとえば，藤子不二雄Ⓐは自伝的作品『まんが道』の中で，『宝島』が「映画のように」動いて見えたことを繰り返し描いている．第2に，少女マンガ家，とりわけ「24年組」と呼ばれるマンガ家たちもまた，新しい表現技法を開拓していった．「24年組」の1人である竹宮惠子は，当時を振り返って次のように述べている．

　　私がマンガ家としてデビューした頃はまだ，少年マンガと少女マンガとの間にそれほど技巧的な差が見られない頃でした．つまり私は，そこからしだいに少女マンガ独特の技法が成立してゆく，その過程に立ち会ったことになります．……私達の世代のマンガ家達が確信犯的に変えていった部分というのは感情的な描写，それもただセリフや文章で書くだけじゃなくて，文章以外のコマ割りや表情などの表現も感情にぴったりと沿わせていく，という描き方でした．（竹宮 2002: 126）

現代の典型的な少年マンガと少女マンガの表現技法の違いは，マンガ家たちが意識的に開拓してきたものでもあったといえるだろう．

3.3　マンガ表現論から見たファン文化の発展
　マンガ表現論にもう1つ付け加えるべき視点がある．伊藤剛（2005）は，「絵・コマ・言葉」から「キャラ・コマ構造・言葉」への読み変えを提起し，表現論が「キャラ」に注目することの意義を論じている[23]．伊藤は「キャラ」と「キャラクター」を異なるものとして概念化する．「キャラ」とは，「比較的に簡単な線画を基本とした図像で描かれ，固有名で名指されることによって，

「人格・のようなもの」としての存在感を感じさせるもの」と定義される．ドラえもんやピカチューなどを想像すればわかりやすいだろうか．他方，「キャラクター」については，「「人格」を持った「身体」の表象として読むことができ，テクストの背後にその「人生」や「生活」を想像させるもの」と定義する．両者の違いを説明するために，伊藤は少女マンガ『NANA』を事例として，「『NANA』は「キャラ」は弱いけれど，「キャラクター」は立っている」と述べる．「キャラクターが立っている」とは，『NANA』に出てくる登場人物の生活や，内面，人間関係のあり方に，読者はリアリティを感じ，まるで実在しているかのように感じさせられるということである．他方，「キャラが弱い」とは，『ジャンプ』などの少年マンガで二次創作する女の子たちが，どんなに好きでも『NANA』では二次創作をしないことを例にあげる．つまり「キャラ」とは，テクストからの自律性の強さなのである．「キャラがたっている」少年マンガの登場人物は，個別の二次創作作家に固有の描線の差異に耐えることができるし，異なるテクストとして描かれることさえ可能なのである．

　ここで，最初の主題に戻って，日本のアニメ・マンガ文化の国際的流通とファン文化の発展との関係をマンガ表現論の知見に照らし合わせて読み解いてみよう．

　一般的に，日本のアニメ・マンガ文化は，最初はアニメというメディアで各国に伝わる．アニメ作品の多くは，児童向けを除くと，少年マンガを原作とするものだ．3.2で述べたように，少年マンガは，闘いやスポーツなど，「動き」を描くことを得意としている．少年マンガはアニメ化になじみやすいといえるだろう．闘いやスポーツを通じた主人公の成長や，その中で育まれる友情を描く少年マンガを原作としたアニメ作品は，青少年向けの文化があまり豊穣ではない国の青少年に歓迎される余地が大いにある．そして，アニメ作品を好む人の中から，その作品の原作である少年マンガを読んでみたいという人たちが現れる．そして，さまざまな日本のマンガが翻訳され流通する中で，少女マンガ作品も読まれるようになっていく．つまり，日本のアニメ・マンガ文化は，①少年マンガを原作としたアニメ，②少年－男性マンガ，そして③少女－女性マンガという順で国際的に流通していくのである．

　日本のアニメ・マンガ文化が流通していくのにともなって，各国のファン文化も発展していく．①少年マンガを原作としたアニメの人気が高まる時に出現するファン活動が，イラストとコスプレ[24]である．伊藤剛が指摘するように，

人気のある少年マンガの登場人物は，キャラがたっている．作品を模倣してイラストを書いたり，ファンが登場人物になりきってコスプレしたりできることが，少年マンガを原作にしたアニメの強みといえる．

　この時期に見られるもう1つのファン活動が，BL同人小説である．少年マンガ（とそのアニメ化作品）は闘いやスポーツの中で育まれる男性同士の友情を描くが，心情を細かく掘り下げることは少ない．女性ファンたちは，自分が好きなキャラクター同士の関係をより深く描き込むために，小説という形で，彼らの内面世界や人間関係を描いていく．その中で，キャラクター同士の友情は恋愛関係として読み解かれてきたのである．ただし，この段階においては，同人小説であって，マンガではない．BL同人マンガが作られるようになるためには，③少女－女性マンガが流通し，その表現技法を獲得したファンが出現する必要がある．少女マンガの技法は，内面世界や人間関係を描くのに適している．そして，少年マンガの登場人物は「キャラがたっている」ため，原作者でなくともマンガで登場人物を表現することが可能である．少女マンガの技法が浸透することによって，スポーツや闘いを描く少年マンガから，自分の思い入れのある登場人物たちを取り出し，少女マンガの表現技法に基づいて，内面世界や人間関係のストーリーとして描きなおしたBL同人マンガが描かれるようになるのである．

　このように見ると，日本のアニメ・マンガの国際的流通とファン文化の関係は次のようにまとめることができるだろう．第1の段階が，日本のアニメの流行と，コスプレ・イラスト・BL同人小説を中心としたファン文化の登場である．そして次の段階として，さまざまなマンガが読まれる中で，少女マンガの表現技法が浸透し，BL同人マンガというファン文化が発展していくのである．たとえば台湾では，アニメだけではなく，少年マンガや少女マンガも多く読まれているし，ファン活動も，コスプレだけではなく，さまざまなBLマンガ同人誌が作られている．つまり，BL同人マンガの出現は日本のアニメ・マンガ文化の広がりを示しているといえるだろう．

4　中国におけるBL

　それでは中国におけるBL文化の発展はどのように読み解くことができるだろうか．

中国のBL文化には，2つの特徴を指摘することができる．第1に，第2節で述べたように，同人誌という紙媒体のメディアよりも，インターネット上でのファン活動が先行するという歴史をたどってきたことである．中国で同人活動が始まった時期にはすでにインターネットが普及しはじめていたからである．ただし，インターネット上での表現から始まった中国のBL作品ではあるが，近年では各地で同人誌即売会が開催されるようになっている．

日本においては，紙媒体から始まった同人活動が，現在ではインターネット上にも場を広げている．この点について，東園子（2013）は，作り手へのインタビュー調査に基づき，同人誌の機能の変化を次のように分析している．作り手にとって，かつての同人誌の機能は「作品の発表」「活動情報の発信」「萌え語り」「交流」であったが，「活動情報の発信」と「萌え語り」はツイッターとピクシブに代替されてしまった．しかし，「作品の発表」と「交流」に関しては同人誌とそれを流通させる即売会の方に優位性があるからこそ，今でもオフラインで同人活動をする人が絶えないのであると．中国においても，インターネットでの活動にあきたらず，東の述べる「作品の発表」と「交流」の「強い手ごたえ」を引き出すために，紙媒体である同人誌が求められるようになってきたといえるだろう．

第2の特徴は，BL文化の中国におけるローカル化が進んでいることである．胡長玉（2017）は，中国におけるBLのローカル化現象として，次の2点を指摘している．1点目がBL作品の内容のローカル化である．1999年に初のBL月刊専門雑誌『耽美季節』が創刊され，その後も『最愛』などさまざまな雑誌が出版されていった[25]．これらは当初，日本のBL小説・マンガを翻訳し連載していたが，2002年に創刊された『阿多尼斯』が中国のプロ作家や読者が投稿したオリジナルBL小説を掲載する欄を設け始めた．また，同時期に，インターネット上では，BL専門サイトやアマチュア向けの小説連載専門サイト（「晋江文学網」など）が作られ，BLオリジナル小説が続々と生み出されていった．中国のオリジナルBL小説で特徴的なのが，舞台を中国の古代（あるいは架空の古代）にした作品が人気を博したことである．また，二次創作についても，当初は日本のアニメを原作としたBL同人創作が主であったが，2009年の冒険小説『盗墓筆記』のヒットをきっかけに，中国の小説やドラマを原作とする創作が中心を占めるようになってきた[26]．2点目が，BLメディアのローカル化である．中国のBLは，紙媒体の同人誌や雑誌，あるいは，マンガとい

う表現形態ではなく，他の媒体で発達しつつある．とりわけ特徴的なのが，ネットドラマである．中国の BL オリジナル小説をネットドラマ化した『逆襲』（2015 年）や『上瘾（癖になる）』（2016 年）などの爆発的なヒットをはじめとして，さまざまな作品が作られている．作品によっては，露骨な性表現も含まれている．胡（2017）は，検閲など，規制が厳しい紙媒体とは異なり，インターネットは事前審査がないという点がネットドラマという形態での BL の流行につながっていると論じている[27]．

　胡が指摘する〈BL マンガではなく，BL ドラマによる発展〉という現象は，第 3 節の分析に照らし合わせて考えると，近年の日本マンガの中国への波及力の低下が背後にあるのではないだろうか．日本の少女マンガの中国への浸透度の弱さが，中国の女性たちに，少女マンガの文法で BL を表現するのではなく，映像を自分たちの表現媒体として採用させているのではないか．BL ネットドラマの流行は一過性のものなのか，それとも中国では BL マンガではなく BL ドラマが主流化していくのか，今後の動向を見守っていきたい．

　ところで，中国の女性たちが BL を受容するようになったことには，いかなる意義があったのだろうか．日本では，BL の源流に位置づく「やおい」をはじめとして，これらの表現の意義がさまざまな論者によって分析されてきた．たとえば，金田淳子（2007）は，「やおい」には女性を性的対象として見るまなざしが存在しないために，女性がまなざす主体＝自らの性的欲望を語る主体になれることを指摘している．また，吉澤夏子（2012）は，「やおい」の「妄想する私の不在」というしかけによって，男性／女性という単純な二元論の陥穽に嵌まることなく，現実にはない「自由で対等な関係性」をリアルにイメージすることが可能になっていると論じている．さらに，溝口彰子（2015）は，自己のアイデンティティ確立にとって BL が欠かすことができないセクシュアル・マイノリティが存在していること，社会のセクシュアル・マイノリティに関する捉え方の変化に BL も寄与していることを指摘している．このような BL こそが持つ，セクシュアリティやジェンダーに関する，読者にとっての肯定的な影響は見逃すことはできない．

　このような BL の影響を，中国でいち早く BL ファンにインタビューを行った楊雅（2006）の研究からも見てとることができる．楊の論文から BL ファンの言葉をいくつか抜き出してみよう．

「性に対する伝統的で陳腐な見方から抜け出し，開放的な見方に変わった．」
「セクシュアルな内容の話を忌避することがあまりなくなった．」
「男性が必ずしも性において主導的立場にあるのではなく，女性も元来そのような立場になることができると気づいた．」

　彼女たちの語りは，金田や吉澤の指摘に完全に重なっている．BLによって，女性たちは性的な主体性や，対等な関係性をイメージできるようになっているのである．日本と同様，男女の性のダブルスタンダードが存在している中国社会において，このことの意義を忘れることはできない．
　また，次のような語りも見られた．

「性的指向はそれぞれ異なっている．彼ら（筆者注：登場人物の男性たち）が幸福になっているところを見ると，私もうれしい．」
「「耽美（筆者注：当時の「BL」を表す言葉）」を見ていなかったら，現在のように同性愛を受け入れられなかったのではないか．」
「セクシュアリティ研究やクイア・セオリーの本を買うようになった．」
「人は100％同性愛とか異性愛ではないことに気づいた．」
「自分は純粋な異性愛者ではないかもと思うようになった．」
「私は同性愛者だとわかった．」

　BLに描かれた男性同士の恋愛表現を楽しむ中で，現実社会におけるセクシュアリティの多様性にも思いをはせていることが見てとれる．溝口も指摘するように，BLはこのようにして社会のセクシュアル・マイノリティに関する捉え方の変化にも寄与しているのだろう．また，その時，自分自身のセクシュアリティについて再考したり，レズビアンとしての自己を肯定したりする人がいることも忘れてはならない．
　ドゥルシラ・コーネル（2006）はイマジナリーな領域が保障されることの重要性を強調している．イマジナリーな領域の保護は，自由の可能性それ自体にとって決定的な意味を持つ．想像力を更新し，それと共時的に，自分は誰であり，何になろうとするのか再想像するための空間が確保される必要があることをコーネルは強調する．これまで女性向けの性表現がほぼなかった中国社会において，ジェンダーやセクシュアリティに関するさまざまな想像力を刺激する

BLは，自己のアイデンティティを模索する時期である青少年にとってとりわけ大きな意義を持っているといえるだろう．

中国社会においても，インターネット上を主な流通経路としながら，小説やマンガ，ドラマという形で，BL同人作品やBLオリジナル作品が広がっていっている．それぞれの社会の制約によって異なる形態をとりながらも，BLは国境を越えて女性たちに必要とされている．そのことの意味を多角的に考察し続けていくことが重要である．

＊謝辞：本稿は，関西大学の2011年度在外研究（ライプチヒ大学・北京外国語大学）および2013年度交換派遣研究員（北京大学）の成果の一部である．

注
1) 『ONE PIECE』の正規版は『航海王』という名前であるが，海賊版のタイトル『海賊王』のほうが，中国では一般的には良く知られている．
2) 徐（2014）は，アニメ・マンガが産業として受け止められるにつれて，2000年前後に「動漫」という言葉が普及したこと，また，中国における動漫研究の中心は経済・産業の視点によるものが大半を占めていることを指摘している．
3) たとえば，人民日報で「動漫」という言葉が使われたのは2004年が最初で，中国の動漫産業の発展に関するものが大半を占めていた（"《人民日報》（1946-2008）図文电子版"）．
4) 90年代後半にテレビで放映された『スラムダンク』や『クレヨンしんちゃん』は，親世代から「下品」と見なされていたが，この時期は中国においてテレビが家族視聴から個別視聴に変化した時期でもあるという須藤健太郎（2008）の指摘は興味深い．テレビの家族視聴から個別視聴，そしてインターネットへと，メディアが個人で受容するものになったことが，若者の自由な作品選択を支えている．
5) 1990年代初期の日本マンガブームは，94年末に中国政府が海賊版マンガを規制したため，一旦沈静化したという（呉2008: 221）．しかし，その後も海賊版マンガは作り続けられている．
6) ただし，中国においては，日本や台湾のように男女別にターゲットを分けたマンガ雑誌によってマンガが流通したわけではないため，「少年マンガ／少女マンガ」という区分はあまり意味をなさないことに注意されたい．
7) たとえば，ネット上での「なつかしの90年代少女マンガ」といった書き込みを見ると，『セーラームーン』『キャンディキャンディ』といった子ども向け作品だけではなく，篠原千絵や赤石路代，渡瀬悠宇，清水玲子，由貴香織里などによる作品もよくあげられている．また，性的なシーンが描かれた少女マンガも海賊版

として流通していたことも付け加えておきたい.

8) 日本においては，CLAMP の作品は BL 的な表現といえるのかという議論がよく見られる．諸外国では，BL を知った作品として CLAMP の作品があげられることが多い．日本のほうが BL の定義がせまいといえよう.

9) 中国における日本マンガは，大陸で作られたものだけではなく，台湾・香港で作られたものが流通している場合もある．中国でマンガ単行本が制作されるようになる以前から，このルートからの単行本（主に海賊版）が流通していたようだ．また，2006 年の北京には，台湾で翻訳出版された日本マンガ（正規版）の専門店も存在していた．しかし，2011 年に再訪した時には，この専門店も，店舗ごとなくなっていたことを付け加えておく.

10) さらにいうなら，「貧者のための文化普及の力」が重要なのはどの国でも同じではないか．私は，子ども時代，母親がマンガにとても否定的だったにもかかわらず，マンガを自由に読むことができた．それは，当時，書店に並ぶマンガにビニール袋がかかっていなかったからである．自由なお金を得た後，私はマンガを買い漁るようになった．その国の経済状況にかかわらず，多くの子どもは経済力を持たないし，親の統制のもとにある．「貧者のための文化普及の力」は，文化の発展にとって重要なポイントになるのではないか.

11) 80 年代後半の海賊版は 1 元（15 円）以下（遠藤 2008: 92）で，90 年代前半のブームの際にも 2〜5 元の価格帯であった．ただし，日本のコミックスと比べて一冊の厚みが圧倒的に薄いことを付け加えておく.

12) 他方，日本においてマンガはアニメに先行するものであった．具体的にいうと，マンガ雑誌を読む人が多かった時代には，雑誌連載の中で人気が出たマンガ作品の中から，アニメ化される作品が選ばれていたからである．しかし，雑誌読者の減少ともあいまって，近年では，日本でもアニメを先に知るファンが増加しているように思う.

13) 遠藤によると，正規品以上に見た目がきれいな海賊版が多く見られるという．「海賊版は版権等の経費がかからないし，中国における出版許可を経ずに出版しているから，煩雑な手続きに多大な時間を費やすこともなく，コストが破格的に安くなる」ためである（遠藤 2008: 119）．本章の冒頭で紹介した私が購入した海賊版の BL 単行本も装丁が大変きれいだった．中国の若者にとっても，売られているマンガ単行本が海賊版であるか否かを判別するのはとても難しいようだ.

14) 2011 年 3 月，JETRO（日本貿易振興機構）北京事務所コンテンツ流通振興担当へのインタビュー.

15) 人民日報の新聞記事検索で「盗版（＝海賊版）」という言葉を検索すると，このような観点による記事が多く見つかった（"《人民日報》(1946-2008) 図文电子版"）.

16) 中国では，アニメ・マンガ産業基地を設立したり，アニメ・マンガ学部を作っ

280 第Ⅱ部 セクシュアリティで見る東アジア

たりと，政府主導でさまざまなアニメ・マンガ産業の振興策が進められている．
遠藤（2008），徐（2014），卢ほか編（2014）などを参照のこと．なお，中国のア
ニメ・マンガ産業の状況を概観する『アニメ・マンガ白書（动漫蓝皮书）』の最
初の出版は2010年である（『中国文化報』2014年12月3日）．

17) 北京大学の古市雅子准教授によると，北京大学のマンガサークル"元火"に所
属する学生は800人に達するという（2012年2月，筆者によるインタビュー）．
このサークルの依頼で，筆者自身がBLに関して講演させてもらう機会を得たの
だが，大きめの教室に入りきらないほどの人数がつめかけ，BL文化への興味関
心の強さを実感させられた（2012年3月）．

18) かつて，中国の学校，特に中学や高校は勉強が中心で，クラブ活動などの入り
込む余地はなかった．しかし，この傾向は近年変化しつつあるようだ．ある有名
大学付属中学でマンガクラブの部長をつとめる女子中学生は，「中国のマンガよ
りも日本のマンガのほうが面白いものがまだ多いが，将来は自分がマンガ家にな
って状況を変えていきたい」，「学校にはいろいろなマンガ関連のサークルがあり，
所属している人数も多く，そういったサークルのメンバーは女子が多い」という．
また，BLという言葉も知っているということであった（2012年2月，筆者によ
るインタビュー）．

19) 中国の同人文化には，日本や台湾・香港の影響だけではなく，3節で紹介する
スラッシュフィクションの影響も見られることを付け加えておく．詳しくは，
Yanrui Xu & Ling Yang "Between BL and Slash: Danmei Fiction, Transcultur-
al Mediation, and Changing Gender Norms in Contemporary China"（2017年7
月神奈川大学国際BLシンポジウムにおける口頭発表，James Welker編で近刊
予定）．

20) この本は，同人文化に関する中国で初の「専門書」ではあるが，他方で，研究
倫理等について大きな批判を集めた本でもあることを付記しておきたい．たとえ
ば，中国のオンライン百科事典「互动百科」には，この本が著作権やプライバシ
ーを侵害した（たとえば，転載禁止と書かれたサイトからの無断引用があった，
など）ことが手厳しく書かれている（2017年7月5日最終アクセス）．同人文化
は，中国では，場合によっては，サイトが閉じられたり処罰の対象になったりし
かねないジャンルであるため，情報を許可なく公開したことが強い批判の対象に
なったのだろう（中国における初期の同人作品のおおよその時期やそれらの原作
を知りたかったが，他に資料が見つからなかったため，本章ではやむなくこの本
から引用している）．

21) 「【YACA動漫協会】簡介」http://www.yaca.cn/index.php?action-viewnews-
itemid-18397-php-1（2017年3月24日最終アクセス）

22) ここで述べる少女マンガと少年マンガの違いとは，1970年代以降の典型的な
作品についてである．両者の表現技法は互いに影響を与えあってもいるし，現在

では男女どちら向けとも言えないジャンルも見られる.

23) 千野（2012: 26）は,「キャラクターを中心にテクストを鑑賞する読み方は,日本のマンガから広がった」と主張している. このような読み方そのものが特殊なものであるという視点には同意するが, 日本のマンガから広がったのかについては, 疑問が残る. たとえば, ドイツにおけるマンガファンのイベント（ライプチヒ, 本のメッセ 2012 年）では, 日本のキャラクターに交じって, スパイダーマンなど, アメリカンコミックスのキャラクターのコスプレも多く見られた. このような読みは, アメコミも含めたマンガ文化の産物なのか, それとも日本マンガが大きな影響力を持ったのか, さらなる検討が必要である.

24) 海外におけるコスプレはしばしば動きをともなう表現であるのに対し, 日本のコスプレは動きがない（小川博司氏による指摘）. 日本のコスプレはベースがマンガであるのに対し, 海外のコスプレはアニメがベースであるため, コスプレ表現に違いがあるのではないか.

25) 海賊版規制と出版内容への規制によって, 早期の BL 雑誌は休刊した. 2017年現在は, BL 専門誌『天漫・藍色』『男朋友』が, 中国の作家による BL オリジナル小説・マンガを提供している（胡 2017）.

26) 上海の同人誌即売会 Comicup の統計によると, 2015 年の同人創作のトップ 3 はすべて中国産の作品であるという（胡 2017）.

27) ネット上の表現活動も自由というわけではない. 2002 年から HP 上で同人小説を書いていた女性によると, 2005～2008 年にかけて BL 小説の HP が突然削除されてしまうという事態があったという（2012 年 1 月, 筆者によるインタビュー）. ネットドラマの規制について, 胡（2017）は, 同性愛表現や不倫などを不健全な性関係として放送禁止の対象とする「ドラマ内容制作通則」が存在しているが, この通則は民間団体が定めるもので, 政府が明確に同性愛表現を禁止しているとはいえないと述べている. 政府の BL に対する態度は, 非常にあいまいといえそうだ.（追記：2017 年 6 月 30 日に新たなネット規制法（网络视听节目内容审核通则）が施行され, 映像で「同性愛」などの性的関係や性行為を表現することが取り締まられることになった.）

参考文献
日本語文献
東園子（2013）「紙の手ごたえ——女性たちの同人活動におけるメディアの機能分化」『マス・コミュニケーション研究』No. 83.
東園子（2015）『宝塚・やおい, 愛の読み替え——女性とポピュラーカルチャーの社会学』新曜社.
千野拓政（2012）「東アジア諸都市のサブカルチャー志向と若者の心」『【アジア遊学】149 東アジアのサブカルチャーと若者のこころ』勉誠出版.

張頡芬（2011）「同人文化のコミュニケーション――中国における日本マンガ同人文化の受容をめぐって」2010 年度関西大学大学院社会学研究科修士論文.

ドゥルシラ・コーネル（2006）『イマジナリーな領域』御茶の水書房.

遠藤誉（2008）『中国動漫新人類――日本のアニメとマンガが中国を動かす』日経BP 社.

藤本由香里（2007）「少女マンガの源流としての高橋真琴」『マンガ研究』Vol. 11.

呉咏梅（2008）「中国における日本のサブカルチャーとジェンダー――「80 後」世代中国人若者の日本観」東浩紀・北田暁大編『思想地図 Vol. 1　特集・日本』日本放送出版協会.

伊藤剛（2005）『テヅカ・イズ・デッド――ひらかれたマンガ表現学へ』NTT 出版.

徐園（2014）「中国の漫画アニメ研究」『ビランジ』33 号（発行：竹内オサム）.

金田淳子（2007）「マンガ同人誌――解釈共同体のポリティクス」佐藤健二・吉見俊哉編『文化の社会学』有斐閣.

胡長玉（2017）「中国における「BL」文化の流行：外来文化のローカル化をめぐって」2016 年度関西大学大学院社会学研究科修士論文.

小谷真理（1994）『女性状無意識〈テクノガイネーシス〉――女性 SF 論序説』勁草書房.

増田のぞみ（2002）「拡散する時空――コマ構成の変遷からみる 1990 年代以降の少女マンガ」『マンガ研究』Vol. 2.

溝口彰子（2015）『BL 進化論――ボーイズラブが社会を動かす』太田出版.

夏目房之介（1995）「マンガ文法におけるコマの法則」『別冊宝島 EX　マンガの読み方』宝島社.

夏目房之介（1996）「マンガはなぜ面白いのか」NHK 人間大学.

大塚英志（1997）「戦後まんがは「心」をどう表現してきたか」色川大吉編『現代の世相 7　心とメディア』小学館.

斎藤宣彦（1995）「マンガの構造モデル」『別冊宝島 EX　マンガの読み方』宝島社.

白石さや（2013）『グローバル化した日本のマンガとアニメ』学術出版会.

須藤健太郎（2008）「中国「80 后」世代にとっての日本アニメ」『大阪産業大学経済論集』第 10 巻第 1 号.

竹宮惠子（2002）「［コメント］少女マンガの変化にまさに立ち会ったマンガ家の立場から」『マンガ研究』Vol. 1.

竹内オサム（2005）『マンガ表現学入門』筑摩書房.

山田奨治（2009）「海賊版映像のディスク分析」谷川健司・他編『拡散するサブカルチャー――個室化する欲望と癒しの進行形』青弓社.

安川一（1993）「マンガの情景　ヴィジュアルの循環」香内三郎・他編『メディアの現在形』新曜社 289〜291.

吉澤夏子（2012）『「個人的なもの」と想像力』勁草書房.

中国語文献

卢斌・郑玉明・牛兴侦编（2014）『动漫蓝皮书——中国动漫产业发展报告（2014）』社会科学文献出版社.

王铮（2008）『同人的世界』新华出版社.

杨雅（2006）「眈美现象背后——同人女群体调查」，潘绥铭主编『中国性研究的起点与使命』中国人民大学性社会学研究所.

終　章

東アジアの比較とは

瀬地山　角

　はしがきに述べたように本書は，1人の研究者が一貫したスキームのもとに比較をしたものではない．しかし第1章で最低限の共通のプラットフォームを意識した比較をした上で，それぞれの社会のジェンダーやセクシュアリティのあり方をより浮き彫りにする形で，各章の研究が進められている．ここではそれらに再度コメントをすることを通じて，本書の持つ意味を再確認していきたい．

　第1章では，統計の得やすい（もしくは信頼性の高い）日本・韓国・台湾について，既婚女性の労働パターンの変遷を示し，『東アジアの家父長制』以来の仮説について検証を試みた．特に学歴が上がると労働力率の上がる台湾と上がらない韓国，中間に位置する日本という対比には大きな変化がなかったことが明らかになった．これはたとえばジェンダーギャップ指数にもあらわれるような，女性の社会進出へのその社会のまなざしを反映しているものといえる．また北朝鮮においてはオモニ大会，中国においては「婦女回家論争」を中心に取り上げ，2000年代もしくはより最近までの変化について記述した．これを見ても北朝鮮の保守性は明らかで，同じ東アジアの社会主義社会でも儒教の影響力が異なることで，北朝鮮と中国がちょうど韓国と台湾のような対比の関係になることを示した．これも前著以来の仮説がまだ妥当性を持っているということになるだろう．

　第2章では，第1章の労働ではなく「食」に着目して現代日本の家族を分析する．しかしそこに描かれるのはやはり（男女の）「職」とは決して無関係ではない「食」のあり方である．筆者自身も夕食づくりを日課としてきたので，肌感覚でわかっているつもりだ．現代日本の大都市部で朝食も夕食も家族みん

なで食べる家というのは，それほどないであろう．だからといってそれが何か
の「崩壊」を指すのだろうか？

　岩村（2003）などが指すとおり，高度成長期に専業主婦となった世代の，さ
らにひと世代前には，「おふくろの味」などというものはそもそも存在しなか
った．貧しさに苦しむ世帯の方が多く，栄養をとるだけで精一杯のような状況
だったのだ．「日本伝統の味」や「おふくろの味」と呼ばれているものの多く
が，実は高度成長期以降に「発明」もしくは「再開発」されたもので，ほとん
どの庶民にとっては「伝統」ではない．そんなことに縛られる奇妙さを野田は
水無田気流の用語を用いて「無理ゲー」と呼んで相対化している．

　野田論文が引用するのは味の素の調査だが，実は味の素はかつて「お母さん
と食」を強調するCM[1]を作っていたことがあり，なかなか興味深い．野田の
指摘のとおり，日本において食事作りに夫が関わる（「手伝う」を含めた）比率
は異常なまでに低い．東アジアの比較調査でも日本男性の夕食への関与の低さ
は群を抜いている（岩井・保田 2009）．そこに疑問をはさむことなく，「一般受
け」を意図した企業によって「何十万年も，何十億人ものお母さんが食事を作
ってきた」というCMが作られてしまうという状況は，単に時代錯誤である
だけではなく，事実誤認であり，かつ性差別的である．

　こうした状況は，野田の指摘する，「食育」や「食卓中心主義」を象徴して
いると考えられる．「食育」とは，高水準の家庭料理を手作りする専業主婦の
母，という高度成長期日本の「特殊な」存在が実態として消えたあと，2000
年代以降に強調されるようになった言葉だ．岩村（2003）も，実際には買って
きたお総菜をそのまま子どもに食べさせている母親が，「なるべく手作りで」
「栄養に気をつけて」などと発言していることを暴いている．理念としての
「食育」に母親だけが煽られて，実態としては市販の「麻婆豆腐の素」などで
つくった料理を，父親のまだ帰らない食卓で子どもに食べさせているわけだ．

　企業はわざわざ「性差別CM」を積極的に作ろうとするほど，おせっかいで
もなければ愚かでもない．「食事を作るのはお母さん」というメッセージは当
然ながら，そこに訴求すべきマーケットがあるからこそ，発信され，それなり
に受容される．それが「食育」に乗っかる母親層である．彼女らが，実態とし
てはいちからの「手作り」をしなくとも「手作りのふり」をできるこうした
「お得な」商品の購買層となっていくのは，非常に頷ける．そもそもカレーも
スパゲッティも麻婆豆腐も，そうして戦後に新しく普及した食べ物で，元の味

を「日本の家族向け」に大幅に変えて普及したものだった．日本社会を一歩出ると緑茶に砂糖が入っていたり，巻き寿司の中身がアボカドだったりするのと同じ「現地化」である．

そしてそれらの商品を消費することで「家族の団らん」は維持されると母親たちが思い込む．だからといってもちろんそれらを使うなといいたいのではない．2010年代にあっては共働きであれば不可避であろう，そうした省力化を「食育」の範囲にあるものだと企業が肯定する．ただしそこに父親は登場しない．それを前提とした上で，専業主婦を含めて「手作り」をしているつもりの母親が乗っかるというヴァーチャルな「手作り」の夕食と団らん．そんな2000年代の「無理ゲー」の世界を活写した論文である．

第3章の柳采延論文は，女性の高学歴化が社会進出につながるのか，それとも専業主婦の高付加価値化につながるのかを考察する貴重な論文である．韓国では学歴別女子労働力率が，大卒になってもあまり上がらないことは『東アジアの家父長制』以来ながらく指摘していたことだ．それが大学進学率が7〜8割に達するような2000年代後半以降の超高学歴化のもとでどうなったかというのは，実は韓国でも最先端の研究に属する．筆者も英著 Sechiyama（2013）を書いていた段階では，韓国で急速に高学歴女性の労働力化が進む可能性を排除できなかったのだが，柳の述べるとおりその後の展開を見る限り，少なくとも2010年代の段階ではそれは起きなかったということになる．

柳は単に統計データに依拠するのではなく，高学歴専業主婦の大学受験マネージメントを丹念に追っていく．『主婦生活』などの有名な女性誌を追いながら，実は大学受験マネージメントなど，進学率が低かった時代にはとうてい母役割の範囲に入っていなかったことが明らかにされる．大学にみんな進学する時代になってはじめて，母役割がそこまで拡張されていった．これは日本で3歳児神話が進学率の上昇とは無関係に存在しているのとはかなり異なる現象である．日本では高校の進学率がほぼ100％になっても，高校受験は「母親の仕事」とされないのに対して，韓国では進学率の上昇とともに「母親の仕事」は大学入試のマネージメントにまで延長される．

一方で若年の失業率が著しく高い韓国では大学に入っても，次の財閥系への就職や公務員試験のために過酷な受験競争が待っている．市内の鷺梁津地域などに広がる考試院と呼ばれる就職向け予備校兼寄宿舎．ワンルームマンションよりも狭いような部屋で卒業後まで就職浪人を続ける姿は日本の感覚からは異

様としか思えないが，ここでは母役割はあまり強調されない．金銭的な援助は
あるが，大学受験のようにお弁当を3つ作ってサポートするようなことはない．
ある意味で母役割に含まれる関与のあり方が大学受験と就職試験の間で社会的
に，「恣意的に」設定されているということになるのだろう．

　本章の最大のセールスポイントは，2010年代に入ってもやはり高学歴専業
主婦というのが，韓国社会で一定のステータスを持っていることを指摘してい
る点にある．日本でも2010年代に子どもを東京大学の理科Ⅲ類に何人も通し
たという「佐藤ママ」なる母親がマスコミで取り上げられるという現象が起き
た（佐藤 2015）．彼女は，恋愛は受験には無駄というのだが，たかだか恋愛を
したくらいで東京大学に入れないのなら，来ていただく必要などない．彼女の
主張するような親にコントロールされ，合格を自己目的化した勉強をしてきた
学生を大学は求めていない．日本ではこれがまだ笑い話ですむのだが，韓国社
会ではそういうわけにはいかない．こうした恐ろしい母親がマジョリティをな
していると考えればよい．だからこそ予備校の広告では，必ず（日本にはない）
保護者向けのメッセージがある．そしてこうした考え方や行動が短期間のうち
に解消するとも思えない．柳はそういった現状を韓国社会における女性の地位
という観点から，急激な女性の高学歴化や意識変化とそれに追いつかない労働
市場・女性の家庭内地位で説明している．柳の議論はもちろんソウルの江南の
一部の層を主に対象としたものだが，そのあり方がステータスとされるところ
に，2010年代でも変わらない韓国の女性像を見ることができる．高学歴化し
た女性たちが職業ではなく，一見「良妻賢母」的な役割である子どもの教育に
打ち込む構造を地道な資料蒐集をベースに明らかにした最新の韓国におけるジ
ェンダー研究である．

　第4章はいままでにない内容の論文である．もちろん洪郁如（2010）に代表
されるように，台湾のフェミニズムと女性政策の進展を追ったものは存在する．
しかし性的マイノリティの問題とフェミニズムの問題とをこのように一貫して
論述したものは管見の限り存在しない[2]．それはある意味当然のことで，この
ようなLGBT，及びセックスワーカーなど「逸脱的セクシュアリティ主体」と
福永が呼ぶ勢力と，フェミニズムとの連帯というのは，おそらく2010年代後
半の時点では，台湾でしか起きておらず，したがってそのことの意味を充分に
理解した研究は存在しないのである．

　リブ以来の歴史を知るものであれば，なおのことその希少さ，敢えていえば

終 章　東アジアの比較とは　289

「奇妙さ」がわかることだろう．1960 年代後半以降のアメリカのウィメンズ・リブ運動の展開の中では，男性を徹頭徹尾排除するという意味でレズビアン・フェミニズムが 1 つの勢力をなすことはあったが，それがゲイ・ムーブメントと連帯したことは基本的にない．たとえばゲイたちが立てこもって警察に抵抗した 1969 年のニューヨークのストーンウォールの反乱に対し，フェミニズムの主流が強い関心や連帯を示した痕跡は見あたらない．

　LGBT や性的マイノリティとひと言にいうが，実際にその中を見ると数としては圧倒的にゲイ男性が多い．1960〜90 年代フェミニズムが「宿敵」である男性によって構成されるゲイと共闘しなかったのもある意味で当然であろう．性的指向を人権と考える動きは 21 世紀になってようやく始まる．世界の多くの社会にとって，それは「21 世紀の人権」とでも呼ぶべきものだ．したがって台湾のこのフェミニズムと性的マイノリティの共闘は，フェミニズムの波が遅れてやってきて，性的マイノリティの問題群と同じタイミングで盛り上がったという意味で，圧縮的近代化の典型例のように思われる．

　同じく俎上に上がるのがセックスワークの問題である．欧米や日本において，セックスワーク論というのはフェミニズムよりも当然，かなり遅れてやってきた．フェミニズムによる性暴力や（女性の貧困と一体化した）性の商品化に対する批判が一巡して，「貧困」が主因ではなく「主体的に」性労働に関わる女性たちが出てきた時に，はじめて可視化された問題群だからである．フェミニズムとの間に通常十〜数十年程度のタイムラグがあるのだが，これが台湾では共時的に起きてしまった．1997 年の台北市の公娼制度廃止政策は日本でいえば売春防止法に重なるもので，その施行は 1957 年の出来事．日本ではキリスト教矯風会のような性的保守主義と，婦人運動が共闘したものであった．これに対し台湾では性的保守主義と対峙する形で，フェミニズムの一部とはいえ内部から，「性労働を認めよ」という議論が起きる．これは日本に置き換えると 1980 年代後半以降，「アルバイト売春」が話題になってからあとの現象となる．台湾の場合，公娼制度廃止の時点で，フェミニズムの内部にセックスワーク論がすでに存在したために，何春蕤のような主張が可能となったのだ．

　韓国では金大中政権以降「女性家族省[3]」がフェモクラットの牙城となって政権の女性政策を一括して握ってきており，そこに性的マイノリティとの連帯の兆しはあまり見られない．韓国の強い儒教規範は，性的マイノリティの問題に対して，抑圧的に働いていることは明らかで，セックスワーク論も日本以上

に受容されない．台湾と同じように圧縮的近代化の典型例である韓国においては，フェミニズムと性的マイノリティやセックスワーカーとの連帯は起きず，台湾においてのみ，こうした現象が観察されたということになる．それを正確に記したという意味で，この第4章の福永論文は大変貴重なものだ．

　第5章も日本語では類例のない論文である．韓国語・朝鮮語を勉強して北朝鮮の政治や経済について研究をするというのは，もはや珍しくなく，また韓国のジェンダーを研究するというのもまったく珍しくないのだが，なぜか韓国語を勉強して北朝鮮のジェンダーを対象とするという研究者が日本には存在しない．この分野は実は韓国ではそれなりの蓄積があり，何冊も本が出版されている．それらを翻訳しただけでもそれなりに業績になってしまうような世界なのだが，20年来そのような作業を見たことがない．地域研究者は地域に行かなければ，というのなら北朝鮮に行けばよい．ガイド（≒監視）付きの団体旅行になるが，それでも実感できることはたくさんある．朝鮮中央通信のテレビや労働新聞などもすべてネット上で見ることのできる時代だ．もう少し北朝鮮「社会」に関する研究者が増えてほしいと思う．

　著者の韓は日本の朝鮮学校で教育を受け，東京にある朝鮮大学校を出た在日コリアンだ．卒業後，朝鮮新報社という日本語と朝鮮語の双方で発刊する新聞社に勤め，その間に平壌での取材経験もある．北朝鮮社会を肌感覚で知る数少ない研究者である．

　同じ社会主義のシステムをとる中国と北朝鮮で，社会主義のあり方が違い，その「違い」が台湾と韓国の「違い」と類似している，というのが第1章で述べたとおり筆者が長らく考えてきた仮説である．それが中国南方の農村社会の規範と朝鮮半島の李氏朝鮮時代の規範の違いに対応していることは，『東アジアの家父長制』で述べたとおりである．今回はそれを第1章の中国に関する部分の「婦女回家論争」と第5章の「全国オモニ（＝母親）大会」で対比させようとした．

　中国の「婦女回家論争」は社会主義の経済システムが崩れて，市場原理が徹底されていく中で，家事・育児が資本主義社会同様に周辺化され，そのことをどう捉えるかをめぐる論争だったということができる．改革開放の本格化する1980年代以降何度も議論としてわき起こるもので，北朝鮮と異なり，公式見解がはじめからあるのではない．しかし政治協商会議のような比較的「自由な」場で発せられた「異論」に対して，政府お墨付きのメディアが，共働きが

維持されるべきだという方向で決着を図ることは，少なくとも2010年代まで通例であったということができる．

これに対し北朝鮮では，1961年，1998年，2005年，2012年と「全国オモニ大会」が開かれている．金日成体制が確立していく時期に第1回が開かれ，子育ては母親の役割だと堂々と性役割分業を肯定した上で，「妻として，母として，嫁として」尽くす女性像が称揚された．こうした価値観，特に嫁姑関係に関わる嫁役割の強調は，男女間の自由な関係を少なくとも建前上は推し進めようとした中国社会では決して見られない．そして母役割の強調はやはり金正恩時代の2012年の大会でも続いている．2011年の政治協商会議全国大会の時期に張暁梅が「家事労働も評価されるべき」との論評をネット上に公開したが，最終的には，政治協商会議の公式サイトで批判の対象とされていることとは対照的である．まさにジェンダーは社会主義や資本主義といった社会体制を越えて作用する基盤のようなものだということがわかる．李氏朝鮮時代に浸透した儒教規範は根強く，社会体制などしょせんはその上に接ぎ木されたようなものに過ぎず，したがって韓国でも北朝鮮でも，ジェンダーに関して保守的な規範がいまでも作用することになる．それを北朝鮮の側から描き出したのが韓論文の作業である．

韓がSechiyama（2013）を批判して述べる資本主義化と土着化との違いというのは，おそらくそのとおりであろう．私が充分に区別して書いていなかった点について，重要な指摘を受けたものと考える．土着化が起きるのは，現存の社会主義がいくつかしかない状況で考えると，多くの場合，当該社会で集団化と国有化を基調とする社会主義のシステムが見直され，市場原理に基づく資本主義的な経済システムが導入されるプロセスにおいてである．この過程については『東アジアの家父長制』で詳述したので，関心のある方はそちらを参照してほしいが，簡単に触れると，1978年の改革開放時代の中国は，市場経済化によって土着化の基盤が見えやすくなったのに対し，北朝鮮の場合1966年以降の金日成体制確立に象徴される独裁体制が，社会主義を離れて朝鮮半島社会の規範を復活させるきっかけとなった．第1回全国オモニ大会（1961年）はまさにそうした独裁体制の嚆矢となった．その意味でこの時期から土着化が進んでおり，韓論文が分析する2000年代以降の情勢はそこから一歩進んだ資本主義化を前提としないと説明できないということであろう．

いずれにせよ，こうした軍事問題以外の落ち着いた北朝鮮社会研究がもっと

出てほしい.

　第6章が本書の中で少し異質な研究であることは，もとより承知している．ただこれが東アジアのジェンダーや家族を考える上で大変貴重な研究であることを読者には理解していただきたい．狭義のジェンダー研究に属さないことは自明なので，そのジェンダー編を「婦女回家論争」に焦点を当てる形で，第1章で補った．したがって第2章〜第5章のジェンダー編に対応するのは第1章の中国の「婦女回家論争」の部分となる．そしてそれを前段に見るように北朝鮮と比較している．

　中村論文はある意味でもっと射程の広い中国の家族研究である．改革開放が本格化し，国有企業が解体されていくプロセスで，「関係（guanxi）＝コネ」が重要視されることは従来から指摘されてきたが，それが単なる「コネ」による横のつながりではなく「包（現代中国語でいう承包）」という請負システムに依存することで，リスクヘッジをしてきた点を指摘していることが重要であり，興味深い．園田・蕭（2016）に代表されるように，日本企業はこうした人材流動をリスクと見てしまうのだが，中国の経営者は「従業員が独立したければ止めない」，さらには「それが会社にとって合理的だ」と断言する．もともと私は（瀬地山 1997）で台湾企業においてそのダイナミズムを記述していたのだが，解体していく中国の国有企業において2000年前後にも類似のパターンが見られたのは大変勉強になった．やはりチャイニーズの組織原理は社会体制を越えて共通なのだろう．

　もう1つこの論文のスケールの大きさを示すのが，家族の原理がわかれば，その社会の組織原理がわかる，という論理構成を復活させた点である．すでに述べたが，家族を研究して，家族のことしかわからないのなら，家族に関心のある人以外，家族社会学など研究対象としないだろう．しかし有賀喜左衛門（1939＝1967）や中野卓（1978）から村上ら（1979）の「イエ社会論」さらにはエマニュエル・トッドのさまざまな業績（1990，2011）まで，家族・親族規範の研究はつねにその社会の組織原理を説明するものであった．家族を研究してわかるのは家族だけではなく，当該社会の組織原理であるはずだ．その意味で中村は「大風呂敷」というが，これは参与観察をしつつ，細部にわたって実証をした堅実な研究である．

　改革開放以降の国有企業の模索を観察する中で，「包」という請負システムがいかに中国社会のリスクヘッジのあり方に密接に関連しているかを証明して

いる．鄧小平が 11 期三中全会（1978 年）以降に復活させた生産責任制（現代中国語で联产承包）はまさにそのシステムであり，現代中国でも生き残った「承包」の原理と同じものである．家族を研究しなければ社会の組織原理はわからないという家族社会学の王道をいく論文である．

第 7 章は第 4 章と同じく福永の論文である．2016 年の時点で台湾がアジアにおいて LGBT に関してもっとも寛容な社会であることを知っている人は一体どれくらいいただろうか．われわれがお手本にすべき社会はアメリカやフランスではなく，さしあたりは台湾なのだ．本章はこれを明らかにしただけでも価値がある．注 2）でも述べたが，このような最先端のレベルで重要なことを，修士論文の段階で発見してくる労力と能力は並大抵のものではない．こうした貴重な先行研究を通じて，「ゲイスタディーズをやるのなら，まず台湾の事例を踏まえて」といった人たちが生まれることを切望する．

中国や台湾を専門にする人なら誰でも知っていることだが，台湾の政治における対立の線というのは，必ずしも保守系 vs. 進歩系というものではない．中国大陸から外省人をバックとする国民党と国民党の渡台以前から暮らしていた本省人との対立である．戒厳令体制下では政党の結成が認められなかったが，民主進歩党（民進党）が 1986 年に結党され，翌 87 年には戒厳令が解除される．民進党の方が人権重視などリベラルな側面は確かにあるが，対立の争点は台湾独立問題や中国との関係であった．

そうした中で福永は，のちに国民党の総統となる馬英九が台北市長時代の2000 年に，台北市の主催で第 1 回台北レズビアン＆ゲイ・フェティバルが開かれたことに注目している．保守的な面もある国民党の市政府が，最初にこうした取り組みをしており，2000 年の総統選挙ではじめて政権を握る民進党の陳水扁政権もそれに続くことになる．つまり保守 vs. 進歩の枠組みを越えて，この問題への取り組みが進んだことが台湾の非常に独自の展開なのである．

アメリカなら共和党，西ヨーロッパならキリスト教系の保守政党，日本の自民党や韓国の保守政党が，率先して性的マイノリティの問題に取り組んだという話は聞いたことがない．「伝統的な」家族観と抵触するために，保守層の支持を失う可能性があるからだが，その点で台湾は非常に変わっている．この問題に対する政治の世界での支持基盤が広いのだ．さらには国連加盟を認められない中で，（中国を意識して）人権先進国としての「台湾」を打ち出そうとしたという外交上の戦略があったことも興味深い．世界経済フォーラムのジェンダ

294 終 章 東アジアの比較とは

ーギャップ指数（GGI）が出るたびに，中華民国政府が独自で計算をして，自国の順位をアピールするのも同様の発想から来るのだろう．

2016 年から 2017 年にかけて同性婚を認めるか，パートナーシップ制度にとどめるかをめぐって，（国会にあたる）立法院の内外で議論が繰り広げられていた．これに対し 2017 年 5 月 24 日，台湾の憲法解釈を担う司法院大法官会議は「同性婚を認めない現行民法は違憲であり，2 年以内での修正を求める」という画期的な判決を出した．パートナーシップ制度ではなく，同性婚を認める形での法改正が今後進められていくことと思われる．このことから充分にわかるとおり，台湾は性的マイノリティの問題に関して，アジアでは間違いなく最先進国であり，福永はそれに関して日本でほぼ唯一の専門家である．台湾から学ぶべきところはこれからも多くあることだろう（福永 2017）．

第 8 章は昔から書いておかなければと思っていたテーマである．ひと言でいえば，性欲があるから自慰をしているのではなく，性欲が社会によって刺激されて（もしくは作られて）自慰をしている，ということが，中国のデータと対比することできれいに見える，というものだ．典型的な構築主義の議論で，その意味では理論的にはさほど新しいことではない．

ただこの分野で中国語の文献を読む研究者が少ないために，こうしたデータは日本に伝えられることがなく，中国も自国のデータをどう国際比較の中で解釈するかということにあまり関心を持っていない．サンプリングの問題は当然あるが，それでも同じデータの中で，新中国成立期に青年期を過ごした男性と，文革期に青年期を過ごした男性とで生涯の自慰の経験率が下がっていくというのは，サンプリングの問題を越えて議論として成立する．日本社会のセクシュアリティのあり方を相対化する視点の 1 つとなればと思う．

第 9 章は 2010 年代のゲイスタディーズを切り拓いた森山の論文である．その指摘の重要性について 2 点のみ取り上げておきたい．

まず 1 つは日本のゲイの歴史について，1910 年代を分水嶺として同性愛概念が導入されたという議論である．日本は江戸時代まで武士や僧侶などの間で男性同性愛「行為」が，特に異端視されることなく異性愛と共存していた．武士は男性とも女性とも関係を持ちうる存在で[4]，そこに同性愛という概念は存在しない．18 世紀の朝鮮通信使申維翰は『海游録』の付篇「日本聞見雑録」（申 1974）で，日本の男娼の存在を不可思議なものと考えて，朝鮮語が堪能であった通事の儒学者雨森芳洲に「貴国の俗は奇怪きわまる」と伝えている．江

戸期の男性同性愛行為は，同じ東アジアだが儒教がより深く浸透した李氏朝鮮社会の目には，理解不能なものと映ったのだ．これに対して雨森が「学士はまだその楽しみを知らざるのみ」と答え，申は「雨森如き人でも言うことがなおこのようである．国俗の迷い惑うさまを知るべし」と絶句している（申 1974: 315）．

明治期にも学生の寄宿舎にはこうした風習が残っていたが，西洋からの同性愛を病理として捉える通俗医学の影響を受け，明治末から大正にかけて，同性愛は病気となり，ここで「行為」ではない同性愛概念が生まれる．行為としては昔から存在していた同性との性関係が，人格へと読み込まれて，「同性愛者」という概念を生み出したといってもよいだろう（森山 2017）．実は同性愛という概念自体が，近代に構築されたものなのだ．テニスをするということと，テニスプレーヤーであることがイコールではないことと対比すれば，同性間の性行為をすることと「同性愛者」という概念との間にどれだけの距離があるかがわかるであろう．

もう1つはゲイの中の「格差」を取り上げた点である．すべからくマイノリティ問題にあって，マイノリティ内部の差異に視線が届くということは，その問題が社会でより知られていく過程において必然的に起きなければいけないプロセスであろう．フェミニズムの歴史に見るように，女性は当然一枚岩ではないし，在日韓国朝鮮人の中にも「格差」は当然存在する．そうした差異をひとつひとつ明らかにし，ステレオタイプを崩していく作業は同性愛者の場合きわめて重要である．男女の平均賃金の違いを考えれば，ゲイとレズビアンのカップルの間で収入に大きな違いが出ることは，多くの社会で指摘されていることである．返す刀で日本初ともてはやされた渋谷区のパートナーシップ条例が，公正証書の提出を要件としていることに批判を浴びせるのもまったくそのとおりである．パートナーの登録に自治体が数万円もの費用を要求するということが，いかに差別的な制度であるかが森山の議論からよくわかる[5]．これからの日本の同性愛者の問題を考える起点となる論考である．

第10章はレディースコミックの分析として有名な『女はポルノを読む』（守 2010）の著者による中国のBL論である．ボーイズラブ（BL）は日本で生まれた，女性が消費する，男性同性愛を描く漫画のジャンルである．日本の漫画の歴史をふり返りながら，特定の「お作法」を持ったジャンルが外国で受容されるということがどういう意味を持つのかをきちんと踏まえた上で議論が展開さ

296 終 章 東アジアの比較とは

れる.

　女性が性欲の主体となるというのは，日本でも 1970 年代のウィメンズ・リ
ブの中で提唱されたスローガンではあったが，商品を伴って具体的な実態とな
るのは，1980 年代後半以降のレディースコミックの登場を契機としており，
そこに BL や二次創作の「やおい」がオーバーラップしている．1999 年の
NHK の「日本人の性行動・性意識調査」では女性の（生涯での）自慰経験率
が当時の 30 代→40 代→50 代→60 代で 58%→55%→37%→22% と下がって
いく（NHK「日本の性」プロジェクト編 2002）．累積されるはずの経験が，年齢
が上がると下がるということは，そこになんらかの社会的圧力があったことを
示唆している.

　同じく中国では，女性の自慰経験率について，著しい学歴差があることが報
告されている．学歴が上がると自慰の経験率が上がるのである（潘・白・王・
劳曼 2004: 77）．女性の自慰は女性自身が自分の性と向きあうきっかけとなる
ものであることが，こうしたデータからもわかる．そしてそうした意味で BL
は守も述べるように，女性が異性愛の文脈から離れて自由に「妄想」できるよ
うに作られたものである.

　今回は韓国や台湾の「腐女子」について，議論を紹介することができなかっ
たが，韓国や台湾でも BL は受容され，「腐女子」はそれなりに知られた存在
となっている．「腐女子」の東アジア比較研究があるとすれば，本章はその嚆
矢となるものだろう.

＊　＊　＊

　話を最初に戻そう．北東アジアのこの 5 つの社会をジェンダーやセクシュア
リティの観点から比較することに一体何の意味があるのかを確認しておきたい.
それは本来は私がここで列挙するようなものではなく，読者がそれぞれの論考
を読みながら自身の関心に応じて感じ取ればよいものである．なので「比較の
意味」は最終的には，読者が「面白かった」と思えばそれでよいのだが，さす
がに編者としてはもうひと言付け加えねばならないだろう.

　研究者の観点から重要なのは「この比較の組み合わせが必然的なのか？」と
いうことである．2 点に分けて述べておきたい.

　まず 1 点目，日米比較や日中比較の研究は社会学でもたくさんある．ただそ

れだけでは，社会規範の違いなのか，社会体制の違いなのか，経済の発展段階の違いなのかといった原因の区別がつかないまま，「違い」だけが発見される．もちろんそれ自体でも貴重な相対化になるとは考えるが．これに対して東アジアの各社会との比較は，日本の「特殊性」をあぶり出す上で非常に貴重な視点を提供してくれる．日韓台で既婚女性の労働力化のパターンが違うということは，もはや経済水準に帰責することはできず，儒教を含めた文化であるとか，子どもとの関係をどう考えるかといった社会規範でしか，説明ができないこととなる．

　セクシュアリティに関していえば，キリスト教圏でもイスラム教圏でもなく，他方で，儒教の浸透度が異なる東アジアは，やはり格好の比較対象となる．同性愛行為に寛容だった 1900 年代頃までの日本と，それを急激に追い越すように 2000 年代に寛容になった台湾．今回は詳述できなかったが，儒教の影響から終始抑制的な韓国社会というのも興味深い対照をなすのだ．

　2 点目．第 1 章で取り上げた 4 象限図式（図表 1-1）を念頭に置くと，高学歴専業主婦がステータスを持つ韓国社会と，社会主義なのに母役割が強調される北朝鮮社会，ここに共通点があることを想起いただけるだろうか．他方で母役割の強調をあまり持たないという意味で台湾社会と中国社会の共通点を挙げることもできる．つまりこの比較を通じて，ジェンダー規範というのは，資本主義や社会主義といった社会体制によって簡単に覆せるようなものではなく，いわばそれぞれの社会の土台をなす規範であり，社会体制というのは所詮その土台の上に接ぎ木されたようなものにすぎないということがわかるのだ．社会体制はたとえば社会主義は基本的に女性を労働力として動員するといった意味で，もちろん意味を持つのだが，それにもかかわらず，ジェンダーのような規範は残るということになる．

　この地域はこうした文化規範が社会体制によって完全に消し去られることなく，影響力を持っている空間であり，その意味でそれぞれの社会の分析をする上で，この比較図式はいままで，そしてこれからも大きな意味を持つであろう．

　そうした東アジアのジェンダーとセクシュアリティの比較社会学の試みとして本書をさまざまな角度から読み，批判していただきたい．「たたき台」としては充分な水準の論考だと考えている．

298 終 章 東アジアの比較とは

注

1) 瀬地山（2014）「味の素が流したとんでもない性差別 CM」2014 年 8 月 18 日を参照されたい．この CM は当該記事が掲載される直前に「契約期間が切れる」という理由で公式サイトから削除され，なおかつ YouTube などの動画サイトからもすべて削除された．費用を投じて CM を作ったのだとすれば，無料で流してくれるものを逐一労力をかけて削除するというのは，ご苦労なことだとしかいいようがない．味の素からの回答は，瀬地山（2014）で述べたとおり「固定的性役割分業を肯定することのないよう，父親が「手伝う」シーンを入れた」という，問題の所在をまったくわかっていないもので，それ以来私は個人的に味の素の製品は一切買わないと決めて，「ひとりボイコット」を続けている．

2) 編著ものの本で，編者以外の執筆者が 2 章分を担当するというのも，少し異例であろう．実は第 4 章と第 7 章の元となっているのは，福永が東京大学総合文化研究科国際社会科学専攻相関社会科学コースに提出した修士論文である．学内で極めて優れた論文に与えられる賞を受賞した非常に興味深いもので，単著での出版を試みたのだが，近年の出版事情も相まって実現せず，したがって今回極力その作業を紹介しようと試みた．

3) 前身の「大統領直属女性特別委員会」（1998 年設立）を含め，この部署の名称はさまざまに変遷している．日本の「男女共同参画」といった性中立的な呼称にならず，一貫して「女性」が用いられている点は，韓国の「女性学」が日本とは異なる路線を取り，かつ台湾とは違って性的マイノリティと関連しなかったという点を含めて，注目すべきであろう．

4) 井原西鶴の『男色大鏡』にも類似の議論があるが，野郎＝男，傾城＝女のどちらが性交渉の相手としてふさわしいかという「野傾論」という議論の空間があったことがそれを象徴している．

5) さらに大きな問題点は，同条例（正式名称は「渋谷区男女平等及び多様性を尊重する社会を推進する条例」）ではパートナーシップを区長が「公序良俗に反しない限り」認めることができるとし（第 10 条），さらに苦情の申し立て先と苦情処理の責任者がともに区長となっている点（第 15 条）である．苦情処理は第三者機関が行うのが定石で，この条文では区長が恣意的な判断をしたときにそれを覆す余地がない．異性愛なら「両性の合意のみに基づく」（憲法 24 条）はずの当事者の関係に，公序良俗だの公正証書だのと条件を課し，しかも苦情は行政で取りしきる．このような条例が全国のモデルとならないことを切に願っている．

参考文献

日本語文献

有賀喜左衛門（1939）「南部二戸郡石神村に於ける大家族制度と名子制度」→
　　（1967）『大家族制度と名子制度——有賀喜左衛門著作集第 3 巻』未來社．

有賀喜左衛門（1970）『家と親分子分－有賀喜左衛門著作集第 9 巻』未來社.

福永玄弥（2015）「台湾における性的少数者の社会的包摂と排除」東京大学大学院総合文化研究科 2016 年度修士論文.

福永玄弥（2017）「台湾で同性婚が成立の見通し――司法院大法官の憲法解釈を読む」シノドス　http://synodos.jp/society/19837　2017 年 7 月 29 日最終アクセス

洪郁如（2010）「台湾のフェモクラットとジェンダー主流化」野村鮎子・成田静香編『台湾女性研究の挑戦』人文書院.

岩井紀子・保田時男編（2009）『データで見る東アジアの家族観』ナカニシヤ出版.

岩村暢子（2003）『変わる家族変わる食卓』勁草書房.

守如子（2010）『女はポルノを読む』青弓社.

森山至貴（2017）『LGBT を読みとく』ちくま新書.

村上泰亮・公文俊平・佐藤誠三郎（1979）『文明としてのイエ社会』中央公論社.

中野卓（1978）『商家同族団の研究』未来社.

NHK「日本人の性」プロジェクト編（2002）『日本人の性行動・性意識』NHK 出版.

佐藤亮子（2015）『受験は母親が 9 割　灘→東大理Ⅲに 3 兄弟が合格』朝日新聞出版.

瀬地山角（1997）「東アジア版『イエ社会論』へ向けて――家族の文化比較の可能性」『家族社会学研究』第 9 号　日本家族社会学会.

Sechiyama, Kaku（2013）*Patriarchy in East Asia*, Brill.

瀬地山角（2014）「味の素が流したとんでもない性差別 CM」東洋経済オンライン 2014 年 8 月 18 日　http://toyokeizai.net/articles/-/43365　2017 年 3 月 25 日最終アクセス.

申維翰（1974）姜在彦訳注『海游録――朝鮮通信使の日本紀行』平凡社.

園田茂人・蕭新煌（2016）『チャイナリスクといかに向きあうか』東京大学出版会.

欧文文献

Todd, Emmanuel（1990）*L'Invention de l'Europe*, Editions du Seuil. ＝（1992）石崎晴己訳『新ヨーロッパ大全Ⅰ・Ⅱ』藤原書店.

Todd, Emmanuel（2011）*L'Origine des Systemes Familiaux Tome 1. L'Eurasie*, Editions Gallimard ＝（2016）石崎晴己監訳『家族システムの起源Ⅰ　ユーラシア上・下』藤原書店.

中国語文献

潘绥铭・白维廉・王爱丽・劳曼（2004）『当代中国人的性行为与性关系』社会科学文献出版社.

300　終　章　東アジアの比較とは

潘绥铭・黃盈盈（2013）『性之变——21世纪中国人的性生活』中国人民大学出版社.

あとがき

　私の勤務先は（最高かどうかはともかく）日本最大の研究者養成機関である．大学院生の数が 12,000 人以上と他の大学に比べて桁違いに多い．そんなところに私のような凡庸な研究者が勤めるとどうなるか……．一番幸せなのは学生・院生が優秀なことである．そして一番辛いのも学生・院生が優秀なことである．

　学部の 1, 2 年生を対象に 500 人超のジェンダー論の講義を持っているが，たとえば私の専門ではない分野の用語法や概念の細かい定義を少しでも間違えると，ごく少数とはいえ，すかさず感想で「それは違うのでは？」というコメントが必ず返ってくる．調べてみるとほとんどの場合，彼女ら／彼らの方が正しく，単純に勉強になるというのはもちろんだが，次の講義に向けての緊張感が違い，結果として毎年得るものがある．

　大学院のゼミでは，私のコメント自体が，他の参加者と同レベルの一参考意見に過ぎない．もちろんそれこそが望むところであり，私に限らず，そうでなければおよそ大学院の議論は成立しない．ただそこで，私の議論を知識や論理のレベルでどう見ても上回るコメントが来たときというのが，なかなか悩ましい．本当に幸せで，かつ恥ずかしい瞬間なのだ．これでなぜ彼女ら／彼らから授業料をとり，私が給料をもらえるのか，と内心で頭を抱える．

　学部生相手の講義ならまだ予習で対応できるが，大学院のゼミでのコメントとなると，研究者としての能力が，いわば「ライブ」で問われてしまう．なるべく「関所」であろうと心がけるが，そこには能力の限界がある．限界だと開き直るのも自分自身いかがかと思うが，日本最大の研究者養成機関で，教員より優秀な院生がいるのは，私の能力不足を割り引いても当然のことだ．むしろ逆にそうでなければおよそ学問は発展しない．その時に教員にできるのは，考え得る範囲での修正を指摘した上で，あとは「私の能力なんぞに制約されず，羽ばたけ！」と伝えることしかない．「藍より青し」という中国のことわざを引くまでもなく，読んでいて自分にはとうてい書けないと思う修士論文や博士

論文に触れるのは，本当に幸せなことだ.

　本書の中で何度も言及しているが『東アジアの家父長制』という本を1996年に出版した．日本・韓国・台湾・北朝鮮・中国をジェンダーの視点から比較するという私の博士論文をベースにした作業だった．大学院に進んで10年後のことだったが，その後の私の研究が順調だったとはいいがたい．ただ2011年から2012年にかけてカリフォルニア大学バークレー校に行き，英語版をJames Smith に助けてもらいながら作っていく中で，ほとんど自信を失っていた自分の議論にも幾ばくかの生存の余地があるのではないかと思うようになった.

　一方でこの20年あまりの間に，私が投げたボールを「カチン」と正確に打ち返してセンター前ヒットにしたり，「カーン」とホームランにする院生さんたちをたくさん見てきた．これが抑えのエースならクビになるところだが，大きな研究者養成機関では，ノーベル賞を取るような研究者とは別に，中継ぎやワンポイントリリーフという役回りもある．自分は先発投手の器ではないが，デビュー前の選手たちと真剣勝負をしたものとして，私にもその「カーン」と打ち返してくれた人たちを，一軍のレギュラーとして推薦する責務があるように思う.

　大学院時代に江原由美子先生が，編著の本で私に執筆の機会を与えてくださったように，私も彼女ら／彼らに何かをしなければならないのではないかと思った．誰が作った言葉か知らないが，これは「恩送り」だと教わった．私たち研究者は，自分を導いてくれた先生に直接「恩返し」をすることはできない．代わりに，そのいただいた恩を次世代の人たちに送る．実力としては充分一軍で通用するが，単に肩書き上の知名度がないというだけの理由で，活躍の機会を与えられていない人たちにそのチャンスを与えることは，せめてもの恩送りだと考えた.

　……などと言うと偉そうだが，こうしてできあがったものを見れば，結局私自身のずいぶん長い研究上のブランクを補い，私が力不足でできなかった課題や思いもつかなかったテーマを，執筆者がそれぞれに立派な研究にしてくださったわけで，送ったはずの恩は，倍返しで返ってきてしまった．本書の執筆者にはすでに立派なポストを得ている人もいる．だが現在そうではない人たちも，本書を読めば，充分に大学でテニュアの研究者になる実力を持つ人たちであることを理解してもらえると思う.

あとがき　303

　私が最初に日本と韓国と台湾のジェンダーの比較を思いついたのは，修士論文の時で，東アジアの社会の変化を 1980 年代後半から 30 年以上見てきた．定点観測を続けてきて，今回この本をまとめながら思ったのは，案外変わらない，ということだった．この 30 年間で経済水準が著しく上がったにもかかわらず，韓国や中国の（女性の）労働パターンに以前と比較して，決定的な違いが見られないのは，ある意味興味深い．ただ基調は同じであっても，やはり現象としてはさまざまな変化がある．今回はそうした変化や変化しなかったことを，私のボールをゼミの場でガンガン打ち返してくれたみなさんに論じてもらおうと考えた．

　そして今回特に，セクシュアリティに関する部分を付け加えた．朝鮮半島を含められなかったことは今後の課題だが，新しい一歩になったと考えている．研究者さえそろえれば，「腐女子の比較社会学」が，日中韓台でできることはもうわかっている．以前『お笑いジェンダー論』（勁草書房，2001 年）で「クレヨンしんちゃん」の日韓台比較の雑文を書いたことがあるが，状況はそこから飛躍的に進展している．2010 年代後半の研究動向を考えれば，ゲイスタディーズなど，セクシュアリティ関連の東アジアの比較研究も増えていくことだろう．その踏み台となることができればありがたい．

　本書は私の執筆が遅れたために，多くのみなさんに迷惑をかけてしまった．それでも各章の執筆者が，内容の鮮度が落ちないようにしっかりアップデートしてくれたことに，深く感謝している．また今回はテーマの関係で収録できなかった方も多いが，他大学を含めてゼミに出てくれる院生のみなさんは，いつも「瀬地山さん，それは必ずしもそうではないと思います」と私の議論を批判してくれた．こういう人をゼミの「番頭さん」と呼ぶのだが，いい番頭さんのいるゼミは，必ずいいゼミになる．教員の言っていることなど，1 つの意見に過ぎないし，正しいとも限らない．そう言い切る番頭さんがいると，議論は自ずと活発になる．そんな多元的な研究上のワンダーランドを提供してくれた院生のみなさん，多すぎて個々のお名前をあげることはできないけれど，本当にありがたく思っている．

　駒場キャンパスで，この（元）院生さんたちの，育成に関わってくださった同僚（中でも特に相関社会科学コース）の先生方にも深くお礼をせねばならない．勤務先は極力院生を囲い込まずに，さまざまな教員の指導が受けられるように

することで，私の「暴投」もカバーしてくれるシステムになっている．一向に
ストライクが入らない私に向かって，バッターのはずの院生さんが愛想を尽か
して「ピッチャー交代！」と指示できるのは，ひとえに同僚の先生方のおかげ
である．

　最大のご迷惑をかけてしまったのが勁草書房の松野菜穂子さんである．以前
お世話になった町田民世子さんのあと，十何年も企画をお待たせすることにな
り，心苦しいばかりだ．遅刻常習犯の「オオカミ少年（ではなくて，オジサン
か…）」が何を言っても信じてもらえないだろうが，次の企画はもう少し早く
進めたい．深謝して，赦しを請う次第である．

2017 年 7 月

瀬地山　角

人名索引

アルファベット
CLAMP　262, 279

あ　行
蒼井そら　235, 238
東園子　267, 275
有賀喜左衛門　160, 163, 292
アルフレッド・キンゼイ（Kinsey, A.）
　243
石原英樹　240
伊藤剛　268, 272, 273
岩村暢子　63, 286
上野千鶴子　228
遠藤誉　262
王蘋　110, 111, 112, 117, 119, 124, 127, 210,
　220
落合恵美子　i

か　行
郝龍斌　188
掛札悠子　127, 243
何春蕤（Ho, Josephine）　93, 101-106, 108,
　109, 113-119, 124, 126, 127, 192, 217, 289
柏祐賢　165, 179
金田淳子　267, 276
柯文哲　188
柄谷行人　247
康盤石　26, 28, 151
金日成　5, 26-30, 136-142, 144, 145, 147-
　156, 291
キム・オクスン　141
金己男　151
金正日　26-29, 36, 136, 137, 139, 140, 142,
　144, 145, 147, 148-157

金正恩　iv, 136, 137, 150, 151, 153, 154, 156,
　291
金正淑　26-29, 145, 149, 151
洪郁如　96, 99, 288
コーネル，ドゥルシラ　277

さ　行
蔡英文　187, 215
澤田順次郎　245
品田知美　48-50, 52, 53, 55, 56, 63
蕭新煌　161
瀬地山角　iv, 136-140, 142, 154-156, 159,
　160, 163-166, 229, 292, 298
園田茂人　161
孫文　194, 205

た　行
竹内オサム　268, 270
竹宮惠子　262, 269, 271, 272
チャン・キョンスブ　45
千延玉　27, 146
陳水扁　99, 106-109, 117, 128, 130, 188,
　190-194, 196-200, 202, 204, 206, 207, 208,
　210, 213, 214, 218-220, 293
ドゥガン（Duggan, L.）　250
鄧小平　31, 293
トッド，エマニュエル　iv, 159, 292

な　行
夏目房之介　268
甯應斌　117, 120, 121, 124, 127

は　行
白先勇　191, 192, 203

306　人名索引

バウマン（Bauman, Z.）　41
馬英九　99, 107, 112, 187, 188, 190, 191, 198-205, 210, 212-214, 218-221, 293
パク・スニ　149
パク・ヨンジャ（박영자）　142-144
羽太鋭治　245
林正修　200-202, 219
潘綏銘　230, 232-234, 296
費孝通　162
フーコー（Foucault, M.）　247, 248
伏見憲明　243
藤本由香里　270
ベック（Beck, U.）　41
ポラニー　163

ま　行
溝口彰子　276
牟田和恵　53
村上泰亮　163
文浩一　143, 147, 155
毛沢東　97, 231

や　行
吉澤夏子　276

ら　行
李銀河　33, 216
李元貞　128
李雪主　154
李登輝　191
呂秀蓮　99, 127, 128, 206, 208, 219, 220

事項索引

アルファベット

Global Sex Survey　229, 238
HIV／AIDS　243, 244
LGBT　92, 113, 114, 122, 126, 127, 244
LGBT フレンドリー　99, 127, 128, 130, 187-190, 197-200, 202-205, 212-215, 220, 221
M 字／M 字型　5, 16, 19, 20, 36, 45, 47, 66, 94, 95
WTO・TRIPS 協定　262

あ　行

アカー　243, 247
新しいホモノーマティヴィティ（new homonormativity）　250
圧縮された近代／圧縮的近代化　16, 45, 85, 131, 289, 290
圧縮された女性運動　114, 120, 121
アムネスティ・インターナショナル　207, 208, 211
イエ社会論　160, 163, 164, 292
異質平等論　33
異性愛中心主義　246, 250
イマジナリーな領域　277
ウィメンズ・リブ　289, 296
援軍事業／美風　148, 149
オモニ　27, 137, 141, 147, 149, 155
オモニ大会　iv, 26-30, 144, 151, 156, 285, 290
親分／子分（型）　160, 164-166, 171, 173, 177, 178

か　行

改革開放　31, 159, 161, 162, 178, 179, 231,
233, 234, 238, 290-292
戒厳令　16, 93-95, 97-99, 114, 116, 117, 121, 123-128, 189, 192, 197, 204, 206, 217, 220, 293
階層化　55, 56, 63, 102, 113
海賊版　259, 260, 262-265, 278, 279, 281
学生男色　242
家事労働　33, 73, 83, 85, 87, 291
家庭教育　52, 54, 76-78, 139, 141, 142
家父長制　i, 5-7, 10, 11, 36, 66, 72, 100, 102, 104, 105, 109, 110, 136-140, 142, 147, 149, 151-156
家父長制的国家　137, 140, 142, 147, 152, 153
カミングアウト　114, 221, 241, 249
韓国　iii-v, 5-26, 29-31, 33, 36-38, 66-77, 80, 83-89, 94, 100, 129, 131, 154, 155, 157, 159, 164, 180, 227, 259, 285, 287-291, 293, 295-298
寛容　103, 118, 189, 203, 221, 240, 241, 255, 293, 297
共産主義　140, 141, 145, 146, 152, 153
共食　54, 55, 60, 61, 63
強盛大国　27, 145, 148, 149
キロギアッパ　16, 83
近代化　22, 45, 53, 85-89, 131, 142, 147, 153, 194
近代家族　41, 42, 46, 47, 53, 60, 62
均分相続　iv, 160
クィア　112, 120, 123, 124, 126, 127, 192, 204, 216, 220, 221, 248
苦難の行軍　27-29, 136, 143, 147, 148, 150-153, 156
クローゼット　196, 243

ケアの倫理　144
ケア役割　142, 147, 153
ケア労働　48
血統主義　140
高学歴専業主婦　66, 67, 79, 83, 85, 87, 287, 288, 297
公娼　93, 106-110, 112, 119-122, 125, 126, 138, 218
公娼制　93, 107-112, 118
公娼制度　108, 109, 218, 289
構造安定仮説　42
構造変動仮説　42
構築主義　124, 237, 238, 294
高齢者の就労　18, 20-24, 36
戸外労働　138
国民党　97-99, 108, 114, 116, 122, 123, 125, 128-130, 187, 188, 191, 192, 197-199, 205-207, 213, 214, 217, 219, 293
国連　15, 94, 98, 99, 125, 128, 129, 147, 206-209, 211, 212, 220, 293
個人化　41, 42
戸籍制度　161, 190, 250
子育て　9, 26, 35, 37, 45, 48, 52, 53, 61, 62, 66, 67, 69, 71, 80, 94, 108, 142, 147, 153, 291
子どもの教育　iii, 27, 29, 33, 54, 66, 67, 70-76, 79-89, 141, 142, 288
コミュニティ　192, 193, 197, 198, 242-244

　　さ　行
最高人民会議　136
先軍思想　143
先軍時代　143, 144, 149, 157
先軍政治　28, 29, 136, 143, 144, 152, 153, 156
先軍朝鮮　151
賢母良妻　72, 83, 84, 87, 89
三歳児神話　iii
自慰　iii, 226-228, 230-235, 294, 296
ジェンダー規範　48, 85, 86, 297

ジェンダーギャップ指数　15, 285, 293
ジェンダー主流化　96, 98-100, 125, 128
市場経済化　32, 150, 152, 153, 291
子女教育　27, 76-79, 139, 145, 156
次世代教育　141, 148, 153
資本主義　5, 7, 16, 30, 35-37, 143, 152-154, 164, 216, 290, 291, 297
字幕組　263
シャイニーゲイ　253, 254
社会主義　5-7, 16, 26, 27, 30, 31, 34-36, 137-143, 145, 146, 149, 151-154, 157, 159, 161, 162, 164, 166, 174, 178, 238, 285, 290, 291, 297
社会主義化　5, 137-140, 142, 152, 154
社会主義国　139
社会生活基本調査　48-51, 58, 59
11 期三中全会　233, 293
儒教　10, 30, 72, 86, 96-99, 116, 129, 139, 154, 285, 289, 291, 295, 297
主体思想　139, 145, 146, 149, 155, 157
出生率／合計特殊出生率　7-11, 46, 89, 147, 148, 227
主婦の消滅　5, 12, 35
主婦の誕生　5, 31, 35, 154
主流派フェミニズム　93, 101-104, 112, 113, 125, 127, 129
少子化　6, 7, 9, 10, 16, 36, 37, 41, 46, 62, 89, 147, 148
消費社会論　237, 238
食卓　53-55, 59-62, 286
食卓中心主義　60, 61, 64, 286
女子差別撤廃条約（CEDAW）　98
女子労働力率　5, 12, 13, 17, 19, 23, 287
女性の家庭役割　140
女性の高学歴化　66-71, 74, 85, 86, 95, 287, 288
女装者　256
自立的民族経済　139
人権立国　188, 204, 205, 207-211, 213, 214,

219
新自由主義　73
新宿二丁目　249
ストーンウォールの反乱　289
スーパーマム　69, 85, 87
性解放派フェミニズム　93, 94, 102, 113,
　120, 124, 125, 127
政治協商会議　31, 33, 34, 290, 291
性自認　92, 113, 129, 211, 220, 242, 255, 257
性的指向　92, 113, 119, 129, 202, 211, 216,
　220, 243, 248, 252, 255, 257, 277, 289
性的保守主義　289
性のダブルスタンダード　277
性表現規制　259
性別役割分業　41, 42, 45, 46, 48, 49, 52, 53,
　60, 62, 72, 73, 74, 86
性別役割分担　140-142, 156
セクシュアリティ　iii-v, 92-94, 98, 101-
　107, 109, 111-120, 123-127, 129, 143, 155,
　159, 276
セクシュアル・マイノリティ　276, 277
世代　35, 36, 45, 58, 60, 71-75, 84, 88, 89,
　140, 141, 149, 155, 163, 164, 174, 231, 232,
　234, 235, 261, 262, 264, 266, 269, 272, 278,
　286
セックス・イン・アメリカ　228
セックスレス　228
セックスワーク　iv, 106, 107, 109, 110-113,
　115, 116, 120, 123, 125, 126, 289
セックスワーク特区　113
専業主婦　iii, 12, 16, 31, 33, 35, 45, 47, 50,
　51, 55, 66-72, 74-76, 82-86, 88, 89, 141, 153,
　286, 287
専業マム　71, 83, 85, 87
（全国）オモニ大会　26-29, 136, 137, 139,
　140-145, 148-153, 155, 156, 291
戦後復旧建設　141
全体主義　152-154
先輩／後輩（型）　iv, 160, 164, 166, 172

千里馬運動　138

た　行

台北市　93, 96, 99, 101, 106-110, 113, 114,
　118, 120, 121, 130, 188, 190-203, 205, 212-
　215, 217-219, 221, 289, 293
大躍進　231
台湾 LGBT パレード　118, 187, 199, 218
託児所　31, 100, 138, 141
脱社会主義（化）　5, 137, 139, 140, 152, 154,
　155
多様化　41, 42, 58, 62, 75, 76
男児選好　7, 9
男女平等　34, 97, 103, 104, 129, 138, 147,
　215, 298
男女平等権法令　29, 138
団らん　53-55, 60-62, 287
忠孝の一本化　142
中国型の家族構造　159, 160
チュチェ　139, 145, 146, 149, 155, 157
朝鮮解放　136, 137
朝鮮女性　26, 28-30, 37, 144, 152, 156
朝鮮戦争　28, 88, 138, 140, 143, 155, 156,
　206
朝鮮民主主義人民共和国　37, 136
朝鮮民主女性同盟　26, 35, 141, 144, 146,
　149, 156
朝鮮労働党　26, 29, 137, 139, 144, 145, 148,
　151, 156
朝鮮労働党大会　136
著作権　259, 262, 264, 265, 280
直系家族　83, 89
賃金労働　47, 48, 50, 56
通俗性欲学　242, 245
伝統回帰　139, 140
同志　28, 114, 119, 149, 152, 190, 193, 194,
　195, 199, 217
同人　266
同人誌　260, 261, 266-268, 274, 275, 281

310 事項索引

同性愛　92, 98, 100, 103, 104, 106, 107, 110,
　111-113, 115-117, 120-126, 188-190, 192,
　193, 195-200, 202, 205, 208, 211, 212, 215,
　216, 218, 219, 221, 227, 240-245, 247, 248,
　250, 251, 255-257, 277, 281, 294, 295, 297
同性婚　113, 187, 210, 214, 215, 220, 244,
　245, 250-252, 256, 294
同性パートナーシップ証明　244
土着化　5, 31, 154, 160, 178, 291
トランスジェンダー　92, 93, 100, 107, 111,
　114, 117, 119, 126, 129, 188-190, 201, 203,
　208, 215, 216, 219, 243, 244, 252

な　行

二次創作　260, 266, 268, 273, 275, 296
二・二八事件　97, 116, 128, 192, 193, 205,
　217
日本人の性行動・性意識調査　232, 296
日本帝国主義　138
ネットドラマ　276, 281
野傾論　298

は　行

80後（80后）　261
バックラッシュ　114, 116, 117, 119, 120,
　126, 187, 188, 201, 205, 221
ハッテン場　108, 117, 192, 195, 198
母の日　150, 151, 157
パレード　113, 114, 122, 199, 203, 215, 220,
　244, 253, 256
晩婚化　16, 41, 42, 45, 89
東アジアの家父長制　i, iv, v, 5, 26, 31, 35,
　136, 159, 285, 287, 290, 291
東アジア版「イエ社会論」　159
非正規雇用　42-46, 55, 162
1つの中国　206
ひとり親家庭　42, 47
フェミニズム　iii, iv, 16, 33, 35, 41, 92, 93,
　96, 98, 100-106, 110, 113, 114, 118, 121, 123,

　124, 126, 127, 130, 220, 288-290, 295
婦女回家　31, 34-36, 38, 160, 285, 290, 292
腐女子　iii, iv, 259, 296
婦女新知基金会　93, 100, 101, 107, 109,
　110-112, 114, 119, 124, 128
府中青年の家裁判　243, 247
文化大革命　97, 129, 216, 231, 233, 234, 238,
　294
ヘテロノーマティヴ　124, 126, 250
変態性欲　103, 189, 192, 236, 242, 245
包　165, 166, 171, 177-179
報恩　144, 147, 153
封建的　138, 140
保守化　139, 140, 150, 154
ポルノ　234, 235, 295
本質主義　153, 237

ま　行

マスターベーション　228, 237
マルクス＝レーニン主義　139
マンガ表現論　259, 261, 267-269, 272, 273
未婚化　41, 42, 45-47, 62
民主進歩党（民進党）　99, 187, 293
民族主義　139
無償労働　48-50, 56
メイクオーバーメディア　249
モノガミー　250, 251

や　行

有業率　13, 14, 69, 70, 87
幼稚園　138, 141

ら　行

離婚　10, 11, 36, 41, 42, 46, 47, 60, 67, 69, 96,
　128, 138, 139, 259
離婚率　10
良妻賢母　66, 73, 82-85, 87, 97, 288
レズビアン　92, 93, 103, 104, 106, 107, 109,
　112, 114, 117, 120, 121, 123, 127, 188, 189,

191, 193, 195-202, 211-213, 217-220, 240,
241, 243, 247, 250, 252, 256, 277, 289, 293,
295
労働新聞　　26, 27, 29, 37, 137, 144-146, 148,
150, 156, 290

ローカル化　　130, 275

わ　行

「若者の性」白書　　233
われわれ式　　139

313

執筆者紹介 （執筆順. ＊は編著者）

瀬地山　角（せちやま　かく）＊　はしがき，第 1 章，第 8 章，終章
　　1963 年生まれ．東京大学大学院博士課程修了，博士（学術）
　　現在　東京大学大学院総合文化研究科教授／ジェンダー論，東アジア研究
　　主著　『東アジアの家父長制』（勁草書房，1996 年），『お笑いジェンダー論』（勁草書房，2001 年）
　　　　　など．

野田　潤（のだ　めぐみ）　第 2 章
　　1979 年生まれ．東京大学大学院総合文化研究科博士課程単位取得満期退学．
　　現在　日本女子大学，東京工業大学ほか非常勤講師．
　　主著　品田知美・野田潤・畠山洋輔『平成の家族と食』（晶文社，2015 年），橋爪大三郎・佐藤郁
　　　　　哉・吉見俊哉・大澤真幸・若林幹夫・野田潤『社会学講義』（ちくま新書，2016 年）など．

柳采延（りゅうちぇよん）　第 3 章
　　1985 年生まれ．東京大学大学院総合文化研究科修士課程修了．
　　現在　東京大学大学院総合文化研究科博士課程，桜美林大学非常勤講師
　　主著　「自己実現としての教育する母」（『家族社会学研究』第 27 巻第 1 号，2015 年）など．

福永玄弥（ふくなが　げんや）　第 4 章，第 7 章
　　1983 年生まれ．東京大学大学院総合文化研究科修士課程修了．
　　日本学術振興会特別研究員を経て，台湾の中央大学，韓国の延世大学にて客員研究員．
　　現在　東京大学大学院総合文化研究科博士課程，実践女子大学非常勤講師
　　主著　「同性愛の包摂と排除をめぐるポリティクス――台湾の徴兵制を事例に」（『Gender and Sex-
　　　　　uality』12 号，2017 年）など．

韓東賢（はんとんひょん）　第 5 章
　　1968 年生まれ．東京大学大学院総合文化研究科博士課程単位取得退学．
　　現在　日本映画大学准教授
　　主著　『チマ・チョゴリ制服の民族誌――その誕生と朝鮮学校の女性たち』（双風舎，2006 年），
　　　　　小熊英二編著『平成史【増補新版】』（河出書房新社，2014 年）など．

314　執筆者紹介

中村　圭（なかむら　けい）　第6章
1965年生まれ．成城大学大学院社会イノベーション研究科博士課程修了，博士（社会イノベーション学）．
　現在　成城大学経済研究所研究員，同志社大学人文科学研究所嘱託研究員，名城大学ほか非常勤講師
　主著　『なぜ中国企業は人材の流出をプラスに変えられるのか』（勁草書房，2019年）など．

森山至貴（もりやま　のりたか）　第9章
1982年生まれ．東京大学大学院総合文化研究科博士課程単位取得退学．博士（学術）
　現在　早稲田大学文学学術院准教授
　主著　『「ゲイコミュニティ」の社会学』（勁草書房，2012年），『LGBTを読みとく──クィア・スタディーズ入門』（筑摩書房，2017年）など．

守　如子（もり　なおこ）　第10章
1972年生まれ．お茶の水女子大学大学院博士課程修了．博士（社会科学）
　現在　関西大学社会学部教授／ジェンダー・セクシュアリティとメディア
　主著　『女はポルノを読む』（青弓社ライブラリー，2010年）など．

ジェンダーとセクシュアリティで見る東アジア

| 2017年11月25日 | 第1版第1刷発行 |
| 2020年 3 月10日 | 第1版第2刷発行 |

編著者 瀬地山　角(せちやま かく)

発行者 井　村　寿　人

発行所　株式会社　勁　草　書　房(けい そう)
112-0005 東京都文京区水道2-1-1　振替 00150-2-175253
（編集）電話 03-3815-5277／FAX 03-3814-6968
（営業）電話 03-3814-6861／FAX 03-3814-6854
大日本法令印刷・松岳社

©SECHIYAMA Kaku　2017

ISBN978-4-326-60298-8　Printed in Japan

JCOPY ＜出版者著作権管理機構 委託出版物＞
本書の無断複製は著作権法上での例外を除き禁じられています。
複製される場合は、そのつど事前に、出版者著作権管理機構
（電話 03-5244-5088, FAX 03-5244-5089, e-mail: info@jcopy.or.jp）
の許諾を得てください。

＊落丁本・乱丁本はお取替いたします。
http://www.keisoshobo.co.jp

瀬地山角	東アジアの家父長制		3200 円
瀬地山角	お笑いジェンダー論		1800 円
森山至貴	「ゲイコミュニティ」の社会学		4500 円
江原由美子	ジェンダー秩序		3500 円
赤川学	セクシュアリティの歴史社会学		5500 円
宮台真司 辻泉 岡井崇之 編	「男らしさ」の快楽 <small>ポピュラー文化からみたその実態</small>		2800 円
牧野智和	日常に侵入する自己啓発 <small>生き方・手帳術・片づけ</small>		2900 円
中澤渉	なぜ日本の公教育費は少ないのか <small>教育の公的役割を問いなおす</small>		3800 円
大岡頼光	教育を家族だけに任せない <small>大学進学保障を保育の無償化から</small>		2800 円

＊表示価格は 2020 年 3 月現在。消費税は含まれておりません。